先生、英語のお話を聞かせて！

小学校英語「読み聞かせ」ガイドブック

G. エリス・J. ブルースター 著

松香洋子 監訳／八田玄二・加藤佳子 訳

玉川大学出版部

Authors Profiles
Gail Ellis
is Head of the Young Learners' Centre at the British Council in Paris
and Special Lecture in the School of Education, University of Nottingham.

Jean Brewster
is Course Leader for the MA in English Language Teacher Development
for primary and secondary teachers at the School of Education, University of Nottingham.

Tell it Again! The New Storytelling Handbook for Primary Teachers, Second Edition
by Gail Ellis and Jean Brewster

Storytelling methodology copyright © Gail Ellis and Jean Brewster 1991. 2002.
Story notes for *Brown Bear, Brown Bear, What Do You See?*, *My Cat Likes to Hide in Boxes*, *The Very Hungry Caterpillar*, *Meg's Eggs*, *The Elephant and the Bad Baby*, and *Jim and the Beanstalk* copyright © Gail Ellis 2002 ; for *The Kangaroo from Woolloomooloo* copyright © Mardi Michels ; for *Mr McGee* copyright © Opal Dunn ; for *The Clever Tortoise* copyright © Nayr Ibrahim ; for *Something Else* copyright © Carol Read ; for *Funnybones* and *Princess Smartypants* copyright © Jean Brewster.

This translation of *Tell it Again! The New Storytelling Handbook for Primary Teachers*, Second Edition is published by arrangement with Penguin Longman Publishing through Tuttle-Mori Agency, Inc., Tokyo.

Acknowledgement
The publishers make grateful acknowledgement to the following for permission to reproduce copyright material :
Page 46, 'Chatterbox' rhyme from *Bingo Lingo*, Helen McGregor and Kaye Umansky, A & C Black © 1991 ; page 279, *The Kangaroo from Woolloomooloo* story, text copyright © Shortland Publications Ltd, 1985 ; page 135, *Monday, Tuesday, ...* song, © Eileen Sorley, 1991 ; page 142, 'The Butterfly' by Frank Collymore comes from *Mini Beasties* a collection of poems selected by Michael Rosen, Puffin Books, 1991 ; page 181, Elephant Rhyme from *This Little Puffin– Finger Plays and Nursery Rhymes*, compiled by E. Matterson, 1969 ; page 191, *The Shopping Game*, adapted from *Stepping Stones* 2, J. Ashworth and J. Clark, Longman, 1989 ; page 207, 'We Always Try Our Hardest' from *A Book of Rather Silly Verse and Pictures*, Colin McNaughton, Walker Books, 1987.

Every effort has been made to trace copyright holders in every case. The publishers would be interested to hear from any not acknowledged here.

Reproduced by permission of Pearson Education Limited, Essex, U.K.
through Tuttle-Mori Agency, Inc, Tokyo.

Photocopying notice
The pages in this book marked `Photocopiable` *Tell it Again! The New Storytelling Handbook* by Gail Ellis and Jean Brewster © Penguin Books 2002, may be photocopied free of charge for classroom use by the purchasing individual or institution. This permission to copy does not extend to branches or additional schools of an institution. All other copying is subject to permission from the publisher.

Licensed for sale in Japan only.

原著はしがき

　本書の旧版である *The Storytelling Handbook for Primary Teachers* が出版されたのは 1991 年のことでした。その頃は、世界中の多くの英語教師にとって、小学校のカリキュラムに外国語を導入することはひとつの新しい冒険でした。というのも、当時は、教師が自分たちの置かれている状況に最もふさわしい教授法や教材を選ぶために、いろいろな試行錯誤をくり返している時代であったので、教師の間では、小学校で英語を教えることには、期待と興奮と、同時に一抹の不安もつきまとっていたものでした。ストーリーに基づいたアプローチは、数多い教授法のひとつにすぎませんが、読み聞かせと絵本を利用することは、昔から広く行われていたことなので、英語教師や子どもたちにはなじみ深く、とても魅力があるものです。このアプローチはまた、柔軟性に富み、本物のインプットの宝庫でもあります。初版の *The Storytelling Handbook* の出版以来、教師たちはストーリーに基づいた教授法に経験と自信を培ってきており、今や、それが児童英語の教室で真価を発揮することを十分認識しているのです。

　新版である本書 *Tell it Again! The New Storytelling Handbook for Primary Teachers* は、このように蓄積されてきた経験と言語教育研究の最新の成果を踏まえて、教授法のセクションを全面的に書き換え、アップデートしたものです。ストーリーに基づいて行う学習の評価方法、学習ストラテジー、文化の教え方、マルチメディアの使用法などのガイドラインを新たに提案しています。本書の第 2 部は詳細な「ストーリー・ノート」で、経験を積んだマテリアルライターと現場教師によって書かれています。ここで扱われている絵本のうちの 10 冊は、Puffin 社から出版されている豊富な子ども向けの作品から精選されたものです。これらの絵本以外の *The Clever Tortoise* と *The Kangaroo from Wooloomooloo* の 2 冊については、本書にストーリーの原文（Story text）が掲載されており、コピーでの使用も可能となっています。子どもたちはこれらの原文を使って、自分たちの好みに合わせて自分独自の絵本を作成することができます。人気絵本の *The Very Hungry Caterpillar* と *My Cat Likes to Hide in Boxes* の「ストーリー・ノート」は、今回新しくつけ加えたものです。また新作の絵本のノートとして、*Something Else*、*Mr McGee*、*Jim and the Beanstalk*、*Princess Smartypants*、*Funnybones* が載せてあります。なお、*Something Else* は、ユネスコの Service of Tolerance 部門の Children's and Young People's Literature の受賞作品です。

　本書に収録されている絵本とその「ストーリー・ノート」は、英語学習

のレベルが異なる8歳児から11歳児を対象として、世界の民話、おとぎ話を現代風に翻案したもの、動物や日常生活や外国の文化を扱ったお話、ファンタジー（空想物語）などが含まれています。絵本を使った授業の成功の秘訣は、子どもたちの語学面、認知面での発達のレベルに適合したストーリーを選ぶことにあります。ここに選ばれている絵本を通して、新しい概念、新しいことばを身につけ、教科を超えて学習する機会を持ち、異文化に対する意識や公民意識を伸ばすことなど、多大な可能性を探求することができます。「ストーリー・ノート」には、関連した言語活動とその具体的な成果が紹介されています。授業の準備を容易にするために、それぞれの絵本にコピー使用が可能な楽しい「ワークシート」（第3部）も用意してあります。

　本書は、児童英語教育に携わっている教師やこれから教師になろうとしている人、本物の絵本を授業で使うことに関心を持っている人たちのために書かれています。本書の読者は、英語専任の小学校教師、英語を含めたすべての教科を教える教師、毎週、いくつかの学校を訪問して教える英語専科の教師、小学校兼任の中学校の教師など、それぞれ異なった環境で英語教育に従事しています。どのような状況にあるにせよ、私ども著者は、教師が置かれている個々の教育的環境を考慮して、多様なアイデアを盛り込むように心がけました。本書はまた、いろいろなタイプの英語教師を養成するティーチャー・トレーナー向けでもあります。それぞれの教師が、自分の教える児童のニーズに応じて、いろいろな教授法を実験し、自分が選んだ絵本を教える際に、私どもが本書で提案しているさまざまなアイデアから必要なものを選び、修正を加えて役立てていただきたいと願っています。

　本書の執筆は、私たちにとって楽しい作業でしたが、読者の方々にも、ここに掲載されているストーリーを補助教材として、あるいは、主要な教材の「目先の変わった」代替教材として、楽しく使っていただければ幸いです。私たちの経験では、絵本を使う前はひとつの絵本に6時間から10時間もの時間を費やすことが、はたして可能かと案ずることもあろうかと思いますが、ひとたび子ども向けの本物の絵本を授業で使用してしまうと、再び、昔ながらのELT専用に書かれた教材に戻ることは、かえってむずかしくなるものです。

　最後に、これまで私たちが多くを学び、お世話になった同僚と学生のみなさんに、この場を借りてお礼を申し上げたいと思います。

　　　2002年3月　　　　　ゲイル・エリス／ジーン・ブルースター

監訳者まえがき

　子どもに英語を教えたいのであれば、英語絵本は最強の教材といえます。子どもたちは、美しい、そして楽しいイラストに目を見張り、リズムに合わせて身体を動かしていると、メッセージが心に届きます。すぐれた絵本は何度読んでも心地よいのです。そのような考えに基づいて、私はこれまでに本物（authentic）の絵本の利用をことあるごとにお薦めしてきました。

　「わかりました。早速やってみます」という先生方も多く、嬉しくなるのですが、しばらくすると、

　「もう読み聞かせました。終わりました。次は何をすればよいのでしょう？」という問い合わせがきます。

　「終わったとか言わないで、何回も読んで、子どもが自然に覚えてしまうくらいまでいくと楽しくなるのです」とお答すると、しばらくして、

　「もう子どもたちが飽きたと言っています」という相談を受けます。

　そうなんだろうな、と思います。1冊の英語絵本に、数カ月とか1学期間を使うといった教え方をしたことがない先生方にとっては、絵本を読み聞かせる以外、いったい何をしたらよいのかわからないというのは理解できます。ですから、この度、本書を日本の先生方にお届けする仕事をすることができてたいへん嬉しく思っています。

　本書で取り上げられている英語絵本は、絵本作家がその才能を発揮している「本物」の絵本です。英語を外国語として学んでいる子どもたちのために特別書かれたものではなく、教科書のように厳しい文法や語彙の制限のもとに書かれたものではありません。ですから、内容が生き生きとしています。絵本作家の豊かな発想が伝わってきます。

　そのような本物の英語絵本を教材として教えるにはどうしたらよいのでしょうか？　それを、これから教え始めようという人にも、ベテランの先生にも使いやすいように書かれているのが本書です。

　これから教え始める人には、① 子どもに英語を教えるということはどういうことか？、②「Plan（計画）―Do（実行）―Review（反省）」のような明確なレッスンの進め方、③ 教室で先生が使う英語表現が丁寧に書いてある、④ 専門用語にたくさんの解説がある、⑤ ライム（rhyme）や語彙について丁寧な解説がある、といった点が参考になるでしょう。

　また、ベテランの先生方には、① 子どもたちが友だちとの共同作業を通して言語知識と言語使用の両方を可能にする方法、② これまでになかった新鮮なアイデア、③ 世界共通の学ばせる内容とその教え方、④ 子ど

もの能力の開発方法、特に「考えさせる」、「類推させる」、「予測させる」などが参考になることでしょう。

　この本が特に優れている点は、12冊の絵本をそれぞれのレベルで使用可能にしていることです。例えば、日本で最もよく知られていると思われるEric CarleのBrown Bear, Brown Bear, What Do You See?という絵本ですが、この本は幼児や低学年児童にとってはリズムが親しみやすく大人気です。中学年の児童にとっては、動物の鳴き声をまねしたり、色や動物を入れ替えてオリジナルなものを作るのも楽しいでしょう。しかし、高学年の児童ともなれば知性も発達してきますから、世界の各地に生息するさまざまな種類のクマの特徴を知ることは知的好奇心を満たすものです。また、クマの生息数が減っているという環境問題は、これからの人類にとって最も大切な共通テーマになっていくでしょう。

　本書を利用して、さらに多くの先生方が英語絵本の魅力に気がつき、日本の子どもたちがさらに深く絵本に接して、外国語を学ぶ楽しさを味わってくれることを念願しています。

　　　2007年12月　　　松香　洋子（松香フォニックス研究所代表）

訳者まえがき

　本書『先生、英語のお話を聞かせて！』は『「小学校英語」指導法ハンドブック』（玉川大学出版部、2005年刊）の姉妹編として、同じ著者によって書かれたものです。前作の『指導法ハンドブック』は、小学校段階での英語指導に関わる理論と実践を網羅する総合的な教師用ガイドブックでしたが、本書はテーマを「読み聞かせ」（storytelling）のみに絞り、その指導法を実際の絵本に基づいて詳しく解説しています。

　『先生、英語のお話を聞かせて！』は3部構成で、第1部では、「ストーリーに基づいた授業」（story-based lessons）のシラバスと授業の作りかたに焦点をあてています。絵本の選択、語彙、文法、4技能、学習方略（learning strategies）の教え方から、コンピュータ、視聴覚機材の利用法や「読み聞かせ」の効果的な技術、子どもの作品の展示の仕方に至るまで、教師にとって必要な知識と情報が余すところなく提供されています。

　本書の最大の特徴は、第2部の「ストーリー・ノート」にあります。ここでは、あの絵本の「スーパースター」といってもいいほど、世界中に知れわたっている「はらぺこアオムシ」（*The Very Hungry Caterpillar*）など全部で12冊の絵本を扱っています。

　それぞれの絵本について、6課から8課の授業プランが提示されています。「読み聞かせ」のためのさまざまなアクティビティーや、それぞれのトピックスに関連したウェブサイト、教師の英語の表現例まで載せられていて、実際、教師が授業ですぐ使えるようになっています。

　第3部は、それぞれの授業で使うワークシート、単語カード、ゲーム盤などが盛り込まれていて、そのままコピーして教室で利用できるようになっています。

　このように、本書は「読み聞かせ」のガイドブックとして、汎用性が極めて高く、「ユーザー・フレンドリー」（user-friendly）あることは言うまでもありませんが、もう一つの特徴は、「チャイルド・フレンドリー」（child-friendly）でもあるということです。すぐれた絵本の条件は、まず、子どもたちにとって面白いこと（fun elements）、本物で意味があること（authentic and meaningful）、他教科とリンクしていること（cross-curricular links）、「ことば」以外のチャンネルでも理解できること（non-linguistic support）だと考えられます。本書の第2部で紹介されている絵本とそのシラバスは、これらの条件をすべて満たしています。本書がより多くの教師の手にわたり、いろいろな状況の中で有効に活用していただけるよう訳者として祈念しております。

なお、本書の翻訳にあたっては、第1部を八田が担当し、第2部を加藤が担当し、さらに全体の見直しを八田が行いました。

2007年12月　　　　　　　　　　　　　　　　　　　　　　八田　玄二

目　次

　　原著はしがき　　iii
　　監訳者まえがき　　v
　　訳者まえがき　　vii

第 1 部　「読み聞かせ」の方法　　3

第 1 章　はじめに——「読み聞かせ」とは？　　5
　　「読み聞かせ」の実践の進展　　5
　　絵本を使う理由　　6
　　絵本と学習　　7
　　絵本とシラバス　　8

第 2 章　絵本を選ぶ　　13
　　オリジナルで本物の絵本　　13
　　絵本のタイプ　　13
　　視覚的な理解力を伸ばす　　14
　　絵本を選択するための条件　　14
　　絵本と文法　　14
　　本物の絵本と英語のレベル　　14
　　ストーリーの翻案　　19
　　留意すべき絵本の特徴　　20

第 3 章　絵本を使う　　22
　　どの生徒も自分の絵本を持たなければならないか？　　22
　　同じ絵本を何回読むべきか？　　22
　　子どもに同じ絵本を何回も聞かせると、
　　　あきてしまうのではないか？　　22
　　絵本の授業を、子どもたちはどんな形でまとめるか？　　22
　　授業中に母語を使うべきか？　　23
　　子どもが絵本の内容を理解するためには
　　　どのようなサポートをするか？　　23
　　「ストーリーに基づいた教授法」があるのか？　　24
　　「ストーリーに基づいた授業」をどのように計画するか？　　25
　　「ストーリーに基づいた授業」はどんな成果を生むか？　　26

　　　　　　英語を他教科の学習とどのように連携させるか？　27
　　　　　　ストーリー・テリング（読み聞かせ）とは？　28
　　　　　　ストーリーを「読む」のか「語る」のか？　28
　　　　　　どうしたら、上手な語り手になれるのか？　28
　　　　　　「ストーリーに基づいた授業」では、どんな質問をするべきか？　30
　　　　　　ストーリー・テラー（語り手）としてのスキルを、
　　　　　　　　いかに評価するか？　31
　　　　　　本書の音声CDの利用法は？　31
　　　　　　「ストーリーに基づいた授業」をどのように評価するか？　32
　　　　　　保護者をどのように授業に参加させるか？　32

　　　第4章　言語学習のスキルを伸ばす　　　　　　　　　　　　　　　35
　　　　　　語彙の指導　35
　　　　　　文法の指導　38
　　　　　　リスニングの指導　40
　　　　　　スピーキングの指導　40
　　　　　　発音の指導　45
　　　　　　リーディングの指導　47
　　　　　　ライティングの指導　49
　　　　　　学び方を学ぶ　51
　　　　　　文化について学ぶ　55

　　　第5章　クラスルーム・マネージメント　　　　　　　　　　　　　57
　　　　　　「読み聞かせ」の授業の準備　57
　　　　　　視聴覚補助教材・教具を使う　57
　　　　　　マルチメディアを使う　58
　　　　　　資料・教材の収集と整理　62
　　　　　　ペア・グループ活動のマネージメント　62
　　　　　　子どもの作品の展示　64

第2部　ストーリー・ノート　67

1　Brown Bear, Brown Bear, What Do You See?　69
2　The Kangaroo from Wolloomooloo　84
3　My Cat Likes to Hide in Boxes　99
4　Mr McGee　115
5　The Very Hungry Caterpillar　129
6　Meg's Eggs　146
7　The Clever Tortoise　162
8　The Elephant and the Bad Baby　178
9　Something Else　193
10　Funnybones　213
11　Princess Smartypants　229
12　Jim and the Beanstalk　244

第 3 部　　ワークシート　　259

　　参考文献・参考図書　　363
　　索引　　365

先生、英語のお話を聞かせて！
小学校英語「読み聞かせ」ガイドブック

第 1 部

「読み聞かせ」の方法

第 1 章
はじめに──「読み聞かせ」とは？
第 2 章
絵本を選ぶ
第 3 章
絵本を使う
第 4 章
言語学習のスキルを伸ばす
第 5 章
クラスルーム・マネージメント

第1章

はじめに──「読み聞かせ」とは？

■「読み聞かせ」の実践の進展

「読み聞かせ」の持つ教育的な意義について、異論を唱える人はほとんどありませんが、この本の初版が出た頃は、まだ、教師の中には英語の授業で絵本を使うことに抵抗感を抱く人もいました。これは次のような理由によるものでした。

- 「読み聞かせ」をしたり、絵本を朗読する自信がない。
- 絵本に出てくることば使いが、子どもたちには難しすぎるのではないかと感じている。
- 絵本の内容があまりにも子どもじみていると感じている。
- 絵本を授業で使うことの本当の値打ちがわかっていない。
- 絵本の利用方法がわからなかったり、準備をする時間がない。

しかし、その後、「読み聞かせ」についての実践や研究が進んだおかげで、最近では、上に挙げたような抵抗感を持つ人は少なくなってきました。

1. 経験と専門的知識とサポート体制

児童に英語を教える教師にとって、今日では「言語習得の理論に基づいた教授法」（acquisition-based methodology）が身近なものになってきました。今では、絵本を使用することが本当に意義のあることであり、言語の習得に適した環境、理想的な学習の条件を創り出すためのひとつの方法として、「読み聞かせ」（storytelling）のテクニックを使うことの有効性が理解されてきています。Hester (1983)、Garvie (1990)、Ellis and Brewster (1991) は、子どもに絵本を使うことの利点について言及していますが、その後、Buss (1993)、I-Spy (1997)、Pebbles (1999)、Superworld (2000) などの、主要な児童向けのコースブックがストーリーを組み入れるようになりました。また、教師用に「読み聞かせ」のテクニックだけに焦点をあてた手引書もいくつも発行されています。中でも、Wright (1995, 1997)、Zaro and Salaberi (1995) や Gerngross and Puchta (1996) などが特筆すべきものです。さらに、全ページを「読み聞かせ」と子ども向けの本の特集にあてている雑誌やニュースレター（例：jet (1993)、CATS (1999, 2000) もあり、絵本に関する最新の情報にアクセスできるサイトもいくつかあります（例：www.storiesfromtheweb.org、www.realbooks.co.uk）。近年、豊富な経験と専門的知識や教師への支援体制など魅力的な「財産」が蓄積されてきて、いよいよ、英語教師の間には絵本を使ってみようという自信が芽生え始めているのです。

2. 英語の国際化

英語は国際語となり、授業でも「国際英語」（world Englishes）や他国の文化に重点が置かれるようになってきました。豊富な子ども向けの読み物は、慎重に選択しさえすれば、教師にとって無尽蔵な教材の宝庫となります。

3. 多様な種類の知能

近年、異なった種類の「知能」（intelligences）（Gardner (1993)）への関心が高まり、ますます重視されてきていますが、これは情緒的な知能の発達を含めて、外国語学習に役立つものであります。その結果、オールラウンドで全人格的（holistic）な学習者を創り出すために、すべての「知能」が伸ばせるような指導法や教材が数多く開発されてきています。話の内容、挿絵、多様なアクティビティー

など、絵本が持つ豊かさの助けを借りて、異なった種類の知能が育ち、個々の子どもの学習スタイル（learning styles）にも対応できるのです。

■ 絵本を使う理由

　子どもは母語で物語を聞くのが好きなので、物語体にはなじんでいます。例えば、「昔むかし」（Once upon a time ...）という決まり文句を聞けば、次に何が起こるか予測ができます。そういう点で、絵本は、身近で覚えやすい文脈（context）の中で言語を導入するので、外国語学習への入門としては理想的なのです。また、絵本の内容に関連した多様な言語やアクティビティーへと発展する足がかりや出発点ともなります（これらのストーリーに関連した言語、アクティビティーについては、第2部の「ストーリー・ノート」で扱います）。教師が絵本を使う理由は、ほかにも次のようなことが挙げられます。

- ストーリーは子どもの動機付けに向いており、学習意欲をそそり、しかも面白いので、外国語と文化やことばの学習活動について積極的な態度を育成するのに役立ちます。
- ストーリーは想像力をかき立てます。子どもは物語の中の登場人物になりきることができるので、物語の語りや挿絵の意味を解釈することができます。こういう想像性に富んだ経験が、ひいては、子どもの創造的能力を伸ばすことになるのです。
- ストーリーは、幻想や想像の世界と子どもの現実世界とを結びつけるのに有効なツールとなります。絵本のおかげで、子どもは、自分たちの日常生活の意味を理解し、家庭と学校とを関連づけることができるようになります。
- クラスでストーリーを読んでもらうのは、子どもにとっては社会的な体験をほかの子どもと共有することとなります。「読み聞かせ」はクラス共通の笑い、悲しみ、興奮、予感を呼び起こすことができます。これは楽しいばかりでなく、子どもの自信にもつながり、社会的、情緒的な発達にも寄与するものです。
- 子どもは、同じ絵本を何度聞いても飽きることはありません。このようにくり返し聞くことによって、子どもはことばを学習します。ことばによっては、過度に強化されるものもありますが、多くの絵本では、重要な語彙や文法構造が自然な形でくり返されます。そのおかげで、子どもは物語の細部まで覚えてしまい、徐々に、次に何が起こるか予測ができるようになるのです。また、このくり返しによって、子どもは「語り」に参加し、意味のある文脈の中で、文型の練習をすることができるのです。
- 絵本を読み聞かせることによって、教師はバラエティーに富み、印象的で、子どもにとって身近なコンテクストの中で、新しい語彙や文法構造を導入したり、復習させることができます。そうすることによって、子どもの思考が豊かになり、徐々に自分自身の言語表現が可能になるのです。
- ストーリーを聞くことによって、子どもはことばのリズム、抑揚、発音を意識するようになります。
- 子どもは言語的にも認知的にも、それぞれの発達段階に応じた聞き方をするので、絵本は、一人ひとりの子どもの興味、多様性に応じることができるのです。
- 絵本は言語学習に役立つような、情緒的な知能を含めて、多様な種類の「知能」を伸ばすことができます。
- 絵本は、著者やイラストレーターの国の文化を反映しているので、文化的な情報に接したり、異文化比較をする理想的な機会を提供してくれます。
- 絵本は、全体の意味を求めて、聞く、予測する、意味を推測する、仮説を立てるというような、子どもの学習ストラテジーを伸ばすことができます。特に、リスニング・スキルと集中力を次のような手段で伸ばすことができます。
  a) 視覚的な手段（例：子どもの理解を支援する上質の絵やイラスト）
  b) 聴覚的な手段（例：音響効果、オノマトペ（onomatopoeia：擬声語））
  c) 子どもがすでに持っていることばの働きについての知識
  d) 子どもがすでに持っている世間の常識（knowledge of the world）
- 絵本は、基本的な対話やありふれた日常的なアクティビティーといった実用的なレベルを超え

て、普遍的なテーマに関わるものです。そこで、子どもはいろいろな考えや情感を楽しく体験しながら、自分たちにとって大切で身近な問題について考えるきっかけが与えられるのです。
- 絵本は、子どもに適正なインプット (optimal input)（子どもの発話能力をわずかに超えるレベルのインプット）（Krashen（1981：103））を与えることができるので、教師は言語習得の理論に基づいた教授法を使って、絵本を教えることができるのです。
- 学習する英語がほかの教科内容と関連するような本を選べば、絵本の学習が他教科の学習と連続性を持つようになります。
- 絵本はバラエティーに富み、いろいろな学習が完全なセットになっており、それぞれの学習が小規模なシラバス (mini-syllabus) を構成しています。絵本の利用は、そのような授業を創り出すためのきっかけとなります。このように、すべての教科が関わるような総合的で包括的なカリキュラム・アプローチ (all-round whole curriculum approach) により、子どもが学習活動に自主的、創造的、かつ積極的に参加することができるのです。このように絵本は教科書（コースブック）の新鮮な代替教材として使うことができるのです。
- 絵本を使って英語を学習することにより、子どもは、言語の基本的な機能、語彙、文法、学習スキルを学び、中学校に進むための基礎固めをすることができます。

■ 絵本と学習

おもに次の4つの方法で、すべての教科を横断して学習する包括的アプローチや一般教育が可能になります。

1. 他教科とのリンク (cross curricular links)

精選された絵本は、ほかの教科の学習にも役立ちます。

- **算数**：時間、数字（数える、数量、足し算、引き算）、測定する。
- **理科**：昆虫や動物のライフサイクル、骨格。
- **技術**：箱を作る、本を製本する。
- **歴史**：有史前の動物、年表や時間の経過を理解する。
- **地理・環境**：地図や地図帳を使う、ショッピングができる店、会話。
- **芸術・工作**：絵を描く、お面、帽子、カード、コラージュ、人形を作る。
- **音楽・ドラマ**：歌を歌う、楽器を演奏する、ロールプレイをする、パントマイムをする、物語の場面を演じる、子どもたちが作った物語を演じる。
- **体育**：動物のまねをして動く、音楽に合わせて動く。
- **ICT**（information communication technology：情報・コミュニケーション）：インターネットを利用して情報を得る。

2. 学習ストラテジー (learning strategies)

ストーリーは、自立した学習者としての子どもの能力を伸ばす手段です。このことについては第4章で詳述します。読み聞かせのコンテクスト（文脈）の中で学習されるストラテジーには、次のような事柄が含まれています。

- 学習に対する意識を高め、計画を立てる、仮説を立てる、自己評価をする、復習をする、などのストラテジーを強化する。
- 特に英語の学習のために必要な、例えば、新出語の意味を推測する、記憶力を伸ばす訓練をする、自己診断テストをする、予測する、などのストラテジーを伸ばす。
- 図表やグラフを作成する、その意味を理解する、解釈するなどの学習スキルを伸ばす、辞書を使う、自分で辞書を作る、作業を計画・準備する。

本書の第2部の「ストーリー・ノート」(story notes) では、子どもの学習ストラテジーを伸ばすための興味あるアクティビティーが数多く紹介されています。

3. 概念の強化 (conceptual reinforcement)

ストーリーは、例えば、物の色、大きさ、形、時間、原因と結果などの概念を強化することができます。例えば、*Brown Bear, Brown Bear, What Do You See?* は色彩の概念を強化します。*Princess Smartypants* では、原因と結果、問題解決などの概念が

強化できます。

4．公民（citizenship）の概念

公民教育や多文化教育（multicultural education）には、他国の文化や外国語を話す人々への文化的意識や寛容の精神を培うこと、男女の平等を推進し、性差別を避けること、民主主義や和合の精神、などが含まれています。*The Kangaroo from Woolloomooloo* や *The Clever Tortoise* のように、異国の文化の話を聞くと、文化はいかに異なっているかということ（例：珍しい動物とか楽器）と同時に、お互いに類似した特徴も持っているということ（例：動物に人がだまされること）の両面がわかります。*Something Else* のような話は、類似性と異質性、寛容の気持ち、他人を理解し受容することの大切さに言及しています。*Princess Smartypants* は、ステレオタイプ（固定観念）とか性差別とか社会における女児や女性の役割について問題提起をしています。

本書の第 2 部の「ストーリー・ノート」では、ひとつの同じ教材からいかに多様な学習ができるかを示す例を提示します。9 ページにある図表 1 は、絵本とその付属の「ストーリー・ノート」に見られる各教科間の関連、学習ストラテジー、一般的な概念や公民の概念に焦点をあてた活動の一覧表です。

● 絵本と子どもの能力差への対応

子どもの能力差への対応は、どの教科を教える教師も日々実践していることです。クラスはときには、初級レベルからバイリンガルに至るまで、能力差が著しい子どもで構成されています。だから、従来、教師には、すべての子どものニーズに対応できるような幅広い指導技術と柔軟性を持ち合わせていることが要求されてきているのです。その点、絵本はすべての子どもが、絵や音声教材のサポートで話の大筋を理解することができるのです。したがって、子どもに能力差があっても、それぞれのレベルでどんな状況にも対応できるのです。詳細については第 5 章を参照してください。

■ 絵本とシラバス

● シラバス（syllabus）とは？

シラバスは、授業内容（content）の選別と配列に関わっています。例えば、英語の教科書の中には、著者たちが国の教育省〔訳者注：日本の場合の文部科学省〕の決めた指針に従って言語材料（コンテンツ）を選別し、配列をして作ったという場合もあります。言語シラバス（language syllabus）は、通常、機能と文法、語彙、発音、それに習得するスキルで構成されています。また、生徒が行うアクティビティー（activities）やタスク（tasks）も含まれているものもあります。最近のシラバスの中には、認知（学習スキル）（cognitive）、文化・公民（cultural/citizenship）、教科横断的（cross-curricular）な側面に焦点をあてているものもあります。こうすることにより、子どもは全人的な発達（global development）を遂げることが可能になるのです。

授業内容（content）を選別し、配列をする際には、学習者に関して次のような要素を考慮に入れて行います。それらは、年齢と認知的な発達レベル、ニーズと興味、語学的なレベルと以前の語学の学習の履歴、目標言語とアクティビティーの難易度とチャレンジ性などです。

● 絵本とコースブック

絵本によって、授業が内容的に補足・補完され、バラエティーが加わり、新たなプラクティスも増えます。例えば、コースブックで動物に関する課を終えたところで *Brown Bear, Brown Bear, What Do You See?* のような動物の話を子どもたちに読み聞かせることもできます。また、ひとつの単元の、ある言語機能と文法の学習を終えたところで、同じ機能と文法が使われているストーリーを読んでやることも有益でしょう。例えば、'Would you like …?' とか 'Yes, please.' というような、誰かに物をあげたり、もらったりするときに使う丁寧な表現を教えたあとに、同様の表現が別の文脈で用いられていることを示すために、*The Elephant and the Bad Baby* を読み聞かせるのもよいでしょう。こうすると授業がいっそう記憶に残りやすくなり、面白くなるのです。第 2 部の「ストーリー・ノート」の中の「言語的到達目標」（linguistic objectives）の項では、児童の学習者に適していると思われる言語材料に焦点があてられているので、教科書とリンクさせて、いつ、どの絵本を使ったらよいかを決定する際に参考になります。

図表1：絵本と学習

		Brown Bear, Brown Bear, ...	The Kangaroo from Woolloomooloo	My Cat Likes to Hide in Boxes	Mr McGee	The Very Hungry Caterpillar	Meg's Eggs	The Clever Tortoise	The Elephant and the Bad Baby	Something Else	Funnybones	Princess Smartypants	Jim and the Beanstalk
他教科とのリンク	**算数**												
	数と量、計測、掛け算					X	X						X
	グラフや図表の作成とその解釈					X	X						
	調べ学習、調査					X							X
	理科												
	骨格と骨										X		
	生き物とそのライフ・サイクルと習性	X	X			X	X	X					
	健康的な食生活と味覚					X							
	植物はいかに育つか												X
	歴史												
	有史前の動物たち						X						
	城、王族、紋章											X	
	地理												
	店、公園などの近所の様子								X		X		
	人間の移住（移動）									X			
	世界の動物	X	X			X		X					
	公害、環境	X	X			X							
	地図や地図帳を使う	X	X	X		X		X					
	天気、気象、季節		X										
	外国の地理的な事実（例：国旗、目印となるもの）		X	X									
	図画工作												
	スケッチや絵を描く、料理をする、クラス・ノートを作る、カード、ポスター、コラージュ、フリーズ（装飾帯）、帽子、人形、模型を作成する	X	X	X	X	X	X	X	X	X	X	X	X
	音楽とドラマ												
	歌、ライム、チャンツを歌う、楽器を弾く、ロールプレイ、役を演じる、マイムをする	X	X		X	X	X	X	X	X	X		
学び方を学ぶ	比較する、マッチングする、関連づける	X	X	X	X	X	X	X		X		X	X
	分類する		X	X	X						X	X	X
	予測する、推測する、推論する	X		X	X		X	X	X	X	X	X	X
	順序に従って並べる	X	X				X		X	X	X	X	X
	仮定する、問題解決をする			X			X			X	X	X	
	記憶する、記憶のトレーニングをする	X	X		X	X		X					
	既習の内容を活用する	X	X								X		
	辞書を使う、調べ学習をする、参考書を使う、インターネットを使う	X		X	X	X	X	X		X		X	X
	チェックをする、自己評価をする					X		X					X
概念の強化	色彩	X		X		X							
	大きさ、形、量	X				X	X	X	X				X
	時間、空間の概念			X		X	X						
	原因と結果、問題解決									X		X	
公民の概念	文化的相違、道徳と価値観、人々や老人を助ける、友情、ジェンダーや文化を類型化する	X	X	X	X	X	X	X	X	X	X	X	X
	エネルギーの節約、環境の保全／絶滅動物の保護	X				X	X						

● **コースブックの代替としての絵本の利用**

　必ずしも、ある特定のコースブックに固執する必要がないときや、まったく使わなくてもよい場合には、絵本は基本的で簡潔なシラバスとして、自分の判断で使用することができるので、コースブックの新鮮な代替となります。こうして、年間、5冊から6冊の絵本を読み聞かせることができます。これは、週あたり、1.5時間から2時間の授業時数で計算すると、ひとつの絵本に5週から6週間、つまり、10時間から12時間を費やすことになります。このようにして、絵本は関連するあらゆる種類の言語活動の出発点となるのです。

● **ストーリーに基づいたシラバス（story-based syllabus）**

　本書に掲載されているストーリーは、児童のニーズに合致し、しかも彼らにアピールすることを狙って慎重に精選したものです。これらの絵本は子どもの世界を中心にしたものなので、そのトピックのみに関連したことば使いだけでなく、伝統的に児童向けのシラバスにはたいてい含まれている日常的なことば使いが出てきます。

- **文法**：ストーリーは、英語の文法に、自然で、オーセンティックな形で触れさせ、その意味を子どもが理解する手助けをします。さらに、子どもは同じ話を何度も聞くことが好きなので、文法を正式に、明示的に教えられなくても覚えてしまうこともあります。このように、ストーリーによっては、くり返し聞くことと、その筋が徐々に展開していくために、子どもたちはパターン・プラクティスのようにくり返し語られる物語に自然に参加できるのです。ストーリーに出てくることば使いはリアルで、しかも、文法的に配列されてはいません。これが「言語習得に基づいた教授法」のひとつの特徴なのです。たいてい、物語体（narrative）は過去形を用いて、直接話法で語られるものが多いのです。Margaret Meek（1995：6）は「絵本は、子どもたちがもっぱら現在のことしか考えていないときに、過去や未来のことも教えているのです」と述べています。

　どんなストーリーでも、一度にひとつの時制だけを扱うのではなく、むしろいくつかの時制が使われています（第2章の図表6を参照）。実際、それが現実の生活で起こっていることなのです。しかしながら、英語を学び始めの児童向けの多くのコースブックでは、現在形に触れさせる機会を制限しているのです。

- **語彙**：子どもはある特定のトピックを好む傾向があります。例えば、*Meg's Eggs* は Meg と呼ばれる魔女の話で、彼女の呪文はいつも間違ってしまうのです。この話には、体の部位、食べ物、サイズを表す形容詞、呪文とか大釜とか、メグのまじないの文句など、魔女というトピックに関連した語彙が出てきます。こういう語彙は、英語を学習している子どもの基本的なコミュニケーションのニーズに直結するものではありませんが、子どもにとって面白いし、覚えやすいのです。それは、子どもが絵本のコンテクストをよく知っていて、イラストもその意味を伝えるのに一役買っているからです。このような「余分な語彙」（additional vocabulary）が児童向けの絵本に豊かさと本物らしさを付与し、「理解可能なインプット」（comprehensible input）を提供してくれるのです。これが、もうひとつの「言語習得に基づいた教授法」の特徴なのです。

● **独自の「ストーリーに基づいたシラバス」を作る**

　第2章の図表5に挙げられている個々の絵本を選ぶ目安に加えて、1年以上にわたって使用できるようなバラエティーに富んだ教材を選定する基準として、次の観点を心に留めておくと役に立ちます。

- 内容（content）：トピック、テーマ、価値観
- ジャンルと表現上の工夫
- 言語：語彙、機能／文法構造
- イラストとレイアウト
- 場面設定（種別——都会／いなかのストーリー；場面——異なった文化／季節／場所）

　使用する絵本を選択し終えたら、それをどういう順番で使うかを決める必要があります。それから、それぞれのストーリーを取り上げて、ブレーンストーミングを行い、次ページの図表2にあるようなストーリーやテーマから判断して、実施可能と思われるようなアクティビティーに関して、いろいろなアイデアを出す必要があります。次の段階は、

「ストーリー・ノート」に説明されているように、「読み聞かせ」前に行う活動、「読み聞かせ」中に行う活動、「読み聞かせ」後に行う活動（pre-, while-, post-storytelling activities）の選択をし、それらを個々のレッスンの中に組み入れる作業になります（第3章参照）。

12ページの図表3は、ある教師が、9歳から10歳の初級レベルのクラスで、6種類のストーリーを主要な教材として、一学年にわたって、どのように使用したかを示すものです。45分の授業を週1.5コマ実施したものです。それぞれのストーリーの言語材料が機能と語彙に分けられ、一つひとつが「ミニ・シラバス」を構成しています。それらを集め、新しい言語材料や既習の言語材料も取り混ぜて、一学年用の「グローバル・シラバス」を構成したプロセスがわかるようになっています。ほかの絵本についても、同様のシラバスを同じような方法で作ることができます。

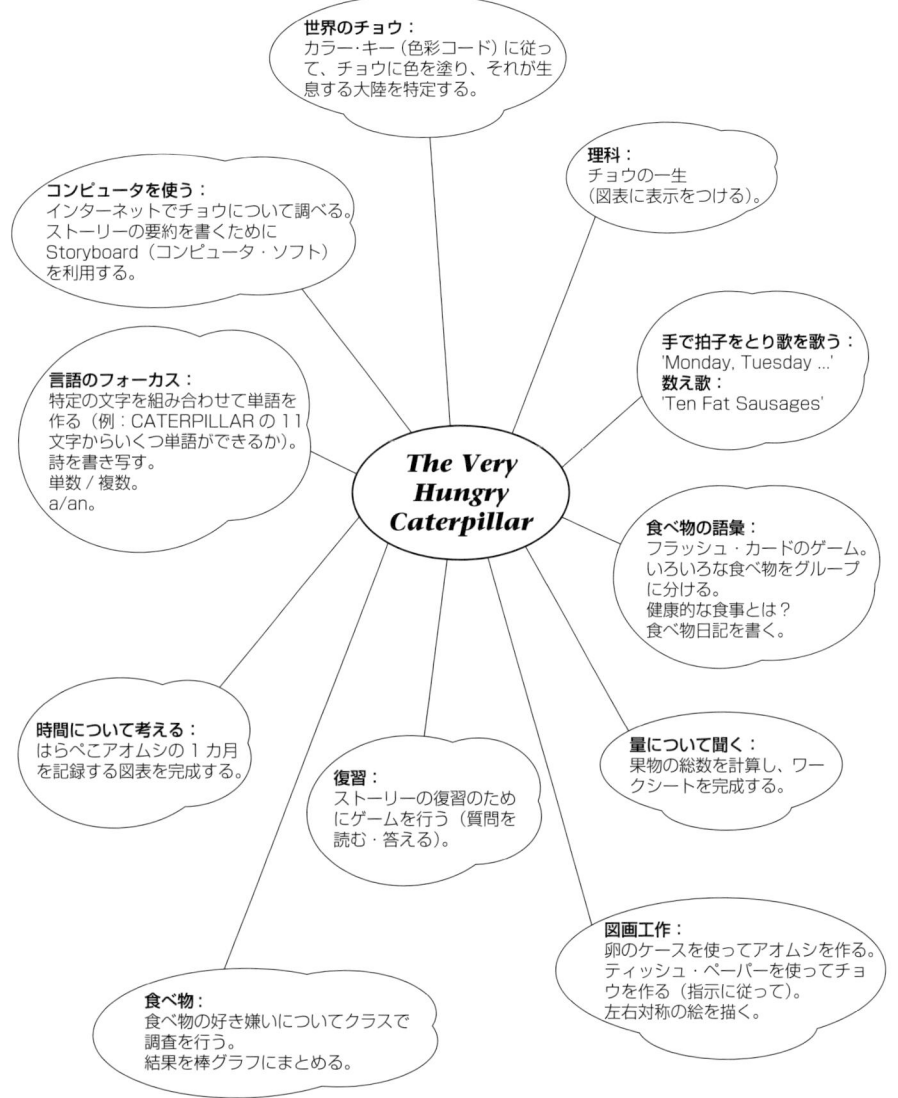

図表2：*The Very Hungry Caterpillar*で行うアクティビティーのためのブレーンストーミング

週	ストーリー	主要なトピック・テーマ・価値観	言語のフォーカス	ジャンルと文体	イラストのスタイル・レイアウト	セッティング
1&2		英語への導入	あいさつ 紹介 1〜12までの数字 色			
3-6	Brown Bear, Brown Bear, What Do You See?	動物園にいる動物たち	動物 色 質問をしたり、答えたりする：What did you see?, I see ...(何が見えますか？, …が見えます) 動物の説明をする：It's+colours …(それは…色です、それは…に住んでいます…ができます)	質問と回答 くり返し ライム	コラージュ 明るい色 白の背景	動物園
7-11	My Cat Likes to Hide in Boxes	いろいろな国にいるネコ 国によって異なる文化に対するイメージ・観察、絵について疑ってみる	いろいろな国々 動作を表す動詞 名前、副詞、形容詞 場所の説明をする：in, out, under, on 人ができることを言う＜：Can you＋動詞？（…ができますか？） 大きさと色を表す形容詞 ストーリーに出てくるネコの説明をする：It is＋colour（それは…色です）, It's＋size（それは（大きい、小さい）です）, It's wearing ...（それは…を身につけています）	物語体 徐々に展開していくストーリー ライム くり返し	黒色で輪郭をとり、色々の線で描いた絵 反復的色彩のついた青緑色の背景	いろいろな典型的な記念物、特徴、飲食、娯楽と習慣
12		復習 評価テスト				
13-17	Mr McGee	Mr McGeeと呼ばれる男の人生の出来事	衣服 顔の表情 名前 前置詞、副詞 形容詞 動詞 人の資質を説明する：I'm clever（私は聡明です）	ナンセンスな詩 ライム ユーモア 直接話法	黒色の線で輪郭をとり、明るい色を使ったイラスト 白の背景	西洋の小さな話題な国々の話題とかかり異なった環境や建物について論に発展する
18-22	The Very Hungry Caterpillar	チョウの一生	曜日、数字、果物、食べ物、色 アナムシ、チョウに関連した事柄 数量を聞く：How many?（いくつ？） 好き嫌いについて聞いたり、話したりする：Do you like ...?（…が好きですか？） チョウの説明をする	物語体 くり返し 徐々に展開していくストーリー ユーモア サプライズ	コラージュ 明るい色 白の背景 アオムシが食べた穴の開いたページ	世界のチョウの観察
23-27	Meg's Eggs	恐竜	体の部位 形容詞 恐竜に関連した事柄 魔女に関連した事柄 食べ物 情報を求めたり与えたりする 恐竜がある場所の説明をする	物語体 ファンタジー／魔法 直接話法 漫画などの吹き出し オノマトペ（擬声語） 短いライムを作る効果 ユーモア	強烈な原色 重色だけで描かれた線 明るい色の背景	内部と外部
28-31	The Clever Tortoise	アフリカの動物 尊敬と平等	アフリカの動物 動物の特徴 体の部位 地理的な特色、形 形容詞、形容詞句 情報を求めたり与えたりする 動物の説明をする 比較する	物語体 西アフリカの昔話 直接話法 くり返し出来事	シルエット アフリカ的な色や模様に関心を抱かせるような活動	西アフリカのいなか
32		復習 評価テスト				

図表 3：「ストーリーに基づいたシラバス」の年間計画表

第2章

絵本を選ぶ

■ オリジナルで本物の絵本

　ごく最近までは、英語の授業で使われる児童向けの絵本といえば、有名なおとぎ話（fairy tales）や寓話（fables）を書き換えたり、英語を簡単にしたもの（simplified versions）や、ときに「読み物」（readers）と呼ばれている書き下ろし物のストーリーが多く使われていました。しかし、1990年代には、本物の絵本（authentic storybooks）を使う教師が増えてきました。もともと、いわゆる「本物の絵本」というのは、英語教育を意識して書かれているわけではないので、言語材料の選別（selection）や配列（grading）はなされていません。しかし、多くの絵本には、実際に使われている英語や昔から児童向けの本に定番のことば使い、表現が使われているので、子どもには本物の英語に触れる豊かな機会が与えられ、それが学習意欲を起こさせるもとになっているのです。子どもには、すべての単語の意味がわからなくても、全体の意味を把握する能力が備わっています。イントネーション、マイム、ジェスチャー、文脈、視覚的な補助などの助けで、聞いたことが理解できるのです。ですから、オリジナルで本物の絵本は、子どもたちに、「本物の本を読んだという」達成感を与え、いっそうやる気を起こさせるのに役立つのです。

■ 絵本のタイプ

　教師は、手近にある豊富な子ども向けの図書の中から、いろいろな種類の教材を選ぶことができます。それらには次のようなものがあります。

- 昔話やおとぎ話のように、すでに母語で子どもたちがなじんでいるもの。
- おとぎ話にユーモアを交えて、現代風にアレンジしたもの。
- テキスト（本文）が与えられていない絵物語（picture stories）（子どもたちが共同して物語を作っていく）。
- ライム（韻）を踏んだ物語（rhyming stories）。
- 結末が予測できるように、ストーリーが展開していくような物語（cumulative stories）。
- ユーモラスな物語。
- ライム（韻）が次から次へと伝染していくような物語（stories with infectious rhymes）。
- 日常生活に基づいた物語（everyday stories）。
- 空想的な物語（fantasy stories）。
- 動物が出てくる物語（animal stories）。
- 自国の文化に由来する物語。

　オリジナルな絵本を外国語学習者に使用することに対する批判のひとつに、ことば使いや表現が複雑なわりには、内容があまりにも単純で対象となる学習者のレベルに合わないということがあります。しかし、子どもは母語では耳を傾けないような話でも外国語ならば喜んで聞くことがよくあるのです。さらに、精選された絵本の場合は、年齢、概念や情緒の発達段階や多方面にわたる経験に応じて、いろいろなレベルで解釈したり、活用できるのです。例えば、*The Very Hungry Caterpillar* は、「英語教育前線の国際的なスーパー・スター」（Rixon（1992：83））と呼ばれているように、幼稚園でも小学校でも中学校でも、どこでも使われてきています。

　絵本を十分使い切るためには、それを注意深く分析する必要があります。本書に掲載されている絵本は、ジャンルやトピック別に分類されています（15ページの図表4を参照）。大部分のストーリーはユーモアに富んでいるものばかりなので、「ユーモ

ア」という項目は単独のジャンルには含まれておりません。この一覧表を見ると、分類方法によっていろいろ違った仕分け方が可能になるということがわかります。

■ 視覚的な理解力（visual literacy）を伸ばす

昨今のように国際化が進んでいる社会では、視覚的なイメージを通して情報を提供することは、重要なコミュニケーションのための手段となっています。ですから、視覚的な理解力を伸ばすことは、子どもたちにとってたいへん重要なことなのです。子どもに絵本の中の挿絵を見せる場合、そのイメージを「読み取る」時間を与えれば、彼らはかなり正確に物語の内容を言うことができます。さらに、教師が挿絵の細部にまで子どもたちの注意を向けさせたり、質問を投げかけることにより、子どもたちは観察するスキルを身につけ、いろいろなタイプの挿絵の意味を読み解くことができるようになるのです。挿絵のスタイル、挿絵の種類（例：コラージュ、刺繍、油彩、水彩、クレヨン、写真）、色彩の使い方（原色、パステル、白黒の背景）などについて、子どもたちに自由にコメントさせてみましょう。また、「これらの特徴的なことが、物語の展開や雰囲気を作り出すのにどのように役立っているか？」「挿絵がどのように物語の理解に役立つか？」「どの挿絵が好きか、その理由は？」などという質問をして、子どもたちのディスカッションを促すことによって、彼らの視覚的な理解力や絵の鑑賞力を伸ばすことができるのです。

■ 絵本を選択するための条件

入手しやすく、役に立ち、そして子どもの英語学習に適した本物の絵本を選ぶためには、十分な配慮を払う必要があります。教師はどのような基準を用いることができるのでしょうか？　16～17ページの図表5では、語学教育の目的を5つに分類し、それをさらにいくつかの質問事項に細分化し、読者が自らチェックできるようになっています。5つの目標は、図表の中で矢印によって示されているようにある程度重複しています。

■ 絵本と文法

本書に収められているストーリーの英語のレベルはさまざまです。それは使われている言語材料、ストーリーの長さ、くり返しの頻度、挿絵の使い方、レイアウトなどとある程度、関係しています。物語体（narrative）の特徴のひとつは、単純過去形を用いることです。英語学習の早い段階で、過去形を教えることを好まない教師も中にはいますが、過去形は物語体ではごく自然な時制であり、もし、この時制を使わないと自然さが損なわれてしまうことになりかねません。さらに、子どもは、過去形がどのように使われているかとか、なぜ過去形なのか、などということではなく、ストーリーそのものの意味に集中しているのです。母語での読み聞かせの経験や知識があるので、彼らはある程度、目標言語である英語で過去時制が使われていても、その備えはできているのです。しかし、もし抵抗感があるようでしたら、ときには、現在時制に置き換えてもさしつかえはありません。18ページの図表6には、「ストーリー・ノート」で扱われているおもな文法事項が載せてあります。

■ 本物の絵本と英語のレベル

オリジナル絵本は、特に外国語学習者のために書かれたものではないので、それぞれの絵本のレベルを明確に指し示すことは難しいことです。絵本は、概念、言語材料、他教科とのリンク、プロジェクトなど、それが持つ教育可能性は多岐にわたります。多くの絵本は、子どもの概念的発達や集中力の度合いばかりでなく、絵本の使い方、その内容の細部に入り込む度合い、読み聞かせにさく時間の長短などによって、さまざまな年齢層や能力の異なる子どもに使うことができます。例えば、*Brown Bear, Brown Bear, What Do You See?*で行うアクティビティーは、色や動物に関する基礎的な語彙の練習から、世界中のクマに関するプロジェクトのような極めて高度な活動への橋渡しにもなるのです。

ストーリーによっては、やさしく書き換えたほうがよい場合があるかもしれません。例えば、*Princess Smartypants*の「ストーリー・ノート」では、原作の難しい語句や表現をやさしく書き換えた例が載せてあります。次の「ストーリーの翻案」の節では、

トピック	ジャンル					
	物語体	ライム	くり返しが多く、話が徐々に展開するもの	ファンタジー	おとぎ話/風刺	異文化からのストーリー
理科	The Very Hungry Caterpillar			Funnybones		
動物	The Clever Tortoise The Elephant and the Bad Baby	My Cat Likes to Hide in Boxes Brown Bear, Brown Bear, ... The Kangaroo from Woolloomooloo	My Cat Likes to Hide in Boxes Brown Bear, Brown Bear, ... The Elephant and the Bad Baby			The Clever Tortoise The Kangaroo from Woolloomooloo
食べ物/ショッピング	The Very Hungry Caterpillar The Elephant and the Bad Baby		The Very Hungry Caterpillar The Elephant and the Bad Baby The Kangaroo from Woolloomooloo			
色彩		Brown Bear, Brown Bear, ... Mr McGee				
衣服		Mr McGee				
恐竜				Meg's Eggs		
魔女と魔法	Meg's Eggs			Meg's Eggs		
昆虫	The Very Hungry Caterpillar		The Very Hungry Caterpillar			
祭り				Meg's Eggs		
友情/人を助ける	Something Else Funnybones			Funnybones Meg's Eggs	Jim and the Beanstalk	
社交的なふるまい	The Elephant and the Bad Baby Something Else					
忍耐	Something Else					
平等	The Clever Tortoise		My Cat Likes to Hide in Boxes		Princess Smartypants	The Clever Tortoise
環境/保全	The Elephant and the Bad Baby The Very Hungry Caterpillar	Brown Bear, Brown Bear, ...		Funnybones		
人々/家族/職業	The Elephant and the Bad Baby	Mr McGee			Jim and the Beanstalk Princess Smartypants	

図表4：ジャンル別、トピック別のストーリー

第2章 絵本を選ぶ

カテゴリ	項目	問い
レベル	語彙 文構造/機能	妥当なレベルであるか？ 子どもにチャレンジさせるのに適切なレベルか？ そのストーリーには、わかりやすいインプットを与えられるように、たくさんの語彙の例示が含まれているか？
読み取る力の工夫	反復/累積的内容 リズム/押韻 質問/答え 対話/陳述 ユーモア/サスペンス 予測性/意外性 擬声語/頭韻 対照 隠喩/直喩	そのストーリーには、どのような文学的技法が含まれているか？ その技法は、どのように生徒たちにストーリーを理解させ、ストーリー・テリングに参加させ、どのように予測し記録しようという気持ちを起こさせ、発音を上達させ、彼らの表現を豊かにさせ、集中力を維持させ、喜びを増す助けとなっているか？
内容/主題	妥当な 興味深い 楽しめる 覚えやすい 長さ 価値観	そのストーリーは、生徒たちを引きつけるか？ 生徒たちの興味・関心に合っているか？ 楽しめて、覚えやすいか？ 普遍的なテーマを述べているか？ 生徒たちの年齢にふさわしいものであるか？ 一気に読み通すことができるか？ あるいはいくつかのパートに分割できるものか？ そのストーリーが投げかけている価値観や態度は、同意できるものであるか？
イラスト/レイアウト	イラストの利用/レイアウト 魅力的で色彩が豊か 大きさ 目標とする文化	イラストが本文と合っていて、子どもたちの理解を助けているか？ それは子どもたちの、挿絵の意味を読み解く力を育てるものであるか？ 生徒たちの年齢にふさわしいものであるか？ 魅力的で色彩が豊かであるか？ クラス全体から見える大きさであるか？ それは、目標とする文化における生活を描き出しているか？ レイアウト（ページ割、折り込み、切り抜くことができるページ、吹き出し/本文なし）は子どもたちの理解を助け、彼らとそのストーリーとの相互作用を強化するものであるか？
教育的可能性	「学び方」を学ぶこと 他教科との関連 世界の文化的な知識 概念形成力の発達 学習スタイル/知力	そのストーリーはどのようにして、子どもたちが自分たちの学習ストラテジーを知り、それを伸ばすことができるようにさせるか？ そのストーリーは、カリキュラムを横断して他教科と関連を持つことができるか？ 子どもたちは世界や他の諸文化について、何を学ぶことができるか？ そのストーリーは、概念を形成する力を発達させ、強めるか？ そのストーリーおよびそれに関連する活動は、いろいろな学習スタイルに合い、さまざまな知恵を働かせるものであるか？

言語的 / 心理的 / 認知的 / 文化的

図表5：ストーリーブック選定の基準（続く）

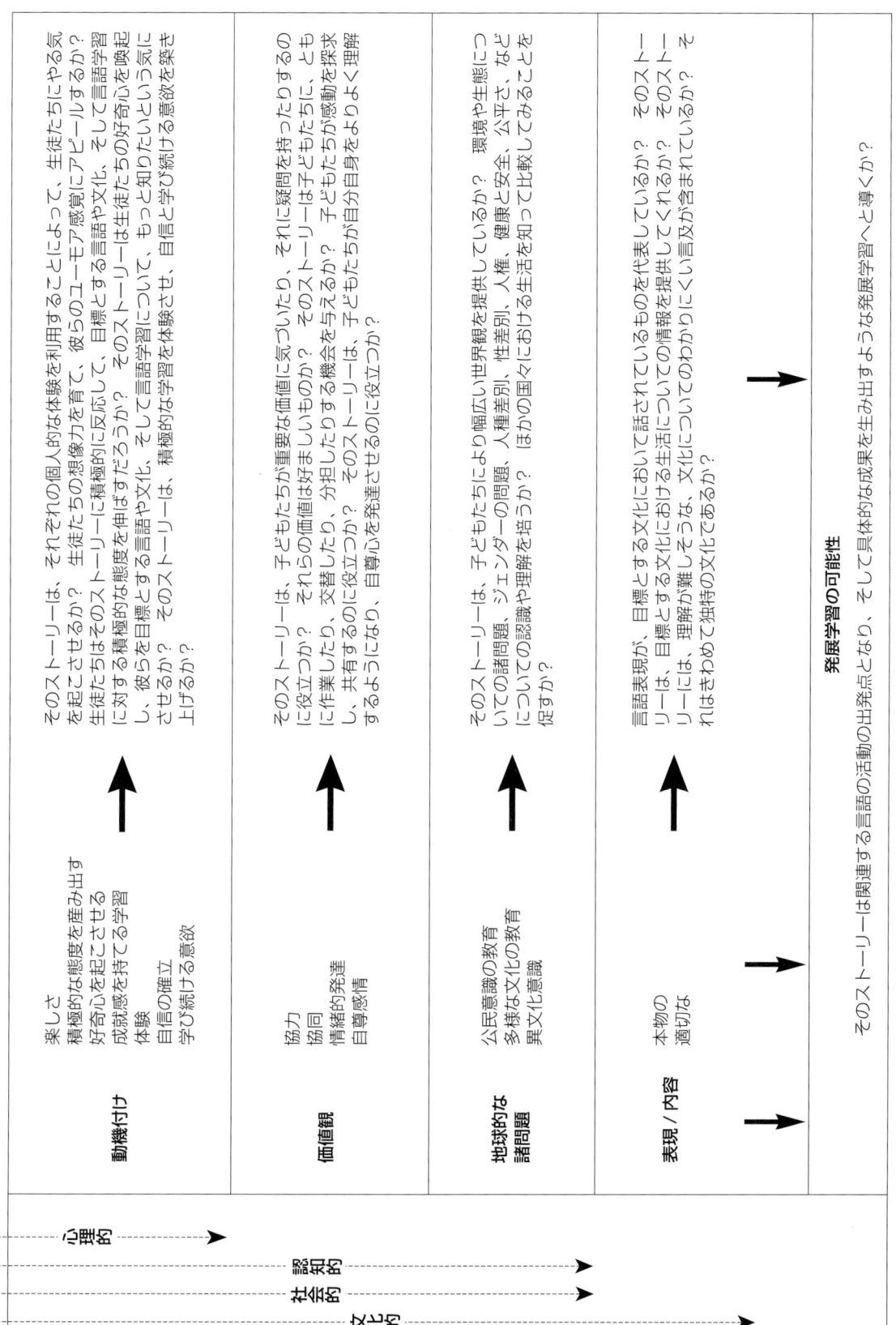

図表5：ストーリーブックの選定の基準（続き）

	Brown Bear, Brown Bear, …	The Kangaroo from Woolloomooloo	My Cat Likes to Hide in Boxes	Mr McGee	The Very Hungry Caterpillar	Meg's Eggs	The Clever Tortoise	The Elephant and the Bad Baby	Something Else	Funnybones	Princess Smartypants	Jim and the Beanstalk
動詞 命令文	X					X	X					
現在形	X	X	X		X	X	X		X	X	X	
現在進行形			X	X						X	X	
過去形		X		X	X	X		X		X	X	X
受動態										X		
be going to を用いた未来形または法助動詞				X						X		X
分詞	X											
can/could	X	X	X					X			X	
will/would								X				
may/might											X	
疑問形 Yes/No questions		X	X		X	X	X	X	X	X	X	X
Wh-questions	X			X	X	X	X	X	X	X	X	X
前置詞 on, off, in, out, outwards, into, inside			X	X								
up, upwards, down, under, over			X	X								
形容詞 語順	X	X		X	X		X		X			
比較級と最上級 too＋形容詞 as big as								X			X	X
名詞 可算・不可算名詞 some/any 単位（例：a slice of 〜（1枚の〜））						X	X		X			

図表６：絵本の英語のレベル

その詳細なガイドラインが提示されています。ストーリーの原文（text）や子どもへの言語情報のインプットの改変だけでなく、子どもの応答やアウトプットも簡単にすることができます。本書の「ストーリー・ノート」の多くは、学習者の言語的、認知的、教育的なニーズに応えるように精選されたアクティビティーを提案しています。大切なことは、絵本を使う全般的な目的は、英語の学習に対する積極的な態度を育み、一般的な理解を促進することだ、ということを忘れてはなりません。

　難易度についてのガイダンスを提供する目的で、本書に収められているストーリーを2つのグループに分類しました。最初のグループは英語のレベルに関する情報を与えるもので、原文の長さと言語的な複雑性に基づくものです。もうひとつのグループは、「ストーリー・ノート」で説明されているアクティビティーの難易度に基づいています。

● **ストーリーの英語のレベル**

初級レベル：

Brown Bear, Brown Bear, What Do You See?

中級レベル：

The Kangaroo from Woolloomooloo
My Cat Likes to Hide in Boxes
Mr McGee
The Very Hungry Caterpillar
Meg's Eggs
The Clever Tortoise
The Elephant and the Bad Baby

上級レベル：

Something Else
Funnybones
Princess Smartypants
Jim and the Beanstalk

● **アクティビティーのレベル**

初級レベル：

Brown Bear, Brown Bear, What Do You See?
The Very Hungry Caterpillar
My Cat Likes to Hide in Boxes
Mr McGee
The Clever Tortoise
The Kangaroo from Woolloomooloo

中級レベル：

Brown Bear, Brown Bear, What Do You See?
The Very Hungry Caterpillar
My Cat Likes to Hide in Boxes
The Elephant and the Bad Baby
Something Else
Meg's Eggs

上級レベル：

Jim and the Beanstalk
Princess Smartypants
Funnybones

■ **ストーリーの翻案**

　物語体のストーリーには、ほかにはない特徴があります。つまり、ストーリーを過度に簡略化したり、改変してしまうと、話の魔術が消えうせてしまいます。逆に、むずかしすぎて、子どもが理解できない場合も、この魔法は消えてしまいます。ストーリーを子どもにもっとわかりやすくするには、次のようなガイドラインを参考にしてください。

● **語彙と一般的な意味**

● **未習の単語や内容のチェック**：難易度の高い単語をやさしいことばで置き換える必要があるかどうか？　例えば、*Jim and the Beanstalk* について言えば、'pesky'（行儀が悪い）を同じような意味ですが、もっと普通の単語の 'naughty' に代えたり、また、'oculist'（眼科医）を普通の単語の'eye doctor'に代えることができます。

　ストーリーによっては、キーワードとなるようなことばは、子どもたちにとって、多少なじみのうすいものであっても、最後まで残しておくことが大切です。例えば、*Meg's Egg* では、魔女が使う「大釜」（cauldron）という単語は、文体的なインパクトが強いのでストーリーの中に残しておいたほうがよいのです。ここで、挿絵があればその意味が明瞭になります。

● **イディオムのチェック**：もっと平易な表現に書き換えたほうがよいイディオムや発想があるかどうか？　例えば、*Princess Smartypants* で使われている 'It's high time you smartened yourself up.'（身だしなみをきれいにしてもいいころですね）は、You don't look like a princess, your clothes are so dirty.（あなたは王女さま

のようには見えませんね。あなたの服は本当に汚い）と書き換えても、若干、原文のニュアンスとは異なりますが、ストーリーのテーマは強調されています。
- **わかりやすさのチェック**：例をもっと多く提示したら、原文の意味がよくわかるようになるかどうか？

● **文法**
- **時制のチェック**：いろいろな時制が使われすぎていないかどうか？ 簡素化できないかどうか？ ほとんどのストーリーでは単純現在形か過去形が用いられています。
- **構文のチェック**：ストーリーにはいろいろな時制が使われていますが、扱う時制の数を減らして、どれかひとつの構文だけを重点的に教えたり、または構文の数を減らすこともできます。
- **語順のチェック**：絵本では、劇的な効果を上げるために、語順がふだんの英語とは異なることがよくあります。例えば、*Funnybones* では、最後の行の語順が入れ替わり、'In the dark dark cellar some skeletons lived.' のようになり、'skeletons' という単語が強調されています。これが子どもにとって混乱を招くことになるのか、それとも、原文の倒置による効果を大切にすべきか、いずれかを教師が判断しなければなりません。

● **アイデアの構成**
- **文の長さと複雑性のチェック**：1文が長いものは、2つに分けて短くする必要があります。その場合、意味を明確にするために、ほかのことばをつけ加えたり、マイムなどで補助する必要があるかもしれません。
- **時系列のチェック**：物事が起こった順番（時系列）は明確ですか？ first、then、the next day などの「時間の指標」（time marker）を使って、時系列を明瞭にする必要がありますか？
- **アイデアの関連性の仕方のチェック**：文と文のつながりを明瞭にする必要はありませんか？ 例えば *The Elephant and the Bad Baby* のような話では、so という接続詞を使うことによって、物事の「因果関係」（causes and effects）を強調しています。
- **アイデアの説明の仕方のチェック**：物語体（narrative）が多く使われている場合は、直接話法（direct speech）を使ったほうが、読みやすくなりますか？

● **ストーリーの長さ**
- **ストーリーに出てくる事象の数のチェック**：*The Elephant and the Bad Baby* のように、話の筋が徐々に展開していくタイプの読み物（cumulative stories）は、登場人物や出来事のいくつかを省略しても、物語全体の効果は損なわれないこともあります。

■ **留意すべき絵本の特徴**

上に述べたことを要約すると、児童英語のクラスで絵本を使うことを考える場合は、次のような事柄を念頭に置くことが大切です。

- この絵本は、あなた自身が気に入っていて、子どもに熱心に読み聞かせてやろうと思うような本ですか？
- 子どもが気に入って、楽しめるような本ですか？
- 内容が面白く、子どもにモチベーションを与え、集中力を持続させることができますか？
- 全体の長さは適当ですか？ また、いくつかの「セクション」に分けることはできますか？
- 子どもにとって身近なお話（例えば、有名なおとぎ話とか自分の国の文化に関するようなもの）で、子どもがあらかじめ備えている知識（prior knowledge）を活用し、話の展開の予測（prediction）ができるようになっていますか？
- この絵本の「筋」（story line）は明瞭で単純ですか？
- 豊かな感情表現（expressive language）が使われていますか？ 言語的にも認知的にも、子どもはそのストーリーを理解できますか？
- このストーリーには、役に立つ表現がくり返し使われていて、それらが自然に習得できるようになっていますか？
- 子どもたちが楽しんでまねができるようなオノマトペ（onomatopoeia：擬声語）が使われていますか？

- ライムとかリズムは豊富に使われていますか？
- 「サスペンス」「サプライズ」「ユーモア」の要素が含まれていますか？
- ストーリーのくり返しや、累進性（cumulative content）があり、話の展開の予測や確認が容易にできるようになっていますか？
- 子どもを絵本の世界に巻き込んだり、参加させるような機会に富んでいますか？（例：自分で考えて、友だちとインタラクションをする、展開を予測する、くり返す）
- 子どもの想像力を刺激しますか？
- 子どもに「学び方を学ぶ」ストラテジーを積極的に使わせていますか？
- 普遍的なテーマ（universal theme）に取り組んでいますか？
- 子どもの常識（knowledge of the world）をサポートしたり、伸ばす手助けをしていますか？
- 教師にとっても子どもにとっても、ふさわしい倫理観、価値観、信条が含まれていますか？
- 「読み聞かせ」のあとのフォローアップや発展学習の機会を提供していますか？
- 絵本の挿絵（illustration）は大きく明瞭で、クラス全員の子どもが見えますか？
- 挿絵が効果的で、内容理解のための視覚的なサポート（visual support）になっていますか？また、挿絵が本の内容と一致していて、意味を理解したり、あいまいな点をはっきりさせるのに役立っていますか？

　明らかに、どの絵本にもそれぞれ特徴がありますが、良い絵本と言われるものは、どれも上に挙げたような特徴を備えています。しかし、もし、教材を選んでしまってから、期待していたほど子どもに訴えるものがないと判断したら、授業計画を一部変更したり、場合によっては全面的に変えてしまうことも一案です。最も大切な目的は、子どもが「読み物」を楽しんで鑑賞することなのです。

第3章

絵本を使う

　「これらの絵本は挿絵もきれいだけれども、もともと母語として英語を話している子ども向けの本なので、自分の生徒には使いたくても使えない」
　こうした意見は、「外国語としての英語教育」に携わっている多くの英語教師が、「生の英語」で書かれた絵本を手にしたときに最初に抱く感想です。絵本をどのように活用し、「ストーリーに基づいた授業」（story-based lessons）を計画して、すべての準備を整えるのにどれほどの時間がかかるのかを想像することは、実際、簡単なことではありません。この章は、絵本を授業で使用しようとしている教師たちがよく抱く疑問に応えるための情報提供を目的としています。

■ どの生徒も自分の絵本を持たなければならないか？

　「読み聞かせ」の授業のための準備や、いろいろなアクティビティーのために、テキストが必要なのは、先生だけで、生徒には持たせる必要はありません。これは、授業中のタスクが、ストーリーの展開を予測したり、前の内容を思い出すことが中心になっているからです。もし、この段階で子どもたちがテキストを見てしまうと、「サプライズ」的な要素や、話に積極的に入り込もうとする意欲の多くがそがれてしまいます。しかし、ストーリーの授業が終了した段階で、その絵本を1冊か2冊、教室の書架に入れておいて、子どもたちが自由に閲覧できるようにしておくこともできます。

■ 同じ絵本を何回読むべきか？

　これは、適当な準備をしたうえで、毎回の授業で全部のストーリーを1、2度読むような場合から、6、7回の授業の中で2、3度だけ全体を読み聞かせる場合まで、その方法はさまざまです。本書の「ストーリー・ノート」では、ある日の授業の始めと終わりに少し読んでやり、次の授業でその続きを少し読むというような方法を紹介しています（例えば、*The Very Hungry Caterpillar* の「ストーリー・ノート」を参照）。このように、毎回、少しずつくり返して聞かせると、前の時間で学習したことばに何度も触れるので、子どもたちはストーリーの展開を予測したり、物語に入り込むことができ、結果として、それが自信につながるのです。

■ 子どもに同じ絵本を何回も聞かせると、あきてしまうのではないか？

　子どもは同じ話を何度でも楽しんで聞くものです。回を重ねるごとに、ますます多くのことを覚えることに気づき、自信につながります。また、新しいことばや表現に挑戦する機会にもなるので、読み聞かせに参加することが、彼らにとっては楽しいアクティビティーになるのです。

■ 絵本の授業を、子どもたちはどんな形でまとめるか？

　子どもたちに、授業で勉強した絵本ごとにフォルダーやA4サイズの封筒を用意させて、授業に関するすべてのもの、例えば、練習問題（language exercises）、お絵描き（drawings）、ゲームのカード（game cards）、お面（masks）などを整理して入れておくのもひとつのアイデアです。それぞれの封筒には、子どもたちにストーリーから連想した絵を描かせたり、絵本のタイトルを書かせることもできます。こうして、それぞれの絵本について、それぞれの子どもが自分専用の記録を作ることができるのです。

■ 授業中に母語を使うべきか？

　ストーリーによっては、ときどき母語を使う必要があるかもしれません。もし、クラス全員がある共通語（例えば、日本語）を使用している場合には、これは極めて自然なことです。母語は、子どもが外国語を学ぶうえで手助けになるツールとして活用できます。実際、仮に教師が母語の使用を禁止するようなことをすれば、大変重要な学習ストラテジーを子どもから奪うことになってしまいます。しかし、母語使用のタイミングと理由（when and why）を慎重に考慮する必要があります。教師が英語を使えば、それだけ、子どもたちは英語になじむ機会が増えるのは自明のことです。母語を使ってもよいと考えられるのは次のような場合です。

- 背景（setting）を説明したり、教科や目標言語について子どもがあらかじめ持っている知識を活用して、ストーリーを子どもの個人的な経験と関連づけさせるとき。
- 話の展開（次に何が起こるか？）を予測させるとき。
- 話の「あらすじ」を教えるとき。これは、難しいストーリーの場合は重要です。
- 新しい語彙（vocabulary）や語句（phrases）を導入するとき。
- 単語、文法、文化的背景の説明をするとき。
- これまでの話の「あらすじ」を思い出させるとき。
- ペアワークやゲームの仕方を説明するとき。
- 学習ストラテジーについて話し合いをさせるとき。

■ 子どもが絵本の内容を理解するために、どのようなサポートをするか？

　絵本が持っている可能性を最大限に引き出し、子どもが楽しみながらストーリーについてくるようにさせるためには、いろいろな方法で彼らの理解を援助する手立てをしてやらなければなりません。「ストーリーに基づいた授業」（story-based lessons）をいっそう理解しやすくするためのフレームワークには、次の8つのステップが含まれています。

1. 必要に応じて、ストーリーの一部を書き換えて理解しやすくする。子どもにとってなじみの薄い語句を身近なものに代えたり、構文をやさしく書き直して、ストーリーの筋をわかりやすくする（第2章「ストーリーの翻案」参照）。
2. 視覚的なサポートを提供する。例：黒板に描かれた絵、切り絵にした人物、漫画の中の「吹き出し」（speech bubbles）、お面、人形、実物教材（real objects）、フラッシュ・カードなど。
3. 言語学習の焦点（language focus）を決める。ストーリーを理解するのに必要なポイントは何か、また子どもたちが実際ことばを使うためには何に焦点をあてるべきかを決めなければなりません。この焦点には、語彙、機能、文法、発音などが含まれる。
4. いつ、絵本の「読み聞かせ」を行うかを決める。毎時間、少しずつ読むのか、それとも、準備をしたうえで、一度に全部読んでしまうのか？　何時間ぐらいひとつの物語に使うのか？　そのストーリーを使うのは1回だけか、それとも2回か？　同じものを数回の授業で使うのか？
5. ストーリーのコンテクストを与え、それからおもな登場人物などを紹介する。子どもたちを物語の世界に引き込み、彼らが物語の中で経験することを実生活での経験とリンクさせるような状況を作る。子どもたちの実生活、例えば、彼らが住んでいるところ、よく知っている動物、好きなことや嫌いなこと、ショッピング、ピクニック、彼らが知っている人々というような事柄と絵本の中の世界を関連づけるようにする。
6. 子どもが物語のコンテクストを理解し、登場人物などが識別できるようになったら、重要語彙や語句を抽出して教える。
7. 理解に必要な言語材料をどのような順序で教えるか、また、新出の語彙、文法などを一度にどのくらい扱うかを決定する。
8. 「読み聞かせ」のあとのフォローアップをどの程度行うかを決定する。例えば、絵本の中で学んだ語彙や表現、トピックなどをさらに強化するようなライムや歌があるかどうかを調べる。どのようなフォローアップを行えば、子どもたちが絵本で学習したことを、ドラマや図画工作、簡単な理科などの異なった教科の理解に活用できるかを決定する（例：*Funnybones* を学習したあとで骨や骸骨について学習する）。

■「ストーリーに基づいた教授法」があるのか？

第1章で見たように、子ども向けの本は、子どもの学習を伸ばすのに理想的なコンテクストを与えてくれます。どのような状況でも問題なく適用できるような「ストーリーに基づいた教授法」を取り入れることは可能で、それは、右欄の図表7に示されている3つのステージから成るモデルです。これは、「スキルに基づいた学習」（skill-based work）と同じように、「pre-」（前）、「while-」（中）、「post-」（後）の3つの段階から成っています。そのモデルには「反省」（reflection）、「実験」（experimentation）、「さらなる反省」（further reflection）をする機会が組み込まれていて、子どもたちは、「計画」（plan）―「実行」（do）―「反省」（review）の3つのステージを経るようになっています。その方法は次の通りです。

- 何を、なぜ行うかについて考える。その際、ストーリーに関して自分がすでに知っていることを明らかにする。
- 実験する。ストーリーを聞き、自分なりに読み聞かせに参加する。
- 「さらなる反省」（further reflection）をさせるために、ストーリーの中で学習したことを発展させ（extend）、強化し（consolidate）、個人的なレベルで使わせる（personalize）。同時に、実行したことや学習したことの復習（review）と評価（assess）をさせる。

この「3段階モデル」を活用して、次の3つの活動を計画することができます。

1. ひとつのストーリーについて6～10時間相当のミニ・シラバスから成る授業。
2. 一時間の授業。
3. 授業中、実施する一連のアクティビティー。

本書の「ストーリー・ノート」は、このモデルに準拠しており、どれも読み聞かせに先立つ準備段階の留意事項を掲載しています。ストーリーによっては、子どもがそれを聞く前に、3～4時間の準備時間を用意しているものや、1～2時間のものもあります。しかし、大切なことは、子どもに最初から絵本に触れさせ、そのコンテクストと学習の目的に絶えず留意させておくことです。読み聞かせ中のアク

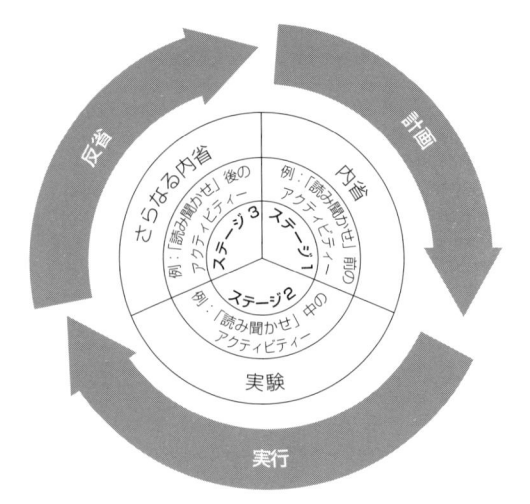

（*HIGH/SCOPE*.www.highscope.com を改作）

図表7：「ストーリーに基づいた教授法」のフレームワーク（「計画―実行―反省」モデル）

ティビティーについては、絵本を読みながら指示し、読み聞かせ後の授業は、ストーリーの中で学習したことばやテーマを発展させ、強化し、個人的なレベルで使わせることに焦点があてられます。

「計画―実行―反省」モデルは、子どもたちに「pre-」（前）、「while-」（中）、「post-」（後）と進行する読み聞かせの明確なプロセスを意識させ、最終的に具体的な結果が作り出せるようなフレームワークを提供してくれます（26ページと「ストーリー・ノート」の「最終到達目標と成果」の項を参照）。例えば、*Brown Bear, Brown Bear, What Do You See?* を8～9歳児の授業で使用したときは、色彩や動物についてあらかじめ学習させてあり、準備段階で改善点が修正されていたので、「実行」段階で、子どもたちは苦労することなく読み聞かせの授業に参加できたのです。

この授業に参加した子どもたちは、きれいな挿絵に胸を躍らせ、自分の力でストーリーの展開を予測し、授業に参加できることでモチベーションも大いに上がったのです。「復習」のステージでは、*Brown Bear, Brown Bear, What Do You See?* に基づき、自分の好みの色彩や動物を組み入れて、クラス独自の本「クラス・ブック」（class book）を作成したのです。

「どの程度、ストーリーがわかりましたか？　その理由は何ですか？」という問いに対して、すべての子どもが、「非常によくわかった」、または「よくわ

かった」と評価し、その理由として次のようなことを挙げています。

- 前もって、色や動物について教わったから。
- キーワードを復習したから。
- 学習した色が絵に使われていて、動物の名前も予習していたから。
- ストーリーに出てくる単語を前もって学習していたから。

■「ストーリーに基づいた授業」をどのように計画するか？

「ストーリー・ノート」では、ひとつのストーリーが数時間のレッスンに分かれています。それぞれのレッスンの目的が明記されていて、ステップごとのガイドラインが提示されています。しかし、それらは必要に応じて変更ができるようになっています。これらのガイドラインに忠実に従うにしても、そうでないにしても、ときどき、詳細な授業計画を立てることは、自分の授業の目標をはっきりとさせるうえでとても有益なことです。その目標を達成するためには、生徒たちにどんなタイプのアクティビティーをさせるか、また、どのように行うかを慎重に考える必要があります。

また、教師が教室で使うことば（classroom language）（母語と目標言語の両方）や、どんな教具（フラッシュ・カード、実物教材など）を準備し、集めるかについて考えておくことも役に立ちます。授業計画は、教師が生徒にやらせたことの記録になるし、それを見れば、前の授業でどんな練習問題をやったかとか、それぞれ異なるアクティビティーやインタラクションのタイプに応じて、授業に変化をつけるべきかどうかについてもわかります。

授業計画の書き方、授業の進め方にはいろいろあります。以下に紹介するのは、「計画—実行—反省」モデルに基づいて行う授業の手順の一覧です。このモデルに準拠した授業計画については、Ellis and Girard（2002：238）〔邦訳：『「小学校英語」指導法ハンドブック』、玉川大学出版部、2005年刊〕を参照してください。

● 「計画」（Plan）：授業の開始

「計画」段階には、次のようなことが含まれています。

- **ウォーム・アップ**：生徒とのラポート（rapport：心の通い合った状態）を築き上げ、持続させる目的で行うインフォーマルなやりとり。このウォーム・アップは、非常勤講師（visiting teacher）の場合は、特に重要で、子どもたちが週末に行ったことや、勉強したことについて尋ねることができます。ウォーム・アップには、歌を歌ったりライムをやったり、その日の天気や日付を聞くような日課的な活動（ritual activities）も含まれます。
- **前時の復習**：子どもに「この前の授業では何をしましたか？」（What did we do last lesson？）とか、「何を勉強しましたか？」（What did you learn last lesson？）という問いかけをして、授業をふり返える機会を与えます。そうすることによって、子どもたちが記憶に値するほど大切だと考えるようなことについて、貴重な情報を教師に提供してくれます。「復習」では、また、前時の授業に基づいたゲームをしたり、重要語句や構文の練習のためにロールプレイをすることもあります。
- **子どもたちに授業の目的を知らせる**：この授業で何をしようとしているかを説明しますが、あまり細部にわたる説明は不要です。単に全体的な目標と、その方法だけを知らせるだけで十分です。

● 「実行」（Do）：アクティビティーのサイクル

授業の長さによりますが、毎回の授業で2、3種類のアクティビティーが実施できるくらいの時間を設けてください。それぞれのアクティビティーを「計画—実行—復習」のサイクルに従って行うことが大切です。子どもたちは、必要な準備ができるし、その内容や目的を理解し、活動後に、なんらかの形でフィードバックが得られるような復習の機会を与えることができます。この「計画—実行—復習」のサイクルは次の通りです。

- 「計画」：アクティビティーのためのコンテクストを与える。子どもたちにトピックについて周知させ、重要な語彙を引き出したり、モチベーションを高めるために子どもがあらかじめ持っている知識（prior knowledge）を活用させる。新出語句や表現を導入したり、練習させる。ア

クティビティーの目的を伝え、可能ならばそれを実演してみせる。

- **「実行」**：この段階では、子どもたちは、前時に学習した重要な事柄を自分で実験的に使ってみる。この間、教師は必要に応じて机間巡視をしたり、子どもの学習をモニタリングして、助言を与える。
- **「復習」**：前段階で学習したことを、拡張し、個人的なレベルで使う（personalize）ことにより、さらに強化する。教師はそのあと、アクティビティーやパフォーマンスを評価するために復習を行う機会を設ける。その際、子どもに次のような質問をする。「何をしましたか？」（What did you do？）、「アクティビティーでは何をしましたか？」（What did the activity get you to do today？）、「なぜ、それをしましたか？」（Why did we do it？）、「何がやさしかったですか？/むずかしかったですか？」（What was easy/difficult？）、「それはなぜですか？」（Why？）、「何がわかりましたか？」（What did you find out？）。

●「復習」（Review）：授業の終了

この段階には、次のような作業を行います。

- 授業の仕上げ、復習、要約をする。
- 宿題の提示：例えば、未完成のアクティビティーを完成したり、何かを発見したり、次の授業のために何かを準備する。
- 日課として行う「遊び的」な活動（fun activity）。

ここに紹介した一連のサイクルは、授業の進め方の一例にすぎませんが、子どもたちは、いつも決まった手順で、ある一定のフレームワークの中で授業が進められていくと、安心感を抱くものです。授業のそれぞれの段階で、はっきりとしたシグナルが出されると、彼らは、今、どこをやっているかがわかり、授業全体の進行状況も知ることができるのです。

■「ストーリーに基づいた授業」はどんな成果を生むか？

絵本を使って数時間の授業をしてから、一生懸命に勉強すれば、最後には何か有益なことがあるということを子どもたちに知らせることが大切です。一連の授業を始める前に、子どもたちが最終的に成し遂げることを教えてやれば、勉強することに意味と目的とモチベーションを持つことができ、「やる気」を引き出すことができます。「ストーリー・ノート」にはフォローアップのアクティビティーだけでなく、いろいろな「成果」（outcomes）も提示してあります。それらの中には、子どもたちが自分の興味やレベルに応じて選択できるものもありますし、ストーリーを劇に翻案するというアクティビティーのように、クラス全体のプロジェクトにまで発展させることのできるものも含まれています。

絵本の授業から生み出される最大の成果は、ことばの勉強（language study）とことばの使用（language use）をリンクし、さらには、教室での学習（classroom learning）と外の世界（world outside）の間の橋渡しができるということです。これらのアクティビティーには、言語学習的な要素はそれほど多くはありませんが、英語の勉強は、楽しさ、創造性、喜びを与えてくれる、という気持ちに子どもたちをさせるようなものもあります。

フォローアップ・アクティビティーの重要な特徴は、以下の通りです。

1．強化（consolidation）

フォローアップは、絵本の授業を通して導入されたことばやトピックを拡大し、強化する機会を提供するものです（例として、*The Elephant and the Bad Baby* のストーリー・ノートにある「クラスの決まり」（class code of conduct）を参照してください）。

2．授業の最終的な成果と共同作業

オプションとしては、次のようなアクティビティーがあります。

- **何か物を作る**：例えば、装飾帯（frieze）、本、グリーティング・カード、模型、人形、コラージュ、展示品、ストーリーを録音したテープ、など。
- **何かのイベントを企画する**：例えば、パーティー、ストーリーを劇化する、または、子どもたちに、衣装、お面、ポスター、プログラム、チケット、招待状などを作らせて、これらのアクティビティーに参加させる。

- 何かのテーマについて調べる：例えば、*The Very Hungry Caterpillar* の授業のあとで、アオムシが何を食べるかとか、*Jim and the Beanstalk* を学んだあとで、クラスの中で一番背の高い生徒（男女それぞれ）は誰かを見つけさせる。

3．いろいろなスキルを統合した学習

この学習には書くこと（writing）、ノート・テーキング（note-taking）、インタビュー（interviewing）や参考書（reference materials）などを利用することなどが含まれ、子どもたちはすべてのスキルを統合した練習ができます。

4．自立的な学習

子どもたちには、自分が興味のあることを深く探求する機会が多く与えられます。それぞれの方法で、自分たちの作品をクラスで展示します。例えば、ポスター、コラージュ、カセットなどによる録音は、生徒が個人で作成する場合もあるし、あるいは、グループ、クラス全体の共同作業による場合もあります。

5．短期的・長期的アクティビティー

これらのアクティビティーは、1、2回の授業で完成するロールプレイのような短期的なものもあるし、ストーリーの劇化のような長期的なアクティビティーもあります。後者の場合は、子どもたちは、ことばのルールなどを明示的に教えられなくても、自然に覚えることができます。

6．楽しむこと

フォローアップ・アクティビティーは、英語を使って作業を完成するので、子どもたちは喜びと満足感を味わうことができ、自信もつけます。それが、ひいては、英語学習に積極的に取り組む姿勢を培うことになるのです。

7．創造性

多くのフォローアップ・アクティビティーは、子どもたちにとって、自分の考えを自由に発表する機会になります。その際、創造性を持たせることが特に大切です。アクティビティーによっては、クラスのいすや机を移動させて広いスペースを作り、グループ・ワークをするものもあります。紙、はさみ、のり、色鉛筆、切り絵用に古雑誌や新聞などを用意してもよいでしょう。創作的な活動は、図画工作の先生と共同してやれば、美術教室を使うこともできます。できあがった作品は「英語コーナー」（English corner）や教室の展示に使うことができます。どんなフォローアップ・アクティビティーを選ぶかは、結局は、教師に許された時間とリソース次第です。

■ 英語を他教科の学習とどのように連携させるか？

小学校ですべての教科を教える専任の教師の場合は、自分のクラスが何を学習しているかをよく把握しているので、英語を他教科とリンクさせるのには理想的な立場にあると言えます。

一方、非常勤講師の場合は、しかるべき先生と連携をとって生徒の学習状況について知ったり、ホームルーム担任が自分と協力してくれるかどうか知る必要があります。この際、ホームルーム担任が講師の先生がやっていることに興味を持ち、授業を参観し、自分も参加して、アクティビティーをどの段階で自分が引き継いだらよいかがわかっていれば理想的ですが、これが不可能な場合には、代わりに次のような情報源から子どもの学習についての情報が得られます。

- シラバスや学期ないしは学年の授業予定と計画表
- 前の週に行った授業の記録
- 子どもが学習した教科書

大部分の国の小学校のカリキュラムは、通常、ぎっしりつまっていますが、英語の授業を他教科と統合し、リンクさせることは次のような理由でとても有益なことです。

- 他教科との統合は、子どもに広い視野と世界観を与えることができます。こうすることにより、文化的知識が身につき、多文化ないしはグローバルな世界観を持つことができ（*Something Else*、*Kangaroo from Woolloomooloo*、*The Clever Tortoise* の「ストーリー・ノート」を参照）、また、性差別主義に陥らない「公民的」な素養を培うことができます（*Princess Smartypants* の「ストーリー・ノート」参照）。
- 他教科との統合は、重要な教科の学習内容や教

科の壁を超えて、すべてに共通する一般的な学習を支える概念を強化してくれます。例としては、恐竜の学習（*Meg's Eggs*）、骨格の学習（*Funnybones*）、地図を使う学習（*My Cat Likes to Hide in Boxes*）、世界中の動物についての学習（*The Clever Tortoise*、*Brown Bear, Brown Bear, What Do You See?*、*The Kangaroo from Woolloomooloo*）、物の大きさを計る学習（*Jim and the Beanstalk*）などがあります。

- 他教科との統合は、英語の授業に与えられた限られた時間を最大限に使うことを可能にしてくれます。それは、ほかの科目を教えているときに、必要に応じて、英語に関連したことばを簡単に復習したり、見直しをすることによってできます。例えば、算数の時間に2分ほど時間をさいて、英語での数字の言い方を教えることができます。しかし、注意しなければならないことは、あまり他教科の時間を奪わないようにすることです。

■ ストーリー・テリング（読み聞かせ）とは？

　ストーリー・テリング（storytelling）とは、聞きたいと思っている子どもたちに話を聞かせることです。これは、本を音読したり、本を見ずに、昔ながらの口伝えで語ったり、また、逸話やときにはジョークなどを語ることを含みます。読み聞かせをする人が心がけなければならないことは、聞き手の興味と注意を引きつけておくことです。本から読む場合でも、口伝えの場合でも、読み聞かせは、語る人の人柄や個性が表に出ます。生まれながらに語りの上手な人も中にはいますが、多くの人は必ずしもそうではありません。しかし、練習をしたり、リハーサルをしたり、話を生き生きと語るテクニックを意識することによって、誰でも上手な語り手になれます（次節を参照）。

■ ストーリーを「読む」のか「語る」のか？

　本書に掲載されているストーリーは、絵本を使って、教師が子どもたちに読んで聞かせるタイプのものです。これらの本の利点は、教師が音読する内容がすべて書かれているので、時間が節約できるということです。肝心な点は、教師が絵本を一種の手本（guide）として使うということです。つまり、本を見ながら何度も読んだり、授業で使ったりしているうちに、おそらく、全文を覚えてしまうことができます。本の音読のほうが、口伝えで読み聞かせるよりも教師にとっては負担が少ないかもしれません。口伝えの場合は、暗記しなければなりませんし、また、語りのスキルも要求されます。本の音読の場合は、教師はストーリーの展開を直接、目で確認できるので、自信を持って読み聞かせができるし、挿絵が子どもの理解を支えるうえで重要な役割を果たしてくれます。さらに、子どもが本に興味を持つ手助けにもなります。

■ どうしたら、上手な語り手になれるのか？

　本の音読は簡単なことではないので、教師はそのスキルを身につけるためには練習をする必要があります。次に、読み聞かせの準備をし、その技術を伸ばすためのガイドラインを紹介します。

● 準備をする

1. 本や挿絵になじむために、何度も本を手に取ったり、ページをめくったりして、感触を確かめておく。すべての子どもが教師や本がよく見えるようにするには、教師はどのように座るのがいちばんよいかを決める。本の持ち方やページのめくり方を研究する。どの挿絵、話のどの部分に子どもの注意を集中させたいかを決める。もし、子どもが教師の周りに座ることが不可能で、机にとどまっていなければならない場合、すべての子どもに挿絵が見えるようにするには、教師はいつ立ち上がり、どのように机間巡視をすべきかを決める。
2. 何度も読んで、内容を理解し、新出の単語の意味を調べておく。表現を一部変える必要があるかどうかを決める。どんな質問にも答えられるように、不確かなことはチェックしておく。
3. もし可能ならば、あらかじめ音声CDを聞いておくとよい。そうすることによって、読み方がわかるし、自信もつきます。また、音声CDは、正しい発音、文強勢、イントネーションやリズムのお手本にもなります。
4. ひとつのストーリーを、どこで区切るかを決める。「ストーリー・ノート」には、一応、ガイ

ドラインは示してありますが、それぞれのセクションの長さは教師自身が決めればよいことです。
5. ストーリーに子どもが参加できるようにするには、読み聞かせの途中で、どこでポーズ（間）を取るかを決める（「ストーリー・ノート」にはこれに関するガイドがありますが、経験を積めば、ポーズのとり方がわかるようになります）。
6. 挿絵についてどんなコメントをするか考える。
7. 1語1語、読まなくても、なめらかに、自信も持って読み聞かせができるようになるまで、何度も読む練習をする。

● **読み聞かせのテクニックを使う**

　子どもたちがストーリーの内容をよく理解したら、次は、生き生きとした語りで、子どもたちの理解を助け、絵本の勉強がより楽しくなり、授業を成功させるためにはどんなテクニックを使ったらよいかを考えます。

- もし、子どもたちが読み聞かせの授業に慣れていない場合は、1回のセッションの時間を短くして、子どもへの負荷が過大になったり、過度な集中を要求しないように配慮をする。
- 本を読むときに、できれば、自分を囲むように子どもたちを床の上に座らせ、すべての子どもが教師と絵本が見えるようにする。子どもに教師の声がよく届くことを確認する。読み聞かせのセッションが、教師と子どもが同じストーリーを介して、感情、ユーモア、アクション、サスペンス、期待と驚きを共有することができる特別なイベントになります。こうして、読み聞かせは、子どもたちがストーリーと語り手と、さらに子ども同士で相互交流するような、自然なコミュニケーションの場を提供してくれるのです。
- ストーリーをゆっくり、はっきりと読む。時間を与えて、挿絵をじっくり見て、考え、質問をし、意見が述べられるようにする。しかし、読むスピードを上げるときは、声の調子も変えなければなりません。
- 挿絵についてのコメントを述べたり、指さしをして、子どもの注意を喚起する。挿絵を指さすのと同時にことばを発し、子どもにも積極的に指をさすように仕向ける。
- 子どもにキーとなる語彙や語句をリピートする機会を与え、読み聞かせに参加するように促す。話を中断して、彼らのほうを見て、早く、君たちの意見が聞きたいと、耳に手をかざして彼らを誘う。それから、子どもが言ったことをリピートしてやり、彼らが予測したことが正しいということを確認し、もし必要ならば、さらにことばを足して、完全なフレーズや文章にする。
- ジェスチャー、マイム、顔の表情などで、感情やアクションの意味を伝える。
- 話し方のペース、声の調子を変える。サスペンスを盛り上げるために、ささやくようにつぶやくとか、驚きを表現するために、声の調子を上げてみる。こういうテクニックは、子どもたちに、これから何かが起こるのだというシグナルにもなる。
- ときどき、必要に応じてポーズ（間）を入れて、ドラマチックな効果を上げたり、子どもたちに、耳にすることと、目にすることを結びつけ、挿絵の細部まで理解できるように時間を与える。
- 異なった登場人物が話している場面では、できるだけ声色を使い、意味がわかりやすくなるようにする。こうすると、集中力が持続できるし、いろいろな声をまねして楽しむようになる。
- 可能なところでは効果音を使う。
- 子どもとアイ・コンタクト（eye contact）をとるようにする。前もって十分練習と準備を重ねておけば、これができるようになります。決して、本と「首っ引き」になってはいけません。すべての子どもを見渡しながら、彼らのリアクションを注意深く見て、いつでも反応できる体勢を整えておく必要があります。本を二つ折りにして、絵のほうを子どもたちに見せて、片方の文章のほうを教師が見られるようになっている本もあります（*The Elephant and the Bad Baby* や *My Cat Likes to Hide in Boxes* を参照）。
- 必要に応じて、ストーリーについてのコメントを子どもたちに伝える。例えば、*My Cat Likes to Hide in Boxes* では、Have anyone got a cat? Oh, you have, Charles. What's your cat called? What color is he?（誰かネコを飼ってい

る人はいるかな？　あ、チャールズ、君が飼っているんだね。何という名前なの？　何色なの？）などという質問をする。
- 子どもを巻き込むために、質問をする。例えば、What do you think is going to happen next? What would you do？（次に何が起こると思いますか？　君ならどうする？）（質問の仕方については、次の節を参照のこと）。
- くり返すことを恐れてはいけません。こうすることによって、子どもたちは、目標言語に触れ、意味を再度考えて確認する機会にもなります。もし、教師が教室を歩き回って挿絵を子どもに見せなければならない場合は、本文をもう一度リピートする。

　子どもは何度も同じ話を楽しんで聞くので、全体でも部分的でも、何度も読んであげることはよいことです。それは、英語を頻繁に聞く機会にもなります。本書のストーリーの大部分は、音声CDに録音されています。音声を聞かせれば、子どもの学習を強化することができます。教師自身が自分の朗読を録音して、以下に紹介するような質問項目をチェックしながら、自己評価することができます。

■「ストーリーに基づいた授業」では、どんな質問をするべきか？

　教師が読み聞かせの「前」(before)、「中」(while)、「後」(after) に質問をするのには、いろいろな理由があります。子どものレベルに合わせて、母語で質問しなければならない場合もあります。その目的と質問の例のいくつかを、以下に紹介します。

- **目的**：子どもを積極的に巻き込み、ストーリーやそのトピックと子どもの経験を関連させるため。
  質問：Today we're going to read a story about a bear. Who's seen a real bear? Where? What was it like?（今日はクマについてのお話を読みます。誰が本物のクマを見ましたか？　どこで見ましたか？　どんな格好をしていましたか？）
- **目的**：語彙・表現や情報を引き出すため。
  質問：So the Elephant and the Bad Baby went into town and visited some shops. Which shops did they go to?（それでゾウとやんちゃな赤ちゃんは町に出かけて行き、いくつかの店に入りました。どの店に入りましたか？）
- **目的**：あるトピックについて、子どもがすでに知っていることを見つけるため。
  質問：Can you tell me the names of any animals that come from Australia?（オーストラリアから来た動物の名前が言えますか？）
- **目的**：興味・関心を引き起こし、モチベーションを高めるため。
  質問：We're going to find out about bears. How many types of bears do you know? What do they eat?（これからクマについて勉強します。クマにはいくつの種類があるか知っていますか？　クマは何を食べますか？）
- **目的**：子どもの注意を引くため。
  質問：Look at the picture. What can you see?（この絵を見てください。何が見えますか？）
- **目的**：子どもに、次に何が起こるかを推測させるため。
  質問：What day is it next? And what do you think the caterpillar eats on Saturday?（明日は何曜日ですか？　そして、イモムシは土曜日には何を食べると思いますか？）
- **目的**：子どもの理解度と学習の度合いをチェックするため。
  質問：What did the Elephant say at the grocer's shop?（ゾウは八百屋さんで、何と言いましたか？）
- **目的**：子どもに、ストーリーや登場人物に対する考え方や感想を発表させるため。
  質問：Who was your favorite character? Why?（あなたが気に入った登場人物は誰でしたか？　なぜですか？）
- **目的**：教師が子どもの意見や考えに本当に興味を持っていることを示すため。
  質問：That's interesting! Does anyone else agree with Michel?（それは面白いですね！　ほかの人もミシェルに賛成しますか？）

　要約すると、良い質問は、探求的で、子どもに思考する動機を与え、自分の考えをことばで伝えようとする意欲を起こさせるのです。これらの質問は、あらかじめ決められた正解があるわけではなく、自

由に答えるもの（open-ended questions）なので、子どもたちは、注意を集中して観察し、疑問と好奇心を持ってストーリーに聞き入ります。良い質問は生産的で、子どもに反応を求め、そこから、さらなる質問を産み出すものなのです（Fisher（1990：76））。

■ ストーリー・テラー（語り手）としてのスキルを、いかに評価するか？

先に述べたように、読み聞かせにはリハーサルを行う必要があります。次に挙げるステップを守ることによって、自信がつき、さらに改善すべき点が見えてきます。

1. 必要に応じて音声CDを聞いて、読み方のお手本にする。
2. 数回、リハーサルを行い、声を出して音読をする。
3. 子どもに読み聞かせをしている姿を想像しながら、自分の朗読を録音する。
4. 録音を聞いて、次の質問項目によって、語り手としての自分のパフォーマンスを評価する。CDの音声と比較をする。

● 自己評価のための質問項目

1. **発音**：母音や子音の発音に問題はなかったか？
2. **ストレス**：個々の単語や文章のストレスの置き方に問題はなかったか？
3. **リズム**：読むスピードは適切であったか？ 早すぎたり、遅すぎたりしなかったか？ 正しいところでポーズを置いたか？
4. **イントネーション**：この読み方で子どもの興味を引くことができたか？ または、退屈させてしまったか？ 必要なところで、イントネーションに変化をつけることはできたか？ 質問（questions）、叙述（statements）、物事のリストアップ（lists）など、必要に応じて、正しいイントネーションで読むことができたか？
5. **変化**：必要に応じて、スピードを変えたり、声の調子を変えることができたか？ それぞれ異なった登場人物に合わせて声を変えることができたか？
6. **子どもの参加**：話の途中でポーズをとり、適切なイントネーションで、子どもの参加を促すことができたか？ 子どもたちに、次のストーリーの展開を予測させるような質問を発することができたか？
7. **全体的な印象**：全般的にどのように聞こえたか？ 明瞭であったか？ 表現力は？ 生き生きしていたか？
8. **改善点は？**：今週は何を重点的に練習するべきか？

■ 本書の音声CDの利用法は？

本書の音声CD〔別売〕には、本書に掲載されているストーリーの大部分が収録されています。しかし、特に、初めてストーリーを聞かせる場合は、教師が自分で読んで聞かせるほうが効果的です。それは次のような理由によります。

● 子どもと個人的なつながりや親近感を共有することができ、彼らを積極的にストーリーに引き込むことができる。
● イントネーション、ジェスチャー、マイム、挿絵などを最大限に活用することによって、子どもには、意味がわかりやすくなり、ストーリーを生き生きとよみがえらせることができる。
● 音声CDを聞かせるよりも、教師が自分で音読をするほうが、臨機応変の対応がしやすくなる。というのは、話の内容と彼らの経験とを結びつけるために、途中でポーズをとって質問を投げかけることもできるからである。また、子どもがよく理解していないと思ったら、すぐその部分をリピートすることもできる。子どもたちにリピートさせたり、次に起こることを予測させたり、話に参加させることもできるし、また文法や文化的なことを詳しく説明することもできる。最後に、教師自身が読めば、集中できない子どもを指導することができる。

音声CDを聞かせるだけでは、人と人との接触がなくなり、機械的になってしまって、学習がどうしても受動的になってしまう恐れがあります。音声はストーリーの導入が済み、教師が読み聞かせをしたあとで、アクティビティーや楽しみのために聞かせればよいのです。「ストーリー・ノート」には、音声CDを使用したリスニングの活動についての説明があります。

録音教材を使うことの利点は次の通りです。

- 録音教材は、先生以外の人が話す英語や、別の人の声や、別の種類の英語に触れる機会になる。
- 録音教材の音声は、ネイティブ・スピーカーが話す英語のモデルとしていつでも利用できる。
- 録音教材によっては、面白い効果音を使っているものもあり、子どものモチベーションを高め、知らない語句の意味を推測する手助けとなる。

■ 「ストーリーに基づいた授業」をどのように評価するか？

絵本を主教材として使うにしても、または補助教材として使う場合でも、ある段階で、教師が行っていることや、子どもたちが学習していることを評価する必要があります。言語面で子どもの進歩の評価をすることは比較的簡単ですが、認知面、文化面、情動面、社会性などの評価はそれほど簡単なことではありません。以下に、いくつかの方法を紹介します。

1. **学習経過を見るテスト**（progress tests）：これらのテストは、子どもたちの学習の正式な評価（formal evaluation）を提供してくれます。第4章で扱われているアクティビティーの多くがテスト用にも使えます。例えば、絵を使ったディクテーション（picture dictation）、英語を聞いて数を当てる（listen and number）、ことばと絵をマッチングさせる（matching words to pictures）、単語をグループ分けする（sorting vocabulary into groups）、抜けている部分を補う（gap filling）などがあります。プログレス・テストは、これまで教えてきたことに基づいて、簡単に作ることができます。作成にあたっては、子どもたちが「できないこと」ではなく、「できること」が発見できるようなテストをデザインしなければなりません。そうすることにより、子どもたちに積極的で、成功裏に終わるような学習経験をさせることができるのです。
2. **子ども一人ひとりの観察**：上のような正式な評価（formal assessment）とは別に、授業中にメモに取るようなインフォーマルな観察に基づいて、個々の子どもの進歩の度合いやパフォーマンスを記録します。これは、テスト以外の方法で、子どもの学習の様子を知るために有益であるばかりでなく、学期末の通知表を作ったり、保護者会にも使えます。ストーリーに基づいた授業で使えるような観察シートの例が、次のページに載せてあります。
3. **子ども一人ひとりのプロフィールの作成**：年間を通じて、子どもの成長と進歩についての情報を整理して保存し、各個人のプロフィールを作成しておくとたいへん便利です。専用のフォルダーを準備し、そこにテストの結果、観察シート、自己評価や絵本用の評価表を入れておくことができます。また、ときどき、子どもの作った作品などをコピーしておくのもよいことです。その際、どれにも児童の名前と作成年月日を記しておくように心がけてください。プロフィールを作れば、正式なテスト結果と観察記録などのインフォーマルな評価の両者を合わせることができるし、また個々の児童について一貫性のある総合的な評価が可能になります。
4. **自己評価**：子どもに自分たちの学習と進歩の度合いを自己評価するように勧めます。それぞれのアクティビティーや授業のあとで、復習の授業（review session）を設け、自己評価用のシートに記入させたり、読み聞かせや、フォローアップ・アクティビティーのあとで、絵本の評価表に記入させます。詳細については第4章を参照してください。

■ 保護者をどのように授業に参加させるか？

保護者は、学校に招待されて、絵本の発表やプロジェクトのような、自分の子どもたちが授業で作り上げた作品を見ることを楽しみにしています。保護者たちの事前指導を十分行い、協力態勢を整えておくようにしましょう。子どもたちの手で招待状を作らせてもよいでしょう。例えば、あらかじめ、何か楽器が弾ける保護者を見つけておいて、子どもたちの発表の伴奏をしてもらうこともできます。中には、喜んでビデオを撮ってくれる親もいます。

最後に、彼らに、家庭で子どもたちにストーリーを読んでやるように勧めてみてください。そうすることによって、勉強の復習ができるし、学校での学習効果を上げ、強化することができます。

授業観察用シート

児童名：＿＿＿＿＿＿＿＿＿＿＿＿＿＿＿＿＿＿＿＿＿　　クラス：＿＿＿＿＿＿＿＿＿＿＿＿＿＿＿＿

ストーリー：	1	2	3	4	5	6	7	8
リスニング								
・ストーリーが音読されたときに、全体的な理解を示している。								
・具体的な情報を求めて聞くことができる。								
・次に起こることを予測できる。								
・意味を推測できる。								
・意味を知る手がかりとして、視聴覚的補助を使うことができる。								
・コンテクストの中で単語の意味が推測できる。								
・教師の指示に従うことができる。								
・教師が授業で使うクラスルーム・イングリッシュが理解できる。								
スピーキング								
・キーとなる語句をリピートし、読み聞かせのセッションに積極的に参加している。								
・発音がわかりやすい。								
・口頭練習のアクティビティーに加わり、新しい言語を使ってみようとする。								
・コミュニケーション・ストラテジーが使える。								
・クラスルーム・イングリッシュが使える。								
リーディング								
・コンテクストの中で内容を全体的に理解している。								
・具体的な情報を求めて読むことができる。								
・次に起こることを予測できる。								
・意味を推測できる。								
・意味を知る手がかりとして、コンテクストからの情報を使うことができる。								
・コンテクストの中で単語の意味が推測できる。								
・文字に書かれた簡単な指示に従うことができる。								
・簡単な対話を文字とマッチングさせることができる。								
ライティング								
・文字の書写ができ、絵や図表に名称などを記入できる。								
・モデルに従い、簡単な文が書ける。								
・ライムがわかり、押韻する文に唱和することができる。								
・個々の情報に基づいて図表を完成することができる。								

授業観察用シート（続き）

児童名： _____　　クラス： _____

ストーリー：	1	2	3	4	5	6	7	8
学習ストラテジー：								
・アクティビティーの目的について意識している。								
・言語や言語の学習について説明をするメタ言語が多少使える。								
・積極的に参加し、質問する。								
・ストラテジーをほかのタスクにも転移できる。								
・教師から独立して、単独、ないしはペアやグループで学習できる。								
・辞書、インターネットなどを使うことができる。								
・単語帳をつけている。								
・自分の学習と進歩の度合いをふり返ることができる。								
・学習に対してモチベーションと熱意がある。								
文化的／公民的なフォーカス：								
・世界について関心を持つことができる。								
・公害、平等、固定観念、環境保全、忍耐などの問題に対する意識を示すことができる。								
・外国語の文化と自国の文化を比較できる。								
教科横断的学習：								
・トピックに関して前もって知っている知識を活用し、内容の予測ができる。								
・ほかの教科を英語で理解できる。								
・学習に興味と好奇心を持つことができる。								
・異なった種類のストーリーにも関心を示すことができる。								
社会的なスキル：								
・教師、級友を尊敬し、クラスの規則を守ることができる。								
・教材を級友と共有することができる。								
・ほかの友だちを助けることができる。								
・ペアやグループ活動で、ほかの友だちと協力ができる。								

第4章

言語学習のスキルを伸ばす

　言語を教える教師にとって大切なことは、ことばのいろいろな側面を教えるための手持ちのアクティビティーのレパートリーが広く、自由自在に使えるということです。これはとりもなおさず、それぞれのアクティビティーが何を教えるのに適しているか、そのアクティビティーが、教えている言語のどんな点に焦点をあてているかを、教師が熟知しているという証しでもあります。例えば、

1. アクティビティーの焦点は、単語か、文か、それともテクスト全体か、または談話にあるのか？　歌、ストーリー、物事を描写したり、比較する文、表やポスターなどのいずれに焦点があるのか？
2. 授業と学習の焦点はどこにあるのか？　例えば、そのアクティビティーは新出語の発音や意味を覚えることが目的なのか？　語順やライティングが目的か？　それとも聞く力や記憶力のトレーニングにあるのか？
3. アクティビティーが、どの年齢層の、どのレベルの学習者に適しているかを教師はよく承知していなければならない。そのアクティビティーは、学習者に十分な支援を与える一方で、挑戦にもなっているか？
4. アクティビティーの「適合性」について理解している必要があります。例えば、マッチングの活動は物事の比較をするのに「適合して」います。

　上記の4つのことを知っていると、いろいろなアクティビティーを、異なった学習段階の異なった年齢や能力の学習者に「マッチング」させるのに役に立ちます。

　本章の目的は、さまざまなアクティビティーを概観することによって、教師の「レパートリー」を広げて、どんなストーリーを教えることになっても、関連するアクティビティーが展開できるようにすることです。本書の第2部の「ストーリー・ノート」で提示されているアクティビティーを補充したい場合は、この章を読んでいただくと、さらに学習者のニーズに沿うことができるようになります。幼い学習者向けに強調されているスキルは、語彙の学習、リスニング、スピーキングで、比較的、英語のできる子どもには、いろいろなレベルでのライティングとリーディングだけでなく、文法にも重点が置かれています。

　以下の節では、語彙の教え方、グラマー、リスニング、スピーキング、発音、リーディング、ライティング、学習のスキルの伸ばし方、そして最後に、文化の学習などの諸項目について明快なガイドラインを提示します。ここに挙げているアクティビティーには別々のスキルが表示されていますが、それぞれのスキルを統合するような機会も多く用意してあります。例えば、「チャンツやライムを聞く」活動は、子どもが自分たちで「チャンツやライムを書く」活動に連動しています。

■ 語彙の指導

　ここでは、新しい語彙の導入方法とそれらを練習し、チェックし、さらに強化するためのアクティビティーについて考察します。

● 新しい語彙の導入

　ストーリーの語彙は、生き生きとした明瞭なコンテクスト（文脈）の中で教えられ、イラストが意味を伝える手助けをしてくれます。コンテクストと子どもの興味を引く状況が相まって、語彙の記憶が容易になります。例えば、子どもは、*The Very Hungry*

Caterpillar で、アオムシが土曜日に食べた 10 品目が何であったかを、楽に復唱することができます。同様に、*Brown Bear, Brown Bear, What Do You See?* でも、子どもたちは動物の名前や関連した色を比較的簡単に覚えてしまいます。

　語彙は、しばしば、共通点を持つグループごとにまとめて記憶されるので、新語を次のようなグループで導入することができます。

- 語彙のグループ（例：店、果物、動物）
- ライムのグループ（*The Kangaroo from Woolloomooloo*、*Mr McGee*、*My Cat Likes to Hide in Boxes* の「ストーリー・ノート」を参照）
- 色のグループ（例：緑色のものをグループとしてまとめる——豆、葉、リンゴ、アオムシ、トリなど）
- 文法のグループ（例：形容詞、動詞、前置詞、名詞）

　このように単語をグループとしてまとめることによって、子どもたちは、新語をすでに知っている単語と結びつけて記憶し、思い出すことができるようになります。

　次に新語を導入するテクニックをいくつか紹介します。

- **実物を使う**：実物を見せて新語を導入すると、視覚を通して、その単語が記憶しやすくなります。
- **絵を描く**：物を黒板やフラッシュ・カードに描く。
- **本にあるイラストを参照する**：絵を見ながら、話し合う。
- **反意語を使う**：これは、形容詞を教える場合に有効です。例：hot/cold（暑い/寒い）、tall/short（背が高い/背が低い）、big/small（大きい/小さい）
- **コンテクスト（文脈）から推理する**：子どもたちに知らない単語の意味を思い切って推測させる。こうすることにより、彼らはほかに頼るものがない場合でも、自信を持って単語の意味を考え、覚えることができるようになります。
- **引き出す**（eliciting）：いったん、ストーリーのコンテクストが理解されたら、教師が生徒に、「このような状況で、あなたなら人に何を言ってほしいか？」「何をしてほしいか？」（What will you expect someone to say or do in a particular situation?）などと質問して（必要ならば、母語でも可）、関連する語彙を引き出すようにする。
- **翻訳する**：上記の方法でうまくいかない場合は、翻訳してやります。翻訳の必要な単語はいつもいくつかあるものですが、そうすることによって時間の節約にもなります。

　上記のテクニックを使う場合には、次の 5 つのステップを踏むことをお勧めします。

- 新語を、前段に挙げたいずれかの方法で意味を説明しながら提示する。
- もし、子どもがその単語を知っている場合は、単語を発音させて、正しく発音できたときは、教師がその子どものまねをして同じように発音する。子どもが正しく発音できない場合は、教師がモデルになり発音する。
- クラスの子どもたちにリピートさせ、発音をチェックし、必要ならば、再度、リピートさせる。
- 個々の生徒に発音させ、続いて、クラス全体で練習する。
- その単語を黒板に書く。

● **語彙の練習とチェック**

　単語が導入されたら、次は、子どもたちに練習の機会を与え、教師は彼らが理解しているかどうかをチェックします。そのためのいろいろなアクティビティーを紹介しましょう。

- 「何がないかな？」（What's missing?）：このゲームは最高 10 個のイラストや単語を黒板に貼って行います。まず、生徒に目を閉じるように伝えます。そして、黒板からひとつの品物を除去します。生徒は目を開けて、何がなくなっているかを言います。教師は、「今の答えは正しいですか？」（Is he/she right?）と尋ねます。このゲームは 2 つのチームで遊ぶことができます。交代でやらせ、正解した生徒には、チームポイントとして 1 点を与えます。
- **キムのゲーム**（Kim's game）：これは、トレイやテーブルの上にある品物を使って、"What's missing?" と同じような方法で行います。子どもたちは、すべての品物がトレイから取り去

れてしまってから、何があったかを思い出します。
- **絵と単語をマッチングさせる**（Matching words to pictures）：単語を対応する絵に合わせます。
- **推測ゲーム**（Guessing game）："Hide and Seek"——一人の生徒が教室の外に出ている間に、ほかの生徒がある物を隠します。外に出た生徒が戻り、どこに隠したかをあてます。例えば、「それはテーブルの下ですか？」（Is it under the table？）。これは前置詞と名詞の練習になります。

  "Mime"——一人の生徒が動物や職業、そのほか、好きなものをマイムで説明し、ほかの生徒が、それが何であるかを推理します。「それは〜ですか？」「あなたは〜ですか？」（Is it a 〜？；Are you a 〜？）

- **指示を与える/絵によるディクテーション**（Giving directions/Picture dictation）：教師がある特定の単語に焦点をあてて指示を出します。例えば、「赤い四角形を見せてください！」（Show me a red square！）、「4の数字を赤色に塗りなさい！」（Color number four red！）、「テーブルを見せてください！」（Show me a table！）。
- **物を配列する**（Sequencing）：ボードの上にいろいろな絵を広げてかき混ぜます。教師か生徒が、「チョコレート・ケーキを最初に置きなさい！」（Put the chocolate cake first！）などと指示します。
- **名称などを記入する**（Labeling）：生徒が絵やグラフにラベルをつけます。*The Very Hungry Caterpillar* の「ストーリー・ノート」には、チョウのライフサイクルに名称などを書き込ませるアクティビティーが紹介されています。
- **ビンゴ！**（Bingo！）：ビンゴ・ゲームは、単語でも絵でも行うことができます。ある品物の単語が言われると、生徒はボードの上に、単語や絵の描かれているカード（picture/word cover-cards）を置いていきます。
- **分類する/整理する**（Classifying/Sorting）：生徒は単語をそれぞれ異なったカテゴリーに分類・整理します。例えば、*The Very Hungry Caterpillar* の「ストーリー・ノート」にあるように、甘い物と塩辛い食べ物に分類します。
- **記憶ゲーム**（Memory games）："Chinese Whispers"（伝言ゲーム）——グループないしはチームの中の一人の生徒に、単語や文のリストの書いてある紙を渡して、それらを記憶してクラスのほかの子に伝えるように指示します。その生徒は、次の子にそれをささやき、そのチームの最後の生徒まで伝言していきます。最後の生徒が、最初に渡された原文と比較して、正しく伝言されたかどうかをチェックします（*Something Else* の「ストーリー・ノート」を参照）。

  "Market game"——一人の生徒が、「私はマーケットに行って、パイを買いました」（I went to the market and bought a pie.）と言います。次の生徒がそれにもう1品を追加します。「私はマーケットに行って、パイとバン（小さい丸いパン）を買いました」（I went to the market and bought a pie and a bun.）と言います（*Brown Bear, Brown Bear, What Do You See?* と *The Elephant and the Bad Baby* の「ストーリー・ノート」を参照）。

- **単語探し/単語の鎖**（Word searches / Word chains）：生徒は無作為に配列されているアルファベットの中から単語を見つけたり、あるいは、単語を作る組み合わせを選び出します。このゲームは、英語のつづりのパターンを認識するトレーニングになります（*Brown Bear, Brown Bear, What Do You See?* と *Jim and the Beanstalk* の「ストーリー・ノート」を参照）。

語彙の練習のアクティビティーは、上記のほかにもたくさんあります（例：クロス・ワード（Crosswords）、"Hangman"、"Odd Word Out"、それと、"Snap!"、"Happy Families"、"I Spy" などのゲームなど）。

Hangman
絞首刑台ゲーム。文字数とヒント（テーマやカテゴリーなど）を参考に、空欄にアルファベットを入れて英単語を完成させるゲームです。回答した文字が外れると、絞首刑台に吊るされる人の一部が書き加えられます。絵が完成する前に英単語をあてなければいけません。一般によく知られているゲームですが、吊るし首のイメージ上、現在ではあまり教室では使われていません。
Odd Word Out

語群の中でほかとは異質の単語1語を選び出すゲームです。

Snap!
裏返しに置いた2つのカードの束からカードを1枚ずつ取り、その2枚のカードに関連があれば「スナップ！」と言ってカードをもらうゲームです（*The Elephant and the Bad Baby* のレッスン3を参照のこと）。

Happy Families
同じグループのカードを集めるゲームです（*The Elephant and the Bad Baby* のレッスン4を参照）。

I Spy
出題者が問題として出す単語を決めたら、その単語の説明を 'I spy with my little eye …' のあとに続けて言います。ほかの人はそれが何かをあてます。

● **語彙を強化する**

多くの子どもは語彙をすぐ覚えますが、覚えた単語を保持するためには何度も使ってみる必要があります。一度、新しい単語を覚えて練習してから、今度は、自分たちでその語彙を強化し、復習できるような方法を工夫するように指導されなければなりません。次にいくつかその方法を提示しましょう。

- **絵辞書/単語帳**（Picture dictionaries/Vocabulary books）：子どもたちに、自分の手で絵辞書や単語帳を作成させます。その作り方について生徒と話し合いましょう。アルファベット順、トピック別、文法的なカテゴリーによる分類とか、ストーリーの登場人物、出来事やその背景などによる分類も考えられます（*Funnybones* の「ストーリー・ノート」を参照）。絵を集めたり、自分で描いたりして、横に単語の意味をイラストで示したり、文字を横に添えておきます。

  クラスに専用の辞書を一冊置いておくのも良いアイデアです。生徒は自分で新しい単語の意味を調べることができます。辞書には「絵辞書」「バイリンガルの辞書」（例：英和辞典）、初歩的な「モノリンガルの辞書」（例：英英辞典）などがあります。

- **単語ファミリー/単語セット**（Word families/sets）：生徒に「絵辞書」の代用として、自分たちで単語セットを作らせます。絵は絵本からコピーさせ、それぞれ「衣服」とか「果物」とか「おもちゃ」というラベルを貼った封筒に入れさせます。

- **単語カード**（Vocabulary cards）：生徒は、自己診断テストのために自分専用の単語カードを作成します。単語の意味をどのようにカードに記入するかを生徒と話し合ってください。重要な単語の意味を絵に描く、翻訳をする、その単語を含んだ文章を作る、などという方法があります。例えば、カードの片面に絵を描き、裏側に英語でその単語を書きます。カードを1枚抜き、絵を見て、その単語の英語を思い出します。それから、カードを裏返して、正しいかどうかチェックします。

- **コラージュ**（Collages）：コラージュを作成することは、単語を復習するのに有効な方法です。ある特定のテーマで絵を集めて、それにラベルをつけて、大きな色台紙に貼って展示します。

- **単語/絵のクモの巣図**（Word/picture webs）：単語のクモの巣図は、生徒が単語を記録しておくためには、視覚に訴える魅力的な方法です。いろいろな単語を連想し、カテゴリーに分類するのに役立ちます（*Funnybones* と *Mr McGee* の「ストーリー・ノート」を参照）。

- **CD-ROM**（CD-Roms）：第5章の「マルチメディアを使う」の節を参照。

文法の指導

第1章において、ストーリーを使うと、いかに自然な方法で、子どもたちに英語の文法構造を導入することができるか、さらに、豊かなコンテクストや視覚的な補助があると、文法構造の持つ意味の理解にいかに役立つかということを考察してきました。ストーリーには自然なくり返しが多く、話の筋が徐々に展開していくので、子どもたちは話を聞きながらその世界に入り込み、文法を明示的に正式な形で教えなくても、ごく自然に理解するようになるのです。ストーリーと文法に関して、さらに詳しいことは本書の18ページの図表6を参照してください。

しかし、子どもに文法を明示的に正式な形で教えて練習させることも、一方では必要なのです。その

教え方は、学習者の年齢や母語の文法の知識の度合いによります。子どもは、もともと、ライムや発音を耳で聞いて、口でくり返し練習しながら、ことばを「固まり」(chunks) として覚える傾向があります。しかし、だからといって、文を書くときに、ある文法構造をじっくりと見て、それがどのような仕組みになっているかを子どもたちに考えさせる必要はないということはありません。本書の「ストーリー・ノート」には、文法構造や機能の導入、復習、練習の仕方の概略が載せてあります。ストーリーに関連した言語活動で使われる「人に物事を尋ねる」(questions)、「物事の様子を陳述する」(statements)、「人に物事を指示する」(instructions)、「物事を簡単に描写する」(descriptions) などの文法や機能の説明が載っています。

● 新しい文法構造を導入する

次に、Do you like ...? (Yes, I do./No, I don't.) という、ごく頻繁に使われる構文を、食べ物に関するレッスンでどのように導入するか、その手順の一例を紹介しましょう。

導入

- 子どもたちに、今日の授業では、クラスで「好き・嫌い」の調査を行い、ある物が好きか、嫌いかを友だちに尋ねる方法を学習するということを告げます。そして教師は次のように指示します。「調査を始める前に、発音と質問が正しく聞き取れるように、友だちの言うことをよく聞き、リピートしなさい」(You will need to listen and repeat carefully to get the pronunciation and question right before we do the survey.)
- いろいろ異なった食べ物の語彙を復習する。

質問にすすんで答えさせる

- 絵（例えば、ソーセージの絵）を上に掲げて、教師が次のように問いかけます。
  (Sausages) ... I like (sausages). Nicolas, do you like (sausages)?
  （私はソーセージが好きです。ニコラス、君はソーセージが好きですか？）
  おそらく、彼はこの段階では、「はい、好きです」(Yes) とか、「いいえ、好きではありません」(No) と答えるでしょう。同じ形の質問を、食べ物の絵を変えながら、ほかの子どもにもくり返して聞きます。
- 次に子どもたちに、Yes, I do. という肯定の答えをさせます。クラス全体に答えをリピートさせ、発音の手助けをしながら、子どもの応答がうまくいくまで続けます。
- 次に、否定の応答である No, I don't. を教え、リピートさせます。

教師に対して質問させる

- チェリー・パイの絵を一人の生徒に渡しながら、Ask me the question！（先生に質問をしてごらん！）と言います。その生徒が、Do you like (cherry pie)？（先生はチェリー・パイが好きですか？）と尋ねたら、生徒にそれをリピートさせ、次にクラス全体にリピートさせます。または、教師が自分自身に尋ねて、子どもたちに復唱させます。最後に個々の生徒に質問するように言います。

生徒同士で質問をしあうようにする

- アイスクリームの絵を一人の生徒に与えて、彼に別の生徒に質問させます。
  Nicholas, ask Sarah！（ニコラス、セーラに尋ねてごらん！）
  Sarah, do you like ice-cream？（セーラ、アイスクリームは好きですか？）
  Yes, I do. / No, I don't.（はい、好きです／いいえ、嫌いです）
  クラス全員が、それを言えるようになるまで続けます。
- 次に、1枚の絵を選びます。しかし、それが何の絵かは生徒には見せないようにします。子どもたちに、Do you like salami/cheese/cherry pie？（あなたはサラミ／チーズ／チェリー・パイが好きですか？）と、順番に尋ねさせていき、最後に隠してある絵があたるまで続けます。言いあてた生徒がそのカードをもらい、今度は質問を受ける側に回ります。あとから、ペアでこのゲームをさせます。
- 生徒たちが自信がついた段階で、本書の140ページにある The Hungry Caterpillar の「ストーリー・ノート」に説明してあるような調査を行います。

この手順に従うと、英語の構文が導入され、さら

に練習もできるので、子どもたちは、あとから行うタスクへの準備が十分できてしまうのです。教師によって厳しく管理される状況から始めて、徐々に、生徒自身で自らの学習をコントロールするような状況へと移っていくのです。最後に、グループをひとつにまとめて、本時に学習したことを復習して、もし必要ならば、文法を分析的に教えることもできます。

文法の導入と練習については、本書43ページの「スピーキングの指導」に、いろいろなアイデアが紹介してあります。

● 文法規則発見のためのアクティビティー（discover grammar activities）

子どもは、母語の文法を極めて分析的に学ぶことが多いので、そういう意味では、彼らは、母語では、形から文法を学ぶための基礎は十分できているのです。英語教師はこれを利用して、子どもたちに英語を母語と比較させ、相違点を考え、自分で英語のルールを編み出させるのです。こうすると、文法の学習が問題解決の活動（problem-solving activity）になり、すでに教えられた構文の知識を強化したり、先生からの説明を聞かなくても、自分で考えることができるようになります。

本書のいくつかのストーリーには、文法規則発見のためのアクティビティーが含まれています。*The Elephant and the Bad Baby* のレッスン5では、不定冠詞の a と an の使い方を考えさせるアクティビティーが載っています。こういうアクティビティーの使い道は、ほかにもいろいろありますが、それぞれの先生が「自分流」の方法を考え出すのもよいことでしょう。

■ リスニングの指導

ストーリーを聞くという活動は、受身的なものではないということを知っておく必要があります。聞きながら、学習者は先生のジェスチャーを観察したり、声の微妙な調子の変化に気づいたり、目で見ているもの（例：挿絵など）を耳に入る英語と対応させたり、情景を思い浮かべたり、次に起こることを予測したり、新しいことばの意味を考えたり、実にさまざまなことを行っているのです。要するに、学習者の頭の中では大量の情報処理が実行されているのです。子どもがストーリーを理解しながら聞けるようになるためには、彼らに確かなモチベーションを持たせ、ストーリーに積極的に参加させることが重要です。

とても大切で聞き逃してはならないような事柄に子どもの注意を引きつけ、ストーリーの重要な背景的知識や鍵となることばを教えておけば、効果的で、理解を伴った聞き方ができるようになります。さらに、絵とか図表とかグラフというような異なった種類の視覚的補助の助けにより、いっそう子どもたちの理解を助けることができます。次に聞き取りのスキルを伸ばすために留意すべき点を5つ挙げます。

1. 自信をつけさせよう

1回か2回、何かを聞いただけで、すべての英語が理解できなければならないなどと、誰も期待していないことを、子どもによく理解させる必要があります。同時に、教師は、子どもが1回聞いただけで、どの程度ストーリーの細部まで理解できるものかを正しく認識していなければなりません。この授業では、ある特定の単語だけ聞き分ければよい、というように自分で決めておけばよいのです。例えば、Stand up if you hear a color word.（色の単語が聞こえた人は立ってください）というように。または、ストーリーのあら筋だけがわかれば、とりあえず是としておいて、あとになって2回目の読み聞かせのときに、もう少し細かい箇所を選んで、例えば、出来事を時間の順番に並べ替えてみましょうとか、次はどうなりますか、などといった個別の事柄に焦点をあてる方法もあります。

2. リスニングのためのストラテジーを身につけさせよう

リスニングをしながら、「知的なあて推量」（intelligent guesswork）をさせる必要があります。そのためには、自分たちが持っている背景的知識を使ったり、コンテクストから新しい単語の意味を考えたり、絵、教師のジェスチャーから手がかりをつかんだり、声の調子や顔の表情などから、あらゆる情報を読み取るなど、いろいろなストラテジーを使わなければなりません。リスニングのための最も重要なストラテジーには、次のようなものがあります。

- **予測する**：次に何が起こるか予測させることは役に立ちます。つまり、子どもたちの予測がストーリーの中で、実際に起こることと合致するかどうかをチェックするということです。ストーリーにはくり返しが何度も出てきて、予測しやすいものが多くあります。
- **意見や態度を推量する**：ストレス（強勢）、イントネーション、顔の表情やジェスチャーというようなボディー・ランゲージ（body language）によって、子どもたちは、登場人物や動物が怒っているのか、幸せなのか、それとも空腹なのか、などということが推測できるのです。
- **コンテクストから意味を推測する**：キーワードについては、読み聞かせの前に説明したり、母語の訳語を教えてもかまいませんが、ストーリーに出てくる新しい単語の意味は、そのトピックに関連した常識、絵、ジェスチャーなどの助けを借りて、推測するように奨励する必要があります。
- **ディスコース（談話）のパターンとその指標（marker）を認識すること**：first（最初に）、then（それから）、finally（最後に）、but（しかし）、so（だから）というような語は、ストーリーで次に起こることの重要なシグナルになります。前に述べたように、ストーリーには一連のくり返しがあるので、このようなディスコースの指標（discourse marker）を手がかりに、学習者は次の出来事の予測を立てることができるのです。

3.「3段階モデル」（three-stage model）としてのリスニングを考える

リスニングの指導は、「リスニングの前に行う活動」（pre-listening）、「リスニングの間に行う活動」（while-listening）、「リスニングの後に行う活動」（post-listening）の、3つのステージから成るモデルで考えるのが通例となっています。24ページの図表7を参照してください。

- **「リスニングの前に行う活動」**（Pre-listening activities）：このステージの目的は、トピックに対する学習者の関心を刺激し、ストーリーでの出来事を自分の立場に置き換えて考えさせ、期待感を作り出すことで、これらはすべてリスニングのモチベーションを高めるのに役立ちます。この段階では、教師は絵本のカバーや挿絵を見せ、「これは何についての話だと思いますか？」などと質問しながら、重要な鍵となる背景的な情報とおもな語句・表現に子どもの注意を向けさせます。ここでは、また、生徒に関心のあることについてあらかじめ質問させておいて、あとから、その答えをチェックさせることもできます。第5章の「マルチメディアを使う」の節を参照してください。

「リスニングの前に行う活動」には、次のようなものがあります。
  ・いろいろなアイデアや鍵となる語彙を引き出すために、挿絵やマイムを使う。
  ・絵本のカバーやイラストから内容の予測をさせる。
  ・トピックを自分の場合に置き換えて考えさせるような質問をする。
  ・「すでに知っていること」「これから見つけたいと思うこと」などが、一目でわかるような図表「マインド・マップ」（mind map）を作らせる。
  ・正誤問題（True/False questions）をやらせる。
  ・新語を導入したり、練習させるために、"Bingo!"のような簡単なリーディングの活動をやらせる。

- **「リスニングの間に行う活動」**（While-listening activities）：この段階では、学習者はストーリーを聞きながら行わなければならないタスクがあり、子どもたちは注意して聞くので、リスニングに退屈することはありません。次の第5節の「特別なリスニングのタスクを用意する」で、リスニングの間に行う一連の活動について詳しく説明してあります。

- **「リスニングの後に行う活動」**（Post-listening activities）：この段階では、教師は子どもの理解度のチェックをさらに細かく行い、学習した新しい語彙・表現を練習し、想像力とアイデアを駆使してロールプレイをしたり、ストーリーを書き換えたり、絵や工作などを制作させることができます。

4. 子どもたちに、なぜリスニングをしているか説明する

ストーリーを聞きながら、子どもたちは何かタスクをしなければならないのか、それとも、ただ聞いて楽しんでいればいいのかを明確に指示しなければなりません。子どもたちにいつも必ず何かタスクをしたり、何らかの作品を作り出すことを求めているわけではないかもしれませんが、もし、そうさせるならば、説明してやらなければなりません。リスニングのさまざまな目的には、次のようなことがあります。

- **リスニングに臨むときの態度を良くするため**：これには、楽しむため、集中力や記憶力を伸ばすためというような目的が含まれます。子どもたちをより長めの聞き取りに慣れさせるためのリスニング・ゲームはいろいろあります。例えば、"Touch your nose and then your ear."（鼻にさわって、次は耳をさわってください）というように、教師から指示を口頭で受けて、それに従う「全身反応教授法」（TPR：Total Physical Response）があります。
- **言語学習のいろいろな側面を伸ばすため**：これには、新語や構文に慣れるばかりでなく、英語の音、強勢、リズムなどを良くすることが含まれます。
- **概念の発達**（conceptual development）**を強化するため**：多くのストーリーは、子どもたちがすでに自分の母語で習得した色彩、物のサイズ、原因と結果などの概念を、さらに強化・補充するのに有効な手段となります。
- **他人と交流してコミュニケーションを図るため**：リスニングは、他人とコミュニケーションを図るために重要な役割を果たします。例えば、ペアで調査をしたり、グループでゲームをするようなストーリーのあとに行うフォローアップ活動では、学習者は聞き取りや質問をしながら、互いの意味・意図を確認したり、チェックしたり同意したりする必要があります。

5．特別なリスニングのタスクを用意する

物語や一連の指示の聞き取りの練習では、絵を並べ替えたり、または、いろいろなアクションを表している絵に番号をつけさせるようなタスクを与えると、子どもたちがリスニングのプロセスに積極的に関わることになり、理解の助けになります。しかし、もし学習者に1回だけ聞かせて何かタスクをさせる場合は、特に視覚的なサポートを与えずに、物語の中の事実を思い出すように求めると、彼らは、「教わっている」というよりも、むしろ「テストされている」という印象を持ってしまいます。リスニングを「教えること」に焦点をあてるために、次に挙げるタスクを使って、いろいろ試してみてください。これらのタスクは、学習者が聞きながら完成できるようになっています。

- **聞いてくり返す**（Listen and repeat）：これは扱うストーリーにくり返しが頻繁に現れ、子どもたちも参加できるような場合に用いることができます。くり返しをさらに面白くするための方法については、"Chinese Whispers"（伝言ゲーム）や"What's Missing?"（何がないかな？）のようなゲームを参考にしてください。また、正解の場合のみ、それをくり返させるアクティビティーもあります。歌やチャンツを覚えるために聞く場合もあります。
- **聞いて区別する**（Listen and discriminate）：このアクティビティーでは、教師は学習者の注意を発音上の特徴に向けさせます。例えば、どの語が韻を踏んでいるかを聞き分けたり、同じリズム・パターンを持つ語句を選ばせるような活動です（*Mr McGee*の「ストーリー・ノート」を参照）。さらに、単語を聞き分けて、わかったら立ち上がらせたり（*Something Else*の「ストーリー・ノート」を参照）、空所に書き込んだり、単語を書き取らせることもできます（*Clever Tortoise*の「ストーリー・ノート」を参照）。または、ストーリーを聞きながら、指示されたある特別な単語を聞き分けて、印をつけさせるようなアクティビティーをやらせてもよいでしょう。
- **聞いて動作する／指示に従う**（Listen and perform actions/follow instructions）：この種類のアクティビティーは、動作を伴うアクション・ソング（action songs）、ライムや、"Blind Man's Buff"、"What's the Time, Mr. Wolf?"などのゲームで使います。もう一つ有益なリスニング・ゲームは、「左」（left）、「右」（right）、「隣り」（next to）、「最初に」（first）、「次に」（second）、「3番目に」（third）などといった

指示を聞きながら、地図や平面図上をなぞっていくものです。もし、母語でもむずかしいようであれば、英語ではやらないようにしてください。これと同じ種類のアクティビティーについては、*Mr McGee* と *My Cat Likes to Hide in Boxes* の「ストーリー・ノート」を参照してください。

- **聞いて描く／色を塗る**（Listen and draw/color）：絵を使ったディクテーションは、色、サイズ、形などを表す重要な名詞や形容詞に、子どもの注意を向けさせたいときに使われます。聞きながら、絵全体を描かせてもよいし、欠けているものをつけ加えさせてもよいでしょう。これらのアクティビティーについては、*Mr McGee*、*Something Else*、*My Cat Likes to Hide in Boxes* の「ストーリー・ノート」を参照してください。
- **聞いて表示する**（Listen and label）：このアクティビティーは、絵、地図、図表を用いて行われ、学習者は動物や人、または場所の説明を聞いて、そのポイントとなる部分に名称などを記入します。すでに記入したものを準備し、子どもたちに答え合わせをさせたり、単語を黒板に書いて子どもたちに自分で書き写させたりします。このアプローチは、*Brown Bear, Brown Bear, What Do You See?* のようなストーリーで使うことができます。
- **聞いて推測する**（Listen and guess）：このリスニング・アクティビティーは、物事の説明を聞いて、それが何であるか推量するものです。これは、*The Kangaroo from Woolloomooloo* で、動物の名前を推量するゲームで使われています。
- **聞いて予測する**（Listen and predict）：これはすでにある程度詳しく説明してあります。例えば、*The Clever Tortoise* や *Princess Smartypants* の「ストーリー・ノート」にも載せてあります。
- **聞いて合わせる**（Listen and match）：これは、聞いたことばを絵と組み合わせるもので、"Bingo!" のようなゲームでよく行われます。年長の子どもでは、絵や単語（会話の吹き出しに書かれるもの）をほかの文とマッチングさせる活動を含みます。
- **聞いて順序をつける**（Listen and sequence）：このアクティビティーは、通常、絵や文字に書かれた語句を用いて、生徒はストーリーを聞きながら、それらに順序をつけます（*The Clever Tortoise*、*The Kangaroo from Woolloomooloo* の「ストーリー・ノート」を参照）。
- **聞いて分類する**（Listen and classify）：このアクティビティーも絵を使って実施することが多く、子どもはいろいろな描写を聞いて、絵をそれぞれ異なったセットに分類をします（*Princess Smartypants* の「ストーリー・ノート」を参照）。
- **聞いて情報を転送する**（Listen and transfer information）：これは、通常、ペアやグループでのインタラクションを行う活動を含みます。子どもたちは、お互いに質問したり、答えを注意深く聞いたりしながら、調査やアンケートを実施します。児童の応答をチャートに整理して理解を強化することもできます（*The Very Hungry Caterpillar* の「ストーリー・ノート」を参照）。

■ スピーキングの指導

● 子どもの抱く期待

ほとんどの子どもは、外国語は学べば話せるようになると考えています。また、母語はごく自然に、簡単に話せるようになってしまったので、外国語でも同じであろうと期待をしてしまいます。つまり、彼らは、すぐに結果を望むのです。

このような子どもたちの初期のころの熱意を維持するためには、できるだけ早く、そして、できるだけ多く英語を話す機会を与えてやらなければなりません。そうすることによって、子どもたちは期待通りに進歩していると実感することができるのです。

● 定型表現（Formulaic language）

子どもが学習の初期の段階で口にするタイプの英語は「定型表現」（formulaic language）と言われています。これは暗記していて、最小限の言語能力でコミュニケーションができるような決まり文句（routines）や文型（patterns）から成っています。これらは常にくり返すことで、子どもたちはすぐ覚えてしまいます。定型表現には次のようなものがあります。

- **簡単なあいさつ**：Hello !（こんにちは！）How are you ?（お元気ですか？）/ I'm fine,

thank you. And you？（元気です。あなたは？）
- **社交英語**：Did you have a nice weekend？（週末はいかがでしたか？）/ Have a nice weekend！（よい週末を！）
- **決まり文句**：What's the date？（今日は何日ですか？）/ What's the weather like today？（今日の天気はどうですか？）
- **教室英語**：Listen！（聞いてください！）/ Repeat！（リピートしましょう！）/ Sit down！（席についてください！）/ Work in pairs！（ペアでしなさい！）/ Good！（いいですね！）/ It's your turn！（君の番だよ！）/ Be quiet！（静かにしてください！）
- **許可を求める**：May I go to the toilet？（トイレに行ってもいいですか？）/ May I clean the board？（黒板をふいてもいいですか？）

● **スピーキング活動**

初期段階でのスピーキングの練習は、教師によって厳しくコントロールされていて、教師主導で行われます。それは通常、簡単な質問と応答から成っています。次に挙げる活動は「ストーリー・ノート」に記載されているもので、制限の強い練習から自由な活動へと進行していきます。

- **見て、聞いて、くり返す**（Look, listen and repeat）：このテクニックは、ストーリーの中の新語や新しい登場人物を紹介するのに使うことができます。教師が絵を見せて、単語を発音し、くり返させます。Look! An elephant. Repeat！子どもたちの発音に満足したら、次の語へ移ります。新しい単語をいくつか導入し終わったら、絵を見せて、What's this？と尋ねて確認し、子どもにその単語をリピートさせます。
- **聞いて、参加する**（Listen and participate）：読み聞かせの時間に、子どもたちは重要な単語や語句をリピートすることによって授業に参加します。
- **音読する**（Reading aloud）：ゲームの中には、子どもたちに単語や文を音読させるものもあります（例：*Mr McGee* の「ストーリー・ノート」にある「自己採点用ディクテーション」（auto-dictation）を参照してください）。
- **記憶ゲーム**（Memory games）：「買い物ゲーム」（I went to the market and bought ...）や「伝言ゲーム」（Chinese Whispers）では、記憶して、リピートすることが必要となります。
- **劇化する**（Dramatization）：劇化することにより、子どもたちはせりふを覚えます。こういう練習の機会は、子どもたちにとって忘れられない思い出となります。
- **ライム、遊び歌、歌、チャンツ**（Rhymes, action songs, songs, chants）：子どもたちは模倣することによって話せるようになります。ライムや歌やチャンツをくり返すことは、英語の発音を練習したり、新しいことばを導入したり、強化するのに理想的なコンテクストを提供してくれます。
- **ストーリーをやさしく言い替える**（Retelling a story）：ストーリーを言い替える場合は、子どもに登場人物のせりふを割りあて、適当なときにそれを言わせます。
- **見て、尋ねる**（Look and ask）：ペアワークやアンケート調査などのように、比較的自由なアクティビティーの準備として、絵のプロンプト〔絵を使った語彙誘導カード〕（prompt）を使うことができます。How many plums are there？（いくつプラムはありますか？）と質問して、There are three plums.（3つあります）という答えを聞いてから、一人の生徒に5つのオレンジの絵を見せて、別の子に同じような質問をさせます。Benjamin, ask Mary！（ベンジャミン、メアリーに聞いてみなさい）、How many oranges are there？（いくつオレンジがありますか？）。メアリーが答えると、教師はクラスに、「彼女の答えは正しいですか？」（Is that right?）と尋ねます。この教師主導の練習は、正しい答えを正しく発音させることに焦点をあてたものです。
- **推測ゲーム**（Guessing games）：このゲームは、質問や、物や人の説明をするのに適しています。例えば、子どもたちが、クラスに知らせずに、ペットにしたい動物の絵を描きます。クラスはIs it a cat？（それはネコですか？）などと質問をしてあてます。クラスの人物についても、名前を言わずに、She's got long hair. She's wearing a red pullover.（彼女は髪が長くて、赤い

セーターを着ている）などと説明をして、ほかの子どもたちがそれを聞いて、名前をあてます。

- **インフォメーション・ギャップ**（Information gap）：このアクティビティーは通常、ペアやグループで行われます。子どもたちは互いに、質問し合い、応答をするという活動を行います。ペアのうちの一人が、相手の持っていない情報を持っており、この目的はタスクを完成させるために、その欠落している情報を見つけることにあります。
- **アンケート調査と調べ学習**（Questionnaire and surveys）：この活動の目的は、クラスのほかの子に、例えば、好きなもの・嫌いなものなどを聞いて、その情報を図表に整理して照合することです（*The Kangaroo from Woolloomooloo*、*The Very Hungry Caterpillar*、*My Cat Likes to Hide in Boxes* を参照）。
- **ロールプレイ**（Role-play）：ロールプレイでは、あるストーリーで使われていて、ほかの文脈でも使えるような表現が練習できます。例えば、*The Elephant and the Bad Baby* では、その話に基づいて子どもたちは買い物の会話を演じることになります。

アクティビティーを選ぶときは、できるだけ多様な種類を用意して、すべての子どもがそれぞれのレベルや学習段階に応じて参加できるようにし、ペアやグループ活動の機会を多く持てるように配慮する必要があります。こうすることが子どもたちの最大限の参加を促し、一人ひとりの子どもをスピーキングの練習に励む気持ちにさせるのです。詳細については、第5章の「ペア・グループ活動のマネージメント」の節を参照してください。

■ 発音の指導

発音は、模倣が得意な年少の児童にとって特に有利な分野です。ただし、これは周りに良いモデルがいる場合だけに限られます。歌やライムの利用は子どもたちの英語に対する感覚を養い、英語の音を意識させるうえで特に有効です。子どもが間違った発音の癖を身につけてしまった場合は、何らかの形で矯正してあげなくてはなりません。しかし、通常、発音指導は新しい語彙や構文の導入と、それに続く練習のためのアクティビティーと一体化しています。リスニングの練習やゲームには、同じ音や異なる音を聞き取ったり、一連の音のグループの中からほかと異なるものを見つけ出すものがあります。しかし、この種のコンテクストを伴わない練習は、あまり長くやると、子どもたちが飽きてしまいます。ゲームや Yes/No questions を用いたアンケート調査などのほうが、くり返しが多く含まれていて自然に発音の練習ができます。

● 個々の音

次に挙げるのは、「ストーリー・ノート」で使われている発音記号（phonetic symbols）の一覧です。

/ɪ/	w**i**tch	/ɪə/	**ea**r
/e/	p**e**t	/eə/	b**ea**r
/æ/	h**a**t	/ɑː/	p**ar**k
/ɒ/	p**o**p	/ɔː/	sh**or**t
/ʊ/	b**oo**k	/ʊə/	p**u**re
/ʌ/	d**u**ck	/ɜː/	b**ir**d
/ə/	butch**e**r	/tʃ/	**ch**erry
/iː/	gr**ee**n	/dʒ/	**j**am
/eɪ/	c**a**ke	/ŋ/	si**ng**
/aɪ/	wh**i**te	/θ/	**th**in
/ɔɪ/	b**oy**	/ð/	**th**ey
/uː/	n**ew**	/ʃ/	**sh**op
/aʊ/	br**ow**n	/ʒ/	televi**s**ion
/əʊ/	gr**ow**	/j/	**y**ou
/uː/	bl**ue**		

これらの中には、母語にはないが英語にはある子音（consonants）もあります。しかし、だからといって、必ずしも子どもたちにとって、それらの音を発音することが障害となるというわけではありません。というのは、子音よりも母音（vowels）の発音のほうが問題を生じやすいのです。異なった音を発音するとき、唇や舌や歯はどうなっているかを実際に見てみることは、子どもにとって役に立ちます。また、教師にとっても、舌の位置はどこにあるかとか、口はどの程度開けるのか、唇はどの程度丸めたり広げたりするのか、舌は歯に触れるのかどうか、などについて子どもたちに説明することも大切

です。個々の単語の発音に焦点をあてた授業のあとは、機械的で、意味のない、不自然な練習にならないように、それらの単語を文章の中に入れて行うとよいでしょう。

● 連続音声（connected speech）における音

　上に述べたように、発音の授業は個々の音の発音だけに焦点をあてるべきではありません。インフォーマルな会話の中でどのように音が混じり合うかということも、同様に重要なことです。英語のひとつの特徴として、ある特定の音同士が連結して、ぎくしゃくした、とぎれとぎれの音になることを避けるという現象があります。この現象がよく起こるのは、特に子音で終わる単語のあとに母音で始まる単語が続く場合です。

● 強勢（stress）とリズム（rhythm）

　英語は「強勢拍言語」（stress-timed language）であり、それぞれの拍（beat）の間にいくつ音節があってもほぼ同間隔で強い拍が起きます。このことを子どもたちに見せる有効な方法は、拍の間に1つひとつ音節を加えながら、強い拍に合わせて手をたたかせることです（強い拍は大文字で示してあります）。

```
ONE            TWO            THREE            FOUR
ONE     and    TWO    and     THREE    and     FOUR
ONE    and a   TWO   and a    THREE   and a    FOUR
ONE and then a TWO and then a THREE and then a FOUR
```

　英語における強勢とリズムの働きは、ライムやチャンツによく表れています。ここでも、子どもにリズムに合わせて拍をとらせることができます。

　強勢がある語は、重要な「内容語」（content words）であることが多く、それには、名詞、動詞、形容詞、副詞が含まれています。語の強勢が置かれると、次の3つのことがよく起きます。

① 強勢のある語は、ほかの語よりもわずかに強く聞こえる。
② 強勢のある語の母音は、はっきりと発音される。
③ その結果、その母音は長く聞こえる傾向がある。

　このようなことが起きることを、上に紹介したONE, TWO, THREE, FOURの練習問題で確認してみてください。ここで同時に起きていることは、and、a、thenのように強勢のない語は、リズム内に収まるように、かなり早めに発音されることが多いということです。すなわち、それらは短く発音され、母音があまりはっきり発音されないということを意味しています。実際、強勢のない母音は発音が容易な/ə/、/ʊ/、/ɪ/などにしばしば変化します。この現象が起きる場合、これらの語は「弱形」（weak forms）と呼ばれています。これは文中の冠詞、助動詞、法助動詞、代名詞、前置詞などの「文法語」（grammatical words）に最も顕著で、内容的にあまり重要でない場合に起きます。

　次に紹介するライムを見ると、ある特定の音を練習する方法や、連結、強勢、リズムというような連続音声（connected speech）の特徴が、どのように働いているかがよくわかります。

● Chatterbox

Chatterbox, chatterbox chats all day,
Chatterbox, can't hear what I want to say.
Chatting, nattering, yackety-yak,
Chatterbox, chatterbox, let me talk back!
（おしゃべりさん、おしゃべりさん、あなたは、一日中、しゃべってばかり、
僕の言いたいことも聞いてくれない、べらべらしゃべってばかり、
おしゃべりさん、おしゃべりさん、私にもしゃべらせてよ！）

　chats all と what I という語句をつなげることによって、英語の音がなめらかに聞こえるようになります。このライムはまたchatterboxの子音/tʃ/やcan't、all、talkの長母音/ɑː/や/ɔː/、さらに、chattering、natteringの/æ/、wantの/ɒ/などの短母音、さらに、day、sayの中にある二重母音の/eɪ/などの練習に役立ちます。ライムに出てくる単語は、たいてい重要な内容語（動名詞、名詞、本動詞）なので、それらには弱形（weak forms）はほとんどありません。弱形のひとつの例は、上のライムの2行目のtoの母音/u/が、あいまい母音（shwa）の/ə/に変わります。ライムではリズムがとても重要です。リズムを表記するためには、ライムを書き取る際、強く発音する音節を大文字で書いたり、次に示すように、下線を引いたり、または大小の丸印で

表記することができます。

　　• • • •
　　Chatterbox, chatterbox, chats all day,
　　• • • •
　　Chatterbox, can't hear what I want to say.
　　• • • •
　　Chattering, nattering, yackety-yak,
　　• • • •
　　Chatterbox, chatterbox, let me talk back!

　大切なことは、各行にそれぞれ4つずつ強勢拍（strong beats）があり、各行の最後の語は必ず強く発音されることと、2行目の what I want to say の場合のように、強勢の置かれていない語は圧縮されて発音されるということです。

● イントネーション

　英語のイントネーションの重要な機能はおもに次の3点です。①文中で最も強い強勢のある語を強調する、②発話にどのような文法機能（例えば、ある文が陳述か質問か）があるかを示す、③気持ちや感情を表す。「ストーリー・ノート」には特定のイントネーション・パターンとその意味の例が多く紹介されています。英語の一番普通のイントネーション・パターンは、「下降調」（falling tone）で、その用例は次の通りです。

● 短い陳述
　例：Let's play on the swings.（ブランコで遊ぼう）
● wh 語を含む疑問文
　例：What shall we do now？（これから何をしようか？）
● 命令文
　例：Ready, steady, GO！（位置について、よーい、ドン！）
● 驚き、興奮、危険を示したり、警告を表す感嘆文
　例：Good idea！（良い考えだ！）

「上昇調」（rising tone）は、次の場合に使われます。

● 依頼
　例：May we come too？（私たちも行ってもいい？）

● 陳述文を疑問文にする
　例：He's all come to pieces？（彼はズタズタになっちゃったの？）
● Yes/No で答える疑問文
　例：Would you like a ride？（乗っていく？）

「下降—上昇調」（falling-rising tone）は、次の場合に使われます。

● 対比をする
　例：Well, I like sausages but I don't like chips.（そうですね、私はソーセージは好きですが、ポテト・チップは嫌いです）
● 主節の前にくる節や句
　例：So after that, the big skeleton frightened the little skeleton.（そのあとで、大きな骸骨が小さな骸骨を驚かせた）

■ リーディングの指導

　年少の子どもには、母語でもまだ読むことがおぼつかない者がいるかもしれません。その場合は、彼らの母語での読み書きの能力が、ある程度伸びるまで英語のリーディングを始めるのを遅らせるほうがよいでしょう。多くの国で、ローマ字では実際に読み書きできる程度の知識を持っている子どもたちもいますが、ギリシャ、中東、中国のような国では、自分たちとは異なった文字の読み書きを学習するために、さらに多くの時間をかけなければならないでしょう。初期の学習で、子どもたちに、いろいろな国の文字の類似点や相違点、例えば、英語にはフランス語のようなアクセント記号やスペイン語のティルデ〔ñのように上につける記号：señor など〕がないことに気づかせる必要があります。また、子どもたちの身近にある英語の看板、掲示、宣伝などを注意して見るように勧めるのも良い方法でしょう。このようにリーディングに対する意識を持つことによって、楽しみのためにストーリーを読んだり、情報を求めていろいろな看板などを見るというように、読むことには、それぞれ異なった目的があるということを子どもたちに考えさせるきっかけになるのです。

　初期の段階のリーディングは、通常、文字や単語のレベルに留められていて、簡単な文字遊び（alphabet games）をしたり、フラッシュ・カードを使っ

たり、"Domino"、"Snap"、"Bingo"などのような「ことば遊び」(word games)を行います。使用している教科書にフラッシュ・カードがついていないときは、自分で作ることもできます。フラッシュ・カードを新語の導入に使用する場合は、誰でも見えるような大きさでないといけません。子ども同士で使うならば、小さ目の縦8センチ、横12センチほどの大きさでよいでしょう。

　最初のうちは、教師は単語と自分で描いた絵の両方を載せたカードを使用し、あとになって、絵をやめることもできます。また、カードを、例えば、形容詞はピンク色、名詞はすべて緑色、動詞は青色というように、それぞれの品詞によって色分けしてもよいかもしれません。フラッシュ・カードを長持ちさせたかったら、ラミネート加工もできます。まず、新語を導入して、それから子どもたちはフラッシュ・カードを用いてペアで読む練習をやり、正しく読まれたカードや、ペアを成す単語の組み合わせをできるだけ多く集めるような活動を行います〔訳者注：これは「ペルマン式記憶法」(Pelmanism) と呼ばれ、ロンドンの Pelman Institute が考案したシステム〕。

　このような活動によって、子どもたちは英語の典型的な文字の形や組み合わせになじむことができます。徐々に読むことに自信が出てきて、絵の補助がなくても読めるようになります。これ以外のアクティビティー、例えば、英語のアルファベットで書かれたフラッシュ・カードを使って、対応する絵にラベルの代わりに貼りつけるとか、いろいろな単語をグループ分けしたり、装飾帯 (story frieze) を作らせるなどのアクティビティーは、ストーリーのキーワードやその意味を覚える手助けになります。大切なことは、これらの教材・教具の作成には、子どもたちにも手伝わせることができるということです。

　いろいろな種類の図表の使用は、中級レベルのリーディングの力を伸ばすのに適しており、子どもたちのスピーキングのスキルを補助する手立てにもなります。生徒は物事を描写したり、比較・分類を行うときに図表をよく使います。リーディングの練習は、例えば、子どもたちがある特別な単語を聞き分けて、該当するものにチェックマーク（✓）をつけるというようなリスニングの練習から始めることができます。

リスニングの指導の節（40〜43ページ）で紹介したいろいろなタイプのタスクは、子どもの力が伸びるにつれて、リーディングにも使うことができます。これは、読んで演じる、読んで絵を描く、読んで色を塗る、マッチングさせる、並べ替える、分類するなどのさまざまな活動を創り出すことができるということを意味しています。

- **発音の練習のために単語を読む**
  - 「ライム」、「ドミノ」、「ビンゴ」、「スナップ」などのゲーム：これらのゲームでは、いろいろな単語を見て、韻を踏む単語同士をマッチングさせます（*Mr McGee*、*Funnybones* の「ストーリー・ノート」を参照）。
  - 文の中の単語をマッチングさせる：2つに切った文のグループから、韻を踏む単語同士をマッチングさせます（*Mr McGee*、*The Kangaroo from Wolloomooloo*、*My Cat Likes to Hide in Boxes* の「ストーリー・ノート」を参照）。
  - 音読する：正しいアクセントとイントネーションで、文の音読を練習します（*Mr McGee* の「ストーリー・ノート」を参照）。

- **新語の読みの練習をする**
  - フラッシュ・カードを使う：この目的は単語を視覚的に認識することで、単語をリピートしたり、並べ替えたり、絵をマッチングさせます。
  - 「ドミノ」、「ビンゴ」、「スナップ」などのゲームをする：これらのゲームで、子どもたちは書かれた単語とその意味を認識することができるようになります。

- **テクストを再構成したり、スピーキングのためのプロンプト（発言を促すメッセージ）としてのリーディング**
  - 文を作成するための語彙誘導カードを使う：絵をプロンプト (prompt) として使うことによって The elephant is the biggest. というような文の練習ができます（*The Clever Tortoise* を参照）。
  - 文を作ったり、質問する目的で、図表を見て、チェックマークをつける：この活動もまた、特別な構文の練習をするためのステップになります（*The Very Hungry Caterpillar* を参照）。

- 時計の文字盤を見て、時間を言う：時間を告げるという、数字の概念を強化します。
- いくつかの単語を読み、それらを並べ替えて文に再構成する：これは、文の理解と語順についての理解をチェックするのに役立ちます。
- いくつかの文を読み、それらを並べ替えて完全なテクストを再構成する：The Kangaroo from Wolloomooloo を参照のこと。

● リスニングとリーディング
- 吹き出しの中のせりふと絵をマッチングさせる：教師の朗読、ないしは音声CDを聞いて、一連のせりふを読み、正しいものを選びます。
- 並べ替えをする：ある程度の長さの物語や描写文をいくつか聞いて、それぞれの文を正しい順番に並べ替えます。

● リーディングと思考（thinking）／問題解決（problem-solving）
- 陳述文の内容を確認する：クイズ形式でいろいろな文を読んだり、ほかの子どもの描いた絵を見たり、グラフを見て、それらが合っているかどうかをチェックします（Princess Smartypants を参照）。
- リストや文を読んで、単語を分類したり、単語や概念の「クモの巣図」（concept webs）を作る：The Very Hungry Caterpillar を参照。
- いろいろな問題を読み、その解決法とマッチングさせる：Princess Smartypants を参照。

■ ライティングの指導

● ライティングのプロセス

　ライティングのスキルの学習をサポートするためには、子どもたちが、ライティングのタスクで、どのようなスキルを学んでいるのかを知る必要があります。年少の子どもは、書写を学習しているでしょうし、一方、ライティングの基礎的なスキルをすでに習得している年長の子どもたちは、学習のためにライティングを使う段階に移行していきます。教師は、子どもたちが行うアクティビティーにバラエティーがあるかどうかチェックする必要があります。例えば、ライティングのアクティビティーといえば、教師は通常、書写、語彙、文法の練習だけを目的に選択しているのではないでしょうか？　このようにライティングは、単に機械的な練習のためだけに限られてしまうことがしばしばあります。これでは、子どもたちがライティングを嫌いになるのも無理はありません！　それでは、子どもたちが覚えるために物事を真剣に書き留めたり（例：単語帳（vocabulary notebook）の作成）、アイデアを組み立て、それらを書き留めたり、子ども同士や、また教師ともコミュニケーションができるようになる方法はあるのでしょうか？　このような2つの目標、つまり、言語項目を学ぶことと、アイデアを相手に伝えるという目標は両方とも大切であり、ことに年長の学習者にとっては重要な目標となります。子どもたちは、ある特定の構文を使って文を作ったり、物事を描写したり、比較したり、指示を与えたり、あるいは、手紙やポスターなどで、レイアウトができるようにならなければなりません。これらはすべて、子どもたちが、少しでも楽に、自動的にできるようになるまで練習をしなければならないプロセスなのです。

　学習者のレベルが上がるにつれて、教師はライティングのためのコンテクストと読み手（audience）を持つ機会を作り出してあげなければなりません。これはコミュニケーションのためのライティングの重要な要素です。子どもたちに、誰かほかの人とコミュニケーションをしたいというような「読み手」の意識を持たせることは、英語学習の比較的初歩の段階でも、モデル文とか必要な語彙を与えておけば不可能なことではありません。例えば、ほかの子どもたちに正誤（true or false）をあてさせるような文とか、なぞなぞ（riddles）を作らせることもできます。さらに年長で、英語に自信のある生徒には、説明文や詩、クロスワード・パズル、対話文、手紙、メニュー、招待状、誕生日カード、取り扱い説明書、パズルなど、いろいろ異なった種類のテクストを作らせてもよいでしょう。年長で英語に自信のある子どもの場合には、ストーリーを改作して、登場人物や結末を変えて、別のストーリーを書かせ、ほかの子どもに読ませることもできます。このプロセスで大切なことは、子どもたちに、ライティングに必要な語彙集とか、ガイド付きのアクティビティー（guided activities）などの枠組み（framework）や、サポートとなるような書かれたモデルを手元に持たせておくことです。もうひとつ重要なことは、

子ども同士の協力（collaboration）で、一緒にアイデアを出し合い、文案を練り、教師と相談のうえで書き直しを行い、さらに完成度の高い文章を書かせることです。もちろん、このようなプランニングの段階では、子どもたちに母語を使用させてもよいでしょう。

● ライティングのアクティビティー

ライティングのアクティビティーは、教師がガイドしながら、書き写しをさせるタイプと、少し自由度を高めて、創造性を重視するタイプの2通りに分類することができます。単語や文単位で書写をさせる場合は、多かれ少なかれ、絵やモデル文とか、書き換え表（substitution charts）などの「サポートの枠組み」（support framework）の中でガイドしながら行います。このようなガイド付きの書写は、字を書いたり、つづりや新しい文法を覚えたりする場合に行います。教師が選択するサポートの枠組みの中で、子どもたちは、明確に規定された制限に従って文章を書く練習をします。例えば、書き換え表を使うと、Jacques likes hot dogs but Louise likes sandwiches.（ジャックはホットドッグが好きで、ルイースはサンドイッチが好きです）というような簡単な文型を教えることができます。新しい語彙を教えたり、単語の意味に関する子どもたちの持っている一般的な知識をさらに強化するために、ときには、ほかのタイプの書写をやらせることもあります。一連の語彙を与えて、それらを自分たちで考えた見出しをつけて分類させます。

年長の子どもたちにモチベーションを持たせるためには、必ずしも、すべてのアクティビティーを練習だけのレベルに留めておくべきではありません。学習にバラエティーを持たせ、学習者の自立を促すためには、もっと自由で創造的なアクティビティーもやらせて、自分たちで文や文章を作らせる必要があります。このような自由なアクティビティーによって、学習者はプランニングをしたり、アイデアを整理したり、レイアウトのような異なった種類のテクストを作成する決まり事が理解できるようになります。例えば、招待状やポスター、広告をデザインするには、最も重要な情報に焦点をあてて、それらを、魅力的で、かつ明瞭な形で提示しなければなりません。教師主導のライティングが、さらに創造的なライティングのための基礎となり、注意して指導

をすれば、単語レベル、文レベル、文章レベルのいずれの場合にも、子どもたちは自信を持ってライティングができるようになります。ライティングの力を伸ばすためのアクティビティーについては、第5章の「マルチメディアを使う」の節（58ページ）を参照してください。

次に挙げる表は、単語レベル、文レベル、文章レベルでの異なったライティングのアクティビティーの例です。これらのアクティビティーは、子どもたちがストーリーを聞いてからやらせることができます。さらに、教師自身のアイデアをこの一覧表につけ加えることもできます。

「ストーリー・ノート」にあるライティングのアクティビティー	
単語レベルでのライティング	目的
・絵や図表に名称などを記入する。 ・クロスワード・パズル ・つづり換え（anagram）：例えば、Maryの文字を配列し直してarmy（軍隊）にする。 ・単語のパズル ・絵辞書、単語辞書、モビール（mobiles） ・調査とアンケート用の図表、格子表（grids） ・単語をファミリーに分類する。 ・概念、単語の「クモの巣図」（webs） ・メニュー、買い物リスト	新しい語彙、書写、つづりを学習する。
文レベルでのライティング	
・絵の見出し（captions） ・漫画の吹き出し ・図表や格子表からの情報を文字に書く。 ・簡単な質問を書いて、ほかの子に答えさせる。 ・ばらばらにした文を並べ替える。	上記の目的に加えて、新しい構文と機能を学習する。
文章レベルでのライティング	
・日記 ・説明文 ・広告文 ・使用説明書 ・招待状 ・手紙 ・ポスター ・詩 ・ストーリー、簡単な本	上記の2つの目的に加えて、プランニング、草案を作る、編集をする、レイアウトをする。

子どもが学習する一般的なライティングの機能は、以下の通りです。

- 人、動物、場所などについて説明をしたり、比較する。
- 質問する。
- 質問に答えて情報を与える。
- 現在の行為を説明する。
- 将来のことを予測する。
- 現在と過去の出来事を語る。
- 因果関係（原因と結果）を説明する、問題解決。
- 理由を述べる、説明する。

■ 学び方を学ぶ（Learning to learn）

「学び方を学ぶ」は、「外国語としての英語（EFL：English as a Foreign Language)」と「第2言語としての英語（ESL：English as a Second language)」を教える教師による学習者の訓練とも呼ばれ、メタ認知的な意識と学習ストラテジーを伸ばすための広範なアクティビティーを指す包括的な用語です。目的は、何を学習しているかに加えて、どのように学習しているかということに子どもの注意を向けることです。学習者は、アクティビティーや教材について、異なった学習スタイルや好みを持っているということが考慮されているので、子どもたちは自分独自の学習ストラテジーを伸ばして、より効率的で自立した学習者になることができるのです。

● メタ認知的な気づきと学習に対する積極的な態度を育成する

先に述べたように、「学び方を学ぶ」ことは、学習者としての自分について知ることを含めたメタ認知的意識の発達を目指しています。ストーリーに基づいた学習では、「メタ認知」とは、次の4つの異なった「気づき」（awareness）を取り入れた用語です。

① 言語に対する「気づき」（language awareness）
② 認知的な「気づき」（学び方を学ぶ）（cognitive awareness）
③ 社会的・文化的な「気づき」（social and cultural awareness）
④ 教科横断的な「気づき」（cross-curricular awareness）

これらによって、子どもは全人的な発達を遂げることができるのです。子どもたちは、言語的、文化的な理解だけでなく、学習ストラテジーや社会的なスキルを幅広く習得する必要があります。このようにして、学習に対する積極的な態度、価値観、信念を持つことができれば、子どもたちのモチベーションが高くなり、学習能力が伸び、さらに、将来の学習にも役立てることができるのです。

● 学習ストラテジーの発達

一般的に、学習ストラテジーとは、学習者は学習するために何をするか、ということです。ストラテジーの中には、普遍的なものもあれば、学習タスクの性質の違いや学習スタイル、モチベーションの違いというような幅広い要因によって、個々の学習者ごとに異なっているものもあります。学習者が意識的に選択して、ある特定のストラテジーを使うこともあれば、無意識に使うものもあります。ストラテジーの中には、例えば、声を出してリピートする、というような外から観察できるものもあるし、一方、頭の中での思考のように、観察不可能なものもあります。

学習ストラテジーは、次の2つのグループに分類することができます。ひとつは、一般的な学習に関与するもの（メタ認知的）で、あとひとつは、タスクに直接関わるもの（認知的）で、学習される教科（この場合には英語）を事実上、操作するものです。これまでの研究（O'Malley et al.（1985）、Ellis and Sinclair（1989）によれば、メタ認知と認知的なストラテジーのトレーニングの2つを併用することが、学習者が、学び方を学び、ストラテジーをほかのタスクに移行する方法を学ぶうえで特に効果的であることが明らかになっています。O'Malleyらは、次のように述べています。

> メタ認知的なアプローチを知らない学生は、本質的に、学習の方向性を持たず、自分たちの進歩の足跡、成し遂げたこと、これからの学習についてレビューをする能力を持ち合わせない学習者である。（O'Malley et al.（1985：24））

O'Malleyらは、このアプローチを言語学習に適用し、さらに、社会的・情動的（socioaffective）なカテゴリーをつけ加え、学習者はこれにより、社会的なグループ活動に参加し、言語のインプットに自らをさらすことができると述べています。これらの3つのタイプのストラテジーは、特に、児童の

英語教室において、比較的簡単に利用したり、拡大して活用することができます。

　大切なことは、学習ストラテジーは教えることができ、しかも、自らの学習に対する意識は伸ばすことができるということです。ここで教師が果たす重要な役割は、子どもたちに自分の学習のプロセスをふり返り、さらに実験をする機会を与えるということです。このプロセスは言語学習では不可欠なことです。このような機会を与えるときには、教師は明示的に行う必要があります。そうすることによって、子どもたちは自分が今やっていることは何か、そして、なぜそれをやっているのかを意識することができるのです。このプロセスは時間がかかり、ゆっくりと進行するものであり、言語学習の目的に組み入れられているものですが、決して、最優先されるべきものではありません。というのは、教師と子どもの主目的は、やはりことばを学ぶことにあるからです。本書に掲載されているストーリーで使われる学習ストラテジーは、「ストーリー・ノート」の中で重点的に扱われています。

　英語学習に使われるストラテジーには、ほかの教科の学習にも応用できるものが数多くあります。子どもたちには、適当なときに、このことを教える必要があります。彼らは、そのストラテジーを他教科に移転して、教科を横断して学習する総合的な意識を伸ばすことができます。以下に、3つのカテゴリーのストラテジーを、それぞれ関連するそのほかのストラテジーと一緒に提示します。

● **メタ認知的ストラテジー**

　これらには、学習について考えることが含まれています。その内容は、学習をプランニングしたり、モニタリングしたり、評価すること、さらに、仮説を立てたり、比較したり、自問したり、自己修正したり、アクティビティーを選別することなどです。このように、メタ認知的ストラテジーにより、学習のプロセスに関わるさまざまな要因を学習者に考えさせることができます。

- **学習を計画する**：子どもの英語クラスでは、学習計画のおもな責任は、通常、教師にあります。しかし、よく整理して、わかりやすく説明することによって、教師が子どもたちに計画の立て方のモデルを示すことができます。子どもたちに、あるトピックについて、すでに知っていることと、これから知りたいと思うことについて考えさせ、適切な目標を立てる活動に積極的に参加させることができます。子どもたちには、アクティビティーをしている間、いかに注意力を集中させるかについても教えなければなりません。
- **仮説を立てる**：例えば、単語の意味や文法のルールについて、子どもたちが自分で考えるように指導します（38ページの「文法の指導」の節を参照）。
- **比較する**：英語と母語の相違点について考え、分析させる。このことによって、子どもたちは言語に対する好奇心を持ち、言語意識を高めることができます。彼らはまた、自分たちの国の日常生活と、学習している言語を話す人たちの日常生活を比較し、文化的多様性を意識することができます。
- **自問する**：自分たちの学習の内容とプロセスをふり返るために、自問するように勧めます。
- **自己評価をする**：子どもたちに自己評価表を作らせ、学習の内容、学習のプロセス、授業中のパフォーマンスとクラスへの貢献度について内省させます。自分たちの進歩の度合いをモニターし、モチベーションを持続し、自分の得意な点と弱点に光をあてることができます。
- **自己修正をする**：子どもたちに、個人で、またはグループで自分たちの学習をチェックする機会を与えるようにしましょう。子どもは自分の学習に責任を持ち、どこで、なぜ、間違いを犯したかを自ら考えるようになります。
- **復習をする**：記憶を長期的に保持し、すでに知っていることと、知らないことを認識できるように、計画的・体系的に復習する習慣をつけさせます。
- **アクティビティーを選択する**：ときどき、子どもたちにアクティビティーを選択する機会を与えるようにしましょう。子どもたちは、自分の関心やニーズに応じてアクティビティーを選択し、何をすべきかを自分で決め、その手順を計画することができます。

● **認知的ストラテジー**

　認知的ストラテジーには、例えば、整理する、分

類する、マッチングする、予測する、意味を知るために視聴覚的補助を使う、くり返す、教室のブック・コーナーや辞書を利用するなどが含まれます。これらのストラテジーによって、生徒は、今、学習していることばと教材を使って物事を成し遂げ、さらに、例えば、リスニングとかリーディングのアクティビティーに関連づけることができるようになります。あるスキルでは、使用するストラテジーのタイプを決定するのは、それぞれのタスクの性質によって異なることがあります。例えば、絵を使ったディクテーションとか、テキストを流し読みしながらチャンクで読むために、特別な情報だけを求めて聞き取りを行う場合などがこれに該当します。これ以外に、語彙の増強やスピーキングというようなスキルについては、うまくいくストラテジーが個人によって異なっていたり、個人的な好みによって異なるために、さらにバラエティーが多くなります。例えば、子どもの中には、単語を絵と連想させて覚えるのが得意な子もいれば、何回もくり返して覚えることを好む子もいます。次ページの図表8は、「ストーリー・ノート」に掲載されている一般的なアクティビティーと、それによって伸びるスキルとストラテジーの一覧表です。この図表を見ると、多くのアクティビティーが複数の異なったストラテジーを組み合わせたり、または同種のストラテジーをまとめて使うことを必要としていることがわかります。

- **分類する**：子どもたちに、いろいろなものを、例えば、熱いものと冷たいもの、甘いものと塩辛いもの、野生動物と家畜などの異なったグループに分類させる。これは、子どもたちの基本的な概念を強化し、新しいことばを習得するときの記憶の補助として役立ちます。教師や子どもたち自身で決めた分類方法に従って、単語や物を分類します。
- **意味を理解するための手がかりとして視聴覚的補助を使う**：母語では、話し手の声の調子、顔の表情、ジェスチャー、視覚的なサポートなど、いろいろな手がかりを頼りに意味を推測します。これは通常、無意識のうちに行われています。外国語で意味を推測するときは、子どもたちは母語の場合よりもこれらの手がかりに依存しなければなりません。したがって、まず、これらの手がかりにはどんなものがあるかを知って、それらを積極的に使わせる必要があります。前節のリスニング、リーディング、語彙で紹介した多くのアクティビティーは、こういう意識とストラテジーを発達させることができます。
- **予測を立てる**：子どもたちに、文脈から得られるいろいろな手がかりを使って内容を推測させます。予測をさせるような活動では、子どもたちの言うことが、たとえ、ストーリーで聞いていることや、起こっていることと正確に一致しなくても、許される限り、すべて受け入れてやらなければなりません。ここでの主目的は、これから起こりそうなこと、これから言われそうなことを予測させ、彼らの予測したことが、実際聞いたことや読んだことと合っているかどうかをチェックさせることです。こうして、子どもたちは学習のプロセスに、それぞれ積極的に関わることができ、自信をつけることができるのです。
- **リスクを冒す**：外国語学習では、学習者が十分な自信をつけて、リスクがあっても新しいことに挑戦をさせることが大切です。このことにより、教師や友だちが近くにいない場合や、辞書が手元にない場合に備えさせることができます。教師は子どもたちに知らない単語の意味を推測させたり、新しい単語を発音させたり、仮説を立てさせることによって、リスクをあえて冒すことを教えることができます。
- **参考教材を利用する**：情報を効率的に収集するために、参考書のインデックスや、辞書、学校の図書館、教室のブック・コーナーを使うことを教える。

● **社会的・情動的ストラテジー**

子どもたちは友だちとコラボレーションをしたり協力して作業をすることで、このストラテジーを伸ばすことができます。ペアやグループ活動、プロジェクト、インタビューや調べ学習を通して、このような機会を与えることができます。

● **教師の役目**

結論的に言うと、教師は子どもたちが学び方を学ぶのを援助するうえで、非常に重要な役割を果たしています。教師の役割には、次のようなことが含まれます。

アクティビティー	中心となるスキル	ストラテジー	ストーリー
ストーリーを聞いて、参加する。	リスニング スピーキング	すでに持っている知識を活用する。 予測する。	The Elephant and the Bad Baby
リスニングと順序に従って並べる。	リスニング	意味を知る手がかりとして、押韻している語を使う。 順序に従って並べ替えをする。	The Kangaroo from Woolloomooloo
絵によるディクテーション。	リスニングとお絵描き。	ある特定の情報を求めて聞く。 聞いたことを絵に表して、理解したことを示す。	My Cat Likes to Hide in Boxes Mr McGee
ビンゴ	リスニング 絵や単語カードを読む。	単語と単語、ないしは絵と絵をマッチングさせる。	Meg's Eggs
整理する。	語彙を増強する。	意味のあるグループ単位で単語を分ける。	The Very Hungry Caterpillar
アクション・ライム：Ten Fat Sausages	チャンツ	発音の練習をする。 語彙の強化。 記憶の補助として、体を動かす。	The Very Hungry Caterpillar
買い物リストを書く。	ライティングと語彙の増強。	記憶する。 自分の名前入りの、個人用のリストを作る。	The Elephant and the Bad Baby
絵のキャプションをマッチングさせる。	リーディング ライティング	観察をする。 意味への手がかりとして、視覚的な補助を使う。 マッチングをする。	The Kangaroo from Woolloomooloo
メニューを書く。	ライティング 語彙増強 リーディング	記憶をする。 草稿を書いて、チェックする。 創造性を重視する。 個人のレベルに引きつけた形で勉強をする。	Jim and the Beanstalk
調査を実施する。	スピーキング リスニング	ある特別な情報を求めて聞く。 情報を図表に書き込む。 教師から独立して作業をする。 級友とのコラボレーション。	The Very Hungry Caterpillar
箱を作る。	リスニング スピーキング	観察をする。 ある特別な情報を求めて聞く。 指示に従う。 質問をする/意味を明確にする。	My Cat Likes to Hide in Boxes
歌：Who are you?	リスニング 歌を歌う。	発音の練習をする。 語彙を強化する。	Meg's Eggs
ワード・ウェブ（クモの巣図）を書く。	ライティングと語彙増強。	意味のある連想をする。 単語をグループ分けする。	Funnybones Mr McGee
'Typical!' のゲームを行う。 （本書231ページ参照）	リーディング ライティング	書かれたモデルに従う。 文を作る。	Princess Smartypants

図表8：ストーリーに基づいたアクティビティーのタイプと関連した認知的ストラテジー

- 子どもは一人ひとり別々であり、それぞれ自分の学習スタイルを持っているということを認める。
- 子どもをガイドしたり、質問をして導くというアプローチをとる。
- 「計画―実行―反省」モデルを使って、メタ認知的トレーニングと認知的トレーニングの両方を組み入れたわかりやすい授業を体系的に組み立てる（24ページの図表7を参照）。
- 授業の目的を子どもに知らせる。
- 積極的に反省することを奨励する。
- 学び方や自分たちで使えるストラテジーを、子どもたちに意識させる。
- 学び方を学ぶ時間を十分確保する。
- 相互信頼と尊敬の雰囲気を作り出す。

　学び方を学ぶことが、言語学習に及ぼす影響については、実証的研究は現段階ではほとんどありませんが、多くの教師たちが、日常の授業の中で子どもたちのモチベーションが上がり、質問が増え、生徒一人ひとりが学習に積極的に参加するようになることを実感しています。このことが、とりもなおさず、これを教えることの意義を正当化する貴重な結果であると考えられます。子どもたちの外国語学習に対する好奇心や積極的な参加を促すことは、もし、彼らのモチベーションが持続すれば、特に重要なことです。

■ 文化について学ぶ

　すでに見てきたように、絵本には、その著者やイラストレーターたちの文化が反映されており、そのために、子どもたちに文化に関する情報や異文化間の比較をさせるのに理想的な機会を提供してくれます。本書の「ストーリー・ノート」には、ストーリーに出てくる文化的な側面についての背景的知識が載っています。これらの情報は子どもたちの好奇心ばかりでなく、理解度を高めるためのものです。可能な限り、ウェブサイトを紹介して、さらに教師や生徒が特に興味を抱いているような分野についてリサーチができるように配慮してあります。「ストーリー・ノート」にある文化的情報は、次のようなカテゴリーを含みます。

- **言語に関する情報**：*Princess Smartypants* と *Mr McGee* に出てくる社会的な称号、*The Elephant and the Bad Baby* に出てくる'please'の重要性。
- **地理に関する情報**：例えば、オーストラリアに関する情報（Woolloomooloo はどこに位置しているか、それはどういう意味か？）、*The Kangaroo from Woolloomooloo* に登場する動物たち、*The Clever Tortoise* のアフリカについての情報、*My Cat Likes to Hide in Boxes* に出てくる国旗、民族衣装、首都、国の目印となる建造物に関する情報。
- **歴史に関する情報**：*Meg's Eggs* に出てくる恐竜について学ぶための背景的知識。
- **祭りに関する情報**：*Meg's Eggs* に出てくるイースター（復活祭）に関する情報。
- **イラストレーションに関する情報**：*Jim and the Beanstalk*、*The Elephant and the Bad Baby*、*Princess Smartypants* のようなストーリーでは、イラストレーションに盛り込まれている興味ある細かい情報は、面白いディスカッションや子どもたちが自国の文化と比較する活動につながります。
- **日常生活に関する情報**：例えば、*The Elephant and the Bad Baby* や *Princess Smartypants* に出てくる店やショッピングに関すること。*The Elephant and the Bad Baby* や *Meg's Eggs* に出てくるティー・タイムのような食事に関する情報。
- **公民であること（citizenship）に関連する事項**：例えば、*Something Else* における忍耐することの意義。
- **歌、音楽、ライムに関する情報**：*Funnybones* のように、ストーリーの中に歌が含まれているものもあります。そして、「ストーリー・ノート」には、物語と関連した伝統的な歌やライムを楽しみのために載せてあり、また、発音の練習や語彙の強化や拡張のための練習も含まれています。*Funnybones* に出てくる歌は、よく知られているアフリカ系アメリカ人たちの黒人霊歌であり、*The Clever Tortoise* の中の歌は、アフリカのリズムと音に対する子どもたちの感受性を高めることができます。*The Kangaroo from Woolloomooloo* では、didgeridoo（ディジェリデュー：オーストラリア先住民の吹奏楽器）が聞けます。

● 「文化」を教える指導技術

「教師は、決して、文化についての授業をしてはいけない。教師の役目は、生徒に発見させることであり、習慣とか日常生活の違いを肯定的な視点から見なければならないということに着目させることである。というのは、それぞれの違いが、本質的には、生徒の人類と世界に関する知識の総体を増やすことになるからだ」（Brewster, Ellis and Girard（1992 : 32））

この引用文のキーワードは「発見」（discovery）ということばです。これが、教師が子どもたちの意識をいろいろな文化の違いに向けさせるときに使うおもな指導技術のひとつです。講義というような形ではなく、自分たちで情報を探させるようにしてください。これは次のような方法で行うことができます。

- **観察をする**：子どもたちに、絵本の挿絵を注意深く見させ、興味を引いたり、違うと思うような事柄について質問させる。彼らが気づかないような特別な事柄に注意を向ける。
- **質問をする**：挿絵、ストーリーの内容、ことば使いなどについて質問するように奨励する。注意を集中して、好奇心を呼び起こすような質問をするように心がける。
- **比較する**：子どもたちに、物事の相違点を比較させる。例えば、The Very Hungry Caterpillar で、土曜日のごちそうを、アオムシが食べそうな、自分たちの国の食べ物に置き換えて書き直させる。The Elephant and the Bad Baby に出てくる店を自分たちが住んでいる地域の店と比較する。また、Funnybones の公園と比較する。
- **関連づける**：生徒に「典型的な事柄」を My Cat Likes to Hide in Boxes に出てくる国々と関連づけさせたり、Princess Smartypants では、「典型的な」プリンセスは何をすべきか生徒に尋ねる。
- **討論をする**：文化的な固定観念（stereotypes）や異文化に対する寛容な態度（tolerance）というような問題について討論をする時間を設ける。
- **調べる**：子どもたちが興味を持っている文化的な側面について調べさせ、あとから、プロジェクトや展示をするように奨励する。ウェブサイト、書籍などを推薦して、必要に応じて援助する。
- **本物の教材を使う**：本物の子ども向けの本を読ませることに加えて、それ以外の本物の教材、例えば、地図、食べ物の包装袋、音楽、紙幣などを使う。子どもが歌やライムを歌っているビデオは、子どもたちが本当に歌っている様子を見ることができるので、教材の信頼性と文化的なギャップの橋渡しをすることができます。本書のCDには「ストーリー・ノート」に掲載されているほとんどの歌が入っていて、いろいろななまりのあるネイティブ・スピーカーが実際に歌っています。
- **本物の状況を創出する、教室に持ち込む**：いつでもできるときに、外部のお客さんを教室に招待する。例えば、アフリカからのお客さんに The Clever Tortoise を朗読してもらい、オーストラリアからのお客さんには The Kangaroo from Woolloomooloo を読んでもらう。生徒たちは、これらの国について質問をすることができるし、もし、英語を話すアシスタントがいれば、彼らを最大限、活用することも可能です（CIEP（2000）を参照）。さらに詳細を知りたい場合は、Ellis（1999）を参照してください。この本には、9〜10歳児のクラスが、英国の首相にインタビューをしたユニークな出来事についての説明が載っています。
- **外国の子どもたちとの情報交換を推奨する**：子どもたちは自分の好きなストーリーをお互いに送り合ったり、話して聞かせる。'The Golden Diary Project'（Tréget & Raymond-Barker（1991）と Kubanek-German（1998））を参照のこと。

もちろん、教師は、子どもたちに詳細な事実をある程度教える必要はときにありますが、しかし、できる限り、子どもたちが自分自身で文化的な情報を探し出すことができるように手助けをしてあげなければなりません。上記の指導技術を使う場合、子どもたちの母語を使う必要があるかもしれません。子どもたちの文化的な意識を伸ばすことの基本的な目的は、他人への理解と心の広さを涵養することであり、一見してわかるように、本書の「ストーリー・ノート」は、大いに教師の助けになります。

第5章

クラスルーム・マネージメント

　クラスルーム・マネージメント（classroom management）とは、子どもたちが能率よく学習できるように、子どもと教室にあるもの（classroom resources）の両方を効率的に組織・管理することを意味します。マネージメントがうまくいけば、子どもたちはクラスでのアクティビティーに積極的に参加するようになり、学習効果も上がります。さらに、教師も、整然として、効率よく働くことができるので、例えば、アクティビティーを計画したり、教材を見つけたりするときに時間を無駄にすることはありません。この章では次のようなことを扱います。

- 「読み聞かせ」の授業を準備する。
- 視聴覚補助教材・教具を使う。
- マルチメディアを使う。
- 資料・教材を収集し整理する。
- ペア・グループ活動のマネージメントを行う。
- 子どもの作品を展示する。
- ブック・コーナーを設置する。

■ 「読み聞かせ」の授業の準備

　教室で初めて読み聞かせの授業をするときは、子どもが家庭で本を読んでもらうような、くつろいだ雰囲気を作り出すように心がける必要があります。子どもたちに教師を囲んで半円形に座らせると、教師の声がよく聞こえるし、視覚的な補助教材・教具もよく見えます。幼児の場合は、教室の片隅にじゅうたんを敷いてそこに座らせれば、くつろいだ気分にさせることができます。子どもたちの顔をときどき見渡しながら、本を読んだり、物語の読み聞かせができるようになるまで事前によく練習をしておくことが大切です。また、どこでポーズ（間）を入れるかとか、どこで話を中断して質問をするかなどについても、あらかじめ準備しておかなければなりません（読み聞かせの技術を伸ばすヒントについては第3章を参照のこと）。

■ 視聴覚補助教材・教具を使う

　外国語で絵本を聞くときは、その内容を理解するために視覚的なチャンネルに強く依存するものです。したがって、視覚的補助、そのほかのサポートに頼ることは、子どもがストーリーを理解し楽しむためにとても重要なことなのです。読み聞かせのときに使う視聴覚補助具は「小道具」（story props）と呼ばれていて、これらには挿絵、実物教材、模型とか、録音教材（市販ないしは教師自身が録音したカセット）などが含まれます。

● 視覚的補助教材・教具（Visuals）

実物教材（real objects）：実物教材があると、絵本に「本物らしさ」（authenticity）を与えることができます。また、ストーリーの細部まで理解させる最も簡単な方法でもあります。例えば、本物の衣服やリンゴなどを *Mr McGee* で使うことができます。

人形、操り人形（puppets）：人形を使うことは、特に比較的年齢の低い子どもには効果的で、教師が初めてストーリーを聞かせるときや、あとから絵本に基づいた短い対話を聞かせたり、子ども同士で話を伝え合う場合などに使うことができます。

フラッシュ・カードとゲーム：これらは厚紙の上にのりづけしたり、汚れたり破損しないようにプラスチック・フィルムで覆うとよいでしょう。フラッシュ・カードは、クラス全体が見えるような大きさでなければなりません。フラッシュ・カードとゲームのやり方については、本書の大部分の「ストーリー・ノート」に紹介してあります。

自在に動かせる絵（movable pictures）**とマグネット・ボード**（magnetboards）：自在に動かせる絵は、*Brown Bear, Brown Bear, What Do You See?* のように、くり返しが何度も出てきて、子どもたちの目の前で物語が徐々に進行していくような話では、特に有効です。市販のマグネット・ボードや、とがった角がセロテープで覆われているきれいなメタル・シート（metal sheets）や、裏面に磁気テープがついている絵などは、すばやく取りはずしたり、張り替えたりすることができます。これらの視覚補助教材・教具は、子どもたちがグループでストーリーを再現するときに使うと大変便利です。自由に動かせる切り絵の人形（cut-out figures）は、板とかプラスチシン〔訳者注：Plasticine（英《商標》工作用合成粘土）〕のような移動が可能な台で使うと、動きやアクションを見せるのに役に立ちます。

マスク（お面）：マスクは子どもでも作ることができます。紙袋に顔の絵を描き、目と鼻の穴を開けて、頭からかぶったり、紙皿を切り抜いて顔の形を作り、それを箸（はし）の先につけて自分の顔の前にかざして使うこともできるし、または輪ゴムで頭に結わえて使うこともできます。マスクは子どもたちに対話を作らせたり、パントマイムをやらせたり、物語の概略を話させたり、新しい話を創作させるようなときにたいへん役立つ小道具になります。

文字に書いた見出し（written captions）**とせりふの吹き出し**（speech bubbles）：厚紙に書かれた吹き出しはストーリーを復習したり、あるいは子どもたちが小グループで使うこともできます。グループで行うタスクの一例としては、登場人物の絵とせりふをマッチングさせるような活動があります。文字に書いた見出しは「絵合わせ」（picture-matching）とか、いろいろな出来事を時間の順に並べ替えたり、分類するような活動で使用することができます。

● **耳からのサポート（Listening support）**

録音教材：本書に収められている大部分のストーリーには録音教材がついています。教師が読み聞かせをする前の予習に使うこともできますし、また、子どもたちがあとから自習するときにも使えます。第 3 章でも述べたように、最初の授業では教師が自分の声で読んだほうがよく、音声 CD は、そのあとで物語の要点をくり返したり、グループ・ワークをする際に使うことができます。もし、本書の「ストーリー・ノート」や音声 CD に収録されていないような新しいストーリーを教える場合は、教師自身で、必要ならば同僚の協力を得て録音教材を作成することも可能でしょう。

■ **マルチメディアを使う**

言語教育の補助的手段として、ハイテク機器を使うことについてはある程度不安と心配がつきものですが、これが子どもの英語学習への動機付けという点では大きな意味を持ち、子どもたちの全人的な成長に貢献するということは疑いの余地はありません。ビデオやコンピュータを利用する際、私たちはそれらの機器をどのように使うか、また、どうしたら、それらの機器が私たちの「教室をベースにした授業」（classroom-based work）を補完し、授業の流れの中にうまく取り込むことができるかということに留意しなければなりません。

● **ビデオ**

第 3 章の「ストーリーに基づいた教授法」と第 4 章の「リスニングの指導」で紹介した「計画―実行―反省」型モデルは、ビデオの利用にも応用できます。このモデルに従うと、教師も生徒もビデオに基づいた授業を最大限に活かし、ビデオを受身的ではなく能動的に観ることができるようになります。

ストーリーに基づいた授業で、活用できるような優れたビデオをいくつか紹介しましょう。

- **アニメーション**：*The Very Hungry Caterpillar*、*Funnybones* など。
- **ドキュメンタリー**：*BBC World of Wildlife*（www.bbc.co.uk を参照）。
- **ライムとリズム**：子どもたちが伝統的な歌やライムを歌っているビデオは、数多く市販されています。歌やライムの中には、ストーリーのテーマとうまく合致するものがよくあります。
- **自作ビデオ**：子どもたち自身が実演したり、歌を歌ったり、ロール・プレイをしているビデオを観ることは、彼らのモチベーションをとても高めることができます。自作ビデオは学校の公開日（open days）ばかりでなく、子どもたちによる自己評価（self-assessment）にも利用す

ることができます。

　ビデオをストーリーに基づいた授業の中に取り入れる方法はいろいろあります。ストーリーをアニメ化したビデオの最も望ましい使い方は、子どもたちがあるストーリーを基にして作成した作品に対する「ごほうび」として観せてやることです。こうすることによって、子どもたちは、ストーリーが容易に理解できるのだということがわかって自信を持つようになります。教師も、子どもたちが積極的に授業に参加する姿を見ることができるのです。アニメ化されたストーリーの中には、原作と少し異なっているものもありますが、その場合には、子どもたちに本とビデオの異なっている箇所を見つけさせるのもよいでしょう。

　もちろん、ストーリーの導入として、本の代わりにアニメのビデオを使うこともできます。こうした使い方をする場合は、子どもたちに「ビデオを観ながら行うタスク」（while-viewing task）を与えて、彼らの注意を喚起しておく必要があります。例えば、*The Very Hungry Caterpillar* では「はらぺこアオムシ」が食べ物を探し始めるところで、クラスを5つのグループに分け、各グループに月曜日から金曜日までの一日を割りあて、アオムシがそれぞれの日に口にする食べ物は何かに留意してビデオを観るように指示します。それから、フィードバックのために少しポーズを置き、同じ箇所を再生して確認させます。

　ビデオは、また、次に起こりそうなことや、せりふを予測させるのにも使うことができます。前もってビデオを観ておき、どこでポーズ（一時停止）をとるかを決めて、練習をしてください。

　ドキュメンタリーはストーリーの授業を終えたあとで、その内容に関連したプロジェクトについて調べ学習をさせるときにも役立ちます。次に紹介するのは、*BBC World of Wildlife* を活用して、*Meerkat in Trouble* のストーリーの授業の準備をするためのガイドです。10分ほどに編集したビデオを子どもたちに観せます。

ステージ1：ビデオを観る前の活動

- Meerkat〔訳者注：南アフリカに生息するマングースの一種で「ミーアキャット；キツネザル」のこと〕の写真を見せ、場面を想像させ、ミーアキャットに関する知識を引き出し、その意味を授業の前に教えておく。
- 子どもたちに、ミーアキャットについてすでに知っていることと、これから知りたいと思うことを考えさせる。質問が出やすいように、黒板にミーアキャットの絵を描く。そこに4本の縦線を引き（各線の間隔は、ほぼ1文が書けるほどの幅にする）。それぞれの欄（コラム）の上に、「質問」（questions）、「答え」（answers）、「詳細」（details）、「出所（ソース）」（source）という4つの見出しをつける。子どもからの質問を最初のコラムに記入する。
- 子どもたちに質問の答えを予測させる（どの質問でもかまわない）。
- 自分たちの答えのチェックをしたり、または答えを探すために、もう一度ビデオを観ることを子どもたちに知らせる。

ステージ2：ビデオを観ながらの活動

- ビデオを観せる。必要ならば、質問の答えを見つけさせるために、適当な箇所で一時停止ボタンを押して、ポーズを入れてからビデオを再生する。

Meerkats fact file
ミーアキャットに関する情報ファイル

Meerkats live in the Kalahari .... in South ....

They dig .... where they sleep.

They eat i......................., small m................... and r......................

Their enemies are s..................., j................... and e...................

Meerkats are small and measure .... to .... centimetres from head to toe.

They have ....tails which measure from .... to .... centimetres.

ステージ3：ビデオを観てからの活動

- 黒板のチャート（図表）に戻り、子どもから情報を引き出し、表を完成させる。子どもたちはすべての質問の答えがわかったか？　事典（fact book）、百科事典、インターネットなど、ほかの情報源は必要ないだろうか？

- ビデオの時間を延長して、空所補充の問題(gap-fill)をやらせたり、ミーアキャットの簡単な説明を書かせたり、絵を描かせたりする。
- 文法、内容、アクティビティーの復習をする。

ビデオを効果的に利用するためのガイド
- ビデオやリモコンの操作に習熟する。
- 授業の前にビデオを何回も観ておき、一時停止(ポーズ)や質問をする箇所をあらかじめ決めておく。
- 一時停止ボタンや巻き戻しの練習をしておく。
- 万全の準備を整えて、授業前に機器が正常に作動するかをたえずチェックしておく。
- すべての児童がビデオの画面が見え、音声が聞こえているかチェックする。
- ビデオを観ながら行う作業は何か、また、なぜその作業を行うのかを子どもたちに徹底させる。
- 必要に応じて、子どもが作業を完成できるように、途中で一時停止(ポーズ)を入れ、場合によっては、2、3回ビデオを観せるようにしておく。

● コンピュータ

　CD-ROM、教材作成ソフト(authoring programs)、ワープロ用パッケージ、インターネットなどは、ストーリーに基づいた授業の強力なサポートになります。コンピュータを使う場合には、手近かな技術助手の助けが必要です。そうでないと、教師にとっても子どもにとっても、時間がかかり、いらいらすることになります。コンピュータを使う授業を最大限に活かすには、子どもたちの準備が十分できており、何をすべきか心得ていなければなりません。コンピュータは学習用であり、遊びではないということを理解させることが大切です。次に、コンピュータを利用した授業を、より有意義で生産的な学習にするための3つのステージから成る指導法(three-stage methodology)を提示します。

ステージ1：コンピュータを利用した授業の前にやるべきこと
- 基本原則を確立する。子どもたちがハードウェアとソフトウェアの両方を大切にし、機器を使用した後は、責任を持ってヘッドフォンを元の位置に戻し、整理しておき、マウスやキーボードを大事にするように指導する。
- 共同で1台のコンピュータを使用する場合は、順番を待ったり、必要ならば、機器を共有したり、お互いに助け合うように指導する。
- 事前に、次のようなコンピュータ関連の語彙を教えておくこと：画面(スクリーン)、マウス、ヘッドフォン、キーボード、クリック、元に戻す、画面を上下にスクロールするなど。
- コンピュータ使用の授業を全体の授業計画の中に位置づけ、それが単に、つけ足しで、時間つぶしにならないようにする。
- コンピュータを使う作業を授業全体の「流れ」の中に入れる。
- 語彙や文法を前もって教えておく。
- 子どもたちの意識を、授業のトピックに集中させる。
- 子どもたちを、言語面、概念面の両面でサポートして、アクティビティーに備えさせる。
- 子どもたちにコンピュータ利用のタスクの目的を説明しておく。
- コンピュータの電源が入っているか、機械は正常に作動しているか、使用予定のCD-ROMはインストールされているか、ウェブサイトにはアクセスしてあるか、などをチェックする。

ステージ2：コンピュータを利用した授業の間にやるべきこと
- 授業のルールの徹底をする。
- 子どもたちにタスクを続けるように促す。
- 子どもたちがタスクをやっているかどうかチェックして、必要ならば、援助とアドバイスを与える。

ステージ3：コンピュータを利用した授業の後にやるべきこと
　以下の作業はタスクによって異なる。

- 作業を完了する。
- 自分たちの作業をチェックし、必要ならば、評価シートを完成する。
- コンピュータ上で作成した作品を整理する。
- 子どもたちの作品を展示する。
- 作品をお互いに比較する。
- 自分たちの仕事をレビューし、理由を考える。

CD-ROM：ストーリーによっては、CD-ROMに収録されているものもあります。そのようなCD-ROMを使うと、ストーリーを学習したあとで、コンピュータを使って2、3人の子どもがグループで行ったり、あるいは個々で行う活動によって、授業をさらに拡充することができます。CD-ROMの手引書には、さまざまなアクティビティーの説明がついています。例えば、画面上に出ているいろいろなものをクリックすると、ストーリーに関連した語彙や文法がさらに強化されるようになっています。

教材作成ソフト（authoring programs）：教材作成ソフトを使うと、教師は自分で練習問題を作成することができます。したがって、初心者から上級者まで、レベルごとに使えるような練習問題ができるので、用途はかなり広くなります。

Storyboard（www.wida/co.ukを参照）は、文章を消去・復元するプログラムで、短めの文章（教師が生徒のレベルに合わせて書き下ろしたもの）が完全に画面から消去でき、それぞれの文字が小さな点（blob）で置き換えられます。画面にはタイトルと句読点（punctuations）と行間隔（spacing）だけがそのまま残り、それらは、生徒が原文（テクスト）を復元するための手がかりになります。生徒は単語を1語ずつ入れて原文を復元していきます。正しい単語が入ると、文中のしかるべき箇所にプリントされます。「ヘルプ」のオプションを選択することもできます。これは読解力、つづり、文法、語彙の学習に理想的であり、さらに記憶力や予測したり推論するためのストラテジーを伸ばすことができます。同時に句読点の打ち方など文章作成上の心得をも養うのに役立ちます。このソフトはライティングのスキルでは、単語レベルから文レベル、さらに短い文章のレベルに至るまで、いろいろなレベルで使うことができます。Storyboardは、ほかの分野でもさまざまな機会を提供してくれます。例えば、他人と協力する社会的なスキルや、チェックする、提案する、同意する、反対する、祝福する、主張する、指図する、質問をする、援助を求める、などのさまざまな機能を持つ話しことばを習得する機会にもなります。

Storyboardの理想的な使い道のひとつは、ストーリー、歌、ライムを授業で扱ってから、教師がそのストーリーのあら筋を書いたり、歌やライムの歌詞をコピーして、それらを教材作成ソフトに入れるというものです。入力する文章の語数は生徒の英語のレベルや集中力によって異なりますが、50語から100語の間が適当でしょう。次に挙げるのは*The Very Hungry Caterpillar*の要約文です。

The Very Hungry Caterpillar
A butterfly laid an egg on a leaf. A tiny caterpillar hatched from the egg. He was very hungry and started to look for some food. For one week he ate fruit, dairy products, meat, vegetables, cake and sweets. He ate too much food and had a stomachache, so the next day he ate a leaf and felt better. He was now a big, fat caterpillar and it was time to build a cocoon. After two weeks in the cocoon, he nibbled a hole and pushed his way out. He was now a beautiful butterfly.（95語）

このようなStoryboardを使ったアクティビティーは、本書第2部の「ストーリー・ノート」に掲載してある*The Very Hungry Caterpillar*のレッスン4で行う「はらぺこアオムシの1カ月」（A month in the life of a very hungry caterpillar）の一覧表を完成してから、子どもたちにやらせて、学習した語彙、文法、内容の定着を図ることができます。歌やライムについても同様なアクティビティーができます。

'Ten Fat Sausages'（*The Very Hungry Caterpillar*の「ストーリー・ノート」を参照）を使えば、数字を書く練習になり、また子どもたちは、学習したライムを思ったよりもすばやく復元できることがわかり喜びます。同様のアクティビティーを*Funnybones*から'On a Dark, Dark Hill'や'Dem Bones'でやって、体のいろいろな部位や町のいろいろな場所の名称のつづりを覚えさせることができます。

生徒は、また、自分たちで短い文章や詩を書いて、それをクラスのほかの友だちが復元する練習をすることができます。もちろん、これを行うには、生徒の英語の実力や使える時間を考慮しなければなりません。

ワープロ用パッケージ：ワープロ用パッケージを使うと、書くスキルを伸ばすことができます。そして、子どもたちは、プロジェクトや展示用に作った自分たちの作品を、クラスで見せることに誇りを持つこ

とができます。Creative Writer（www.microsoft.com/kids/creativewriter を参照）は、子ども向けのデスクトップ対応の出版・ワープロ用パッケージです。このソフトは、ストーリーの授業に関連して行う、手紙、カード、メニュー、読書感想文、招待状などを書かせる活動に適しています。スペルチェックの機能がついており、さらに、挿絵、背景、飾り縁（borders）なども取り込むことができます。

インターネット：ウェブ（Web）は、ストーリーに基づくプロジェクト・ワークに備えて、子どもたちが調べ学習をするための道具として役立ちます。しかし、無作為な検索エンジンの性質上、ときとして起こり得るような有害な情報から子どもたちを保護することがたいへん重要です。有害なコンテンツや語句を除外し、ネット・サーファーに禁止されたサイトにアクセスさせない Net Nanny、Cyber Sentinel、Cyber Patrol などというようなソフトがない場合は、子どもたちに使用させないようにしてください。Yahooligans、SafetyNet、Ask Jeeves for Kids などの検索エンジンは安全です。教師はいつもコンピュータ・ルームの真ん中にいて、すばやくクラス中を見回すことができるように、生徒を監督している必要があります。

本書の「ストーリー・ノート」では、参照用にいろいろなウェブサイトが紹介してあります。子どもに使わせる前に、いつもそれらのサイトを自分で開いてみてください。可能ならば、あらかじめ、それらのサイトを画面上に開いておくと時間の節約になります。ウェブサイトをタスクの一環として使う場合は、まず、子どもたちに、授業で扱うトピックについて彼らがすでに知っていることと、これから知りたいと思うことは何か聞き出し、それらの質問を板書します。それから、ウェブサイトで答えを探すために、15分ほど時間を与えてやってください。その際、子どもたちの作業をモニターして、必要に応じて手助けをすることが大切です。

そのあとで、子どもたちが見つけてきた情報について話し合い、答えを相互に突き合せて、「発見シート」（fact sheet）の下書きを作らせてください。次の授業で、前述の Creative Writer を使って、クラス展示に備えて魅力的な「発見シート」を作成します。クラス展示には、ウェブからダウンロードしたクマのイラストを使うことができます。その際、留意しておかなければならないことは、ウェブサイトは、その内容、デザインともに頻繁に変わるということです。それに応じて「タスク・シート」（task sheet）も更新する必要があります。

■ 資料・教材の収集と整理

ストーリーの資料・教材は、教師や子どもたちの作成したものを蓄積して、徐々に充実させていくことができます。小道具や視聴覚補助教材はどんなものでも、見やすいラベルを貼った封筒や箱に入れておいて、（ストーリー用パックとして）すぐ取り出せるようにしておいてください。会議やワークショップなどで同僚とアイデアを共有して、さらに新しい活動のためのアイデアを蓄積することができます。生徒が作成した面白そうな作品を保存しておいて、ストーリー用パックをさらに拡充してもよいでしょう。

■ ペア・グループ活動のマネージメント

いったん子どもたちがストーリーの内容を理解したら、ペアないしはグループ活動で、子どもたちが自力で学習できるようにします。ペアで行う場合は、いすを動かして、前や後ろや隣り合わせの子ども同士で作業をさせます。または、子ども同士で自分たちのパートナーを選ばせることもできます。それができない場合は、教師がグループ構成を慎重に考えて、最もうまくいく組み合わせを決めてやらなければなりません。

英語のレベルに関しては、子どもたちを能力に合わせてグループ分けをして、それぞれに異なったタスクを与えるようにしている学校もあります。これは、例えば、クラスに2、3人のバイリンガルの子どもがいる場合にはとても大切なことです。この代案としては、能力の低い子が高い子と同じタスクができるようなグループを構成するのも一案でしょう。その際、一部の生徒が主導権を握らないように注意深く見守る必要があります。子どもの中には、自分よりもできない子と忍耐強く一緒に学習できる子と、できない子がいることも考慮しておく必要があります。いくつかの基本原則について簡単に説明しておきましょう。

● ペアやグループ活動での子ども同士の学習では、

競争（competition）ではなく協力（cooperation）が大切です。子どもたちがタスクを理解し、完成できるようにお互いに助け合うように指導しなければなりません。
- 子どもたち全員がタスクをすることができるように、教材を共有しなければなりません。したがって、教師は十分な数のコピーと、すべての子どもが見えるような明瞭で大きな視覚的教材を用意しなければなりません。
- 子どもたちはお互いの意見に耳を傾け、発言する場合は順番を守るように指導しなければなりません。
- 子どもたちは声を張り上げたり、叫んではいけません。

（子ども向けの指示や「クラスの決まり」（code of conducts）については、*The Elephant and the Bad Baby* の「ストーリー・ノート」を参照してください）

● **子どもの能力差・多様性に対応する**

生徒の多様性や能力差に対応するためには、タスクを子どもの能力に合わせる必要があります。これはインプットの種類を変えることによって可能になります。例えば、子どもたちは、

- 単語だけか、それとも絵と一緒に単語を聞いたり読んだりしていますか？
- 音声を聞きながら読んでいますか、それとも音声なしで読んでいますか？
- ストーリー全体を読んだり、聞いたりしていますか、それとも、小さいセクションに分けて学習していますか？
- ストーリーの原作を読んでいますか、それとも書き換えたものを読んでいますか？
- 長い文章を読んでいますか、それとも短いものを読んでいますか？

タスクが、子どもたちにどのようなタイプの思考を求めているかについても、教師は慎重に考慮しなければなりません。例えば、単語や絵を使ってマッチングさせるようなタスクは、通常、絵を使わずに出来事を時系列に並べ替えたり、分類するタスクよりも、子どもたちにとっては簡単です。タスクによっては、段取りがひとつの場合もあるし、いくつかのステージから成っていて、より複雑なものもあります。異なったレベルに対応するために、次に挙げるような要素を考慮に入れて、期待するタスクの結果や成果を変える必要があります。

- そのタスクはしっかりとした指示がついていますか、それとも子どもたちが自由にできるものですか？
- 学習者は読み、書きをしていますか、それとも、ただ指さしをしたり、絵を描いているだけですか？
- 学習者は単独で作業していますか、それともグループでやっていますか？
- 学習者にプレッシャーを与えるような時間制限がありますか？
- タスクの結果を公開するようなことが含まれていますか？（例：他人が見るようにポスターを作ったり、劇などを上演する）

すべての子どもがそれぞれの能力を十分発揮し、達成感を持てるようにするには、のみ込みの遅い子にはサポートしてやり、同時に覚えの速い子には適当なチャレンジを与えるように工夫してやることが大切です。

● **グループ・ワークを準備する**

教師が、子どもたちが独立して小グループで学習できるように準備を整えておくことはとても重要なことです。ゲームやインフォメーション・ギャップのような活動では、たいていの場合、教師がデモンストレーションや見本を見せることが大切です。これはアクティビティーを行うのに必要な言語を、前もって子どもたちに教えておかなければならないということを意味しています。子どもが質問による調査をしようとしている場合は、始める前に、適正な質問表を使って、十分なリハーサルをしたかどうかを確かめる必要があります。フローチャートとか絵のセットというような、なんらかの形の視覚的な枠組みを与えて、子どもたちが質問の回答に対応できるような手助けをしなければなりません。

ものの計測のような調べ学習を行う場合は、関連する概念を子どもたちが自分のことばで理解しているかどうか確認しましょう。タスクの指示は、もし、どうしても必要ならば、母語を使って説明しなければなりません。指示を書いてあげることも役に立ちます。また、読むことが苦手で、学習が遅れている

第5章　クラスルーム・マネージメント

生徒には、指示を録音してあげることも必要でしょう。指示文は短く簡潔で、しっかりと番号をつけておきましょう。また、裏面には子どもたちの母語での指示も添えておくとよいでしょう。新しいタスクや少し複雑なタスクの場合は、生徒同士でタスクの仕方について、英語や母語を使ってお互いに質問をさせて、タスクを理解しているかどうかチェックしてください。子どもたちでタスクの詳細な計画を立てさせるようにしましょう。

もし、あるグループがほかのグループよりも先に終えてしまった場合には、余った時間を有効に使うように指導しましょう。例えば、教室の中のブック・コーナーで本を読んだり、自分用の単語辞書を書き換えたり、ストーリーやクイズを作らせることもできます。

● 自由選択のアクティビティー

子どもたちに自由にタスクを選ばせる場合は、彼らが行った作業の綿密な記録をとっておくことが大切です。自分たちが選んだアクティビティーに自分の名前を書かせるような簡単なチェックリストを用意すれば、子どもたちのタスクの状況を把握することができます。

● グループ・ワークにおける教師の役割

グループ・ワークを設定する場合は、グループの活動がチェックできて、それぞれの子ども（特に理解の遅い子ども）に対してサポートができるようにしておかなければなりません。子どもたちの発言に耳を傾けながら、教室の中を歩き回っている間は、特に、手助けを求められたり、明らかに困っている子どもがいない限り、あまり干渉しないように心がけるべきです。しかし、あとからクラス全員に訂正してやらなければならないような、共通の言語上の問題点はメモに取っておく必要があります。また、ときにはグループの活動についてフィードバックをしてやることも必要です。問題解決型のアクティビティーの訂正は、子どもたちが解答カード（answer cards）を使って、自分たちだけでやってもよいし、または教師が行ってもよいでしょう。もちろん、教師が子どものやっていることをまとめたり、要約をしてやることもできます。または、本、テープ、お面（マスク）のような、自分たちで作った作品や調べ学習の結果を見せたり、説明をしながら、グループごとにクラスで報告をさせることもできます。

■ 子どもの作品の展示

自分たちの作品をクラスに展示してやることは、子どもたちにとってたいへん励みになり、より良い作品を作ろうという気持ちにさせるものです。展示は、また、クラスの子どもたちをやる気にさせ、もっと目的を持って勉強しようという雰囲気作りに貢献します。クラス展示には、模型、絵、ポスター、ことばの分類図（chart of word families）、モビール（針金などを使った動く模型）、子どもの自作の本、子どもが書いたものを台紙などに貼りつけたものなど、さまざまな形式があります。展示をする際には次のことに留意してください。

- 作品は子どもの目線の高さに展示して、容易に見えるようにしてやる。
- タイトルやレタリングは大きくして、魅力的にする。
- 絵を貼るときは、いつでも色彩のついた背景や台紙に貼りつける。
- 各作品はいろいろな色を使って、互いに関連性を持たせたり、調和させるようにする。
- 模型の展示には、作品に高低をつけるために、明るい色の布（または紙）が貼られた箱を使うこと。また、展示用のテーブルにもカバーをつける。
- 展示はただ見るだけのためではなく、読んだり、聞いたりするスキルを伸ばすものであること。子どもたちが答えられるように、展示物に質問をつける。
- できるだけ、すべての子どもが何かを展示するようにする（できる子だけに限らないように配慮する）。
- 作品には、作った子どもの氏名を書く。

絵などのアートワークを、展示用に文字で書いた作品とリンクさせるのは良いアイデアです。例えば、もし子どもたちが魔女について何か書いた場合、その作品を、魔女や大釜や魔女の帽子の形に切り取った台紙に貼りつけるのです。そのほか、生徒のアートワークを物語のトピックと関連させるアイデアには、次のようなものがあります。

- 恐竜：大きな絵、恐竜の足跡
- 魔女：帽子、ほうきにのった魔女、大釜、切り絵のシルエット
- 骸骨：切り抜きの骨をつないで、動くようになっている骸骨
- ライフサイクル（生活環）：アオムシの成長の段階を示す環状のフローチャート
- 王族：背景として使うお城、王冠、紋章

■ ブック・コーナーの設置

　絵本は、元来、子どもたちが自分で読むためのものではありませんが、いったん物語全体が紹介され、練習も済んだ段階では、多くの子どもたちは全部暗記してしまいます。この段階で、同じ絵本を何冊かブック・コーナーに追加しておいて、彼らが個々に読めるようにしてあげるのはよいことです。

　ブック・コーナーの設置を考えている人のために、役立つ情報を次に挙げます。

- 本箱や本棚があれば理想的ですが、明るい色紙の貼ってある箱でも、本を展示したり、入れておくのに使うことができます。
- 花や植物を置いたり、じゅうたんやクッションがあれば、ブック・コーナーにくつろいだ雰囲気をかもし出し、子どもを引きつけることができるでしょう。
- もし可能ならば、本のカバーも添えて展示します。このほうが、魅力的で、本の選択が容易にできます。
- 子どもたちを巻き込んでブック・コーナーを作り、維持・管理をさせます。こうすることによって、子どもたちは責任を持って本を大切に扱うようになります。クラスで毎週、図書係を決めて、ブック・コーナーを掃除させることもできます。
- ブック・コーナーを、アートワークや子どもたちが授業中に聞いた本に触発されて書いた作文などで飾ります。子どもたちは、また、ほかの本についてのコメントを書いて、それらを壁に貼ることもできます。子どもたちに、本の「トップ10ランキング表」を作らせ、その結果をコーナーに展示させることもできます。
- 子どもの注意を、今、扱っている絵本に関連したほかの本（または母語で書かれた本でも可）にも向けさせましょう。

　可能な限り、子どもたちにはブック・コーナーに自由にアクセスできるようにしておいてください。こうすることによって、子どもはブック・コーナーを使うのは特別な場合だとは思わずに、好きなときに、気軽に利用できるようになります。

　もし、貸し出しを許すならば、貸し出し簿を用意する必要があります。簡単な方法は、子どもたちの練習ノートを利用することです。そこに氏名、書名、貸し出し日と返却日を書き込ませます。貸し出し期間も決めてください。ブック・コーナーの図書係が貸し出された本や閲覧された本が、しっかりと返却されているか責任を持ってチェックします。自分たちが閲覧した本や借りた本のリストを作っておくのも有益です。子どもたちに記録カードを作成させることもできます（Brewster, Ellis and Girard (2002：201)〔邦訳：『「小学校英語」指導法ハンドブック』、玉川大学出版部、2005年刊〕を参照）。

　同様に、子どもたちにポスターをデザインさせて、クラスで読まれた本の記録簿を作ることもできます。碁盤目の一覧表の横の欄に書名を書き、縦の欄には子どもの名前を書かせるようにします。本を読み終わったら、該当欄にチェック印（✓）をつけ、学期末や学年末にそれぞれの結果を照合します——8人の子どもが The Very Hungry Caterpillar を読み、10人が Meg's Eggs を読んだ、最も人気のあった本は…であった、というように。

　ブック・コーナーでの効果的な運営と創造的な展示は、子どもたちが本や、読書や外国語に対して積極的な態度を育成するうえで重要な役割を果たします。

　本書の第2部では、全部で12篇のストーリーについて詳しい「ストーリー・ノート」を掲載しています。12篇のうち、10篇はペンギンの Puffin シリーズの絵本から選び、残りの2篇は、コピー可能なストーリーです。これらはすべて、第1部で詳述した理論と方法論に基づいて書かれています。

第 2 部

ストーリー・ノート

1　Brown Bear, Brown Bear, What Do You See?
2　The Kangaroo from Wolloomooloo
3　My Cat Likes to Hide in Boxes
4　Mr McGee
5　The Very Hungry Caterpillar
6　Meg's Eggs
7　The Clever Tortoise
8　The Elephant and the Bad Baby
9　Something Else
10　Funnybones
11　Princess Smartypants
12　Jim and the Beanstalk

1 Brown Bear, Brown Bear, What Do You See?

作者：Bill Martin, Jr.
絵：Eric Carle

≪WORKSHEETS≫
Colour and write（動物の色と名前）　p. 261
The bear facts（クマに関する知識）　p. 263
Bear wheel 1（クマの回転シート1）　p. 265
Bear wheel 2（クマの回転シート2）　p. 267
World map（世界地図）　p. 362

Brown Bear, Brown Bear, What Do You See? は、動物と色のストーリーで、韻を踏んだ簡単な文章を含んでいます。色や動物の名前の導入、または復習に有効に使うことができます。このストーリーでは一般によく使われている「質問と答えの技法」（question/answer technique）が用いられ、次のような質問と答えのくり返しで構成されています。

質問：[Yellow] [duck], [yellow] [duck], what do you see?
　　　（「黄色い」「アヒルさん」、「黄色い」「アヒルさん」、何が見えますか？）
答え：I see a [blue] [horse] looking at me.
　　　（「青い」「ウマさん」が、私を見ているのが見えます）
　　　＊[　]内の色と動物の名前が変わる。

子どもたちはストーリーを聞いているうちに、自然にこの質問と答えのパターンを習得します。単純な文章のくり返しときれいなイラストのおかげで、子どもたちは話の展開を予測し、自発的に物語の世界に入り込んでいくことができます。これが子どもたちの自信にもつながります。くり返し部分の乗りのよいリズムは、個々の単語の発音に加え、強勢やイントネーションに対する意識を高めるのにも役立ちます。

対象年齢：レッスン1から5は低学年児童や学習経験が浅い児童向けです。ただし、レッスン1から5にかける時間を短縮することや、適当なレッスンだけを選んで教えることによって高学年の児童にも対応できます。また、学習レベルが高い児童には、プロジェクト「世界各国のクマ」（p. 77）を組み合わせることにより対応できます。

● 最終到達目標と成果
クラスブックを作成する。
ストーリーを演じる。
プロジェクト「世界各国のクマ」を（児童のレベルに合っていれば）実施する。

● 言語的到達目標
スキル：
リスニング：全体的な内容を理解し、具体的な情報を聞き取る。
スピーキング：ストーリーの読み聞かせに参加する。
　　　　　　　チャンツや歌を歌う。
　　　　　　　質問をする。
　　　　　　　音読する。
リーディング：具体的な情報を読み取る。
　　　　　　　ワークシート'The bear fact'（クマに関する知識）の'wordsearch'（単語探し）をする。

ワークシート'Bear wheel'（クマの回転シート）の文を読む。
ライティング：物に表示をする（ラベリングする）。短い説明や標語を書く。
クラスブックを作る

文の機能と構造：
質問と答え：What do you see?（何が見えますか？）
I see ... etc.（私は…が見えます）
正しい語順での表現：色＋名詞
　例：a brown bear
　it's＋色, it's got ..., it can ..., it lives ...
提案の表現：Let's ..., We can ...

語彙：
動物：bear（クマ），bird（トリ），duck（アヒル），horse（ウマ），frog（カエル），cat（ネコ），dog（イヌ），sheep（ヒツジ），goldfish（金魚），monkey（サル）
色：brown（茶色の），red（赤色の），yellow（黄色の），blue（青色の），green（緑色の），purple（紫色の），white（白色の），black（黒色の），gold（金色の）
クマに関連する単語（プロジェクト「世界各国のクマ」から）：panda（パンダ），sloth bear（ナマケグマ），grizzly bear（ヒグマ），spectacled bear（メガネグマ），polar bear（北極クマ），sun bear（マレーグマ），fur（毛），mammal（哺乳動物），omnivorous（雑食性の），claws（ネコ・ワシなどのつめ），hibernate（冬眠する），cave（洞穴），den（野獣の住む穴），cub（ライオン・クマなどの子），bamboo（竹），climb trees（木に登る），insects（昆虫），fruit（果物），nuts（ナッツ），honey（蜂蜜），swim（泳ぐ），dive（潜る），seals（アザラシ）

発音：
チャンツやラップを通して、個々の単語の強勢とリズムを習得する。
文強勢：Red bird, red bird, what do **you** see?（you を強く発音する）
疑問文における下降音調：Red bird, red bird, what do you see?'

● **教科横断的学習**
理科および地理：プロジェクト「世界各国のクマ」
図画工作：クラスブックの作成
　クマの回転シートの作成
音楽：チャンツ'Colour Chant'（カラー・チャンツ）、ラップ'Animal Rap'（アニマル・ラップ）、歌'Brown Bear's Snoring'（ヒグマのいびき）
ドラマ：ストーリーを演じる。
学習ストラテジー：予測する、記憶する、順序づける、予備知識を働かせる、推測する。
概念の強化：色、物の大きさ（サイズ）
公民：絶滅の危機にある動物の保護に関する意識を高め、環境を守り、敬うことの重要性を認識する。

LESSON 1

学習目標
・ストーリーの背景を説明し、それを子どもたち自身の経験に関連づける。
・色を導入および（または）復習する。
・'Colour Chant'（カラー・チャンツ）を通して、色の名前を覚える。
・発音とリズムを練習する。

教材
・カラーカード、または色折り紙など（ストーリーに出てくる色を用意する）。
・セロテープやマグネットなど、黒板にカードを固定できるもの。
・白い紙とクレヨン（カラー・ディクテーション用）。
・本書の音声 CD#2：'Colour Chant'（カラー・チャンツ）。
・CD プレーヤー。

ストーリーの導入　　表紙を生徒に見せます。クマの絵を指でさし示しながら What's this？（これは何ですか？）と尋ねます。'a bear'、'It's a bear.'、'It's a brown bear.'（クマ、クマです、それはヒグマです）などの答えが、生徒から出るようにします。タイトルを指し、Brown Bear, Brown Bear と読みます。次に、Brown Bear, Brown Bear, What Do You See？と最後まで読みます。読むときに、see（見る）の動作をしてもかまいません。クマについて次のような質問をします。Where do you think the bear is？（クマはどこにいると思いますか？）、Have you ever seen a real bear？（本当のクマを見たことがありますか？）、Where can we see bears？（どこでクマを見ることができますか？）〔答えの例：in a zoo（動物園で）、at the circus（サーカスで）、in the forest（森の中で）、in a toy shop（おもちゃ屋で）、on TV（テレビで）、in a film〔米：movie〕（映画で）、in a park（公園で）、in a painting（絵で）、in a cartoon（漫画で）、in a book（本で）〕　What do you think the bear is looking at？（絵本のクマは何を見ていると思いますか？）　この答えに関しては、あとでストーリーを読めばわかるということを生徒に話します。次に色の名前を導入（または復習）します。

色の導入・復習　　1枚ずつカラーカードを見せ、色の名前を導入（または復習）します。色の名前を教師が言うか、または生徒から引き出します。そして、セロテープなどを使って黒板にそのカードを貼っていきます。生徒が発音に注意を払うように気を配りながら、全員一緒か、あるいは個別に数回リピートさせます。

　　すべてのカラーカードを黒板に貼ったら、そのカードを1枚ずつ指さし、生徒にリピートさせます。最初は順番に、それからランダムにカードを指してリピートさせます。生徒が慣れてきたら徐々にスピードを速めます。

　　生徒のレベルや使用可能な時間に応じて、次のゲームの中からいくつか選んでやってみましょう。

〜を指さしましょう：教室のあちらこちらにカラーカードを貼りつけます。カラーカードを貼りつけるときに、生徒にそれらの色の名前を言わせます。そして、次のような指示を与えます。Point to purple！（紫色を指しなさい！）、Point to brown！（茶色を指しなさい！）　生徒は教師の指示を聞き、できるだけ速くその色を見つけて指さします。このゲームはチームに分かれて競うこともできます。

英語を聞いて、カードを上に掲げよう：生徒にカラーカードを配ります。できれば、生徒全員が少なくとも1枚のカラーカードを持つようにしましょう。教師が色をランダムに言います。生徒はそれを聞き、該当するカラーカードを持っていたらそのカードを上に掲げます。あるいは、教師が言った色を持つ生徒は、教室の前に来て一列に並びます。さらにこのゲームは、次のように応用することもできます。Red sit down！（赤色のカードの人は座りなさい！）、Blue turn around！（青色のカードの人は回りなさい！）、Red stand up！（赤色のカードの人は立ちなさい！）などと指示を出し、その動作をさせます。

カラー・ディクテーション：白い紙とクレヨンを用意します。カラー・ディクテーションを行います。生徒は教師の指示を聞いて正しく色を塗ります。教師は言った色の順番をしっかり覚えておきます。生徒同士で色を塗った紙を交換し、正しくできたかどうか確認します。生徒の年齢やレベルによっては、文字を書かせてもかまいません。それぞれのカラーカードを黒板に貼り、生徒にそれを書き写させたり、自分たちの絵を使ったディクテーション（picture dictation）と合わせます。

何がないかな？：黒板にすべてのカラーカードを貼ります。生徒に数分時間を与え、それらのカードを見るように言います。そして、目を閉じるように言います。生徒が目を閉じている間に、そこから1枚カラーカードを抜き取ります。そして、再び目を開けるように言い、What's missing?（何がないかな？）と聞きます。このゲームは、一度に2枚以上のカードを抜き取るともっとむずかしくなります。このゲームもチームに分かれて競うことができます。

正しければ、リピートしよう：黒板にすべてのカラーカードを貼ります。1枚のカードを指し、Red.またはIt's red.と言います。それが正しい色ならば、生徒はリピートしますが、正しくなければ黙っています。

カラー・チャンツ　　本書の音声CD#2に収録されているチャンツ（Colour Chant）をやってレッスン1を終えます。絵本の（全部の動物が登場する）見開きのページを上に掲げ、色の名前を復習します。音声を再生し、生徒にチャンツのリズムを聞かせます。再びチャンツを聞かせながら、絵本または黒板に貼ったカラーカードを指し示します。子どもたちにも一緒にやらせます。

Brown,　　　　　　　White and black
Red and yellow　　　And orange and brown
And blue and green,　Brown,
Purple,　　　　　　　Red and yellow *etc*.

LESSON 2

学習目標
- 色の名前を復習する。
- 動物の名前を導入（または復習）する。
- 語順に注目する。例：a blue horse, a purple cat
- ラップを通して、色と動物の名前を復習し、発音とリズムを練習する。

教材
- 動物のフラッシュカード。
- 261ページのワークシート'Colour and write'（動物の色と名前）を拡大コピーして切り抜き、紙に貼りつけてカードにしたもの。
- レッスン1で使ったカラーカード。
- セロテープやマグネットなど、黒板にカードを固定できるもの。
- 本書の音声CD#3：'Animal Rap'（アニマル・ラップ）
- CDプレーヤー。

復習	レッスン 1 の中で紹介したゲームをしながら、色の名前を復習します。
動物と色の名前の練習	カラーカードを使って動物の名前を導入し、練習します（レッスン 1 の手順と同じ）。次に色と動物を組み合わせます。a blue horse と言ったあとに一人の生徒に出てきてもらい、2 枚のカードを並べてもらいます（ウマのカードの前に青色のカードを置く）。同様にほかの動物や色でもやってみます。

 生徒が自信を持ってできるようになってきたら、クラスを 2 つのチームに分けます。それぞれのチームが交互に色と動物を組み合わせたことば（purple cat など）を言っていきます。そのことばを聞いて、相手のチームが 2 枚のカードを正しく並べることができたら 1 ポイント獲得します。得点を多くとったチームの勝ちです。 |
| アニマル・ラップ | レッスン 2 はラップで締めくくります。

 Clap clap,　　　（手をたたいて、手をたたいて、
 A brown bear.　　ヒグマさん。
 Clap clap,　　　手をたたいて、手をたたいて、
 A red bird.　　　赤いトリさん。
 Clap clap,　　　手をたたいて、手をたたいて）
 etc.

 音声を再生し、ラップのリズムを生徒に聞かせます。次に音声に合わせて一緒に歌います。最初はクラス全員で歌い、それからひとりずつ順番に歌います。動物の順番は気にせずに、リズムに合わせることを心がけましょう。さらに、一人の生徒に前に出てきてもらい、このラップを「指揮」してもらいます。その生徒は黒板に貼ってある動物と色のカードを指して、ほかの生徒を「指揮」します。教師は生徒がラップのリズムをとるのを助けます。 |

LESSON 3

学習目標	・色と動物の名前を復習する。
・生徒にストーリーの展開を予測させながら、絵本を朗読する。
・生徒を読み聞かせに参加させる。
教材	・レッスン 1 のカラーカード。
・レッスン 2 の動物カード。
復習	レッスン 1 および 2 で紹介したゲームを通して、色と動物の名前を復習する。
ストーリー・テリング（読み聞かせ）	生徒全員が見えるように絵本を上に掲げます。表紙のクマの絵を指し、What do you see?（何が見えますか？）と尋ねます。生徒は a brown bear（ヒグマ）と答えるでしょう。これからこのストーリーを読むことを生徒

に伝えます。表紙のタイトルを指しながら、タイトルを読み上げます。次に、見開きのページを開け、色を1つずつ指し、その色の名前を復習します。表紙のタイトルをもう一度読みます。そして、ヒグマの絵のページを開け、'Brown bear, brown bear, what do you see?'と大きな声で読み始めます。（ページをめくる）'I see ...（少しポーズを置き、生徒にも参加を促しながら）a red bird,（くり返す）I see a red bird（少し間を置く）looking at me.' 続けて、'Red bird, red bird, what do you see?'（ページをめくる）'I see ...（生徒に予測させる）a yellow duck,（くり返す）I see a yellow duck（少し間を開けて）looking at me.' このように読み聞かせをしていき、徐々に、質問の'What do you see?'が一緒に言えるようにしていきましょう。Children, children, what do you see?の見開きページでは、Where are the children?（子どもたちはどこにいるの？）と聞き、zooまたはat the zooの答えを引き出しましょう。最後の見開きページは、この絵本に出てきたキーワードを復習するのに最適です。

再びストーリーを読みます。今回はストーリーのリズムを尊重し維持することに気をつけ、子どもたちを参加させるように促します。

カラーカードと動物カードを生徒に1枚ずつ配ります。生徒全員がどちらか1枚のカードを持っていることを確認してください。生徒にイラストを見せずにストーリーを読みます。生徒は自分が持っているカードの色または動物の名前が聞こえたら、教室の前に出てきて順番に並びます。もう一度、イラストを見せずに読みます。今度は、自分の色または動物の名前が聞こえたらその場に座ります。

レッスン2で習った「アニマル・ラップ」を歌ってレッスンを終えます。

LESSON 4

学習目標
- 絵本を読み、復習する。
- ワークシート'Colour and write'（動物の色と名前）を完成する。
- 記憶ゲームをする。
- 推測ゲームをする。
- クラスブックを作る。

教材
- 261ページの'Colour and write'（動物の色と名前）のコピー（生徒の人数分用意する）。
- レッスン1のカラーカード。
- レッスン2の動物カード。
- セロテープやマグネットなど、黒板にカードを固定できるもの。
- 紙とクレヨン（生徒の人数分用意する）。

導入
子どもたちを参加させながら絵本を音読します。本を閉じて、絵本に出てくる動物の順番を思い出せるかどうか聞きます。生徒にカラーカードと動物カードを渡し、黒板に順番通りに貼らせます。必要ならば手伝います。

ワークシート'Colour and write'（動物の色と名前）を配ります。それぞれの動物に色を塗り、線上に動物の名前を書くように言います。必要なら

ば、生徒が写せるように単語を板書してあげましょう。生徒に文字を書かせない場合は、色を塗らせるだけでかまいません。次に What's number one？（No. 1 は何ですか？）と聞き、生徒の理解を確認します。このとき、It's a brown bear.（ヒグマです）と答えさせましょう。

メモリーゲーム：何が見えますか？

クラスを4人または5人のグループに分けます。1つのグループにデモンストレーションをしてもらいます。生徒1が生徒2に Richard, Richard, what do you see？（リチャード、何が見えますか？）と尋ねます。その質問に対して Richard が、I see a red bird looking at me.（赤いトリが、私を見ているのが見えます）と答えます。そして Richard が生徒3に対して、Anne, Anne, what do you see？（アン、何が見えますか？）と尋ねます。すると Anne は〔Richard が答えた動物の名前を思い出し、その動物を自分の答えにつけ足して〕I see a red bird and a blue horse looking at me.（赤いトリと青いウマが、私を見ているのが見えます）と答えます。さらに、Anne が生徒4に対し、Michael, Michael, what do you see？（マイケル、何が見えますか？）と聞きます。Michael は〔Richard と Anne が答えた動物の名前を思い出し、それらに自分が見た動物をつけ足して〕I see a red bird, a blue horse and a black sheep looking at me.（赤いトリ、青いウマ、そして黒いヒツジが、私を見ているのが見えます）と答えます。同じようにゲームを続けていきます。もし、動物の名前を思い出すことができず、正しい順番で言えなかったら、その生徒は失格です。ゲームは最後の一人になるまで続けます。

推測ゲーム：それは何ですか？

一匹の動物を説明します。例えば、It's got four legs. It's got big eyes. It can swim. It's green. What is it？（4本の足があります。大きな目をしています。泳げます。緑色です。その動物は何ですか？）生徒はその説明から推測し、Is it a frog？（カエルですか？）と聞きます。合っていれば、Yes, it is. Well done！（はい、そうです。よくできました！）とほめます。生徒が自信を持って答えられるようになるまで、何度も練習します。次にペアになってゲームをします。ひとりが絵本の中の動物を描写し、もう一人が答えます。相手が答えをあてたら交代し、問題を出します。

クラスブックの作成

Brown Bear, Brown Bear, What Do You See? を基にしてクラスブックを作成します。各生徒に紙を1枚ずつ配ります。その紙にクラスブックに載せたい動物を1匹描かせます。生徒は好きな動物を選ぶことができます。絵本の中に出てくる動物に限らずに、この機会にほかの動物の名前も教える（または復習する）とよいでしょう。次に、生徒に動物の絵に色を塗らせます。色を塗り終えたら、立ち上がって自分が描いた動物が何であるか説明させます。例えば、a pink elephant（ピンク色のゾウ）と言わせます。紙には Pink elephant, pink elephant, what do you see？（ピンク色のゾウさん、ピンク色のゾウさん、何が見えますか？）と書かせます。クラス全体で、このクラスブックのタイトルを決め、ページ順に並べ、まとめて綴じます。仕上がったクラスブックは、クラス全員で一緒に読むか、一人または何人かの生徒に読んでもらいます。..., what do you see？の質問に対して I see a [color＋animal] looking at me. と答えるところでは、クラス全員に参加させるようにします。そして、ページをめくります。

LESSON 5

学習目標
- *Brown Bear, Brown Bear, What Do You See?*の劇のリハーサル、またはクラスブックの作成。

教材
- お面。
- 招待状を作る道具（カード、のり、ペン、はさみなど）。

発表のリハーサル
保護者やほかのクラスに学習の成果を見てもらう準備をします。*Brown Bear, Brown Bear, What Do You See?* の劇、またはクラスブックの発表のどちらかを生徒に選ばせます。最初の質問 Brown bear, brown bear, what do you see？を聞く生徒を選んでから、それぞれの動物の役を決めます。

動物役のせりふ：
例：the brown bear : I see a red bird looking at me. Red bird, red bird, what do you see？（ヒグマ：私は、赤いトリが私を見ているのが見えるよ。赤いトリさん、赤いトリさん、君は何が見えるの？）

the red bird : I see a yellow duck looking at me. Yellow duck, yellow duck, what do you see？（赤いトリ：私は、黄色いアヒルが私を見ているのが見えるよ。黄色いアヒルさん、黄色いアヒルさん、あなたは何が見えるの？）

せりふの中の you（例：Red bird, red bird, what do **you** see？）を強く発音するように意識させます。生徒は一列になり、次に登場する動物のほうを見て名前を呼んでいきます。動物役ではない生徒は、最後に登場する動物の前に立って、最後のページを歌います。We see a brown bear, a red bird … and a monkey looking at us. That's what we see.

時間があれば、動物のお面を作りましょう。発表の日程を決め、保護者、または、ほかのクラスに配付する招待状を作ってもよいでしょう。

LESSON 6

学習目標
- 世界各国に生息するクマを調べる。
- 世界地図で大陸の位置を確認する。
- クマについての文章を読み、p. 263 のワークシート'The bear facts'の単語探し（wordsearch）の中から重要な単語を見つけ出す。
- クマの回転シート（Bear wheel）を作る。
- 絶滅の危機に瀕しているクマについて考え、私たちに何ができるかを話し合う。
- 「クモの巣図」（p. 82）を作る。標語や活動計画を練る。

・スウェーデンのクマの歌（p. 83）を歌う。

教材
・世界地図（p. 362 をコピーし、生徒の人数分用意する）。
・拡大コピーした世界地図。
・263 ページのワークシート 'The bear facts'（クマに関する知識）のコピー（生徒の人数分用意する）。
・265 ページのワークシート 'Bear wheel 1'（クマの回転シート 1）と 267 ページのワークシート 'Bear wheel 2'（クマの回転シート 2）を、画用紙のような厚紙にコピーしたもの（生徒の人数分用意する）。
・本書の音声 CD#4、5：picture dictation と歌 'Brown Bear's Snoring'（ヒグマのいびき）。
・クマの挿絵が入った図鑑。
・綴じびょう、紙、ペン、色鉛筆、はさみ、のり。
・クマについてもっと知りたい場合：www.panda.org/kids
（可能ならば、子どもたちにこのホームページを検索させてみましょう）

プロジェクト：世界各国のクマ

これから紹介するアイデアは、生徒の年齢、語学レベル、関心度、そして使える時間に応じて選んで用いてください。

クマはどこに住んでいるか？

クマが自分たちの国に生息しているか、あるいは生息している国、または大陸を知っているかどうかを生徒に尋ねます。Have you ever seen a wild bear?　Where?（野生のクマを見たことがありますか？　どこで？）と質問します。世界地図のコピーを配り、大陸の名前を導入（または復習）します。大陸名（North America, South America, Europe, Africa, Asia, Australia, Antarctica）を板書するか、拡大コピーした世界地図上に書きます。それを見ながら、生徒も自分たちの世界地図に大陸名を書き込みます。〔訳者注：大陸ではありませんが Japan（日本）も書き込ませてもよいでしょう〕

ピクチャー・ディクテーション：CD#4 を聞いて、クマがどこに住んでいるかを聞き取ります。生徒は音声を聞いてクマが生息する大陸にクマの顔の絵を描きます。

必要に応じて音声を一時停止し、生徒が大陸の場所を探しクマの顔を描く時間を与えます。見直しのために再度音声を聞かせます。

音声の内容：Bears live on the continents of Asia, Europe, North America and South America. No bears live on the continents of Africa, Antarctica, or Australia.（クマはアジア、ヨーロッパ、北アメリカと南アメリカ大陸に生息していますが、アフリカ、南極、オーストラリア大陸には住んでいません）

クマに関する知識　　絵本の Brown Bear の絵を生徒に見せ、What do you already know about bears？（クマについてどんなことを知っていますか？）と聞きます。生徒を引きつけるために具体的な質問をしてもかまいません。例：Do you know the names of any different types of bears？（違うタイプのクマの名前を知っていますか？）

注：8種類のクマが生息しています。brown bears（ヒグマ）〔grizzly bears とも言います〕、American black bears（アメリカ・クロクマ）、Asiatic black bears（ツキノワグマ）、polar bears（北極グマ、シロクマ）、sloth bears（ナマケグマ）、giant panda（ジャイアント・パンダ）、sun bears（マレーグマ）、spectacled bears（メガネグマ）。子どもは、コアラもクマの一種であると答えるかもしれません。確かにコアラはクマのように見えますが、実際は「有袋類」（子どもの成長を守る袋を持つ動物）に属します。

　　polar bears と American black bears は、ほかの種類のクマに比べるとより保護されているので安全な状態にありますが、ほかのすべての種類のクマは危険な状態に瀕しているということを子どもたちに教えましょう。〔訳者注：ただし現在では、地球の温暖化の影響で北極の氷が少なくなり polar bears（北極グマ、シロクマ）の危機も伝えられています〕　また、生徒は想像上の／架空のクマ（Baloo the bear、Winnie-the-Pooh、teddy bears、Rupert bear、Yogi Bear、Paddington Bear や自分たちの文化から生まれたクマ）についても述べるかもしれません。

　　ワークシート'The bear facts'（クマに関する知識）を各生徒に配り、ワークシート上の文章を読むように伝えます。必要ならば助けてあげましょう。生徒が知らない単語を一つひとつ確認しながら声を出して読んでもいいでしょう。文章を読んで、次の質問の答えを見つけさせます。

1. Are bears mammals, reptiles or amphibians?
（クマは哺乳類、爬虫類、それとも両生類ですか？）
2. Do you know which bear is the biggest?
（どのクマが一番大きいですか？）
3. What do bears eat?
（クマは、何を食べていますか？）
4. Do bears hibernate（sleep）during the winter?
（クマは冬の間、冬眠をしますか？）
5. Do you know what a baby bear is called?
（赤ちゃんグマのことを、何と呼ぶか知っていますか？）

次に「単語探し」（wordsearch）をします。文章中の下線部分の16個の単語を見つけさせます。ペアになってやらせてもいいでしょう。単語が見

つかったら○で囲みます。生徒が理解しているかどうか確認してください。

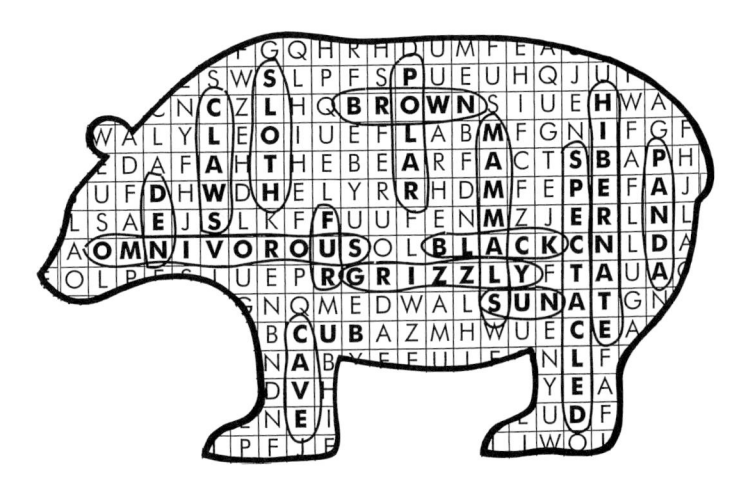

クマの回転シートを作る

ワークシート'The bear facts'（クマに関する知識）を参考にして、いろいろな種類のクマを挙げてもらいます。この8種類のクマについてもう少し知るために、「クマの回転シート」（Bear wheel）を作ります。まず8種類のクマの名前を板書します。

　　giant panda（ジャイアント・パンダ）
　　American black bear（アメリカ・クロクマ）
　　Asiatic black bear（ツキノワグマ）
　　sloth bear（ナマケグマ）
　　polar bear（北極グマ、シロクマ）
　　brown/grizzly bear（ヒグマ）
　　spectacled bear（メガネグマ）
　　sun bear（マレーグマ）

クマに関する子どもたちの予備知識を働かせるために、次のような質問をします。

　　例：What colour is the panda/polar bear？
　　　　（パンダ／北極グマは、どんな色をしていますか？）
　　　　Where does the panda live？
　　　　（パンダは、どこに生息していますか？）
　　　　What does the polar bear eat？
　　　　（北極グマは、何を食べますか？）
　　　　Can bears swim？ Can bears climb trees？
　　　　（クマは泳げますか？　木に登れますか？）
　　　　Where does the brown bear live？
　　　　（ヒグマは、どこに住んでいますか？）

ワークシートを配り、「回転シート」の作り方を説明します。レッスンの前にあらかじめ作っておくと、ゆとりを持って教えることができます。2枚のワークシート（'Bear wheel 1'と'Bear wheel 2'）を切り抜きます。カード中央のツマミの部分に切り込みを入れ、その部分を折り曲げます。

ツマミの部分は簡単に開けたり閉じたりできます。'Bear wheel 2'の上に'Bear wheel 1'を重ね、中央をとじ鋲（びょう）で一緒に留めます。

'Bear wheel 2'の上でツマミを動かすことによって、8種類のクマの説明文が示されます。一緒にその説明文を読み、どのクマのことを言っているのかを考えます。そして、板書しておいたクマの名前を、その'Bear wheel 2'の説明文のところに書き写します。このとき、クマの名前は該当する説明とは反対のところに（ツマミの下の線上に）書かなければいけません。例としてジャイアント・パンダの名前がすでに書かれていますので参考にしてください。'Bear wheel 2'に名前がすべて書き込めたら、'Bear wheel 1'のクマの絵を見て確認します。

次にペアを作ります。生徒Aが自分の回転シートを動かしてクマの説明に合わせ、最初の1文を読みます。生徒Bがその文を聞いて、どのクマのことかあてます。最初の1文だけではわからない場合は、次の文を読んであげます。生徒Bがわかるまで読み続けます。答えが正しいかどうかツマミを上げて確認し、合っていたら交代します。

giant panda（ジャイアント・パンダ）: It's black and white. It lives in China. It eats bamboo. It can climb trees. It does not hibernate.（色は黒色と白色で、中国に住んでいます。竹を食べます。木に登ることができます。冬眠はしません）

American black bear（アメリカ・クロクマ）: It lives in North America. It's black but can also be brown or light brown. It eats meat, fish, insects, fruit, nuts and honey. It hibernates. It can climb trees.（北アメリカに生息しています。色は黒、茶色、または明るい茶色。肉、魚、昆虫、果物、木の実、蜂蜜を食べます。冬眠をします。木に登ります）

sloth bear（ナマケグマ）: It's got long black fur. It lives in forests in South Asia. It walks slowly and can climb trees. It eats insects especially ants, fruit, honey and plants. It does not hibernate.（黒色の長い毛皮です。南アジアの森林地帯に住んでいます。ゆっくり歩き、木登りができます。昆虫（特にアリ）、果物、蜂蜜、植物を食べます。冬眠はしません）

brown/grizzly bear（ヒグマ）: It's got brown fur. It lives in Asia, Europe and North America. It can run very fast. It eats plants, nuts, roots, insects, meat and fish. It's the biggest bear. It hibernates.（茶色い毛皮で覆われています。アジア、ヨーロッパ、北アメリカに生息します。とても速く走ることができます。植物、木の実、根、昆虫、肉、魚を食べます。一番大きなクマです。冬眠します）

polar bear（北極グマ、シロクマ）: It's got white fur. It lives in North America and Asia. It can swim and dive. It eats seals. It hibernates.（白い毛皮で覆われています。北アメリカ、アジアに生息します。泳いだり、水中に潜ることができます。アザラシを食べます。冬眠します）

sun bear（マレーグマ）: It's the smallest bear. It lives in South-East Asia. It's got short, black fur. It eats insects, small animals, fruit and honey. It does not hibernate. It can climb trees.（最も小さいクマです。

東南アジアに生息します。短く黒色の毛皮です。昆虫、小動物、果物、蜂蜜を食べます。冬眠はしません。木に登ります)

Asiatic black bear（ツキノワグマ）: It lives in Southern and Eastern Asia. It's black. It eats small animals, insects, fruit and nuts. It can climb trees. Some hibernate.（南アジア、東アジアに生息します。色は黒です。小動物、昆虫、果物、木の実を食べます。木に登ることができます。冬眠するものもいます）

spectacled bear（メガネグマ）: It lives in South America. It's got black fur and white fur around its eyes. It can climb trees. It eats plants, fruit and small animals. It does not hibernate.（南アメリカに生息します。目の周りに黒と白の毛が生えています。木に登ることができます。食物、果物、小動物を食べます。冬眠はしません）

危機に瀕しているクマ　多くの森林が伐採され、土地は農地や住宅地に開拓されているため、クマの生息地はだんだん狭くなってきています。猟師に銃殺されたクマの頭や毛皮は壁掛けやトロフィーに利用され、ほかの体の部分は幸運を招くお守りとして利用されることがあります。台湾では、クマの足はぜいたくな料理として高級レストランで出されます。血、骨、体の部分、特に胆のうと胆汁は漢方薬に使われます。子グマはしばしば捕獲され、インドやパキスタンに売られて行き、踊るクマ（dancing bear）として芸を仕込まれます。クマは、また、サーカスの出し物として訓練されています。人間は国立公園や自然保護区でクマに接近しすぎることがよくあり、この結果としてクマの死を招くことになるのです。クマがキャンプ場の食べ物やごみの山を目指してやって来ます。そこで人間と出くわすのです。人間は警告を無視して食べ物をクマに与えてしまうのです。

　生徒に、自分たちの国にクマが生息しているかどうか聞きます。もし生息しているのであれば、その場所を聞きます。クマが自分たちの国では安全かどうか、またほかの国ではどうかを話し合いましょう。Why do you think bears are in danger?（なぜクマは危険な状況にあるのですか？）と、生徒に尋ねます。生徒からいろいろな考えを引き出し、黒板に「クモの巣図」を描きます。

　生徒は、黒板の「クモの巣図」を書き写し、'Bears in Danger'（危機に瀕しているクマ）というタイトルのポスターを作ります。インターネットからダウンロードしたクマの絵や写真を用いて、ポスターをデザインしてもよいでしょう。

危機に瀕しているクマ〈上から時計回りに〉
1. 食用として殺される。
2. 人々はクマの生息地を破壊している。
3. 薬用として捕らえられ殺される。
4. 子グマはサーカスで働かせるために捕らえられる。
5. 子グマは踊るクマにするために捕らえられる。
6. 洋服や幸運を招くお守りを作るために殺される。
7. 遊びのために殺される。

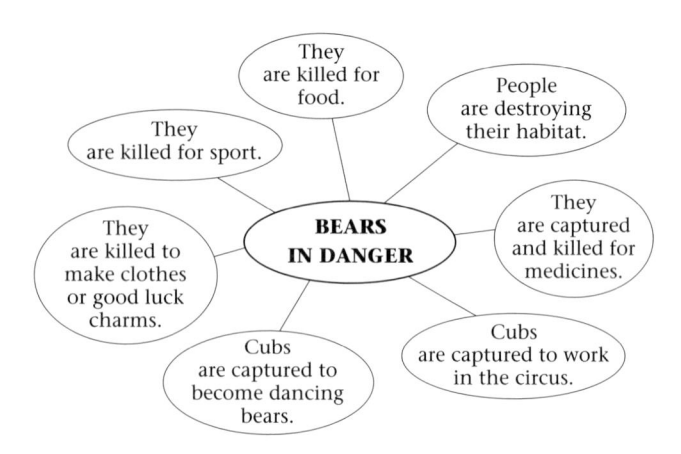

```
           They are killed
           for food.
                              People are destroying
They are                      their habitat.
killed for
sport.
                                  They
They are                          are captured
killed to        BEARS            and killed for
make clothes     IN DANGER        medicines.
or good luck
charms.
                                  Cubs
           Cubs                   are captured to work
           are captured to        in the circus.
           become dancing
           bears.
```

標語を考える：動物を救うためのキャンペーン活動について聞いたことがあるかどうか聞きます（例：'Save the Rhino'（サイを守ろう），'Save the Whale'（クジラを守ろう）。生徒にクマを保護するための標語を考えてもらいます。

黒板にキーワードを書きます。

動詞：save, protect, be kind to, care for, give … a chance, matter
名詞：bears, rights
形容詞：fair, unfair

キーワードを参考にして、標語を考えさせます。

　例：Save our bears！（私たちのクマを守ろう！）
　　　Unfair to bears！（クマがかわいそうだ！）
　　　Be kind to bears！（クマにやさしく！）
　　　It's not fair on bears！（それではクマに不公平だ！）
　　　The bear facts … Did you know？
　　　（クマの現状…あなたは知っていましたか？）
　　　Care for bears！（クマをいたわろう！）
　　　Give bears a chance！（クマにチャンスを与えよう！）
　　　Bears matter！（クマは大切だ！）
　　　Rights for bears！（クマの権利を守ろう！）
　　　Protect the bear！（クマを守れ！）

活動計画を立案する：自分たちの国、そして世界中のクマを守るために何ができるかを子どもたちと話し合います。ここで、Let's …！や We can …！の使い方の練習もします。アイデアを引き出し、板書します。そして、生徒はそれを参考にして、自分自身の個人的な活動計画を立てます。可能ならば、子どもたちに次のホームページにアクセスさせてもよいでしょう。

　　'WWF'—the global environment network：www.wwf.org
　　'Friends of the Earth'：www.foei.org
　　'Greenpeace'：www.greenpeace.org

次のような活動計画が考えられます。

Let's protest and write to the government!
（政府に抗議の手紙を書こう！）
Let's join the WWF or a local protection group!
（WWFか地元の保護団体に加盟しよう！）
Let's organize a meeting in our school!
（私たちの学校の中で集会をやろう！）
We can read, ask questions and find out about bears!
（私たちはクマについて本を読んだり、尋ねたり、いろいろな事実を知ることができるのだ！）
We can protect wildlife in our country!
（私たちは自分の国の野生動物を保護できるのだ！）
We can respect the life of the countryside!
（いなかに住む生き物を大切にしよう！）
Let's collect some money to send to an organization which protects bears!（募金をして、クマの保護団体に送ろう！）
We can organize a competition or sponsored run/swim/disco!
（コンペやスポンサーつきの陸上競技／水泳大会／ディスコを開催しよう！）

| 歌：'Brown Bear's Snoring'（ヒグマのいびき） | スウェーデンのクマの歌を歌う前に、裏表紙の世界地図でスウェーデンの位置を確認させましょう。また、どの大陸にあるかを聞きましょう。本書の音声CD#5を再生し、歌を聞かせます。子どもたちが歌詞に慣れてきたら、一緒に歌うように促します。必要に応じて適当な動作もつけましょう。 |

Brown bear's snoring, brown bear's snoring in his winter sleep,
Brown bear's snoring, brown bear's snoring in his winter sleep.
But snow and ice are melting, icicles are dropping,
Brown bear's ears are listening and his eyes begin to peep.
（ヒグマさんが、冬眠しながらいびきをかいている、
ヒグマさんが、冬眠しながらいびきをかいている。
だけど雪と氷がとけだして、ツララも落ちている、
ヒグマさんはその音を聞きながら、薄目を開けようとしている）

| *Polar Bear, Polar Bear, What Do You Hear?* | *Polar Bear, Polar Bear, What Do You Hear?* は *Brown Bear, Brown Bear, What Do You See?* の続編で、同じ著者と同じイラストレーターの作品です。それぞれの絵本の中で登場する動物を、次のグループに分類させます（哺乳類、鳥類、両生類、魚類、爬虫類）。また、*Brown Bear, Brown Bear, What Do You See?* に登場する動物の鳴き声を教えてもよいでしょう。 |

growling like a brown bear（ヒグマのように、うなり声をあげるように鳴く）

singing/chirping/tweeting like a red bird（赤いトリのように、ピヨピヨ鳴く）

quacking like a yellow duck（黄色いアヒルのように、ガーガー鳴く）

（「ストーリー・ノート」執筆：Gail Ellis）

2 The Kangaroo from Woolloomooloo

作者：Joy Cowley

≪**WORKSHEETS**≫
Story picture 1（ストーリーの絵1） p. 269
Story picture 2（ストーリーの絵2） p. 271
Animal and rhyming word cards（動物の名前と韻を踏むことばのカード） p. 273
Join the lines that rhyme（韻を踏むことばを線で結ぶ） p. 275
Australian animals dominoes（オーストラリアの動物ドミノ） p. 277
Story text（ストーリーの全文） p. 279
World map（世界地図） p. 362

　The Kangaroo from Woolloomooloo は、一人の子どもがシドニー動物園を訪れ、そこでオーストラリアにしか生息しない動物に出会うストーリーです。その全文は 279 ページのワークシート 'Story text'（ストーリーの全文）に掲載されており、文中にはくり返し文やライム（韻）を踏む語(句)が数多く出てくることがわかります。また、絵本でよく使われる質問と答えの技法(question and answer technique) を用いて構成されています（例：'When I went to the Sydney Zoo, what did I see? ; The [bandicoot playing a flute], and the kangaroo from Woolloomooloo.'）。
　登場する動物の名前はあとにくることばと韻を踏んでいます（例：cockatoo / didgeridoo, magpie / patch on one eye など)。また、動物が登場する各段落では、'and the Kangaroo from Woolloomooloo'という一節がくり返されます。

● **最終到達目標と成果**
オーストラリアと生徒の出身国を比較する。
The Kangaroo from Woolloomooloo の絵本を個別に作る。
オーストラリアの動物のジグザグブック（zigzag book：ジャバラ式の折りたたみ絵本）を作る。
ストーリーの発表会を行うとともに、生徒の作品を展示する。

● **言語的到達目標**
スキル：
リスニング：キーとなる発音の特徴を意識しながら、全体的な流れを理解し具体的な情報を聞き取る。
スピーキング：発音練習をしながら、キーとなる語彙と語句をくり返し練習する。
話の流れをつかむ（生徒は次に何がくるかを予想する)。
リーディング：キーとなる語彙を理解する。
　具体的な情報を読み取る。
　ストーリーの順序をつける。
　韻を踏む単語やフレーズをつなぎ合わせて文を作る。
ライティング：名称を書き込む。
　表を完成する。
　簡単な文章を書き写す。
　簡単な作文を書く。

文の機能と構造：
Yes/No questions を使って、ストーリーに出てくる動物についての情報を求めたり与えたりする。

Yes, I can. / No, I can't. の構文を使って、能力についての情報を求めたり与えたりする。

have を使って、動物（の体の部位、色、大きさなど）を描写する。

形容詞と名詞の順番を練習する。

Is it a …?—Yes, it is. / No, it isn't. を使って、動物について質問したり、質問に答えたりする。

語彙：

動物：kangaroo（カンガルー）, bandicoot（バンディクート）, koala bear（コアラ）, rainbow snake（レインボー・スネーク）, crocodile（ワニ）, goanna（オオトカゲ）, wombat（ウォンバット）, cockatoo（バタンインコ）, dingo（ディンゴ）, magpie（カササギ）, platypus（カモノハシ）

韻を踏む語(句)：Woolloomooloo（ウールームールー：シドニーの中心部の呼び名であり、おそらく赤ちゃんブラック・カンガルーのことも意味していると考えられる）, flute（フルート）, rocking chair（ロッキングチェア）, big cream cake（大きなクリームケーキ）, smile（笑う）, piano（ピアノ）, party hat（パーティーハット）, didgeridoo（ディジェリデュー：オーストラリア先住民アボリジニの楽器）, banjo（バンジョー）, patch on one eye（片目の眼帯）, who danced for us（私たちのために踊ってくれた（～））

形容詞：big（大きな）, fat（太った）, old（年老いた）, cheerful（朗らかな）

動詞：dance（踊る）, sing（歌う）, play（演奏する）, jump（跳ぶ）, knit（編む）, make（作る）, smile（ほほえむ）, wear（着る）, see（見る）

動物の体の部位：crest（とさか）, (duck's) bill ((カモの) くちばし), pouch（カンガルーなどの腹袋）, wings（翼）, feathers（羽毛）, skin（皮膚）, fur（毛）, tail（尻尾）

発音：

単語と文の強勢。

リズム。

個々の音（音素）。

連続音声。

音節の数。

● **教科横断的学習**

理科：いろいろな動物について説明する。

地理：オーストラリア（気候や人口など）について話し、オーストラリアと生徒の出身国を比較する。

図画工作：絵を描く。色を塗る。
オーストラリアの動物の絵本を個別に作る。

音楽とドラマ：いろいろな楽器の音色を聞き分ける。歌を歌う。

ストーリーを演じる。

学習ストラテジー：記憶力を鍛える。予測する。分類する。比較する。順序づける。マッチングする。仮説を立てる。

公民：英語圏の国々に対する意識を高める。

特定の国に生息する動物に対して関心を持つ。

● **文化的情報**

　このストーリーは、オーストラリアのシドニーにあるタロンガパーク動物園が舞台になっています。インターネットで www.zoo.nsw.gov.au にアクセスしてみましょう。Woolloomooloo はシドニーの中心部の呼び名であり、おそらく赤ちゃんブラック・カンガルーのことも意味していると考えられます。しかし、オーストラリアのほとんどのカンガルーは灰色または赤みがかった色をしています。

　子どもたちは、カンガルー、クロコダイル、コアラのようなオーストラリアの動物のことはよく知っているかもしれません。このストーリーに出てくる動物については、98 ページの付録の説明を参照してください。

LESSON 1

学習目標
- トピックとストーリー中の動物を紹介する。
- オーストラリアについて学ぶ。
- オーストラリアと自分の国を比較し、異文化への意識を高める。

| 教材 | ・269 ページと 271 ページのワークシート 'Story pictures 1 & 2'（ストーリーの絵 1&2）で作った動物のフラッシュ・カード（厚紙に拡大コピーし、絵の部分を切り取る）。
・世界地図（p. 362 の世界地図を拡大コピーする）。|
|---|---|
| トピックの導入 | カンガルーのフラッシュ・カードを上に掲げ、この動物の名前を知っているかどうか聞きます。Has anyone ever seen a kangaroo?（カンガルーを見たことがある人はいますか？）、Do you know anything about kangaroos or where they come from?（カンガルーについて何か知っていますか？ カンガルーはどこにいますか？）と質問します。これからオーストラリアで書かれたストーリーを読み、オーストラリアの動物について学習することを生徒に伝えます。裏表紙の世界地図を見せ、オーストラリアの位置を確認します。ほかにもオーストラリアの動物の名前（コアラ、クロコダイルなど）を知っているかどうか聞きます。答えることができたらほめてあげ、その動物のフラッシュ・カードを見せます。子どもたちが母語でしかその動物の名前を言えない場合は、教師が英語に直しリピートさせます。オーストラリアに関する一般的な質問をいくつかします（例：What language do people in Australia speak?（オーストラリアでは何語が話されていますか？）、What is the capital city?（首都はどこですか？））。生徒の英語のレベルによっては、生徒の母語を使って聞いてもかまいません。
　このストーリーでは、カンガルーはシドニーの中心部の Woolloomooloo からやって来たことを生徒に伝えます。ここで地図でシドニーと Woolloomooloo の位置を確認しておきます。
　カンガルーは、現在では動物園を除いては市街地で見かけることはなく、bush（ブッシュ）と呼ばれる砂漠にいると説明します。このストーリーの舞台になっているタロンガパーク動物園のことを話してもかまいません（85 ページの「文化的情報」を参照）。|
| 比較研究 | オーストラリアの面積、人口、通貨などについて、子どもたちと一緒に話し合います（オーストラリアに関する情報については、次ページの表を参照）。グループまたはペアになって、自分たちの出身国についても同じように話し合います。すべての内容に対して答えられない場合は宿題にするか、教師が答えを教えます。
　次の 2 つの表を黒板に書き、生徒に書き写させます。生徒は自分の出身国についての表を完成させ、ポスターにし、教室の壁に貼ります。ポスターには出身国の通貨や固有の動物などの絵も描き込みます。|

Australia	
Size（面積）	7,686,848sq km（7,686,848 平方キロメートル）
Main language(s)（おもな言語）	English（英語）
Population（人口）	18 million (approximately)（約1,800万人）
Money（通貨）	Australia dollars and cents（オーストラリアドル、セント）
Capital city（首都）	Canberra（キャンベラ）
Native wild animals（野生動物）	kangaroos, koalas, dingoes（カンガルー、コアラ、ディンゴ）
Famous zoo（有名な動物園）	Taronga Park Zoo in Sydney（シドニーのタロンガパーク動物園）

My country	
Size	
Main language(s)	
Population	
Money	
Capital city	
Native wild animals	
Famous zoo	

　　オーストラリアの動物と表の内容をおさらいし、このレッスンを終えます。

LESSON 2

学習目標
・ストーリーに出てくる動物の名前を導入または復習する。
・リスニングの練習を増やし、積極的に読み聞かせに参加させながら、ストーリーを読む。
・ストーリーに出てくる動物について話し合う。

教材
・レッスン 1 で使用した動物のフラッシュ・カード。
・273 ページのワークシート 'Animal and rhyming word cards'（動物の名前と韻を踏むことばのカード）を拡大コピーし、切り取ってカードにしたもの。
・279 ページのワークシート 'Story text'（ストーリーの全文）のコピー。
・セロテープやマグネットなど、黒板にカードを固定できるもの。
・本書の CD#6（ストーリーの朗読：*The Kangaroo from Woolloomooloo*）。
・CD プレーヤー。

動物の名前の導入
　　動物のフラッシュ・カードを見せ、その動物の名前を確認します。次に紹介するゲームをするために単語を練習します。
・**動物アルファベット**：c で始まる動物や k で始まる動物など、教師が言ったアルファベットの文字で始まる動物の名前を言う。
・**全身反応教授法**（TPR：Total Physical Response）：教師が言った動物のカードを指さす。指示に従って 2 枚の動物のカードを並べて置く。

動物のカードをほかの子に渡す。
- **分類する**：爬虫類や鳥類など種類別に動物の名前を言う。
- **何がないかな？**（What's missing？）：動物のカードの中から1枚抜き取り、何の動物のカードがないかを答えさせる。
- **正しければくり返す**：動物に関する文を聞き取り、正しい文であればリピートする。

ストーリーを読む

動物のフラッシュ・カードを使いながら、再びストーリーをクラス全員に読み聞かせます（ストーリーの全文は279ページに掲載）。動物の名前に注意しながらストーリーを聞くように言います。'When I went to the Sydney Zoo, what did I see?' のところは、動物のカードを1枚ずつ上に挙げながら読み、その動物の名前を生徒に言わせます。カードに描かれているケーキを指して、'The rainbow snake with a big cream cake' をくり返し言います。生徒も読み聞かせに参加させ、'... and the kangaroo from Woolloomooloo.' までをリピートさせます。今度は、リズムに注意して読みます。

11人の生徒に教室の前に出てきてもらい、横1列に並ばせます。動物のフラッシュ・カードを無作為に1枚ずつ配ります。CD#6に収録されているストーリーの朗読を流すか、または教師がストーリーを読みます。必要に応じてポーズを置きながら、ストーリーを聞かせます。11人の生徒は自分が持っているカードの動物が読まれたら、そのカードを挙げ、正しい順番のところに移動します。別の11人の生徒を選び、同じことをくり返します。このアクティビティーでは、生徒はまだストーリーの中心である動物に集中しています。

さらに動物の名前を練習する

黒板に動物のフラッシュ・カードを貼ります。そして、273ページのワークシート 'Animal and rhyming word cards' で作った動物の名前カードを1枚ずつ見せながら、単語を読み上げます。生徒は教師のあとに続いてリピートします。一人ずつ生徒を指名し、動物の名前カードを対応する動物のフラッシュ・カードの隣に貼らせます。すべての生徒に順番が回るまで、何回もくり返します。

オプショナル・アクティビティー

オーストラリアの動物の中には、子どもたちが知っている動物に似た動物がいます。例えば、「ディンゴ」はイヌのようですし、「ゴアナ」は大きなトカゲのようです。このように、似ている動物について子どもたちと話し合うのもよいでしょう。dog（イヌ）や lizard（トカゲ）のような単語はよく知っているかもしれません。可能ならば次のホームページにアクセスし、実際の動物の写真を見せるとよいでしょう。

www.enchantedlearning.com/coloring/Australia
www.australianwildlife.com.au
www.ausinternet.com/ettamogah

レッスンの終わりに、ストーリーのCD#6を聞かせます。生徒が読めるところは一緒に読ませるようにし、必要に応じて音声を一時停止します。

LESSON 3

学習目標
- 各自で絵本を作る：正しい順番にストーリーの絵を並べ替えて絵本を作る。
- ストーリー中の動物の名前と韻を踏む語(句)を見つける。
- 音節の数や語強勢のような発音の特徴に意識を向ける。
- 文字や絵を手がかりに自分のことばでストーリーを再生する。

教材
- レッスン1で使用した動物のフラッシュ・カード。
- 269ページのワークシート 'Story pictures 1'（ストーリーの絵1）と271ページのワークシート 'Story pictures 2'（ストーリーの絵2）のコピー（生徒の人数分用意する）。
- 273ページのワークシート 'Animal and rhyming word cards'（動物の名前と韻を踏むことば）を厚紙に拡大コピーしカードにしたもの（グループの数だけ用意する）。
- 275ページのワークシート 'Join the lines that rhyme'（韻を踏むことばを線で結ぼう）のコピー（ペアまたはグループの数だけ用意する）。
- はさみ（生徒の人数分またはペアの数だけ用意する）。
- 本書のCD#6（ストーリーの朗読：*The Kangaroo from Woolloomooloo*）。
- CDプレーヤー。

絵本を作る

ワークシート 'Story pictures 1'（ストーリーの絵1）と 'Story pictures 2'（ストーリーの絵2）のコピーを各生徒に配ります。生徒はその2枚のコピーを切り取り線に沿って切ります。そして、ストーリーは見ないで自分の記憶に頼りながら、切り取った絵をストーリーの順番に並び替えます。そのあと、CDまたは教師の読むストーリーを聞きながら、正しい順番に並べることができたかを確認します。正しい順番に並べられたら、カードにページ番号を書きます。最後に全部のカードをまとめてホッチキスで留めて絵本を作ります。時間があれば1ページだけ色を塗り、残りは宿題にします。

ライム（韻）を踏むことば

動物のフラッシュ・カードをストーリーの順番に黒板に貼ります。フラッシュ・カードを1枚ずつ指して、その動物の名前を生徒に言わせます。韻を踏む語(句)も引き出します。そして、韻を踏む語(句)カードと動物のフラッシュ・カードを組み合わせます。教師は韻を踏む語(句)のペアを読み上げ、生徒にリピートさせます。生徒が自信を持って言えるようになってきたら、少しずつスピードを上げます。黒板に動物の名前カードも一緒に並べて貼り、もう一度リピートさせます。次に、動物のフラッシュ・カードだけを黒板に残して、そのほかのカードははがします。クラスをAとBの2つのチームに分けます。最初にAチームが教師の言う動物の名前を聞き、韻を踏む語(句)を言います。正しければ、Aチームは1点を獲得します。Bチームも同様にします。より多くの点を取ったチームの勝ちです。

音節の数を数える　　子どもたちはグループごとに大きな輪を作って床に座ります。動物の名前カードと韻を踏む語(句)カードを音節の数に従って分類し、床に並べます。

1音節：flute
2音節：wombat, dingo, magpie
3音節：kangaroo, bandicoot, rainbow, snake, crocodile, goanna, cockatoo, platypus, rocking chair, big cream cake, party hat, cheerful smile
4音節：koala bear, Woolloomooloo, patch on one eye, didgeridoo, who danced for us, swinging banjo, grand piano

　どうしてこのように単語が分類されているのかを生徒に尋ねます。それぞれの単語を音読させ、音節の数を考えさせます。音節の数で分類されたグループの中から1枚ずつカードを抜き取り、例を示します。抜き取ったカードを集め、各ペアに1枚ずつ配ります。カードを持っているペアは、そのカードを正しい音節の数のグループに戻します。音節の数がわかりにくい場合は、音節に合わせて手をたたいてください。音節の分類が終わったらクラス全体で単語を練習し、さらに個人でくり返し練習します。次に、教師が音節の数をランダムに（1～4回まで）手をたたきます。指名された生徒は、その数の音節を持つ単語を言います。時間があれば、音節の数で分類した表を板書し、生徒に書き写させます。音節の数だけでなく、強勢が置かれる箇所も示します。

神経衰弱ゲーム（Pelmanism）　　このゲームを通して、韻を踏む単語のペアを生徒が理解しているかどうかを確認します。大きな輪になって座り、動物の名前カードと韻を踏む語(句)のカードを床に並べます。カードは裏返しに置きます。生徒は順番に、そのカードの中から2枚のカードをめくり、両方のことばを読み上げます。その2枚のカードが韻を踏んでいたら、めくった生徒がその2枚のカードをもらうことができます。韻を踏んでいなかったら、裏返しにして元に戻します。一番多くカードをとった生徒が勝ちです。生徒の数が多ければ、グループ分けをします。その場合、グループの数に必要なカードを用意します。

韻を踏むことばを線で結ぶ　　ワークシート275ページの'Join the lines that rhyme'（韻を踏むことばを線で結ぶ）のコピーを、各グループまたは各ペアに配ります。このワークシートによって、韻を踏む語(句)を、生徒が本当に理解しているかをはっきりさせましょう。答え合わせをしなから口頭練習もします。指名された生徒が線で結んだ文章をストーリーの順番に読みます。そのあとでもう一度、リズムと強勢に注意してクラス全体で読みます。ストーリーの順番を思い出させるために、「ストーリーの絵1と2」（拡大コピーをしたもの）を利用してもかまいません。

LESSON 4

学習目標
- 大きさと色の形容詞を復習する。
- 動詞の have、色と大きさの形容詞を使って動物を説明する文章を書く。
- 語彙を増やすために My book of Australian Animals（ジグザグブック）制作プロジェクトを開始する。
- Is it a ...? の質問文を使って推測ゲームをする。答えの動物をあてるために具体的な情報を聞き取る。

教材
- レッスン 1 で使用した動物のフラッシュ・カード。
- ストーリー中の動物の絵または写真（269 ページと 271 ページのワークシート）。'Story picture' の絵の切り抜き、生徒自身が描いた絵、インターネットや雑誌の絵や写真など。
- A4 サイズの用紙 2 枚、粘着テープ、60cm×10.5cm の厚紙 1 枚（ジグザグブック制作のため）。

導入

黒板に動物のフラッシュ・カードを貼り、それぞれの動物が何色か生徒に尋ねます（次ページの「動物の説明文の例」および 98 ページの付録を参照）。動物の外見について簡単な質問をします。例えば、Does it have long/short legs?（足は長い／短いですか？）、Does it have big/small paws?（足は大きい／小さいですか？）、Does it have sharp claws?（爪は鋭いですか？）、Does it have a big nose?（鼻は大きいですか？）などの質問をします。このとき、体の部位を指し示すという視覚的なヒントを与えるだけで、生徒の理解を助けることができるでしょう。質問に対しては yes/no で簡単に答えさせます。そして、それぞれの動物の独特な特徴に注目させます：a long tail（カンガルー（kangaroo）→長いしっぽ）、a pouch（カンガルー、コアラ（kangaroo, koala）→腹袋）、a long nose/snout（バンディクート（bandicoot）→長い鼻）、a colored body（レインボー・スネーク（rainbow snake）→カラフルな体）、green skin（クロコダイル（crocodile）→緑の肌）、big sharp teeth（クロコダイル（crocodile）→大きな鋭い歯）、a yellow crest（バタンインコ（cockatoo）→黄色いとさか）、wing（バタンインコ（cockatoo）→翼）、a duck's bill（カモノハシ（platypus）→アヒルのくちばし）など。また、動物の外見を表す単語を教えます（beak（くちばし）、tail（しっぽ）、wings（翼）、pouch（腹袋）、snout（突き出た鼻）、crest（とさか）など）。さらに、動物のフラッシュ・カードの隣に動物の色や知っておきたい関連語を板書します。

クラスをグループに分けます。11 匹の動物を各グループに割り当て、それらの動物の説明文を書かせます。子どもたちの参考になるように、例文を板書します（例：The kangaroo is brown and has a long tail, short arms and a pouch.）。子どもたちの文をチェックし、正しく書けていれば黒板に貼ってある動物の絵の隣にその文を書かせます。

動物の説明文の例：

The kangaroo has brown fur, a long tail, short arms and a pouch.
(カンガルーは、茶色の毛、長い尻尾、短い手足と腹袋を持っています)
The bandicoot has brown fur, and a long nose.
(バンディクートは、茶糸の毛と長い鼻を持っています)
The koala has grey fur, a big black nose, big ears and a pouch.
(コアラは、灰色の毛、黒くて大きい鼻、大きい耳と腹袋を持っています)
The rainbow snake has a long, multicolored body.
(レインボー・スネークの胴体は、長くて、カラフルです)
The crocodile has green skin and big sharp teeth.
(クロコダイルの皮膚は、緑色で、大きい鋭い歯を持っています)
The goanna has grey-green skin and a big head.
(ゴアナ（オオトカゲ）は、灰色がかった緑色の皮膚と大きな頭を持っています)
The wombat has brown fur, short legs and a big nose.
(ウォンバットは、茶糸の毛と短い脚と大きな鼻を持っています)
The cockatoo has pink and grey feathers, a yellow crest and wings.
(バタンインコは、ピンクとグレーの羽毛と黄色のとさかと翼を持っています)
The dingo has brown fur and a gushy tail.
(ディンゴは、茶色の毛とふさふさの尻尾を持っています)
The magpie has black and white feathers and a long yellow beck.
(カササギは、白と黒のぶちの羽毛と長い黄色のくちばしを持っています)
The platypus has a duck's bill and a funny tail.
(カモノハシは、アヒルのようなくちばしと奇妙な尻尾を持っています)

ジグザグブック（ジャバラ折りの絵本）を作る

ジグザグブックを簡単に作るには、A4の紙を2枚用意し、それらを縦に半分に折ります。その折り目に対して直角に2カ所のところで紙を折ります。そうして、折りたたみ式の四角いページが3ページ分できます。折りたたんだ2枚の紙の端を粘着テープ（セロハンテープ）でつなげます。もう一つの方法としては、60cm×10.5cmの紙を5カ所折って、同じように折りたたみ式のページを作ります。

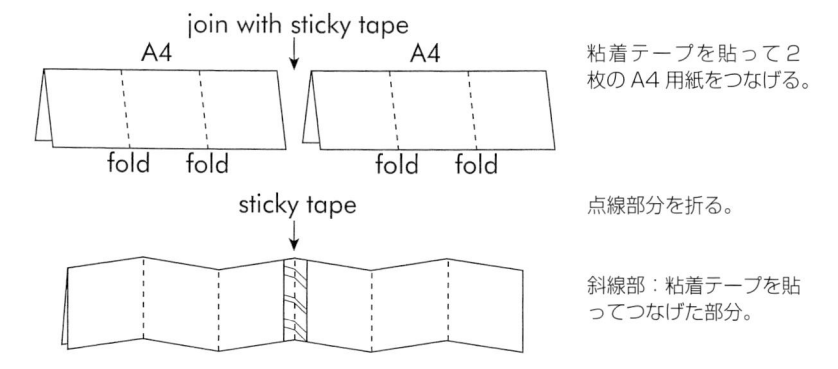

粘着テープを貼って2枚のA4用紙をつなげる。

点線部分を折る。

斜線部：粘着テープを貼ってつなげた部分。

ジグザグブックの表紙に絵を描かせます。オーストラリアの地図や国旗などを書いてもよいでしょう。絵本のタイトルには、My book of Australian Animals と書かせます。時間がないときは宿題にしてもかまいません。

動物の絵（269、271ページの「動物の絵の切り抜き」など）をジグザグブックに貼ります。時間があれば、生徒に絵を描かせることもできます。そして、板書してある動物の説明文を書き写させます。机間巡視をし、必要があれば助けます。子どもたちのジグザグブックが完成したら教室に展示します。

推測ゲーム：'When I went to the Sydney Zoo, what did I see?'
動物について説明し、その動物が何であるかを生徒に考えさせます。例えば、When I went to the Sydney Zoo, what did I see? It's pink and grey. It has wings and a yellow crest.（私がシドニー動物園に行ったとき、私は何を見たでしょうか？ その動物の色はピンクとグレーです。それは羽根と黄色いとさかを持っています）と言います。答えは a cockatoo（バタンインコ）です。最初に答えた生徒が、次に動物の説明をします。子どもたちの参考になるように、Is it a/an ...?を板書しておきます。このゲームはグループまたはペアでも行うことが可能です。

LESSON 5

学習目標
・ストーリーに出てくる楽器の音色を聞き分け、音色から楽器をあてる。
・能力を表す助動詞 can やストーリーに出てくる動詞を使う。
・具体的な情報を聞き取る練習として、クラス全体で調査をする（調べ学習）。
・レッスンを通して得た知識やストーリー中の語彙をもとに作られた歌（オーストラリアの伝統的な歌の替え歌）を学習する。

教材
・本書のCD#7、8：'Identifying musical instruments'（いろいろな楽器の音色を聞き分ける）と 'Kangaroo song'（カンガルーの歌）。
・CD プレーヤー。
・レッスン1で使用した動物のフラッシュ・カード。
・セロテープやマグネットなど、黒板にカードを固定できるもの。

楽器の音色を聞き分ける
動物のカードに描かれている楽器の絵に注目するように言います。カードを掲げ What's this?と聞き、答え（it's flute/piano/didgeridoo/banjo）を引き出します。黒板に楽器の名前を書くか、絵を描きます。'Identifying musical instruments'（いろいろな楽器の音色を聞き分ける）のCDを再生します。各楽器のあとで一時停止をし、生徒に考える時間を与えます。

答え：1—banjo（バンジョー）
　　　2—flute（フルート）
　　　3—didgeridoo（ディジェリデュー）
　　　4—piano（ピアノ）

生徒にどの楽器の音色が好きかを尋ねます。Did you like the sound of

the didgeridoo?（ディジェリデューの音色は気に入りましたか？）と聞き、didgeridoo〔didjeridu ともつづる〕はオーストラリアの楽器で、自然に空洞になった木の幹や枝で作られていることを説明します。約1,000年前に先住民のアボリジニによって使い始められ、オーストラリア北西部の伝統的な音楽には欠かせないものになっています。最近ではジャミロクワイ（Jamiroquai）のような西洋のロックバンドもディジェリデューを使っています。ホームページ（www.didgeridooaustralia.com）からディジェリデューの写真をプリントアウトしておくと役立つかもしれません。

調べ学習　　Can you play the flute?（フルートを吹けますか？）、Can you play the piano?（ピアノを弾けますか？）、Can you play the didgeridoo?（ディジェリデューを吹けますか？）、Can you play the banjo?（バンジョーを弾けますか？）と、生徒一人ひとりに聞きます。

生徒の注意をレッスン1で使用したフラッシュ・カードに描かれている動物の動作に向け、次の動詞を引き出します。

jump（ジャンプする：カンガルー）
knit（編み物をする：コアラ）
make a cake（ケーキを作る：レインボー・スネーク）
smile（ほほえむ：クロコダイル）
wear a party hat（パーティハットをかぶる：ウォンバット）
see with one eye（片方の目で見る：カササギ）
dance（踊る：カモノハシ）
dance and sing（踊り歌う：最後のページのすべての動物）

そのあと、Can you jump?、Can you knit?などと生徒に質問します。教師に続いて質問文を正しい発音でリピートさせます。また、その質問に対して yes/no で答えさせます。生徒のレベルによっては Yes, I can. / No, I can't. で答えさせます。動詞を板書し、その動詞の隣に対応する動物カードを貼ります。生徒はノートにその動詞を書き写します。

3人のグループを作り、3つの質問を用意します。下記のような表を作りお互いに質問をし合い、答えを書き込みます。

NAMES	Sarah	Clara	Paul
Can you make a big cream cake?	No	Yes	Yes
Can you dance and sing?	Yes	No	Yes
Can you play the flute?	No	No	No

質問をするときは、Can you play the flute / knit / make a cake?のような完全な文にしなければいけません。質問に対しては、簡単にYes, I can. / No, I can't. で答えます。質問した生徒は yes または no（✓点または✕

印）を自分の表に記入します。

その間に、教師は黒板に大きな表を作り、生徒の名前とすべての質問文を書いておきます。質問をし終えたグループは、黒板の表に結果を記入します。すべてのグループが記入できたら、クラス全員の答えを比較します。

カンガルーの歌　　伝統的なオーストラリアの歌 'Kookaburra' の替え歌を歌います（kookaburra（ワライカワセミ）はオーストラリアのトリで、笑っているような鳴き声が特徴的です）。旋律と出てくる単語を聞くように生徒に伝えてから CD#8 を再生します。再び、歌を聞きます。今回は、各フレーズのあとで音声を一時停止し、リピートさせます。もう一度歌を聞きながら、最後まで一緒に歌います。伝統的にこの歌は 1 つの輪になって歌われます。教室でもやってみてください。

> Kangaroo comes from Woolloomooloo
> Kangaroo lives in the Sydney Zoo
> Jump Kangaroo! Jump Kangaroo!
> Strong legs and long tail
> （カンガルーがウールームールーからやって来て
> シドニー動物園に住んでいますよ。
> 跳べ、カンガルー！　跳べ、カンガルー！
> 君は強い脚と長い尻尾を持っているんだから）

LESSON 6

学習目標
- 277 ページのワークシート 'Australian animal dominoes'（オーストラリアの動物ドミノ）をしながら、動物の名前および韻〔ライム〕を踏む語（句）の発音（個々の発音、語強勢）を練習する。
- 次のレッスンで行う発表会に、家族、友だち、またはほかのクラスを招くための招待状を作る。

教材
- レッスン 2 で使用した動物の名前カードと韻を踏む単語カード。
- 277 ページのワークシート 'Australian animal dominoes'（オーストラリアの動物ドミノ）のコピー（生徒の人数分用意する）。

復習／ウォームアップ・アクティビティー　　歌を歌うことからレッスンを始めます。次に、動物の名前カードまたは韻を踏む単語カードを 1 枚ずつ各生徒に配り、動物の名前と韻を踏む語（句）を復習します。生徒は自分のカードを上に掲げ、韻を踏むカードを持っているパートナーを探します。パートナーが見つかったら、床に一緒に座ります（例えば、koala bear と rocking chair は韻を踏んでいます）。生徒全員がパートナーを見つけて座ることができたら、教師がカードを読み上げます。自分のカードが読まれた生徒は自分の席に戻ります。

ドミノゲーム　　これからドミノゲームをしながら、動物の名前と韻を踏むことばを練習することを生徒に伝えます。前もって 277 ページのワークシート 'Australian animals dominoes'のドミノカードを宿題で切り取らせておくか、または授業中に切らせます。カードを切る際に、実線を切らないように注意させてください。カードは全部で11枚です。語彙を確認するとともに、ドミノカードの絵を注意深く見るように促し、カードの絵に少しの違いがあることを気づかせます。例えば、old magpie（年老いたカササギ）と old magpie with a patch on one eye（片目に眼帯をしている年老いたカササギ）、crocodile（クロコダイル）と crocodile showing her cheerful smile（笑顔のクロコダイル）、platypus（カモノハシ）と platypus who danced for us with musical notes（踊るカモノハシと音符）などです。

　3人のグループを作り、3人分のドミノカード（3セット）を混ぜてテーブルの上に裏返しにして置きます。3人がそれぞれ4枚のドミノカードをそこから取ります。残ったカードは、そのまま裏向きにしてテーブルの端に積み重ねておきます。一人の生徒が自分のカードの中から1枚出してそのカードの語(句)を言います（big cream cake—wombat）。次の人は、カードを出した人の片側に自分のカードから1枚出して置きます。ただし、韻を踏んでいるカードでなければ出すことはできません。韻を踏むカードを持っていれば、もとのカードの隣に並べて置き、そのカードの語(句)を言います（wombat—party hat）。こうしてドミノは、動物—韻を踏む語(句)—動物—韻を踏む語(句)とつながります。3番目の人は、自分のカードの中から好きなカードを1枚出して、その語(句)を言います。そして同じようにゲームを続けていきます。カードを出すことができないときは、テーブルに積み重ねてあるカードから1枚取り、次の番がくるまで待っていなければいけません。最初に手持ちのカードがなくなった人が勝ちです。

　1ゲームあたりの制限時間を10分くらいにし、多くても3ゲームまでにしましょう。必要ならば生徒を助け、発音にも注意を払います。

招待状を作る　　次のレッスンでストーリーの発表会を行うことを生徒に説明し、発表会の招待状を作ることを提案します。下記のようなカードの見本を黒板に書きます。生徒はその見本を書き写し、お気に入りの動物を招待状に描き加えてすてきなカードを作ります。

> Class ....
> invites ....
> to meet Australian animals at the Sydney
> Zoo in their presentation of the story
> ***The Kangaroo from Woolloomooloo***
> （私たちのクラスではウールームールーのカンガルーの発表会を開きます。シドニー動物園にいるオーストラリアの動物たちに会うことができます。どうぞ、皆さん、お越しください）
> on（日時）: ....
> at（場所）: ....
> 　　　　　　　　　　　　RSVP（ご返事お願いします）

最後はレッスン5で習った歌をもう一度歌って終わります。

LESSON 7

学習目標
- ストーリーを再生することに生徒を参加させるとともに、個人またはペアで動物についての短い発表（動物の名前、体の特徴、色などについて）をさせることによって、学習したすべての語彙と構文に習熟する。
- これまで学習したことをすべて復習し、生徒自身が作ったものを掲示／展示する。

教材
- オプション：ストーリーの中の気に入った動物のお面を作るための色画用紙、のり、はさみ、ひもなど。
- 本書のCD#6（ストーリーの朗読：*The Kangaroo from Woolloomooloo*）。
- CDプレーヤー。

発表会のリハーサル

ストーリーに登場する動物を生徒に割りあてます（クラスの人数によっては、1匹（1頭）の動物に対して2名の生徒を割りあてる必要があるかもしれません）。*The Kangaroo from Woolloomooloo* の発表のリハーサルをします。発表のウォームアップとして、フラッシュ・カードを使ったアクティビティー（レッスン2を参照）をします。簡単なリスニングとスピーキング練習をしてもかまいません。

残りの文を補い暗誦する：教師がストーリーを読むか、またはストーリーの朗読を再生します。文の途中で一時停止し、残りの部分を子どもたちに言わせます。

動物の名前を聞いて、即答する：動物の名前を無作為に呼びかけます。その動物役の生徒は、できるだけ速くその動物の文章を読み上げます。

リズムに合わせて手をたたく：クラス全員でストーリーを読み、リズムに合わせて手をたたきます。次にクラスを半分にグループ分けし、一方のグループがストーリーを読み／朗読し、もう一方のグループがリズムに合わせて手をたたきます。交代してもう一度やります。

発表会

ナレーター役の生徒を一人選ぶか、教師がナレーターになります。ナレーターはストーリーを読み、動物役の生徒は自分の番がきたら、舞台の前方に出てきてセリフを言います（例：bandicoot（バンディクート）役の生徒は 'the bandicoot playing a flute' と言い、'... and the kangaroo from Woolloomooloo.' のところはナレーターと一緒に言います。すべての生徒が一緒に最後の 'They danced and sang at the Sydney Zoo, and I did too.' と言います）。

発表の最後に、子どもたちは、お面があればそれをつけて前に出てきます。自分の役の動物についてレッスン4のMy book of Australian Animalsの中に書いた短い説明文も発表します。ドミノゲームをやって見せたり、カンガルーの歌を合唱したりしてもよいでしょう。

展示　　The Kangaroo from Woolloomooloo をもとにして子どもたちが作った My book of Australian Animals とオーストラリアの動物のジグザグブックを展示し、保護者やほかのクラスの生徒が見られるようにします。生徒の要望があれば、オーストラリアと自分の出身国を比較した表も掲示してもよいでしょう。

付録　　**Kangaroo**（カンガルー）：オーストラリア、ニューギニアと近隣の島々に生息する有袋動物。おもに灰色カンガルー、赤カンガルー、ワラルー（大カンガルー）の3種類に分類される。
　　Bandicoot（バンディクート）：明るい茶色のオーストラリア有袋動物で、ウサギに似ている。ぴょんぴょん飛び跳ねたり、巣穴を掘ったりする。野菜よりも昆虫を好んで食べるので、長くて先の尖った鼻をしている。
　　Koala（コアラ）：小さく灰色の有袋動物。オーストラリアのユーカリの木に住み、その葉を食べている。1匹の赤ちゃんが生まれ、しっかり成長するまで母親の腹袋の中にいる。そして、さらに6カ月間は母親の背中に乗っている。
　　Rainbow snake（レインボー・スネーク）：オーストラリアの先住民アボリジニの神話の中では、水と結びついた大きな多色の蛇と言われている。
　　Crocodile（クロコダイル）：灰色がかった緑色のトカゲのような爬虫類（ワニの一種）。オーストラリアの暖かい地域で見つけられる。大きくて長い突き出た鼻を持つ。雌のクロコダイルは硬い殻のタマゴを巣の中に産む。
　　Goanna / Monitor lizard（オオトカゲ）：灰色がかった緑色で、長くて先の尖った頭と、長くてフォーク形の舌を持つ。すべての種類のオオトカゲはタマゴを産む。オーストラリア大陸には約28種類のオオトカゲがいる。
　　Wombat（ウォンバット）：草食の哺乳動物で、主として夜行性である。地下に広範囲に掘られた巣穴で暮らしている。一般的なウォンバットはザラザラした黒い毛と小さな耳を持つ。一方、毛に覆われた鼻を持つタイプのウォンバットは細くて灰色の毛と長い耳を持つ。
　　Cockatoo（バタンインコ）：頭に長いとさかを持つ大きなオウム。たいていのオウムは白または灰色で、薄くピンクと黄色の色がついている。果実や種を食べる。
　　Dingo（ディンゴ）：野生の肉食性のイヌ。茶色または灰色をしている。
　　Magpie（カササギ）：カラス科のトリ。カケスと同類。一般的なカササギはやかましくさえずり、長く、深い緑がかった黒色の尾と短い翼を持つ。体の下面は白色。
　　Platypus（カモノハシ）：黒灰色の水陸両生動物。アヒルのような水かきのある足、平らで広い尾、柔らかいアヒルのような口ばしを持つ。雌のカモノハシは卵を産む。

3　My Cat Likes to Hide in Boxes

作者：Eve Sutton
絵：Lynley Dodd

≪WORKSHEETS≫
National flags（世界の国旗）　p. 281
Join the lines that rhyme（韻を踏む文をつなぎ合わせよう）　p. 283
Listen and draw（聞いて描こう）　p. 283
Cat-book template（ネコの絵本の型紙）　p. 285
Box template（箱の展開図）　p. 287
World map（世界地図）　p. 362

My Cat Likes to Hide in Boxes には、いろいろな国の代表的なものを身につけたネコが描かれています。くり返しライム（韻）を踏ませる昔ながらの手法が取り入れられ、国名が同じ文中の動詞や名詞と韻を踏むのが特徴です（France/dance, Spain/aeroplane〔米：airplane〕など）。ストーリーは過去形で語られますが、'But MY cat likes to hide in boxes' の1文は現在形でくり返されます。乗りのよいリズム、韻、ユーモアの組み合わせが子どもたちの興味を引くでしょう。

● 最終到達目標と成果
世界の国々とネコのストーリーを書き、ネコの形の絵本を作る。
箱を作る。
指示を聞き取ったり、指示を与えたりする。
出身国を代表するものについて考える。

● 　言語的到達目標
スキル：
リスニング：全体的な内容を理解する。
　ライム（韻）を踏んだ語の認識を深める。
　説明と指示を聞き取る。
スピーキング：重要語彙をくり返し言う。
　質問をしたり、質問に答えたりする。
リーディング：色彩コード（color-key）の読み方を理解する。

ライム（韻）を踏んだ文をマッチングさせる。
具体的な情報を見つけるために参考書物を利用する。
ライティング：いろいろなネコを描写する。
　世界の国々について書く。
　絵本を作る。

文の機能と構造：
能力について尋ねる：Can you＋動詞？
位置を説明する：in, out, under, on
ネコを描写する：It is＋色、It is＋大きさ、It's wearing ...
Yes または No で答える。
wh- で始まる疑問詞を使って質問をする。

語彙：
国／都市：France（フランス）, Spain（スペイン）, Norway（ノルウェー）, Greece（ギリシャ）, Brazil（ブラジル）, Berlin（ベルリン）, Japan（日本）
動詞：like(d)（〜を気に入る）, hide（隠れる）, sing（歌う）, dance（踊る）, flew（飛んだ）, got stuck（動きがとれなくなった）, joined（〜に加わった）, caught（〜に感染した）, played（演奏した）, waved（振った）
名詞：cat（ネコ）, box（箱）, aeroplane（飛行機〔米：airplane〕）, doorway（戸口）, police（警察）, chill（風邪）, violin（バイオリン）, fan（扇子）

色：red（赤色の）, blue（青色の）, white（白色の）, yellow（黄色の）, green（緑色の）, black（黒色の）, grey（灰色の〔米：gray〕）, cream（クリーム色の）

前置詞：in（～の中に）, out（～の外へ）, on（～の上に）, under（～の下に）

大きさを表す形容詞：big（大きい）, fat（太った）, small（小さい）, thin（やせた）, tall（背の高い）

発音：
- [a]　dance, France
- [eɪ]　Spain, aeroplane, Norway, doorway
- [iː]　Greece, police
- [ɪ]　Brazil, chill, Berlin, violin
- [æ]　cat, Japan, fan,
- [aɪ]　my, hide

イントネーションと強勢：'But **my** cat likes to hide in boxes'

● 教科横断的学習

地理：世界地図（p. 362）で国の位置を確認する。
　　国旗や歴史的建造物を調査する。
図画工作：ストーリーを聞いて絵を描く。
　　ネコの形をした絵本を作る。
　　箱を作る。
学習ストラテジー：比較する。分類する。予測する。
　　関連づける。
　　記憶の助けとしてライム（韻）を使う。
　　指示と意味を確認する。
概念の強化：色と位置。
公民：異文化に対する理解を深め、ステレオタイプ（固定観念）を打破する。
　　国民としてのアイデンティティーを重んずる。

● 文化的情報

このストーリーは、7カ国のネコとそれぞれの国の代表的なもの（娯楽／衣服）を紹介します。その内容の一部は次の通りです。

フランス：この国のネコはベレー帽をかぶり、ストライプ柄のTシャツを着ています。背景にパリのエッフェル塔があります。エッフェル塔は1889年のパリ博覧会のためにGustave Eiffelによって建築されました。当初は295メートルでしたが、1959年に315メートルまで高くなりました。

スペイン：この国のネコはマタドール（闘牛士）の衣装を着ています。闘牛はスペインの国技です（しかし、多くの人々はそれに反対しています）。

ノルウェー：この国のネコはニットの帽子をかぶり、スキー板を持っています。スキー競技のクロスカントリーはノルウェーで大変人気があるスポーツです。

ギリシャ：この国のネコはギリシャの民族衣装を着ています。背景にはアテネのパルテノンにあるパルテノン神殿が描かれています。紀元前5世紀に建てられ、ギリシャ建築を代表するものです。

ブラジル：この国のネコは南アメリカのいくつかの地域特有の帽子をかぶっています。背景の木の絵からは、世界の熱帯雨林の3分の1がブラジルに存在することに気づきます。

ドイツ／ベルリン：この国のネコはH型のサスペンダーがついた皮のショートパンツ（lederhosen：ひざまでの皮ズボン）をはいています。これは、オーストリアとバイエルンの男性が伝統的に着るものです。飾りのついたジョッキはビールを飲むためのもので、ちょうつがいつきのふたがついています。

日本：この国のネコは着物を着て、扇子を持っています。着物も扇子も両方とも日本の伝統的な衣装になくてはならないものです。

LESSON 1

学習目標
- ・絵本のトピックを紹介する。
- ・ストーリー中の国々を紹介する。
- ・色を導入（または復習）する。
- ・国旗に色を塗る。

教材	・裏表紙の世界地図を拡大したもの。 ・281ページのワークシート'National Flags'（世界の国旗）をコピーしたもの（生徒の人数分用意する）。 ・ワークシート'National Flags'（世界の国旗）に色を塗って切り取ったもの。 ・色鉛筆またはサインペン。
導入	Do you have a pet?（ペットを飼っていますか？）、Does anyone have a cat?（ネコを飼っている人はいますか？）、What's her name?（そのネコの名前は何ですか？）、What color is she?（そのネコは何色ですか？）、What does she like doing?（そのネコは何をすることが好きですか？）、Does your cat like doing any strange things or have any unusual habits?（あなたのネコは変わったことをするのが好きですか？ あるいは、変わった癖がありますか？）と生徒に聞きます。例えば、あなたの飼っているネコは、何か特別なおもちゃを気に入っていたり、ゲームをしたりしますか？ お気に入りの食べ物、お気に入りの寝場所、お気に入りの隠れ場所がありますか？ 子どもたちに飼っているペットについて話してもらいます。必要ならば母語を使ってもかまいません。 　絵本の表紙を見せながら、Look! Can you guess what this cat likes?（さあ、皆さん！ このネコは何が好きだと思いますか？）と聞きます。生徒からcatとboxを引き出します。そして、このお話しが箱の中に隠れるという変わった癖を持つネコのストーリーであることを伝えます。Does anyone know of another cat that likes to hide in boxes or another special place?（箱の中やほかの特別な場所に隠れるのが好きなネコを知っている人はいますか？）
語彙：国の名前	ストーリーを通して、いろいろな国に住む7匹のネコと出会うことを子どもたちに話します。世界地図を見せ、その7匹のネコがどの国に住んでいるか子どもたちに推測させます。また、知っている国の名前も言わせます。ストーリーに出てくるすべての国の名前が言えなければ、地図でそれらの国（France, Spain, Norway, Greece, Brazil, Germany, Japan）を指し示し、名前を引き出します。ストーリーではドイツだけが首都名（ベルリン）で書かれています。
国旗	色の名前を復習します。ストーリー中の国々を地図（p. 362）上で確認します。それらの国の国旗を知っているか生徒に尋ねます。子どもたちはその国旗の柄や色が言えますか？ 生徒に1枚ずつ国旗のコピーを配り、ワークシートの指示通りに色を塗らせます（自分の国の国旗がワークシートにない場合は、予備のスペースに国旗を描かせてください）。机間巡視をし、必要ならば手伝います。生徒を一人ずつ指名して、切り取った国旗のカードを渡して世界地図の該当する国の上に貼らせます。 　次に、色を塗った国旗を切り取って自分の机の上に並べさせます。教師がその国旗について簡単な説明をします。それを聞いて、子どもたちは該当する国旗のカードを上に掲げ、その国の名前を言います。

例：
教師：It's green, yellow and blue! Which country?（緑と黄と青です！　どの国ですか？）
生徒：Brazil / It's Brazil.（ブラジルです）
教師：It's red and white. Which country?（赤と白です。どの国ですか？）
生徒：Japan / It's Japan.（日本です）

　　このような Q&A を続けます。子どもたちが自信を持ってきたら、ペアを作らせます。一人が国旗を説明し、もう一人がその国の名前を言います。切り取った国旗のカードは、レッスン 4 でネコの形の絵本の各ページに貼りつけます。そのために、教師が生徒全員の国旗カードを預かるか、または生徒がなくさないよう大事に持たせておきます。

LESSON 2

学習目標
・ストーリー中の国々から連想するものを考え、文字または絵を用いた「クモの巣図」描く。
・ストーリーを読む。
・ストーリーの内容と、子どもたちの文字または絵を用いた「クモの巣図」を比較する。

教材
・レッスン 1 で使用した国旗カード。
・レッスン 1 で使用した世界地図。
・文字または絵を用いた「クモの巣図」を描くための A3 サイズの用紙。

ポイントの確認
　世界地図を使ってレッスン 1 で学習した国の名前を復習し、再び国旗カードを使ったゲームをします。

外国について考える
　あなたの生徒はストーリーに出てくる国に行ったことがあるでしょうか？　行ったことがある生徒は、その国の代表的なもの／娯楽／衣装などを覚えていますか？　ほかの国ではどうですか？　ストーリー中の国から来ている生徒がいれば、ほかの国の子どもから見て、その国の特徴的だと思うことは何かを尋ねます。子どもたちは食べ物、気候、名所旧跡、通貨、使用言語、首都、スポーツ、娯楽などについて述べるかもしれません。できるだけ多くの内容をブレーンストーミングします。文字または絵を用いた「クモの巣図」を描き、教室に掲示できるようなポスターにします。

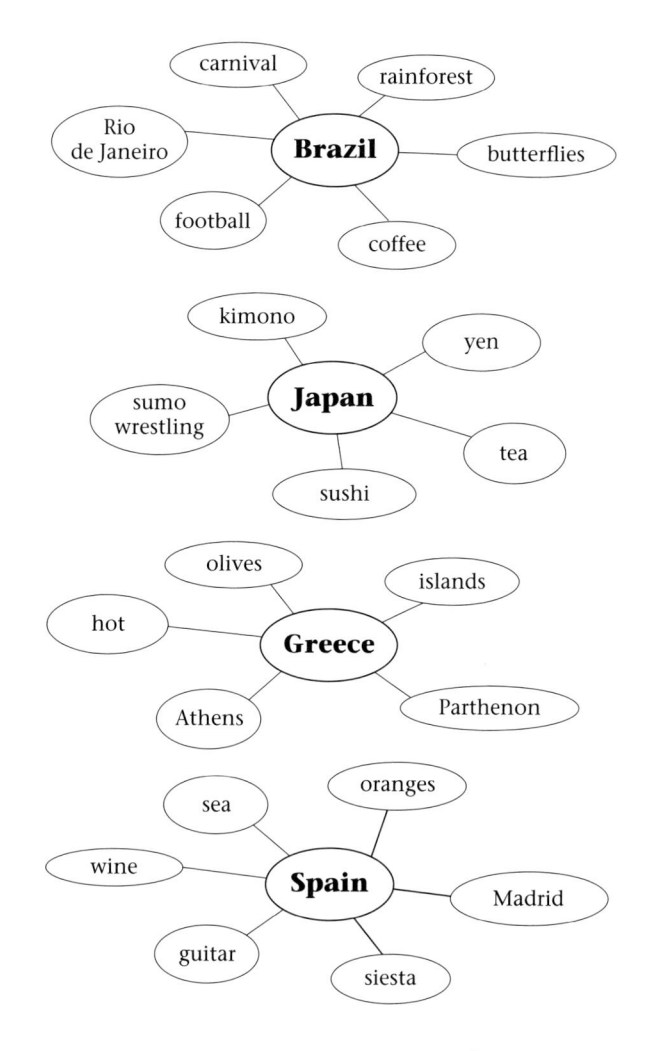

```
         carnival      rainforest
Rio
de Janeiro    Brazil      butterflies
         football   coffee

         kimono         yen
sumo
wrestling    Japan
                        tea
              sushi

     olives      islands
hot          Greece
     Athens       Parthenon

           sea    oranges
wine          Spain    Madrid
     guitar    siesta
```

　ストーリー中の国々について調査をさせます。「クモの巣図」に追加できるようなアイデアや絵があれば取り入れます。この調査は絵本を作るための準備になるでしょう。必要ならば語彙を補います。

ストーリーを読む　　表紙を見せ、タイトルを読みます。'**My** cat likes to hide in boxes.' の **My** を強調して、ストーリーを読み始めます。絵本を半分に折って持つと、生徒には絵が見え、教師には文章の部分が見えます。

　絵を見せながら Where is this cat from?（このネコはどの国のネコでしょう？）と尋ねます。子どもたちは France. / He's from France.（フランスです）と答えるでしょう。続けて、How do you know?（どうやってわかりますか？）と聞きます。生徒は The Eiffel Tower.（エッフェル塔）と答えるかもしれません。生徒がわからない場合は、Look, this is the Eiffel Tower.（ご覧なさい。これがエッフェル塔です）、It's in Paris, the capital of France.（それはフランスの首都のパリにあります）と説明します。そして、What is the cat doing?（そのネコは何をしていますか？）と聞きます。教師がジェスチャーを使うと子どもたちは推測しやすいでしょう。'The cat from France liked to sing and dance.' を読み、ページを

めくり、'But MY cat likes to hide in boxes.' を読みます。ページをめくります。生徒の注意をストーリーに集中させ、ネコの説明から国名が推測できるように読みます。'But MY cat likes to hide in boxes.' の 1 文やくり返し出てくることばをリピートさせながら、子どもたちを徐々に読み聞かせに参加させます。また、新しい単語を覚えやすくするために、必要に応じてジェスチャーも使います。ネコが住んでいる国がブラジルであることを推測するのは、子どもたちにとって難しいかもしれません。このような場合、We can see the colors of the flag, yellow, green and blue.（国旗の色が黄色と緑と青であることがわかりますね）とヒントを与えます。最後のページの 'Look at all these clever cats, Cats from …' を読む際には、ネコの絵を 1 匹ずつ指しながら国の名前を言わせます。

再びストーリーを読みます。今度はリズムを重視し、子どもたちを積極的に参加させながら最後まで読み通します。

読み終えたら、子どもたちにこのストーリーが好きかどうかを聞きます。子どもたちのお気に入りのネコはどれでしょうか？　それはなぜですか？　あまり好きではないネコはどれですか？　それはなぜですか？　絵は好きですか？　一番好きな絵はどれですか？　好きではない絵はありますか？　それはなぜですか？

各国を代表するものに対する生徒たちの考え

子どもたちの「クモの巣図」とストーリー中の絵を比較させます。また、各国の説明は正しく公平に述べられているか話し合います。例えば、Do all French people wear berets and striped T-shirts?（すべてのフランス人がベレー帽とストライプ柄の T シャツを着ていますか？）、Who would wear a matador's outfit?（誰が闘牛士の衣装を身に着けるのでしょうか？）、When would they wear it?（いつ着るのですか？）、Why would they wear it?（なぜ着るのですか？）、Is there much bullfighting in Spain?（スペインでは闘牛が頻繁に行われていますか？）、Do they think it is typical of Spain?（闘牛はスペインの代表的なものだと思いますか？）、Do they know any other countries where there is bullfighting?（闘牛を行っているほかの国を知っていますか？）、Do they agree with bullfighting?（人々は闘牛に賛成ですか？）、Do all Japanese women wear kimonos?（すべての日本女性が着物を着るのですか？）、When might they wear a kimono?（いつ着るのでしょう？）〔at a special occasion / a wedding（結婚式のような特別なときに着ます）。

ストーリーに登場するネコの中から 1 匹を選び、そのネコの国の絵と子どもたちの「クモの巣図」を比較します。絵本に描かれているものは「クモの巣図」に含まれていますか？　それはその国の代表的なものだと思いますか？　なぜそう思いますか？　なぜそうではないと思いますか？　次に、自分自身のアイデアに基づいて絵本の挿絵を描かせます。クラスをグループに分け、各グループが違う国の絵を描きます。そのあと、描いた絵について話し合います。自分たちが描いた絵を絵本の絵や「クモの巣図」と比較させます。これらの子どもたちのアイデアを掲示します。

LESSON 3

学習目標
- ライム（韻）を認識する。
- ストーリーを再構成し、順序づける。
- Can you ...?を使う練習をしながら、'Find someone who ...'（…ができる人を見つけよう！）のアクティビティーをする。

教材
- 283ページのワークシート'Join the lines that rhyme'（韻を踏む文をつなぎ合わせよう）を厚紙に拡大コピーし、切り取って14枚のカードにしたもの。
- ワークシート'Join the lines that rhyme'（韻を踏む文をつなぎ合わせよう）を厚紙にコピーし、切り取ってカードにしたもの（生徒の人数分用意し、セットごとに封筒に入れておく）。

ポイントの確認
生徒を多いに参加させながら、ストーリーを読み返す。

ライム(韻)を踏む文章に親しむ

ストーリーの絵を見せます。教師が無作為に国の名前を言い、生徒から韻を踏む単語を引き出します。

例：
教師：Greece!
生徒：Police!
教師：Japan!
生徒：Fan!

生徒が自信を持って答えられるようになるまで続けます。そのあと、ペアになり一人が国名を言い、もう一人が韻を踏む単語を言います。

十分に練習ができたら、ワークシート'Join the lines that rhyme'（韻を踏む文をつなぎ合わせよう）で作ったカードを使ってゲームをします。まず、カードが生徒の人数分あるかどうか確認してください。クラスをAとBの2つのグループに分けます。Aグループには国名が入ったカードを、Bグループには韻を踏んだ単語が入ったカードを配ります。生徒は同じ韻を持つパートナーを探し出し、その2枚のカードをつなぎ合わせて文を作ります。さらに、ペアになった生徒二人は一緒に教室の前に来て、ストーリーに出てくる国の順番に並びます。すべてのペアが並び終えたら、つなぎ合わせた2枚のカードを順番に読みます。クラスの人数が多い場合は、同じ文を読むペアを2組以上作ることができます。この場合は、一緒に立たせて all the cats from France（フランスのすべてのネコは）などと言わせることが可能です。

'Join the lines that rhyme'（韻を踏む文をつなぎ合わせよう）の14枚のカードを生徒に配ります。同じ韻を含むカードを組み合わせます。机間巡視をし、必要ならば援助します。

…ができる人を見つけよう！

ストーリー中の絵を見せながら、Can you sing?（歌えますか？）、Can

you dance?（踊れますか？）、Can you ski?（スキーができますか？）、Can you play the violin?（バイオリンを弾くことができますか？）と一人ひとりに尋ねます。Yes, I can. / No, I can't.（はい、できます／いいえ、できません）と答えられるようにします。次のような表を文字と絵を使って黒板に書きます。

Find someone who … （…ができる人は誰？）	Name（名前）
can sing（歌うことができる）	
can dance（踊ることができる）	
can ski（スキーができる）	
can play the violin （バイオリンを弾くことができる）	
can speak French/Spanish/Japanese （フランス語／スペイン語／日本語を話すことができる）	
can play tennis （テニスをすることができる）	
can play football（サッカーができる）	

　　生徒に疑問文の作り方を尋ね（疑問文にするにはcanの後ろにyouを置きます）、イントネーションを練習します。答えのYes, I can. / No, I can't. も練習します。生徒は教室を歩き回って質問をしますが、それぞれの質問に対して違う相手を見つけなければいけません。時間が許せば、クラス全体で結果を集計します（例：8名の生徒はスキーができ、15名はダンスができます）。

LESSON 4

学習目標　・絵本製作プロジェクトを開始する。

教材　・A3サイズの用紙3枚（生徒の人数分用意する）。
・285ページのワークシート'Cat-book template'（ネコの絵本の型紙）。
・ホッチキス、のり、サインペンまたはマジックペン。
・レッスン1で使った国旗カード。

絵本製作プロジェクト　　生徒にこれからネコの形をした絵本を作ることを伝えます。各ページにストーリーに出てくるネコの絵とその国の説明を入れます。8ページ目には好きな国を選んで書くことができます。ストーリーに出てくる7カ国以外の出身の生徒は自分の出身国を8ページ目に書くことも可能です。各生徒にA3サイズ用紙3枚とネコの絵本の型紙を配ります。その型紙を切り抜きます。3枚のA3サイズ用紙を重ねて半分に折ります。その一番上のページに切り抜いた型紙を置き、のりで貼りつけます。このとき、ネコの背中を折り目の部分に重ねます。型紙に合わせて丁寧に紙を切ります。生徒が教師の指示についてきているか確認しながら進めてください。折っ

た部分をホッチキスで留めます。あらかじめネコの絵本を作って用意しておくといいでしょう。

　でき上がった絵本の各ページには、国とネコの絵と説明、国旗、首都名、代表的な建物の絵、そしてストーリーの文が含まれます。

　　例：フランス編

The cat from France is white.
He is fat.
He is wearing a beret and a T-shirt.
Capital: Paris
The cat from France liked to sing and dance.

フランスのネコは白色です。
彼は太っています。
彼はベレー帽とTシャツを着ています。
フランスのネコは歌ったり踊ったりすることが好きでした。

首都：パリ

　再び読み聞かせをします。生徒は注意深く内容を聞きながら、国旗カードをストーリーの順番に並べます。そして、その国旗カードを順番に絵本の1ページ目から貼ります（例：1ページ目はフランス、2ページ目はスペイン、3ページ目はノルウェー）。国旗カードはページの真ん中にのりで貼ります。

　次に、それぞれのネコについて短い説明を書きます。絵本の最後の見開きページを開けてください。ドイツのネコはこのページには含まれていません。ドイツのネコを見るためには何ページか戻る必要があります。What color are the cats?（そのネコたちは何色ですか？）と聞き、答えさせます。

　　The cat from Spain is grey.〔米：gray〕
　　（スペインのネコは灰色です）
　　The cats from Brazil, Greece and Germany are cream.
　　（ブラジル、ギリシャ、ドイツのネコはクリーム色です）
　　The cats from Japan, France and Norway are white.
　　（日本、フランス、ノルウェーのネコは白色です）

　ノルウェーのネコを指して、Tell me about the cat from Norway.（ノルウェーのネコについて話してください）と言い、big/fat（大きい／太った）を引き出します。Tell me about the cat from Spain.（スペインのネコについて話してください）と言い、small /thin（小さい／やせた）を引き出します。ほかのネコについても同様に行います。今度はネコの洋服に注目します。必要に応じて語彙を補います。それぞれのネコについて

簡単な説明文を書かせるために次の例を板書します。（　）内の部分は生徒自身で考えさせて、下書きをさせます。

例：
The cat from (　国名　) is (　色　).
He is (　大きさを示す形容詞　).
He is wearing (　洋服の名前　).

The cat from France is white.
He is fat.
He is wearing a beret and a striped T-shirt.

The cat from Spain is grey.
He is small and thin.
He is wearing a matador costume.

The cat from Greece is cream.
He is tall.
He is wearing a Greek national costume.

The cat from Germany is cream
He is fat.
He is wearing shorts〔lederhosen〕.

The cat from Brazil is cream.
He is small.
He is wearing a black hat.

The cat from Japan is white.
She is small.
She is wearing a kimono.

机間巡視をし、下書きがしっかり書けているか確認します。そのあと、製作中の絵本に清書します。

製作中の絵本は、次回のレッスンまで教師が預かっておきます。

LESSON 5

学習目標	・絵本制作プロジェクトを完了する。
教材	・地図帳または旅行本（生徒が準備する）。 ・製作中の絵本。 ・レッスン4で使用した'Join the lines that rhyme'（韻を踏む文をつなぎ合わせよう）のカード14枚。
ポイントの確認	生徒をできるだけ積極的に参加させながら、絵本を再び読む。
名所旧跡	フランスのエッフェル塔、ギリシャのパルテノン神殿など歴史的建造物

が具体的に描かれているページに生徒の注意を向けます。生徒がこれらの国の首都（フランスの首都：パリ、ギリシャの首都：アテネ）を知っているかどうか尋ねます。製作中の絵本のフランスとギリシャのページに、これらの建物と首都名を書かせます。もちろん、ほかの有名な建物を描いてもかまいません。

　ほかの国々についても、地図帳や旅行本を利用して歴史的建造物と首都名を調べさせます。まず教師は、生徒にその国の首都と歴史的建造物を知っているかどうか聞きます。レッスン2で描いた「クモの巣図」に役に立つ情報があるかもしれません。

参考までに：
Spain（スペイン）：Madrid（首都：マドリッド), the Royal Palace（王宮), the Alhambra（アルハンブラ宮殿）
Norway（ノルウェー）：Oslo（首都：オスロ), fiords（フィヨルド）
Brazil（ブラジル）：Brasilia（首都：ブラジリア), rainforests（熱帯雨林), Sugar Loaf（棒砂糖）
Germany（ドイツ）：Berlin（首都：ベルリン), the Brandenburg Gate（ブランデンブルグ門), Black Forest（黒い森), Bavarian castles（バイエルン城), Cologne Cathedral（ケルン大聖堂), barges on the River Rhine（ライン川の遊覧船）
Japan（日本）：Tokyo（首都：東京), Imperial Palace（皇居), Mount Fuji（富士山）

　絵本に何を入れるかは、生徒に決めさせます。
　最後にそれぞれのネコに関する文を各ページの下に書き写させます。283ページのワークシート'Join the lines that rhyme'のカードに書かれている文を書き写すこともできます。
　これらの国の中に自分の国が含まれていなかったり、生徒が好きな国を自分で選んだ場合にも、次の例のような韻（ライム）を踏む文を考えさせます。

　例：

The cat from Venezuela	（ベネズエラのネコ
Waved a big blue umbrella	大きな青い傘をふった）
The cat from Morocco	（モロッコのネコ
Played the piano.	ピアノを弾いた）
The cat from Peru	（ペルーのネコ
Caught very bad flu.	ひどい風邪をひいた）

もちろん、ほかのことも書き加えることができます。

LESSON 6

学習目標　・前置詞（in, out, on, under）を練習する。

	・box（箱）についてのブレーンストーミング。 ・箱を作る。
教材	・古い箱（靴の入っていた箱など）。 ・おもちゃのネコ（または、厚紙をネコの形に切り抜いたもの）。 ・283ページのワークシート'Listen and draw'（聞いて描こう）をコピーしたもの（生徒の人数分コピーする）。 ・287ページのワークシート'Box template'（箱の展開図）を適当なサイズに拡大コピーしたもの。 ・上記の展開図を使って作った箱。
導入	箱を見せ、What's in the box?（箱に何が入っていますか？）と尋ねます。生徒の意見にはきちんと対応します。最後に Yes, it's a cat!（はい、ネコです）と言い、箱の中のネコのおもちゃを取り出して My cat likes to hide in boxes.（私のネコは箱の中に隠れるのが好きです）と言います。そして、Look! My cat is in the box.（ご覧なさい！　私のネコが箱の中にいます）と言い、ネコを取り出して、My cat is out of the box.（ご覧なさい！　私のネコが箱の外にいます）と言います。テーブルの下にネコを置いて Where's my cat?（私のネコはどこですか？）と聞き、He's under the table.（テーブルの下です）を引き出します。ネコをテーブルの上に置いて、Where's my cat?（私のネコはどこですか？）と聞き、He's on the table.（テーブルの上です）を引き出します。生徒が自信を持って前置詞を使えるようになるまでくり返し練習します（例：He's in the box.（箱の中にいます）、He's out of the box.（箱の外にいます）、He's under the box.（箱の下にいます）、He's on the box.（箱の上にいます））。
ピクチャー・ディクテーション	283ページのワークシート'Listen and draw'（聞いて描こう）のコピーを各生徒に配ります。これから英語の指示を注意深く聞き、正しい場所にネコの絵を描く必要があることを生徒に伝えます。簡単なネコの絵の描き方を見せながら、体の部分の名前（head, ears, eyes, nose, mouth. whiskers, body, legs, tail）を復習します。

聞き取り文：

There is a fat cat under the table.（テーブルの下に太ったネコがいます）
There is a small cat in the box.（箱の中に小さいネコがいます）
There is a tall cat on the chair.（いすの上に背の高いネコがいます）
There is a thin cat out of the box.（箱の外にやせたネコがいます）

箱の中以外の好きな場所にも、ネコの絵を描くことができます。

箱を作る　　最初に、ストーリー中のいろいろな種類の箱を生徒に見せ、a wooden box（木箱）、a parcel（小包）、a flower box（プランター）、a peg box（くぎの箱）、a hat box（帽子の箱）、a jewellery box（宝石箱）、a toy box（おもちゃ箱）を見せます。また、ほかの種類の箱を知っているだけ言わせます。そして、生徒が言ったほかの種類の箱の名前も入れて、文字または絵による「クモの巣図」を描きます。

```
        toy            pill
      jewellery   shoe
                       tool
    hat
                       wooden
           box
    peg
                       sweet
       post   flowers
                    fruit
```

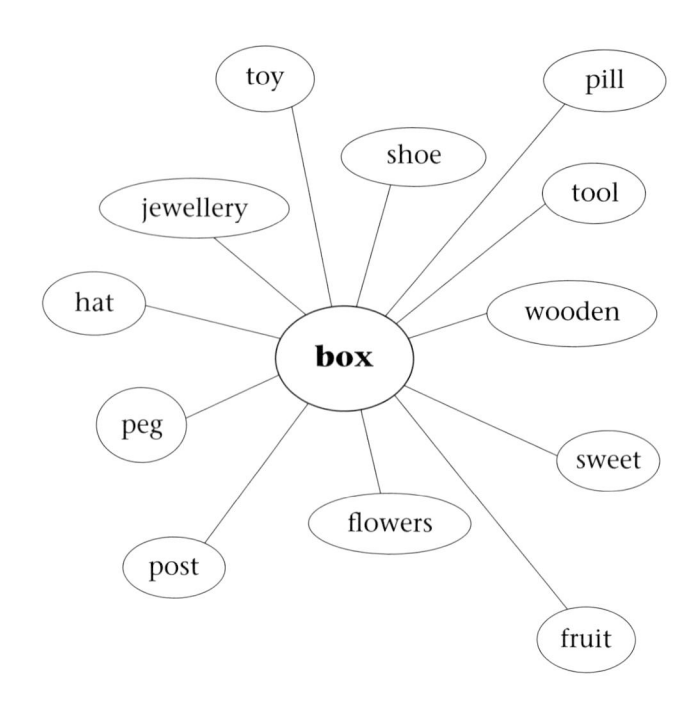

あらかじめ作っておいた箱を見せます。箱の展開図のコピーを各生徒に配り、点線に沿って箱の展開図を切り取らせ、作り方を示しながら1段階ごと作らせます。次の段階に進む前に、生徒が教師の指示についてきているか確認します。

Cut out the shape.（外側の破線に沿って展開図を切り取りましょう）
Cut carefully.（慎重に切りましょう）
Watch me！（私の方を見てください！）
Fold up the tabs : one, two, three, four, five, six, seven.
（点線に沿って折り目を折り曲げましょう。1枚、2枚、3枚、4枚、5枚、6枚、7枚）
Now you do it.（よくできました）
Watch carefully.（よく見ていてくださいね）
Fold up the two side squares. Like this.
（両側の四角い面をこうやって折り曲げます）
Good.（いいですよ）
Next fold up the bottom and top squares like this and truck in the tabs.（次に上下の四角い面をこのように折り曲げます。そして、折り目を押し込みます）
Now tuck in the lid.（最後にふたを折り込みます）

1

Labels on net: lid ふた / side 側面 / back 後ろ / side 側面 / base 底 / front 前

2

3

4

5

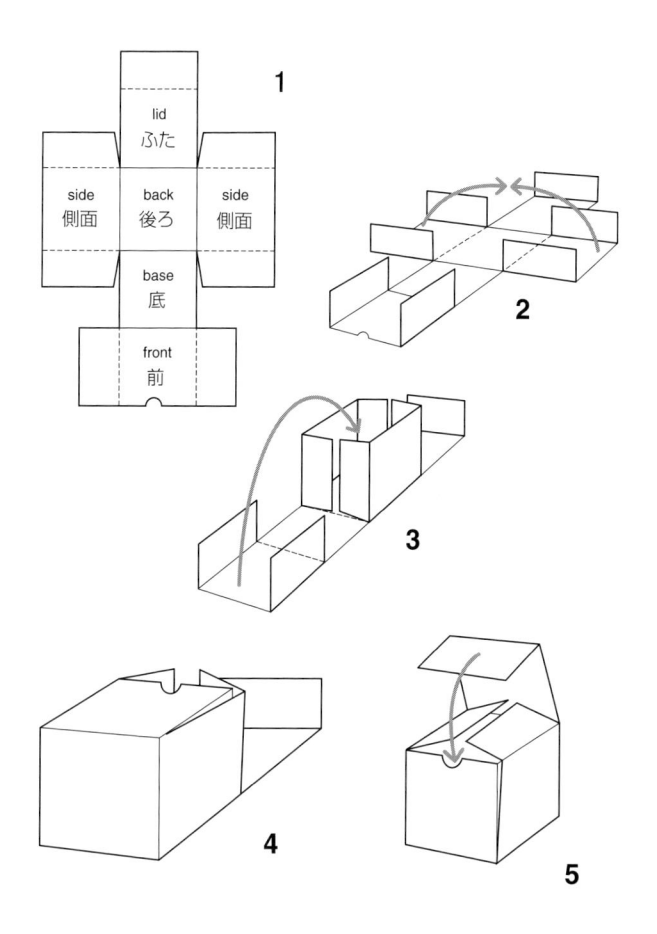

ゲーム：
「私のネコは隠れるのが好き」

　自分が作った箱にうまく入るほどの大きさのネコを描かせて、切り取らせます。机の上にそのネコの絵と箱を一緒に置かせます。英語の指示を聞いて、正しい場所にそのネコの絵を置かせます。

My cat likes to hide <u>in</u> the box.
（私のネコは、箱の<u>中</u>に隠れるのが好きです）
My cat likes to hide <u>under</u> the box.
（私のネコは、箱の<u>下</u>に隠れるのが好きです）
My cat likes to hide <u>on</u> the chair.
（私のネコは、箱の<u>上</u>に隠れるのが好きです）
My cat likes to hide <u>out</u> of the box.
（私のネコは、箱の<u>外</u>に隠れるのが好きです）

生徒に自信がついてきたら、ペアになって同様に行います。

タイムカプセル　　自分たちが作った箱は、これから宇宙に送られ、将来、異文化や外国に住む人々が発見するタイムカプセルになるであろうと説明します。そこで、自分の国やその国の文化を代表するものとして何を箱の中に入れるか考えさせます。絵葉書、切手、お菓子の包み紙、バスの切符、コイン、バッジ、旗などが箱に入るくらいの小さなもので結構です。子どもたちはいろいろなアイデアを持っているでしょう。最後に、そのタイムカプセルが自分の国を代表するものであるとイメージして、箱に飾りつけをします。

(「ストーリー・ノート」執筆：Gail Ellis)

4 Mr McGee

作・絵：Pamela Allen

≪WORKSHEETS≫
Complete the picture（絵を完成させる）　p. 289
Find the rhyming words（韻を踏むことばを見つける）　p. 291
Auto-dictation（自己採点用ディクテーションシート）　p. 293
World map（世界地図）　p. 362

　「ナンセンスストーリー・ライム賞」を受賞した *Mr McGee* は、ニュージーランドのイラストレーターで人気作家でもある Pamela Allen によって描かれた作品です。ストーリーは、直接話法を含んだ過去形で語られています。文の前半の最後の単語が、その文の最後の単語と韻を踏んでいます（'Then Mr McGee looked down and found, a bright red apple on the ground.'）。わかりやすいことばで書かれているので、初級レベルを超えた子どもなら、すぐにこの韻を踏んだストーリーを暗唱してしまうでしょう。暗唱ができるようになることは、子どもたちの英語に対する自信をつけるのに役立ちます。また、幼児期に自然に覚えたライムは、一生を通して記憶の中に深く刻み込まれ、ことばの意味や音の蓄えができ、あとになって必要なときにそれを参考にすることができるのです。子どもたちはまた、フレーズや語彙を自分自身の英語（話しことばや書きことば）に置き換えられるようになるでしょう。

● 最終到達目標と成果
自己採点ディクテーションのためにストーリーを音読する。
ストーリーを暗唱する、または演じる。

● 言語的到達目標
スキル：
リスニング：ストーリーを聞く。
指示と質問を聞き取る。
スピーキング：質問をしたり、質問に答えたりする。
リーディング：絵を描くための指示文を読む。
音読する、黙読する。
ライティング：文章を模写する、文字を正しくつづる。

文の機能と構造：
Mr McGee が持っているもの、したこと（got dressed（着替えた）、peeled an apple（リンゴの皮をむいた））、言ったこと（I'm brave and I'm clever …（私は勇敢で賢い…））などについて聞き取り、それについて話し合う。
個人の性質を述べる（例：I'm clever.（私は賢い））。
状況や環境を述べる（例：the town（町））。
動きを描写する（例：upward（上へ）, outwards（下へ）, slowly（ゆっくり）, surely（しっかりと））。

語彙：
衣類：shirt（シャツ）, trousers（ズボン）, socks（靴下）, shoes（靴）, coat（コート）, hat（縁のある帽子）
色：bright（明るい）, blue（青）, red（赤）, yellow（黄）, brown（茶）, pink（ピンク）, black（黒）, violet（紫） など
場所の前置詞：up（〜の上方へ）, down（〜の下方へ）, on（〜の上に）, out（外へ）, in（〜の

中に)、under（〜の下に)、over（〜の上方に)
副詞：slowly（ゆっくり)、sharply（急に)、surely（しっかりと)、carefully（注意深く)
動詞：put on（身に着けた)、pulled on（服を着た)、looked up/down（見上げた／見下ろした)、woke up（起きた)、got out of（〜から外へ出た)、shouted down（大声を出して〜を言い負かす)

発音：
韻（ライム）を踏む音：イントネーションと強勢。

● 教科横断的学習
図画工作：絵を描く、色を塗る、指人形を作る、招待状を作る、プログラムを書く、小道具や大道具を作る。
ドラマ：演じる、フィンガー・ライム（指遊びのライム）を覚える。
学習ストラテジー：比較する、分類する、推測する、ことばを置き換える、記憶の訓練をする、見直す、自己評価する、調査する。
概念の強化：色、人の性質（勇敢で賢いなど)、場所。
公民：地域社会に住む人びとや、彼らの文化的共同体を思いやることの大切さを認識し、異質な行動様式に対する寛容な態度を育てる。

● 文化的情報
Pamela Allen はニュージーランド人ですが、*Mr McGee* をオーストラリアで創作し、「ナンセンスストーリー・ライム賞」を受賞しました。オーストラリアについての情報は、*The Kangaroo from Woolloomooloo* の「ストーリー・ノート」を参照してください。

LESSON 1

学習目標
・絵本を紹介する。
・衣服に関する語彙を導入し、復習する
・記憶ゲーム（Memory game）をする

教材
・次ページに述べられているような、（何枚か衣服の入った）1泊旅行用かばん。
・紙、鉛筆、色鉛筆、サインペン（絵を描くために使う)。
・362ページの世界地図を拡大コピーしたもの。

トピックの導入
　これからニュージーランド出身の作者 Pamela Allen が書いたストーリーを学習することを子どもたちに説明します。生徒に世界地図でニュージーランドの場所を確認させます。絵本の表紙を見せ、We're going to read a story about Mr McGee. Look, this is Mr McGee. Look at his clothes. What's he wearing?（これから Mr McGee のストーリーを読みます。ご覧なさい、これが Mr McGee です。彼の洋服を見てください。彼は何を着ていますか？）と質問し、子どもたちから単語を引き出します。出てきた単語は教師が言い直し、リピートさせて練習します。Mr McGee が着替えているページを開き、語彙（shirt, trousers, socks, shoes, coat, hat）を復習および強化します。

　衣服を何着か詰め込んだ1泊用かばんを見せるか、その絵を黒板に描きます。友だちの家に1泊するときに必要な衣服には、どのようなものがあるかを子どもたちから引き出し、黒板にリストアップします。子どもたちのレベルに合わせて、絵または文字のどちらかを使います。
　例：I am going to stay with ...　（私は…と一緒に滞在します）

My overnight bag contains:	（私の1泊用かばんの中に入っているもの：
some socks	靴下
some shoes	靴
some trousers	ズボン
a T-shirt	Tシャツ
a pullover	セーター
a hat	帽子
some pajamas	パジャマ
and my toothbrush	歯ブラシ）

　黒板に1泊用かばん、またはスーツケースの絵を描きます。子どもたちに1枚ずつ紙を配り、その絵を描き写させます。そして、かばんの中に衣類の絵を描かせるか、またはその名前を書かせます。衣服の入ったかばんの絵が完成したら、かばんの中身を友だちと比べます。一人ずつ自分の絵を見せながら中に入っているものについて発表します。

　発表例：
In my bag I put some ～ and some ...
（私のかばんの中には～と…を入れました）
I am going to stay with（クラスの友だちの名前）.
（私は…と一緒に滞在するつもりです）

記憶ゲーム（Memory game）　5人または6人のグループでゲームをします。子どもたちは順番にかばんの中に入れたものを言います。かばんの中に入れたものを忘れてしまったら失格です。最初に1つのグループに見本を見せてもらいます。

生徒1：In my bag I put some socks.
　　　（かばんの中に、私は靴下を入れました）
生徒2：In my bag I put some socks and a T-shirt.
　　　（かばんの中に、私は靴下とTシャツを入れました）
生徒3：In my bag I put some socks, a T-shirt and a hat.
　　　（かばんの中に、私は靴下とTシャツと帽子を入れました）

　このように、順番に前の人が言った物にさらに何か1つずつつけ足していきます。また、一人の生徒を選びます。その生徒は、かばんの中に入れた衣服の名前を聞きながら、その絵を黒板に描いていきます。
　表紙を再び見せながらMr McGeeが身に着けているものの名前を復習し、このレッスンを終えます。

LESSON 2

学習目標
・ストーリーを読み始める。
・色の名前を復習し、さらにそれらの色を形容する単語（bright, dark, light）を導入する。
・衣類に関する語彙を復習し、Mr McGeeの洋服の話へと誘導していく。

教材	・赤リンゴと青リンゴ（可能ならば）。 ・色のフラッシュ・カードまたはカラークレヨン。 ・白い紙、色鉛筆など（ピクチャー・ディクテーション用）。 ・セロテープやマグネットなど、黒板にカードを固定できるもの。
色の名前を復習する	red（赤色）と green（緑色）を引き出すために赤リンゴと青リンゴを見せながら、次のように言います。This is a red apple.（これは赤いリンゴです）、This is a bright red apple.（これはあざやかな赤色のリンゴです）、This is a green apple.（これは青リンゴです）、This is a bright green apple.（これはあざやかな色の青リンゴです） ほかの色（blue, yellow, pink, purple, black, brown, white, gold）をフラッシュ・カード、またはクレヨンを使って導入します。明るい青色、薄い青色、明るい緑色、薄い緑色など、色の違いがわかるフラッシュ・カードも用意するとよいでしょう。色の名前を引き出したあと、フラッシュ・カードを使ってゲームをします。 **何がないかな？**（What's missing？）：フラッシュ・カードを1枚抜き、どの色がないかを尋ねます。 **合っていればリピートしよう！**（Repeat if it's true！）：フラッシュ・カードを指しながら This card is purple.（このカードは紫色です）と言います。そのカードの色が紫色ならばリピートし、そうでなければ黙っています。教師が言った色とカードの色が合っていればリピートします。 **どのフラッシュ・カードかをあてよう！**（Guess the flashcard！）：カードを2列に並べます。Which color is next to/above/beneath red …?（赤色の隣には／上には／下には、何色がありますか？）と質問します。
Mr McGee の身に着けているものに注目する	絵本の見開き3ページ目（'He put on his shirt …'で始まるページ）を見せ、Look at Mr McGee. What is Mr McGee doing?（Mr McGee を見てください。彼は何をしていますか？）と尋ね、He is putting on his shirt.（彼はシャツを着ています）を引き出します。さらに、What color is his shirt?（彼のシャツは何色ですか？）と尋ね、It's pink.（ピンク色です）と答えさせます。ほかの衣服についても同じように質問します。
ピクチャー・ディクテーション	白紙の紙を1枚ずつ配ります。教師が次の文を読み上げ、生徒はそれを聞きながら絵を描き色を塗ります。 Draw a red T-shirt.（赤いTシャツを描きなさい） Draw some blue and white pajamas.（青と白のパジャマを描きなさい） Draw two bright red apples.（あざやかな赤色のリンゴを2個描きなさい） Draw a pair of shoes, one white and the other black. （片方が白色で、もう片方が黒色の一組の靴を描きなさい） Draw a funny hat and color it your favorite color. （面白い帽子を描き、好きな色で塗りなさい） Draw one bright green apple.（あざやかな色の青リンゴを描きなさい）

推測ゲーム：それは誰？	一人の生徒が、クラスの中のほかの人が身につけているものを2つ取り上げて次のように言います。He/She's wearing a bright red T-shirt and some bright blue socks.（彼／彼女はあざやかな赤色のTシャツと、あざやかな青色のソックスを身に着けています）、Who is it?（それは誰？）ほかの生徒は誰のことを言っているのか推測します。その答えをあてた人が、今度は質問をします。もし正答できなかった場合は、別の人に聞きます。
ストーリーを読む	1ページ目の見開きから3ページ目まで（最初から'He didn't forget his coat or his hat.'まで）を読み、Mr McGeeが、次に何をするか子どもたちに考えさせます。 色の名前とMr McGeeの衣服に関する語彙を復習してこのレッスンを終えます。

LESSON 3

学習目標	・見開きの4ページ目までストーリーを読む。 ・衣服と色の名前を復習する。 ・目や鼻など、人の顔に関する単語（eyes, nose, moustache, mouth, hair）を導入（または復習）する。 ・Mr McGeeの名前と敬称（Mr, Ms, Mrs, Miss）について話し合う。 ・形容詞braveとcleverを導入し、概念の「クモの巣図」を描く。 ・Mr McGeeの絵を完成させる。
教材	・レッスン1で使用した世界地図のコピー。 ・289ページのワークシート'Complete the picture'（絵を完成させる）のコピー（生徒の人数分用意する）。 ・色鉛筆（生徒の人数分用意する）。
導入	絵本の表紙に描かれているMr McGeeの絵を見せ、衣服と色の名前を復習します。彼の顔を指し、eyes、nose、moustache、mouth、hairを引き出します。
ゲーム： あなたは青い目をしていますか？	これから教師がいろいろな質問をすることを子どもたちに伝えます。例えば、Do you have blue eyes?（あなたは青い目をしていますか？）という質問に対して、答えがYesの場合は、手で目を触ります。Noの場合は、手の動きを止めます。何回か見本を見せてから、ゲームをします。 質問例： Do you have red hair?（あなたは赤毛ですか？） Do you have a big nose?（あなたは大きな鼻を持っていますか？） Do you have a moustache?（あなたは口ひげがありますか？）

Do you have three ears?（あなたは3つの耳を持っていますか？）
Do you have brown eyes?（あなたは茶色い目をしていますか？）

子どもたちが自信を持ってできるようになってきたら、衣類と色に関する質問も入れます。

質問例：
Do you have black shoes?（あなたは黒色の靴を持っていますか？）
Do you have blue trousers?（あなたは青いズボンを持っていますか？）

名前に注目する　　子どもたちに自分たちの父親の名前に敬称をつけさせます。スペイン語のSeñorやフランス語Monsieurが、英語では何に相当するかを尋ねます。表紙を見せ、本のタイトルMr McGeeを示します。黒板にMr McGeeと板書し、「Mr＋名字」は男子や男性に使われ、「Mrs, Miss, Ms＋名字」は女子や女性に使われることを説明します（230ページも参照）。生徒たちの母語での言い方と比較してみましょう。

次に、McGeeの接頭辞のMcに注目します。McまたはMacで始まる名前を知っているかどうかを聞きます。おそらく、子どもたちはファーストフード店のMcDonald's〔発音注意 [məkdánl(d)z]〕を知っているでしょう。また、'Old MacDonald'の歌を知っているかもしれません。MacDonaldはスコットランドの名字で、McまたはMacは「〜の息子」という意味があります。したがって、Mr McGeeは「Mr Geeの息子」ということになります。では、Old MacDonaldは誰の息子でしょうか？　答えは、Mr Donaldです。子どもたちに世界地図でスコットランドの場所を確認させます。イギリス、アメリカ、ニュージーランド、オーストラリアには、McまたはMacで始まる名前の人がたくさんいます。そして、その人たちの祖先はスコットランド出身であることを説明します。子どもたちの母語の名前に、このような接頭辞あるいは接尾辞があるかどうか尋ねましょう。

ストーリーを読む　　見開き4ページ目の終わり（'... I'm brave and I'm clever, I'M MR McGEE.'）までを読みます。

概念の「クモの巣図」　　世界の英雄であるNeil Armstrong〔アメリカのアポロ11号の船長〕やAlbert Einstein〔相対性理論などで有名な物理学者〕、または子どもたちがよく知っている人物を挙げながら、braveとcleverについて話し合います。子どもたちの知り合いや友だちの中にもbraveまたはcleverな人がいるかを考えてもらい、それぞれの意見を聞きます。

braveまたはcleverでなければならない仕事について考えます（例：doctor（医者）, fire fighter（消防士）, police officer（警察官）, scientist（科学者）, astronaut（宇宙飛行士）, teacher（教師）など）。

黒板の中央にbraveとcleverを書き、braveな人とcleverな人とは、どのような人であるかを示す概念の「クモの巣図」を描きます。A clever/brave person is someone who ...を使って、子どもたちに自分の考えを

述べさせます。次の概念の「クモの巣図」は、8歳や9歳の少年少女（小学校の中学年児童）が使うようなことばの例を挙げてあります。

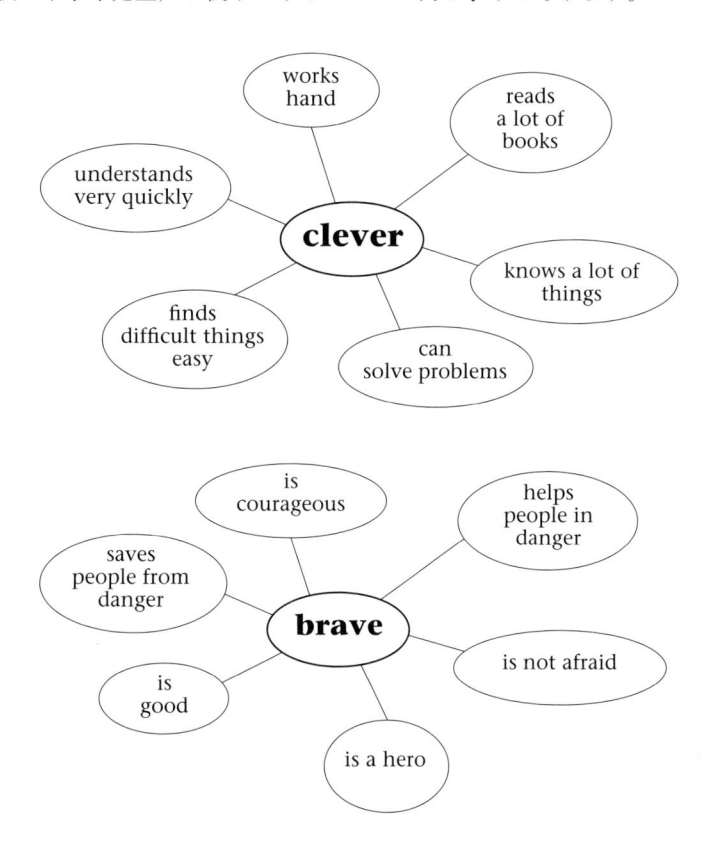

clever
- works hand
- reads a lot of books
- understands very quickly
- knows a lot of things
- finds difficult things easy
- can solve problems

brave
- is courageous
- helps people in danger
- saves people from danger
- is not afraid
- is good
- is a hero

絵を完成させる

289ページのワークシート'Complete the picture'（絵を完成させる）のコピーを各生徒に配ります。最初にワークシートのリスト Draw Mr McGee's を見ながら、Mr McGee の絵を仕上げます。そのあとで Colour Mr McGee's のリストを見ながら、Mr McGee の洋服に色を塗ります。完成したら、彼の口のところに吹き出しをつけ、絵本の中のことば'I'm brave and I'm clever, I'M MR McGEE.'（私は勇敢で賢い。私は Mr McGee）を書き込みます。必要ならば、黒板にそのことばを書いて、子どもたちに書き写させます。早く終わった生徒には Mrs McGee の絵を描かせてもいいでしょう。そして、Mr McGee と Mrs McGee の絵を掲示し、その二人について話し合います。もう1つの方法としては、Mr McGee を現代風にアレンジして描かせ、絵本の中のウェスタン調で昔風の服と比較させます。

絵本の見開き4ページ目までもう一度読み聞かせて、このレッスンを終えます。子どもたちに次のような質問をし、いろいろな意見を引き出します。

質問例：
Why does Mr McGee think he is brave and clever?
（なぜ Mr McGee は、自分が勇敢で賢いと思っているのですか？）

What did he do?（彼は何をしましたか？）
He lived under a tree.（彼は木の下に住んでいました）
Do you think he is brave?（あなたは彼が勇敢だと思いますか？）
Could you live under a tree?
（あなたは木の下に住むことができますか？）
Why does Mr McGee think he is clever?
（なぜ Mr McGee は、自分が賢いと思っているのですか？）
答えの例：
He can look after himself.（彼は自分の身の回りのことができます）
Can you look after yourself?
（あなたは自分の身の回りのことができますか？）
Are you clever?（あなたは賢いですか？）
Are you brave?（あなたは勇敢ですか？）
Why?（なぜ勇敢なのですか？）
Why not?（なぜ勇敢ではないのですか？）

LESSON 4

学習目標
・見開き8ページ目（'… through the branches of the tree'）までを読む。
・Mr McGee が木の下に持っているもの（名詞）について話し合う。
・ピクチャー・ディクテーションを通して名詞を練習する。
・ゲームを通して、場所の前置詞と副詞を練習する。

教材
・紙、カラーペン、色鉛筆など（ピクチャー・ディクテーション用）。

ポイントの確認　　Mr McGee について話し合いながら語彙を復習する（例：What is he wearing?（彼は何を着ていますか？）、What is he like?（彼はどのような感じですか？）、What did he do？（彼は何をしましたか？）など）。

ストーリーを読む　　絵を見てコメントをする時間を生徒に与えながら、ストーリーの見開き8ページ目までを読みます。put on（身に着けた）、pulled on（服を着た）、looked down（見下ろした）、peeled（〜の皮をむいた）、gobbled（ガツガツ食べた）、wiggly（ゆれ動く）、grow（成長する）、outwards（外側へ）、upwards（上方へ）、slowly（ゆっくり）、up he went（上の方へ彼は行った）の動作をしながら導入します。子どもたちにも一緒に動作をしてもらいます。

　　ストーリーを再び読みます。今度は途中で読むのを中断し、木の下に何があるか、何個のリンゴが木になっているか、Mr McGee のネコが何をしているか、などのストーリーの細部について考えます。

　　Mr McGee が木の下に持っているものを生徒に言わせ、黒板に以下のように書き出します（例：He has a table / tablecloth / two chairs, etc.（彼は1つのテーブル／4枚のテーブルクロス／2つのいす、などを持っています））。

ピクチャー・ディクテーション	ストーリーの見開き1ページ目の木を黒板に描き、それにbranches（枝）、leaves（葉）、trunk（幹）、roots（根）の絵を描いて、それらの単語を導入（または復習）します。そのあと、各生徒に1枚ずつ紙を配り、木の絵を描き写させます。また、その木の下に、Mr McGeeが所有しているものを聞き取って鉛筆でその絵を描かせます。さらに、木に2羽のトリ、ベッドの下に1匹のネコ、テーブルの下に1匹のイヌなど意外なもの（surprises）を描き加えます。そのあと、絵に色を塗らせ、最後に木にリンゴを描きます。 ペアになり、パートナーと絵を交換します。すべてのものを聞き取り、描くことができたかをお互いに確認し合います。時間がなければ、色塗りは宿題にします。
動作のアクティビティー： Mr McGeeは何をしているの？	教師がMr McGeeになります。子どもたちは教師がする動作に従わなければいけません。全身ではなく、両手、両腕を使って動作をします。例えば、教師がMr McGee moves upwards.（Mr McGeeが上へ動きます）と言いながら、その動作をし、子どもたちはそのまねをします。ほかの動作についても同様にやります（例：Mr McGee moves outwards.（Mr McGeeは外側へ動きます）、Mr McGee goes up slowly and surely.（Mr McGeeはゆっくりと確実に上へ行きます）、Mr McGee goes up through the branches of the tree.（Mr McGeeは木の枝の中を通って上へ行きます））。次に、教師は動作をせずにその文を言います。子どもたちは教師の指示を聞いて動作をします。教師は子どもたちが正しい動作をしているかをチェックします。子どもたちがすべての動作に慣れるまで練習します。そのあと、子どもたちにも順番に指示を出させます。 子どもたちが動作をすることに慣れてきたら、'Mr McGee Says'のゲームに移ります。'Simon Says'（サイモンの命令）と同じやり方で、Mr McGee says ... move upwards/downwards!（Mr McGeeが「上へ／下へ動きなさい！」と言います）と指令を出します。Mr McGee Saysで始まらない指令は、無視することができます。これまでにストーリーで学習したの動作も入れてください（例：Mr McGee says wake up!（Mr McGeeが「起きなさい！」と言います）、Mr McGee says get out of bed!（Mr McGeeが「起きなさい！」と言います）、Mr McGee says put on your hat / your socks / your coat!（Mr McGeeが「帽子をかぶりなさい！」／「靴下をはきなさい！」／「コートを着なさい！」と言います）、Mr McGee says pick up a bright red apple!（Mr McGeeが「あざやかな赤色のリンゴを手に取りなさい！」と言います、Mr McGee says peel an apple!（Mr McGeeが「リンゴの皮をむきなさい！」と言います））。 Mr McGeeに何が起こるか想像させながら、もう一度、8ページまでストーリーを読んでこのレッスンを終えます（Where do you think Mr McGee goes?（Mr McGeeはどこへ行くと思いますか？）、Do you think he gets stuck in the tree?（彼は木の中で動けなくなると思いますか？）、Do you think Mr McGee can fly?（Mr McGeeは飛ぶことができると思いますか？）、What do you think happens to him?（彼の身に何が起こると思いますか？））。

LESSON 5

学習目標
・学習したところまでを再び読み、続けて最後まで読む。
・指遊びのライムを覚える。
・絵を完成し、ストーリーに出てくる町と自分たちの住んでいるところについて話し合う。また、関連する語彙を学習する。

教材
・本書の CD#10：指遊びのライム'Here is the church …'（ここに教会があります…）。
・CD プレーヤー。
・紙、色鉛筆など（Mr McGee の絵を描くため）。

ストーリーを読む　　見開き 5 ページ目の終わりまで再び読みます。そして、ページごとに中断し、Mr McGee のネコについて話し合います（Where's the cat?（ネコはどこですか？）、What is it doing?（ネコは何をしていますか？）、Where is the cat now?（そのネコは今どこにいますか？））。また、子どもたちが適当だと思うところで、ネコの鳴き声 miaow（ニヤーオ）または purr（ゴロゴロとのどを鳴らす音）を入れるように指示します。

　　必要なところは日本語に訳しながら、見開き 11 ページ目の終わり（"'… Just the thing for my lunch,'" said she'）までを読みます。

　　見開き 9 ページ目の町の絵を見せ、その町に何があるか答えさせます。How many houses can you see?（何軒の家が見えますか？）のような質問をしてもよいでしょう。必要に応じて、次のような語(句)（a church, a church with a steeple, a bell in the steeple）を導入します。また、教会の鐘と鐘の音（ding-dong, ding-dong）についても説明します。

指遊びのライム　　これから伝統的な指遊びのライムを学習することを生徒に伝えます。CD を再生し、指の動きを実際にやってみせます。徐々に子どもたちに指の動きをまねさせ、そのあとで、ことばも一緒に言わせます。

Here is the church,
（ここに協会があります、

Here is the steeple,
それは（その協会の）尖塔です、

Open the doors,
ドアを開けると、

And here are the people.
人々がいます）

　自分たちの住む町、または村にあるもの（建造物など）を子どもたちに言わせます。必要に応じて次の語(句)（a church, a mosque, a temple, a school, a hospital, a station, shops, a town hall, a library など）を補足し、板書します。

Mr McGee の絵　　黒板に Mr McGee の絵と、曇っている空に浮かんでいる吹き出しを描きます。生徒に1枚ずつ紙を配り、黒板の絵を描き写させます。Mr McGee が私たちの町／村の上を飛んでいると仮定し、その吹き出しの中に Look at me!（私をごらんなさい！）と書かせます。生徒自身や生徒の家族の絵も描かせます。絵を描いて完成させる作業は宿題にします。
　子どもたちを読み聞かせに参加させながら、最後までストーリーを読みます。そして、指遊びのライムをもう一度練習し、このレッスンを終えます。

LESSON 6

学習目標
・動詞（said, sung, shouted down）を使い分ける。
・指遊びのライムを復習する。
・韻（ライム）を踏むことばを学ぶ。
・登場キャラクターの部分を子どもたちに読んでもらい、最後までストーリーを読む。

教材
・291ページのワークシート 'Find the rhyming words'（韻を踏むことばを見つける）のコピー（生徒の人数分用意する）。
・色鉛筆（生徒の人数分用意する）。

ストーリーを読み返し、復習する	もう一度ストーリーを読みます。今度は、最後のフレーズや韻を踏むことばを子どもたちに声をそろえて一緒に言わせるようにしましょう。ストーリーの中で、「読むところ」と「歌うところ」と「叫ぶところ」に注意を向けさせましょう。ここで言う「歌う」というのは、ある特定のメロディーを歌うということではなく、むしろ、子どもたちが遊び場でチャンツを歌うように「歌う」という意味です。子どもたちにリピートさせましょう〔ストーリー部分の日本語訳については、293ページのワークシート'Auto-dictation'（自己採点用ディクテーション）を参照のこと〕。

Mr McGee said, '*It's time that I got out of bed.*'
Mr McGee sang, '*I'm ready for anything now, I'm brave and I'm clever, I'M MR McGEE.*'
Mr McGee shouted down, '*Look at me!*'
The bird said, '*Just the thing for my lunch.*'

指遊びのライムをクラス全体で練習し、そのあと、グループに分かれて練習します。

もう一度ストーリーを読みます。Mr McGee、トリとネコの部分を、子どもたちに読ませます。また、適当なところでネコの鳴き声（miaow, purr）も入れさせます。

韻を踏むことばを見つける	291ページのワークシート'Find the rhyming words'（韻を踏むことばを見つける）のコピーを各生徒に配ります。各欄の内容と下記の単語を音読します。個々にワークシートを完成させます。むずかしいと感じる生徒には絵がヒントになります。早くできた生徒は各欄に書かれている単語と韻を踏むことばをさらに書き加えます。

McGee : tree/bee/me/she/we/sea/flea/TV
Cat : hat/mat/fat/sat/pat/bat/that
Bed : head/said/fed/dead
Steeple : people
Skin : thin/fin/bin
Town : down/crown/gown

ゲーム： 韻を踏むことばを見つけよう！	最初に、What rhymes with 'found'?（何がfoundと韻を踏みますか?）と生徒に質問します。答えはgroundです。同様に、正しく答えられた生徒が、別の生徒に韻を踏むことばを尋ねます。正しく答えられなかった生徒はゲームから抜け、代わりに別の生徒が答えます。二人の生徒が残るまでゲームを続けます。最後まで残った二人の生徒（質問する生徒と質問される生徒）が勝ちです。 再びストーリーを読んで、このレッスンを終えます。登場キャラクターをグループごとに割りふり、その登場キャラクターの部分を読ませます。

LESSON 7

学習目標
・*Mr McGee* を演じる準備をする。
・293 ページのワークシート 'Auto-dictation'（自己採点用ディクテーションシート）を使って、ストーリーの「自己採点ディクテーション」をする。

教材
・293 ページのワークシート 'Auto-dictation'（自己採点用ディクテーションシート）のコピー（生徒の人数分用意する）。
・録音用の空のカセットテープ。
・カセットプレーヤー。
・小道具、大道具、指人形を作るための材料（紙、のり、はさみ、ホッチキス）。
・A4 サイズの紙、厚紙、招待状を書くための封筒。

発表会　教師に十分な時間と小道具などがあれば、次の3種類の発表が可能です。

1. 二人の Mr McGee（一人は太っていて、もう一人はやせている）と、自分のセリフを話すトリとネコを登場させて暗唱します。
2. 二人の Mr McGee（一人は太っていて、もう一人はやせている）、1羽のトリ、1匹のネコの指人形を作り、シンプルな指人形劇をします。登場キャラクターの形に紙を切り木の棒（割り箸、鉛筆など）に貼りつけて指人形を作ります。
3. 小道具と大道具を使って、舞台で劇をします。教室にあるものを使って小道具を作ります。例えば、テーブルには机を、ベッドにはいす2脚を使う。Mr McGee の帽子は、画用紙を帽子の形に切って作り、生徒の頭から落ちないようにひもで固定します（帽子はちょうど頭の前にきます）。木は、景色の絵の中に描くか、大きな鉢に枝を刺して紙で作った葉っぱとリンゴを貼りつけます。2カ所の場面で必要になる簡単な背景の絵（リンゴの木と空の絵）を描いてもよいでしょう。

発表会の準備をする　教師は Mr McGee、トリ、ネコの役をする生徒たちと一緒にストーリーを音読します。このとき教師が話すスピードを設定し、それぞれの役の生徒に指示を与えます。生徒が慣れてきたら、誰かに教師の役割を引き継いでもらいます。できればテープなどに録音し、生徒に聞かせます。一般的に子どもは自分たちの演技を厳しく評価し、すぐに間違いを訂正し、録音し直し、もっと良いものにしようと考えるものです。
　グループまたはペアを作り、次の作業をします。

1. **招待状を作る**：招待状を書く前に、日時と場所を確認します。招待状の片側には、Mr McGee の絵を描き、もう片側の下の角にはネコを描き、吹き出しをつけます。吹き出しの中には RSVP（Répondez s'il vous plaît :《フランス語》ご返事お願いします）と書きます。
2. **プログラムを作る**：プログラムの目的は情報（俳優の名前など）を提

供することであると説明します。紙を2つに折ってプログラムを作ります。表紙にはタイトル Meet Mr McGee と書きます。その内側には、空中を飛んでいる Mr McGee を描き、吹き出しを加えます。吹き出しの中には Look at me!（私をご覧なさい！）と書きます（絵本に描かれているような村の上を飛んでいる Mr McGee の代わりに、子どもたちの学校の上を飛んでいる Mr McGee の絵を描いてもかまいません）。プログラムの裏には、吹き出しのついたネコを描き、その中には Thank you for coming.（来てくれてありがとう）と書きます。

自己採点用ディクテーション

ストーリーを読み聞かせます。そのあと、子どもたちと一緒に音読します。293ページの'Auto-dictation'（自己採点用ディクテーションシート）のコピーを配り、一緒に文章を読みます。抜けている単語を子どもたちに言わせます。そして、抜けている単語をすべて書き込んでワークシートを完成させます。つづりを確認させるために、絵本または教師が完成したワークシートを見せます。

完成したワークシートは、ストーリーのコピーとして子どもたちに持たせます。絵を描き加え、自分だけの絵本を作ってもよいでしょう。8枚の紙を半分に折り、背の部分をホッチキスで留めて、子どもたちが使えるような小さな絵本を作るのもよいでしょう。

本番並みのリハーサル

一人の生徒と教師が一緒に監督し、リハーサルをします。2回目はその生徒が一人で監督をします。発表に音楽を取り入れてもよいでしょう。レッスンの最後に、リハーサルの反省点と発表の準備について話し合います。

最後のレッスン：舞台発表

できれば、発表を録音または録画し、そのコピーを保存用に子どもたちに与えます。また、写真や子どもたちが考えた文章をもとに、舞台発表のアルバムを作るのも良いアイデアです。それぞれの写真の下に何を書きたいかを子どもたちに尋ねます。子どもたちの舞台発表についての感想や評価から教師は多くのことを学ぶことができます。このアルバムは本棚に置いておき、子どもたちが見たいときに見られるようにしておきます。

'Mr McGee'シリーズには、ほかに以下のような作品があります。

Mr McGee and the Blackberry Jam
Mr McGee Goes to Sea
Mr McGee and the Perfect Nest

（「ストーリー・ノート」執筆：Opal Dunn）

5　The Very Hungry Caterpillar

作・絵：Eric Carle

≪**WORKSHEETS**≫

The life-cycle of the butterfly（チョウの一生）
p. 295
How many …?（…はいくつありますか？）p. 297
Do you like …?（あなたは…が好きですか？）
p. 297

Butterflies of the world（世界のチョウ）p. 299
Caterpillar game（アオムシすごろく）p. 301
World map（世界地図）p. 362

　The Very Hungry Caterpillar は、成長と変化の様子を面白く表現したストーリーです。お腹をすかせたアオムシが小さな卵から美しいチョウへと成長していく過程が描かれ、食べ物を数えることと、時間を追ってストーリーが展開していくことが特徴となっています。文章は単純過去形の同じパターンでくり返し語られています。アオムシがかじった跡が残るページを見ると、子どもたちには、アオムシが本当にお腹をすかせていることがよく伝わります。また本に触れて感じるという側面もあわせ持っています。*The Very Hungry Caterpillar* は児童文学の代表作品となり、ストーリーに登場するお腹をすかせたアオムシは Eric Carle の最も有名なキャラクターになりました。

● **最終到達目標と成果**
　ボードゲーム（すごろく）を通して、ストーリーの内容およびアオムシとチョウについて学んだことを復習する。

● **言語的到達目標**
スキル：
リスニング：全体的な内容を理解し、具体的な情報を聞き取る。
スピーキング：キーとなる語句をくり返し練習する。
　質問をしたり、質問に答えたりする。
　歌やアクション・ライムを歌う。
リーディング：キーとなる語彙と語句を理解する。
　指示やホームページを読む。
　ボードゲーム（すごろく）の質問文を読む。
ライティング：単語を分類する。
　図表に名称などを書き込む。
　簡単な文を書く。
　表を完成する。
　食べ物日記をつける。

文の機能と構造：
数量について尋ねたり答えたりする：How many … are there? / There are …
好き嫌いについて尋ねたり答えたりする：Do you like … ? / Yes, I do. / No, I don't.

語彙：
曜日、数、果物、色、食べ物。
チョウの一生：egg（卵），caterpillar（アオムシ），cocoon（まゆ），butterfly（チョウ）
形容詞：little（小さい），tiny（とても小さい），hungry（空腹の），big（大きい），fat（太った），beautiful（美しい）

発音：
疑問文のイントネーション。
リスト中の上昇音調（rising intonation）、および

下降音調（falling intonation）。
個々の音。
　［tʃ］の音：cherry, cheese, chocolate
　［iː］の音：cheese, cream
単語と文の強勢。
語強勢（word stress）と文強勢（sentence stress）。

● 教科横断的学習

算数：数字と数量、棒グラフを解釈する。
　カレンダーを仕上げる、対称性、羽の長さを比較する。
理科：チョウの一生。
地理と環境：食べ物、世界のチョウ。
図画工作：模型を作る、色を塗る。
音楽とドラマ：歌、ライム、詩、ドラマ。
学習ストラテジー：比較する、分類する、予測する、順序付ける、仮説を立てる、問題を解決する、記憶する、調査する。
概念的強化：時間、大きさ、形。
公民：チョウの中には絶滅の危機に瀕しているものもあるという認識を育む。
　健康に良い食べ物の重要性に注目する。

●文化的情報

　チョウは世界中のほとんどの国に存在しているので、子どもたちには親しみがあります。チョウは針の先端よりも小さな卵を産みます。チョウは産卵後すぐに死んでしまい、アオムシ（幼虫）の姿を見ることはありません。アオムシは大きくなるために、いつも食べてばかりいます。主食は葉ですが、たいてい1種類の葉しか食べません。この段階が2週間から数カ月続きます。この時期に急速に成長します。成長が止まると食べるのを止め、まゆを織り上げさなぎになります。そして、チョウはそのまゆから出てきます。チョウは花の蜜を求めて花々を訪れ、交尾をし、次の世代を残すために卵を産みます。チョウの一生は2〜3日で終わってしまうこともあれば、2カ月続くこともあります。残念なことですが、大規模な採集が美しいチョウを絶滅に追いやることがあります。中南米に生息するモルフォ（morpho）や、東南アジアと北オーストラリアに生息するバードウィング（birdwing）のような熱帯地方の大きなチョウは、今日絶滅の危機に瀕しています。

LESSON 1

学習目標
・ストーリー中のキーワードを導入する（egg, caterpillar, cocoon, butterfly）。
・チョウの一生について学ぶ。
・曜日を導入（または復習）し、曜日の歌を歌う。

教材
・295ページのワークシート 'The lifecycle of the butterfly'（チョウの一生）を掲示用に拡大コピーしたもの。
・ワークシート 'The lifecycle of the butterfly'（チョウの一生）をコピーしたもの（生徒の人数分用意する）。
・本書のCD#12：歌 'Monday, Tuesday, …'（曜日の歌）。
・CDプレーヤー。
・曜日のフラッシュ・カード（オプション）。
・セロテープやマグネットなど、黒板にカードを固定できるもの（オプション）。

導入
　絵本の表紙を生徒に見せ、アオムシを指します。What's this?（これは何ですか？）と尋ね、caterpillar を引き出します。これからとてもお腹をすかせたアオムシのストーリーを読み聞かせることを生徒に伝え、What do caterpillars eat?（アオムシは何を食べますか？）と尋ねます。生徒が

理解できなければ日本語を使ってもかまいません。黒板に生徒の答えを絵、または文字で表します。さらに、アオムシについてほかに何を知っているかを聞きます。次の質問をし、子どもたちから答えを引き出します。必要に応じて日本語を使ってもかまいません。

What does a caterpillar become?（アオムシは何になりますか？）
　—butterfly（チョウ）
What does it become after a caterpillar?
（アオムシのあと、何になりますか？）
　—cocoon（さなぎ）
What is a caterpillar before it becomes a caterpillar?
（アオムシになる前は何ですか？）
　—egg（卵）
How big is the egg?（卵はどれぐらいの大きさですか？）
　—tiny/small（とても小さい／小さい）
What do caterpillars do?（アオムシは何をしますか？）
　—eat/grow（食べる／成長する）

キーワードである答えの部分を黒板に絵か文字で表し、1語ずつ指し示しながらリピートさせます。

チョウの一生　　まず、形容詞（tiny, big, fat）を導入します。次に、ワークシート 'The life-cycle of the butterfly'（チョウの一生）のコピーを生徒に配り、図に名称を書き込んで色を塗るように指示します。a tiny caterpillar、a big caterpillar、a fat caterpillar のような表現を練習してもかまいません。机間巡視をして、困っている生徒がいたら援助してあげましょう。

曜日　　What day is it?（何曜日ですか？）と尋ねます。1週間の曜日を、今日の曜日から順に教えます。クラッピング（手をたたくこと）をしながら、音節の数と強勢が置かれる音節を生徒に聞き、各単語の発音を確認します。

歌：
'Monday, Tuesday, …'
（曜日の歌）　　CD#12を再生し、子どもたちにメロディーに慣れ親しんでもらいます。最初は歌に合わせてハミングさせ、それから単語を言わせます。子どもたちに自信がついてきたら、ペアになって向かい合わせて立たせます。強勢が置かれる音節で、次の動作をします。

One	Two	Three	Four
太ももの上に手を置く	手をたたく	パートナーの手をたたく	手をたたく
Monday Friday	Tuesday Saturday	Wednesday Sunday	Thursday　X　X

5　The Very Hungry Caterpillar　131

そのあと、クラスを2つのグループに分け、それぞれのグループが交互に曜日を言って歌うこともできます。また、円になって歌うこともできます。

フォローアップ・アクティビティー　1週間の曜日のフラッシュ・カードを使って文字を導入します。カードの文字が書かれている側を見せて、What day is it?（何曜日ですか？）と聞きます。It's Tuesday.（火曜日です）などと答えられるように指導します。もう一度カードを見せて、Is this Monday?（月曜日ですか？）と尋ねます。Yes, it is!（はい、そうです）、または No, it isn't!（いいえ、違います）と答えさせます。では、次のゲームをしましょう。

何がないかな？（What's missing?）：黒板にフラッシュ・カードを貼ってから、生徒に目を閉じさせます。その間にカードを1枚抜き取り、What's missing?（何がありませんか？）と尋ねます。

順番に並べよう！（Sequencing）：フラッシュ・カードを黒板にランダムな順番で貼り、正しい順番に並び変えさせます。次に、生徒が自分でカードを作り、それを机の上にごちゃ混ぜに置きます。教師が曜日を言ったら、生徒はその曜日から順番にカードを並べていきます。例えば、教師がWednesdayと言ったら、WednesdayのカードをMost初に置き、次にThursday、Fridayと順番にカードを並べます。

LESSON 2

学習目標
- 絵本の最初（In the light of the moon a little egg lay on a leaf.）から 'On Friday he ate through five oranges, but he was still hungry.' までを読む。
- 果物に関する単語を導入（または復習）する。
- 色の名前を復習する。
- 297ページのワークシート 'How many ...?'（…はいくつありますか？）を用いて「インフォメーション・ギャップ」の活動を行う〔訳者注：「インフォメーション・ギャップ」（information gap）とは「情報の量や内容・種類の違いによる差」を言い、授業ではこの「インフォメーション・ギャップ」を作り、それを利用してコミュニケーション活動を行う。45ページと134ページも参照のこと〕。

教材
- レッスン1で使用した「チョウの一生」の絵（ワークシート'The life-cycle of the butterfly'）。
- 297ページのワークシート 'How many ...?'（…はいくつありますか？）をコピーしたもの（生徒の人数分用意する）。
- おもちゃの果物、または果物の絵や写真のコピー（フラッシュ・カード作成用）。
- 果物の絵を入れておく封筒（生徒の人数分用意する）。

導入　始めに「チョウの一生」のワークシートに出てきたキーとなる語彙を復

習します。そして、「曜日の歌」を歌って曜日を復習します。

ストーリーを読む　　生徒に表紙を見せ、どのようなストーリーだと思うかを尋ねます。タイトルと作者の名前を読みます。最初のページをめくり、もう一度タイトルと作者の名前を読みます。献詞（本の前付けにある「…に捧げる」などという文言。本書の場合は For my sister Christa）を読んでもかまいません。ページをめくり、読み始めます。子どもたちの理解を助けるために挿絵を利用します。ページをめくり読み続けます。'… a tiny and very hungry caterpillar' の見開きで、What do you think the caterpillar is going to do?（アオムシはこれから何をすると思いますか？）と質問します。生徒のいろいろな考えを受け入れ、Let's see.（あとでわかりますよ）と言っておきます。ページをめくり、'On Monday he ate through one apple. But he was still hungry.' を読みます。火曜日のページのあと、生徒に Wednesday と three を予測させるように 'On …' と言います。生徒にストーリーの展開を予測させ、読み聞かせに参加させながら読み続けます。金曜日のページのあとで、What's the next day? と尋ね、Saturday を引き出します。そして、What do you think the caterpillar is going to eat on Saturday?（アオムシは土曜日に何を食べると思いますか？）と質問します。クラスの中にはストーリー展開のパターンを理解し、six bananas（6本のバナナ）や six pineapples（6個のパイナップル）などと答える生徒がいるかもしれません。それについては You will find out next lesson.（次回のレッスンでわかるでしょう）と伝えます。次回のレッスンでの驚きや楽しみが減るのを防ぐために、生徒にストーリーの残りの部分は見ないように指示します。

語彙　　これまでのストーリーで出てきた果物を見せながら、色を復習します。What color is it？（何色ですか?）と聞きます。Draw a red strawberry!（赤色のイチゴを描きなさい）、Draw a purple plum!（紫色のプラムを描きなさい）などのように指示を与え、生徒に果物の絵を描かせます（この作業に時間がかかるようであれば、宿題にして家で果物の絵を描き、色を塗らせます）。絵の隣には、果物の名前、または It's an apple.（リンゴです）のような文を書かせます。描いた絵は切り抜いて封筒の中に入れておき、あとで自己テストに使います。

　時間があれば、果物の絵を使って 'Simon Says'（サイモンの命令）のゲームをすることができます。最初は教師が指示を出します（例：Simon says show me a plum!（サイモンがプラムを見せなさいと言います）、Simon says put the plum down!（サイモンがプラムを下に置きなさいと言います）、Show me an orange!（オレンジを見せなさい！））。慣れてきたら、小さなグループに分かれて生徒が指示を出してゲームをします。

メモリーゲーム　　生徒に、アオムシが食べた果物の種類を覚えているかどうかを聞きます。子どもたちは、アオムシが各曜日に何を食べたか思い出すことができるでしょうか？　曜日のカードを黒板に貼って表を作ります。生徒に黒板のところまでこさせて、各曜日のカードの隣に果物の絵を書いてもらいます。

Monday	🍎
Tuesday	🍐🍐
Wednesday	🍋🍋🍋
Thursday	🍓🍓🍓🍓
Friday	🍊🍊🍊🍊🍊

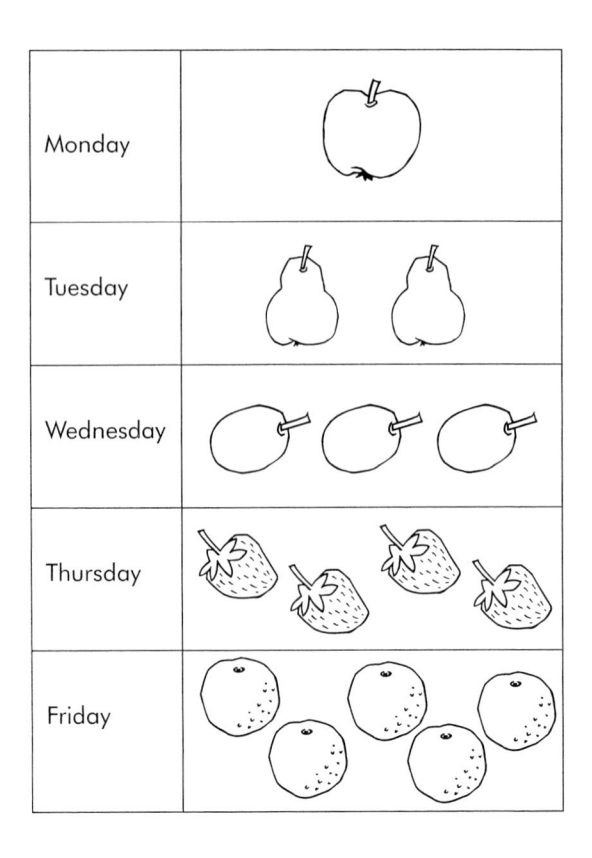

すべての果物の絵が描けたら、アオムシは全部でいくつの果物を食べたかを聞きます。

インフォメーション・ギャップ： …はいくつありますか？

ストーリー中の絵を使って How many oranges are there?（オレンジはいくつありますか？）と尋ねます。There are five oranges.（5個のオレンジがあります）という答え方を教えます。生徒が知っているほかの果物の名前（lemons, bananas, cherries など）も使って練習します。

ペアを作りAとBに分かれます。生徒Aには297ページのワークシート 'How many ...?'（…はいくつありますか？）のAのコピーを渡し、生徒Bにはワークシート B のコピーを渡します。自分のワークシートは、パートナーには決して見せてはいけません。お互いにそれぞれの果物がいくつあるか聞いて、抜けているところ（ギャップ）を埋めていきます。二人の生徒に手本を見せてもらいます。生徒Bが How many lemons are there?（レモンはいくつありますか？）と尋ねます。Aは There are seven lemons.（7個のレモンがあります）と答えます。生徒Bは自分のワークシートのレモンの欄に7を書き込みます。お互いのワークシートが完成したら、互いに見比べて、それぞれの果物の数を数えます。クラス全体で次のような計算もしてみましょう（例：How many yellow/red/green fruits are there?（黄色の／赤色の／緑色の果物はいくつありますか？）、How many orange and purple fruits are there?（オレンジ色と紫色の果物はいくつありますか？）、How many round fruits are there?（丸い果物はいくつありますか？））。

「曜日の歌」を歌ってレッスンを終えます。次回のレッスンのために、アオムシが土曜日に何を食べるかを考えておくように子どもたちに伝えます。

LESSON 3

学習目標
- ストリーの 'That night he had a stomachache!' までを読む。
- 食べ物に関する単語を導入（または復習）する。
- Do you like ...?（…は好きですか？）を使った質問と、その答え Yes, I do. / No, I don't.（はい、好きです／いいえ、好きではありません）の導入および練習をする。
- クラスで調査を実施し、結果を棒グラフにする。
- 文化の比較をする。

教材
- 297 ページのワークシート 'Do you like ...?'（あなたは…が好きですか？）のコピー（生徒の人数分用意する）。
- 食べ物の絵や写真のコピー（フラッシュ・カード作成用）。
- セロテープやマグネットなど、黒板にカードを固定できるもの。

ストリーを読む

'On Friday he ate through five oranges, but he was still hungry.' までを、もう一度読み聞かせます。生徒に曜日、果物の名前や数量をリピートさせることによって読み聞かせに参加させます。また、反復句の '... but he was still hungry' の still を強く発音するように言います。アオムシが土曜日に何を食べると思うかを生徒に尋ね、生徒が答えた食べ物を黒板に文字か絵で表現します。

ページをめくります。読み聞かせをする前に生徒に絵本の絵を見せ、しばらく時間を与えます。生徒は驚きとユーモアを感じることができるでしょう。1つずつ食べ物を指さしながら読み聞かせを始めます。最後の食べ物の単語以外はイントネーションが上がりますが、最後だけはイントネーションが下がります。アオムシが、今どのように感じているかを質問し、sick または ill を引き出します。ストーリーに戻り、'That night he had a stomachache!' の1文を読みます。なぜアオムシはお腹が痛くなったかを、生徒に聞きます。今までに食べすぎでお腹が痛くなったことがあるかを、生徒に尋ねます。そのとき、生徒はどのように感じたでしょうか？

食べ物に関する語彙を練習する

アオムシが土曜日に食べたものを引き出しながら、その食べ物のフラッシュ・カードを1枚ずつ黒板に貼っていきます。子どもになじみのない食べ物について説明します。例えば、pickle（ピクルス）は、「玉ねぎ、カリフラワー、絵本の中で出てくる gherkin（小きゅうり）のような野菜を酢に漬け込んだもの」です。次のアクティビティーの中から1つまたは2つ選んで語彙の練習をします。

何がないかな？（What's Missing?）：黒板に食べ物のフラッシュ・カードを貼ります。生徒に数分の時間を与え、すべてのカードを見るように言

います。そして、生徒に目を閉じるように言います。生徒が目を閉じている間に、1枚カードを抜き取ります。そして、再び目を開けるように言い、What's missing?（何のカードがないですか？）と聞きます。このゲームは、一度に2～3枚のカードを抜き取るともっとむずかしくなります。

順番に並べよう！（Sequencing）：'On Saturday he ate through …' のページを子どもたちに見せ、アオムシが食べたすべての食べ物の名前と、食べた順を覚えるように言います。絵本を閉じ、そのページに出てくる食べ物のフラッシュ・カードを黒板にランダムな順番で貼ります。そして、子どもたちに正しい順番に並べ替えてもらいます。

甘い？　それとも塩辛い？（Sweet or salty？）：黒板に2列の表を作ります。表の一番上、向かって左側にsweet、右側にsaltyと書きます。sweetとsaltyの違いを生徒に理解させます。可能ならば、甘いものをなめさせ、次に塩辛いものをなめさせることで、sweetとsaltyを理解させます。ごちゃ混ぜにした食べ物のフラッシュ・カードを表に整理します。個々の生徒にカードを渡します。例えば、Mary, choose something salty.（メアリー、何か塩辛いものを選んでちょうだい）と言い、該当する食べ物のカードを1枚選ばせ、マグネットなどを使って表の正しい場所に貼らせます。

Sweet	Salty
cupcake	cheese
lollipop	salami
ice-cream	pickle … etc.

いろいろな種類の食べ物　アオムシが月曜日から金曜日までに食べた果物の名前を復習します。下記の表を黒板に描き、アオムシが月曜日から土曜日までに食べたものを、生徒にグループ分けをさせます。表には、文字で書き込む、食べ物の絵を描く、フラッシュ・カードを貼るなど、生徒のレベルに応じて適切な方法を選んでください。子どもたちは表にほかの食べ物を追加することができるでしょうか？

Fruit	Dairy products	Meat and fish
apple pear plum strawberry orange cherry watermelon	ice-cream cheese	salami sausage

Vegetables	Bread, cereals rice, pasta (carbohydrates)	Sweets, cakes (snacks foods)
pickle	chocolate cake cherry pie cupcake	lollipop chocolate cake cherry pie cupcake

　生徒に、健康的な食べ物と健康的ではない食べ物を選ばせ、その理由も尋ねます。また、アオムシにとって一番健康的な食べ物は何かを尋ねます（答え：leaves）。下記のように、健康的な食事のための助言リストを作ります。

・表に示したそれぞれの食べ物のグループから、いろいろなものを食べなさい。
・パン、シリアル、ポテトをたくさん食べなさい。
・新鮮な果物と野菜をいつも食べるようにしなさい。
・ケーキやポテトフライは食べすぎないようにしなさい。
・甘いものを食べすぎない、飲みすぎないようにしなさい。

好きな食べ物調査　　食べ物のフラッシュ・カードを上に掲げ、Do you like chocolate cake?（あなたはチョコレートケーキが好きですか？）のように、その食べ物が好きかどうか聞き、Yes, I do. / No, I don't.（はい、好きです／いいえ、嫌いです）と答えられるようにします。生徒が自信を持って答えられるまで練習し、それから個々の生徒に Do you like …?（あなたは…が好きですか？）を使って質問します。正しい発音を身につけ、自信をつけるために、必要なだけくり返し練習します。十分練習ができたら、ワークシート 'Do you like …?'（あなたは…が好きですか？）を配ります。ペアまたは小さなグループに分かれてお互いに質問をし合いながら調査をします。対応する欄にクラスメートの名前と答えを書き込みます。Yes の場合は✓印を、No の場合は×印を書きます。次に調査結果を下記のような棒グラフにまとめます。

[グラフ: chocolate cake 約20, ice-cream 15, pickles 10, watermelon 約13, sausages 約17, cheese etc. 約11]

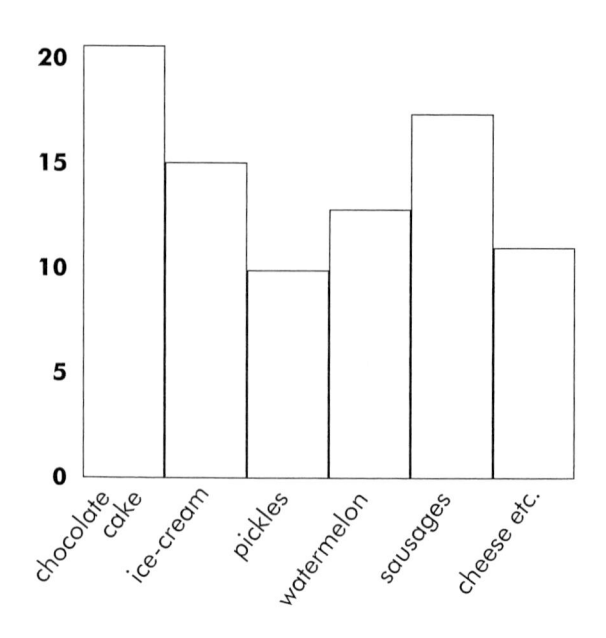

How many pupils like ...?（何人の生徒が…を好きですか？）などの質問をし、生徒にグラフを読み取らせましょう。

文化的比較：私の国のアオムシ

このストーリーに出てくるアオムシは、どの国に住んでいると思うかを、生徒に尋ねます。アオムシの食べ物がヒントになります。次に、自分の国にアオムシがいると仮定し、土曜日の見開きページを描き直します。例えば、ポーランド、ブラジル、タイにアオムシが住んでいたら土曜日の場面はどうなるでしょうか？　想像力を働かせ、自分たちの文化の代表的な食べ物を盛り込んで描き直してもらいます。子どもたちの作品は掲示します。Eric Carle の絵を中央に、子どもたちの絵を、その周りに貼ると対照的で面白いかもしれません。描き直した土曜日のページを読み上げて発表してもらいます（例：A caterpillar from France（フランスのアオムシ）: On Saturday the caterpillar ate through one slice of apple tart, one slice of camembert, ...（土曜日には、アオムシは一切れのリンゴタルト、一切れのカマンベール…を食べました））。

LESSON 4

学習目標
・ストーリーを読み終える。
・世界中のいろいろな種類のチョウに興味と関心を持つ。

教材
・299 ページのワークシート 'Butterflies of the world'（世界のチョウ）のコピー（生徒の人数分用意する）。
・362 ページの世界地図のコピー（生徒の人数分用意する）。

ストーリーを読む

生徒を読み聞かせに積極的に参加させながら、'That night he had a stomachache!' まで再び読みます。What day is it next?（次は何曜日で

すか？）と生徒に聞き、Sunday を引き出します。そして、アオムシは日曜日に何をするつもりだと思うかを、生徒に尋ねます。ページをめくり、対応する絵を指しながら読んでいきます。ストーリーの時間の流れについてよく考えるように言いましょう。How long did it take for the egg to become a butterfly?（卵からチョウになるまで、どれくらいかかりましたか？）と聞き、約1カ月間という答えを引き出します。下にあるような表を黒板に作ります。生徒にその表を写させ、アオムシの一生のうちの1カ月間を、その表を使って記録させます。机間巡視をして、困っている生徒がいたら援助してあげましょう。

発展学習：

61ページの第5章で述べた文章を復元するソフト（storyboard〔www.wida/co.uk〕）を使った練習問題を生徒に完成させます。

ストーリー中のアオムシは、全部でいくつの食べ物を食べたか生徒に計算してもらいます。思い出しながらその食べ物を絵か文字で表現させます（答えは26個）。

	Sunday	Monday	Tuesday	Wednesday	Thursday	Friday	Saturday
Week 1	卵からふ化した。	1個のリンゴを食べた。	2個の洋ナシを食べた。	3個のプラムを食べた。	4個のイチゴを食べた。	5個のオレンジを食べた。	一切れのチョコレートケーキなどを食べた。腹痛になった。
Week 2	1枚の緑の葉を食べた。気分が良くなった。	まゆを作った。	まゆの中	まゆの中	まゆの中	まゆの中	まゆの中
Week 3	まゆの中	まゆの中	まゆの中	まゆの中	まゆの中	まゆの中	まゆの中
Week 4	まゆの中	まゆの中	まゆの中	まゆの中	まゆの中	まゆをかじって穴から外に出た。	美しいチョウになった。

絵本の次のページを読みます。'... and he wasn't a little caterpillar any more ...' のあとで He was a big, fat caterpillar.（彼は大きくて太ったアオムシだった）を生徒から引き出します。まゆの絵を指しながら 'He built a small house, called a ...' を読み、cocoon を引き出します。'... pushed his way out and ...' のあとで、生徒に He was a beautiful butterfly!（彼は美しいチョウになった）を予測させます。チョウの美しい絵を観賞する時間を生徒に与えましょう。

生徒にこのストーリーが気に入ったかどうか聞きましょう。子どもたちが気に入った部分はどこでしたか？　それはなぜですか？　子どもたちはアオムシの食べ物が好きでしたか？　この結末を子どもたちはどのように感じていますか？　絵は好きですか？　絵本のところどころに穴が開いていますが、子どもたちはそれについてどう思っていますか？

時間があれば、もう一度ストーリーを読みましょう。そして、意図的に中断し、子どもたちの参加を促します。

世界のチョウ　　生徒に自分の国にいるチョウの名前を知っているかどうか尋ねます。子どもたちは（図鑑や博物館で見たりなどして）、外国のチョウの名前を知

っているでしょうか？ 299ページのワークシート'Butterflies of the world'(世界のチョウ)のコピーを配ります。まず、色の名前を復習します。そのあと、ワークシートの指示に従ってすべてのチョウに色を塗らせます。時間がかかりそうな場合は、教室で導入し、残りは宿題にします。次に、大陸の名前を復習します。そのあと、次の文章を読み上げます。生徒はそれを聞いて、チョウの絵を切り取り、世界地図の該当する大陸の上に貼ります。

Number one. The Blue Mountain Swallowtail is found in Australia and South-East Asia. (**1**. Blue Mountain Swallowtail は、オーストラリアと東南アジアで見られる)

Number two. The Blue Morpho is found in South and Central America. (**2**. Blue Morpho は、中南米で見られる)

Number three. The Queen Alexandra's Birdwing is found in South-East Asia. (**3**. Queen Alexandra's Birdwing は、東南アジアで見られる)

Number four. The Viceroy is found in North America. (**4**. Viceroy は、北アメリカで見られる)

Number five. The Peacock is found in Europe. (**5**. Peacock は、ヨーロッパで見られる)

Number six. The Red Admiral is found in North America, Asia and Europe. (**6**. Red Admiral は、北アメリカ、アジア、ヨーロッパで見られる)

異なる種類のチョウの羽根の長さを調査し、比較したいと思っている生徒がいるかもしれません。ワークシートに出てくるチョウの羽根の長さは次のとおりです。

Blue Mountain Swallowtail : 14cm
Blue Morpho : 15cm
Queen Alexandra's Birdwing : 30cm
Viceroy : 7cm
Peacock : 6cm
Red Admiral : 6cm

LESSON 5

使用可能な時間と設備、生徒の興味、生徒のレベルに応じて、アクティビティーを下から選んでください。下記のアクティビティーを行うには、1レッスン以上の時間が必要となるでしょう。

教材
・本書のCD#13、14：ライム 'Ten Fat Sausages'(10本の太いソーセージ)と詩 'The butterfly'(チョウ)。
・CDプレーヤー。
・玉子ケースで作るアオムシ：玉子ケース、はさみ、モール(手芸モール

あるいは針金)、マジックペン、絵の具。
- ティッシュペーパーで作るチョウ：いろいろな色のティッシュペーパー、糸またはひも。

言語的なフォーカス

1. **いくつ単語が作れるかな？**（How many words can you make？）：CATERPILLARの文字を使って、できるだけ多くの単語を作らせます。そのあと、文字の数（2文字単語、3文字単語、4文字単語、…）、または単語の種類（形容詞、名詞、動詞など）に従って単語を分類します。

2. **単数それとも複数？**（Singular or plural?）：ストーリーの中の単語が、単数形か複数形かに注目します。一方の列に単数形を、もう一方の列に複数形を書けるような表を、子どもたちと一緒に黒板に作ります。leaves、strawberries、butterfliesのような例外に気をつけながら、ストーリーに出てくる単語の単数形または複数形を表に書かせます。

   CD#13に入っている 'Ten Fat Sausages'（10本の太いソーセージ）を再生します。子どもたちがリズムと歌詞に慣れてきたら、次の動作をつけて歌わせます。

   Ten fat sausages sizzling in the pan,（10本の指を見せます）
   One went POP and another went BANG!（POPとBANGのところで手をたたきます）
   Eight fat sausages sizzling in the pan …（8本の指を見せます）
   … Two fat sausages sizzling in the pan …（2本の指を見せます）
   None left!（親指ともう一本の指、例えば人差し指を合わせてゼロを作ります）

3. **aそれともan？**（a or an?）：aとanを強調しながらan apple / an orange / a strawberryと言います。くり返して言うか、それらの単語を板書します。そして、Why is it a strawberry but an apple?（ストロベリーはaなのに、なぜアップルはanなのですか？）と質問し、自分たちでその規則を見つけさせます（母音の前はan）。子どもたちと一緒にストーリー中の例を見つけ出しましょう。

4. **ライティング**：
   - **食べ物日記をつける**：1週間の食べ物日記を生徒につけさせます。子どもたちは何を食べますか？　どのくらい果物を食べますか？1週間の食べ物日記をつけたら、自分たちの食生活を発表させます（例：On Monday I ate two bananas.（月曜日に、私はバナナを2本食べました））。
   - **ストーリーを作り、絵本にする**：*The Very Hungry Caterpillar*を基にしたストーリーを作ります。別の昆虫を選んでストーリーを作ってもかまいません。その生き物が食べそうな食べ物を描くなど、いろいろなアイデアを取り入れてストーリーを作らせます。絵本をその生き物の形にしても面白いでしょう。
   - **詩**：次の詩は、Frank Collymoreが自然保護のために書いた詩です。CD#14を再生し、子どもたちに詩のリズムを聞かせます。必要に応じて語彙を補い、音声を聞きながら詩をリピートさせます。最後に、

その詩を清書し、挿絵も入れるように指導します。そして、生徒の作品を掲示できるようにします。

The Butterfly （チョウ
I always think the butterfly
私はいつもチョウのことを考えている
Looks best against a clear blue sky ;
澄みきった青い空を舞っているチョウが一番美しい、
I do not think he looks so good
木箱の中にピンで留められたチョウは
Pinned down within a box of wood.
とてもかわいそうだと、私は思う）

教科指導的フォーカス

1. **調査**：インターネットまたは参考書物などを使って、種類の違うアオムシは何を食べるのかを調査します。あるいは、自分で好きなチョウを選び調査してもかまいません。Where does it come from?（どこに生息しているのか？）、How big is it?（どのくらいの大きさか？）、How long does it live?（どのくらい生きるのか？）、What do its caterpillars feed on?（そのアオムシは何を主食としているのか？）などの項目が考えられます。

   下記のホームページが役に立つでしょう。
   www.enchantedlearning.com
   www.muohio.edu/dragonfly
   www.heatersworld.com/bugworld
   www.ent.iastate.edu/imagegallery
   www.uky.edu./Agriculture/Entomology/ythfacts/entyouth

2. **観察**：教室でアオムシを観察します。魚飼育用の水槽にアオムシを入れ、見つけたときに、そのアオムシが食べていたのと同じ植物の葉を食べさせます。しばしば葉を交換し水槽を清潔にしておくことを忘れずに！

3. **左右対称の絵**：チョウは自然界において、左右対称になっている美しい例の一つです。生徒に紙を1枚与えます。その紙を半分に折ってから開けさせ、片側に異なる色の絵の具をつけさせます。その紙を優しく折り重ね、手で紙の上をなでます。そして、再び丁寧に開けます。どんな絵になりましたか？　人間は左右対称かどうか、子どもたちに尋ねましょう。私たちの体の右側と左側は少しの違いはありますが（片方の頬にほくろがあったり、片方の手が少しだけ長かったりしますが）、ほとんど左右対称です。

4. **玉子ケースで作るアオムシ**：玉子ケースを4つから6つのカップに切り離します。できれば、それらを1列につなぎ合わせておきます。もっとカップをつなげる場合は、玉子ケースをひっくり返し、それぞれのカップの反対側に小さな穴を開けます。そして、モールを使って全部のケースをつなぎます。玉子ケースに飾りをつけ、色を塗ります。一番端の上に2つの小さな穴を作り、その穴にモールを通して触角を作ります。最後に目と口をつけます。

5. **ティッシュペーパーで作るチョウ**：15cm 四方にティッシュペーパーをカットします。異なる色のティッシュペーパーを2枚とり、羽を作るためにひだ折りにし、ひだを寄せた中央の部分を糸またはひもで縛ります。ティッシュペーパーの端を扇型に広げます。教室にその作ったチョウを吊り下げます。

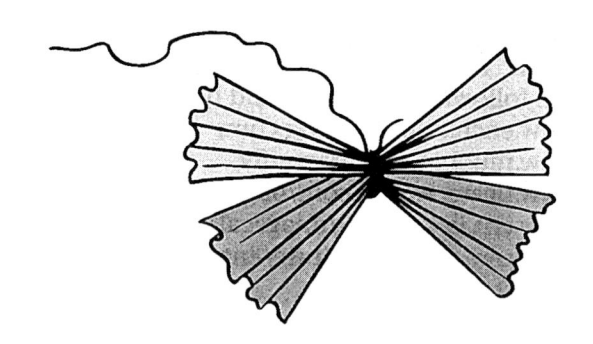

6. **ドラマ（劇）**：子どもたちが作った小道具を使って劇をします。

LESSON 6

学習目標
- ボードゲーム（すごろく）をしながら、ストーリーを復習する。

教材
- 301 ページのワークシート'Caterpillar game'（アオムシすごろく）を A3 サイズにコピーしたもの（4人グループに1枚用意する）。
- ゲームのコマ（赤、緑、青、黄色など色の違う「おはじき」を使う）。
- コイン。

ポイントの確認
できるだけ生徒を参加させながらストーリーを読みます。生徒がこのストーリーを通して学習したこと（「チョウの一生」や「アオムシの1カ月」など）をふり返ります。

アオムシすごろく
301 ページのワークシート'Caterpillar game'（アオムシすごろく）をしながら、ストーリーの内容と、アオムシやチョウについて得た情報を復習することを生徒に伝えます。

4人グループを作ります。それぞれのグループが、ワークシート（アオムシすごろく）のコピー、コマ（赤、緑、青、黄の4色の「おはじき」）、コインを使います。質問1のところ（ワークシートのアオムシの「尾」）からゲームを始めます。順番にコインを投げ、表が出たら1つ進み、裏

が出たら2つ進みます。止まったところの質問に答えなければいけないので、ゲームを始める前に、生徒が質問の内容を理解できるかどうか確認してください。また、Go forward. /Go backward.（前に進む／後ろに戻る）の意味も説明してください。質問は声を出して読ませます。質問に答えることができなければ、1回休みとなります。すごろくのアオムシの「頭」（ゴール）に最初に到着した生徒が勝ちです。再びゲームをし、別の生徒にも勝つチャンスを与えましょう。困っている生徒がいたらサポートしてあげてください。

1. What do you begin life as?（始めは何ですか？）
   —an egg（卵）
2. Which day do you hatch?（何曜日に、ふ化しますか？）
   —Sunday（日曜日）
3. What are you when you hatch?（ふ化すると、何になりますか？）
   —a caterpillar（アオムシ）
4. You are very hungry. Go forward 2.
   （とてもお腹がすいています。2つ進みなさい）
5. What do you eat on Monday?（月曜日に、何を食べますか？）
   —one apple（リンゴを1つ）
6. You eat a green leaf. Go forward 2.（緑の葉を食べます。2つ進みなさい）
7. What do you eat on Tuesday?（火曜日に、何を食べますか？）
   —two pears（洋ナシを2つ）
8. What do you eat on Wednesday?（水曜日に、何を食べますか？）
   —three prums（プラムを3つ）
9. What do you eat on Thursday?（木曜日に、何を食べますか？）
   —four strawberries（イチゴを4つ）
10. You eat too many strawberries. Go back 2.
    （イチゴを食べすぎます。2つ戻りなさい）
11. What do you eat on Friday?（金曜日に、何を食べますか？）
    —five oranges（オレンジを5つ）
12. How many pieces of fruit do you eat?（果物をいくつ食べますか？）
    —fifteen（15個）
13. What do you eat on Saturday?（土曜日に、何を食べますか？）
    —one piece of chocolate cake, one ice-cream cone, one pickle, etc.（チョコレートケーキ、アイスクリーム、ピクルスなど）
14. How many things do you eat on Saturday?（土曜日に、何個食べますか？）
    —ten（10個）
15. Name three foods beginning with C?（Cで始まる単語を3つ言ってください）
    —cake, cheese, cherry pie（ケーキ、チーズ、チェリーパイなど）
16. You have got stomach ache. Go back 2.（お腹が痛みます。2つ戻

17. What do you eat on Sunday?（日曜日に、何を食べますか？）
    —one green leaf（緑の葉を 1 枚）
18. What do you build on Monday?（月曜日に、何を作りますか？）
    —a cocoon（まゆ）
19. How long do you stay inside your cocoon?（まゆの中に、どれくらいいますか？）
    —more than two weeks（2 週間以上）
20. You sleep too long in your cocoon. Go back 2.（まゆの中で寝すぎます。2 つ戻りなさい）
21. What do you change into?（何に変わりますか？）
    —a beautiful butterfly（チョウ）

Eric Carle のほかの作品には、以下のようなものがあります。

1, 2, 3 to the Zoo
The Bad-Tempered Ladybird
The Very Clumsy Click Beetle
Draw Me a Star
From Head to Toe
Little Cloud
The Mixed-Up Chameleon
Rooster's Off to See the World
The Tiny Seed
Today is Monday

（「ストーリー・ノート」執筆：Gail Ellis）

6 Meg's Eggs

作者：Helen Nicoll
絵：Jan Pieńkowski

≪WORKSHEETS≫
Quizzosaurus（恐竜クイズ） p. 303
Fact file（恐竜ファイル） p. 303
Size and scale（大きさと目盛） p. 305
Dinosaur time-line（恐竜の年表） p. 305
Stressosaurus Bingo（ストレスザウルス・ビンゴ） p. 307
Finger-puppets（指人形） p. 309

　Meg's Eggs は、'Meg and Mog'（魔女のメグと彼女の飼いネコのモグ）シリーズの1作です。*Meg's Eggs* では、メグが間違った魔法をかけてしまい、夕食に使うはずだった卵がふ化し、その中から恐竜が出てきてしまいます。卵をテーマにしたストーリーは、イースター（Easter）やほかの春のお祭りに結びつけて学習することができます。
　このストーリーは直接話法を用いた過去形で語られ、Who are you?（あなたは誰ですか？）という質問文がくり返し出てきます。また、ストーリー中には、韻を踏む2つの魔法の呪文とたくさんのオノマトペ（擬音語〔擬態語〕）が出てくるので、子どもたちはそれらをまねて楽しく学習することができるでしょう（例：plink, plonk, plunk, tap tap, peck peck, whoo, creak, crack, croak, zzzzzz, bump, thump, snap）。

● 最終到達目標と成果
学習のまとめとして指人形劇をする。
ストーリーの中で使われることばに習熟する。

● 言語的到達目標
スキル：
リスニング：全体的な意味を聞き取り、キーとなる単語やフレーズを理解する。
　数を聞き取る。
　強勢のパターンを聞き取る。
スピーキング：質問をしたり、答えたりする。
　恐竜について説明する。
　魔法の呪文をまねする。
　歌を歌う。
　ストーリーを演じる。
リーディング：クイズの問題、ビンゴゲームの単語、指示や質問を読み取る。
ライティング：情報を図表化する。
　簡単な説明文を書く。
　数（百万の単位まで）を書く。
　競って質問を作る。

文の機能と構造：
How tall is ...?（身長は何センチですか？）を使って、情報を求めたり与えたりする。
恐竜について説明する。

語彙：
恐竜に関する単語：egg（卵）, dinosaur（恐竜）, plant-/meat-eating（草食の／肉食の）, bony plates（骨盤）, spikes（まっすぐな一本の角）
体の部位に関する単語：head（頭）, neck（首）, back（背中）, tail（尾）, teeth（歯）, arms（腕）
形容詞：long（長い）, small（小さい）, big（大きい）, sharp（鋭い）, short（短い）, ferocious（恐ろしい）

魔女に関する単語：cauldron（大釜）, spell（呪文、魔法）
その他：suppertime（夕食時）, hungry（お腹がすいた）, bed（ベッド）, night（夜）, pond（池）, water-plants（水生植物、水草）, cabbages（キャベツ）

発音：
疑問文におけるイントネーション：Where's my egg?、Who are you?などメグが唱える魔法の呪文のリズムとライム（韻）。
語強勢：**egg**, **gar**/den, **wa**/ter-/plants, fe/**ro**/cious

● 教科横断的学習
算数：時間、大きさの計算。
歴史：先史時代の動物。
図画工作：グリーティング・カードを作る、卵を彩色する、指人形を作る。
音楽とドラマ：恐竜の歌を歌う、魔法の呪文を唱える、指人形劇をする。
学習ストラテジー：連想する、予備知識を使う、予測する、確認する、スキャニングする（必要な情報を求めて流し読みすること）、記憶する。
概念の強化：時間、大きさ（背の高さや体の長さ）。
公民：特別な祭り（行事）の起源に対する関心を高める。

絶滅しかけている生物がいるという認識を育てる。

● 文化的情報
　恐竜は約2億3千万年前に生きていました。最も大きな恐竜は、体長30メートルで高さが15メートルありました。一方、最も小さい恐竜はニワトリほどのサイズでした。恐竜は1億6千5百万年以上もの間、地球上を支配していました。しかし、不思議なことに6千5百万年前に絶滅してしまいました。人間と恐竜が互いに交流し合うイメージがフィクションの中ではでき上がっていますが、恐竜が絶滅してから約6千5百万年もの間、人間は進化していなかったという事実を子どもたちに理解させる必要があります。人間が出現したのは約百万年前のことです。このストーリーの中では、3種類の恐竜（ディプロドクス（Diplodocus）、ステゴザウルス（Stegosaurus）、ティラノサウルス・レックス（Tyrannosaurus Rex））が登場します。

イースター（Easter）：イースターは、人々が春の到来と「新しい生命」の始まりを祝う行事です。卵はイースターの象徴で、誕生を表します。イースターでは、伝統的に人々は互いにグリーティング・カードとチョコレートでできた卵を交換します。ラッパズイセン、子ヒツジ、ウサギ、ヒヨコもイースターの象徴です。

LESSON 1

学習目標　・ストーリーの登場キャラクターを紹介する。
　　　　　・クイズを通してキーワードを導入する。
　　　　　・恐竜についての予備知識をつける。

教材　　　・紙でできた卵（イースターの時期に入手できる）。
　　　　　・卵の中に入れるための恐竜（ディプロドクス、ステゴザウルス、ティラノサウルス・レックス）のおもちゃ。
　　　　　・303ページのワークシート'Quizzosaurus'（恐竜クイズ）のコピー（生徒の人数分用意する）。

導入　　　絵本の表紙を見せ、登場キャラクターのメグとモグ、そしてフクロウを紹介します。表紙のMEG'S EGGSを指しながらタイトルを読み上げます。
　　　　　可能ならば、鮮やかな色の紙で作った卵を生徒に見せます。卵の中にはおもちゃの恐竜を入れておきます。卵をふり、中に何が入っているか生徒に推測させます。What's in this egg?（この卵の中には何がいますか？）、

What creatures come out of eggs?（卵の中からどんな生き物が出てきますか？）と聞きます。必要に応じて母語を使ってもかまいません。卵からふ化する生物を知っているだけ挙げてもらいます。黒板に「クモの巣図」を描き、子どもたちに写させます。

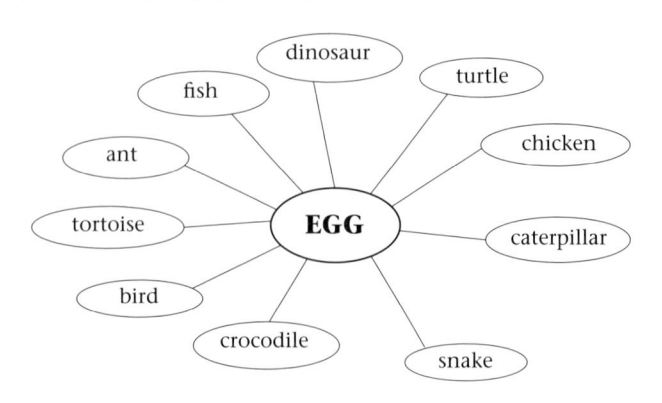

```
         dinosaur
   fish              turtle
                        chicken
  ant
 tortoise    EGG
                       caterpillar
   bird
       crocodile   snake
```

再び卵をふり、What do you think is in this egg?（この卵の中には何が入っていると思いますか？）と尋ねます。しばらく考える時間を与えます。そして、おもちゃの恐竜を卵の中から出して、その名前を知っているかどうか聞きます。

恐竜クイズ：Quissozaurus　　今までに恐竜を見たことがあるかどうか尋ねます。もし見たことがあるならば、どこで見たのでしょうか？　博物館ですか？　本の中で見たのですか？　映画の中で見たのですか？　これから、どのくらい恐竜について知っているかを調べるためのクイズをすることを生徒に伝えます。恐竜クイズのワークシートを配り、2人1組で答えを考えさせます。問題の意味が理解できない場合は、次のような方法を用います。

・予備知識を使う（恐竜に関するクイズに出そうな事柄について考える）。
・同じ語源の単語から推測する（母語または知っている言語のことばと同じ、または似ていることばに注目する）
・選択肢を注意深く見て、問題の意味を考える。

机間巡視をし、困っている生徒がいたら援助しましょう。最後にクラス全体で答え合わせをします。

答え：
1.（b）　2.（b）　3.（c）　4.（a）　5.（a）だけのものもいれば、（b）だけのものもいる。あるいは（c）の両方を食べるものもいる。　6.（c）

LESSON 2

学習目標　　ストーリーを読み聞かせ、子どもたちに話の展開を予測させる。

ストーリー・テーリング　　絵本の表紙を見せ、登場キャラクターの名前を復習します。次に裏表紙

（読み聞かせ） を見せ、What do you think is in the egg?（卵の中に何がいると思いますか？）と尋ねます。表紙を見せてから見開きの1ページ目 'It was suppertime ...' を読み始めます。キャラクターごとに声色を変えて読んでください。What do they want for supper?（彼女たちは夕食に何を食べたいでしょうか？）と聞きます。エッグカップ（egg cup : ゆで卵立て）を指して、egg を引き出します。ここで、When is suppertime?（夕食は何時ですか？）と聞きます。supper は夕方に食べる「軽食」のことです。また、絵本の大釜を指して Why has Meg got out her cauldron?（なぜメグは大釜を取り出したのですか？）と聞きます。答えは、夕食を作るため（to make supper）です。さらに、What do you think Meg puts in her cauldron?（メグは大釜の中に何を入れると思いますか？）と聞きます。

次のページに進みます。材料を1つずつ順番に指しながら 'She put in ...' のところを読みます（ちなみに、赤色の物体はイモリ（newts）です）。右ページのメグの呪文を読みながら声色を変え、3種類のフクロウの鳴き声を出します。これから何が起こると思うか生徒に尋ねましょう。ページをめくります。'Plink! Plonk! Plunk!' のことばを読み、卵を指して、What's happened?（何が起こりましたか？）と生徒に尋ねます。メグ、モグ、そしてフクロウを指して、How do they look?（彼女たちの様子はどうですか？）、Are they frightened?（おびえていますか？）、Are they scared?（怖がっていますか？）、Are they surprised?（驚いていますか？）、How would you feel?（あなたならどう感じますか？）と聞きます。

ページをめくります。テーブルをたたき、'Tap! Tap!' という擬音を立てます。How do you think they feel not having any supper?（夕食を食べられなくて、彼女たちはどのように感じていると思いますか？）と聞き、hungry（お腹がすいている）、sad（寂しい）、fed up（うんざりしている）、worried（心配している）などの答えを引き出します。生徒はこのようなとき、どう感じるでしょうか？（How would you feel?）子どもたちに尋ねてください。ページをめくり、文章を読みます。'Creak! Crack! Whoo!' のところで、What's happening?（何が起きていますか？）と聞きます。答えは、An egg is hatching.（卵がふ化しています）です。What do you think is in the egg?（卵の中に何がいると思いますか？）と質問し、生徒に少し考える時間を与えてから、次のページに進みます。'Who are you?'（あなたは誰？）のところは、メグがとても驚いたような口調で読んでください。ページをめくり、'Meg took Diplodocus ...' を読み、池の絵を指し示します。次のページを読むときは、水草を指し示します。'Haven't you grown.' のところは動作をつけて読んでください。

次のページに進みます。声色を変え、モグとステゴザウルスになりきって読みます。ページをめくり、植物を指して 'Mog took Stegosaurus into the garden' を読みます。'98 cabbages, 99 cabbages, 100 cabbages' のところは、子どもたちも一緒に読ませましょう。そして、'He ate all the plants.' を読みます。

次のページでは、何か恐ろしいことが起こりそうな感じを出して、声を高ぶらせ、だんだんと大きくしていき、'Out jumped Tyrannosaurus, the most ferocious of all the dinosaurs. SNAP!' と読みます。ページをめくり、動作をつけて 'They were very frightened. Tyrannosaurus wanted to eat them all.' を読みます。このとき、子どもたちならどう感じるでしょうか？　子どもたちならどうするでしょうか？　メグはこれから何をするつもりでしょうか？　生徒の意見を聞いてみましょう。ページをめくり、声色を変えてメグの魔法の呪文 'Bacon and eggs ...' を読みます。これから何が起こると思うか生徒に尋ねます。

　最後の見開きページを開け、絵を見る時間を子どもたちに与えます。しばらくしてから、What happened?（何が起きましたか？）と質問します。The dinosaurs have shrunk / been transformed into tiny dinosaurs / become tiny dinosaurs.（恐竜たちは小さくなった／小さな恐竜に変身した／小さな恐竜になった）などの答えが考えられます。

　また、Where's Tyrannosaurus / Diplodocus / Stegosaurus?（ティラノサウルス／ディプロドクス／ステゴザウルスは、どこにいますか？）と質問します。答えは、on Mog's tail / on the floor / on Meg's hat（モグのしっぽの上／床の上／メグの帽子の上）です。吹き出しのことばを指しながら読みます。どうして魔法が間違ってしまったのか生徒に尋ねましょう。

　最後のページを開けます。このストーリーが気に入ったかどうか生徒に聞きます。なぜ気に入ったのでしょうか？　なぜ気に入らなかったのでしょうか？（Why? / Why not?）、お気に入りのキャラクターはどれですか？　お気に入りの恐竜はどれですか？　それはなぜですか？（Who was your favorite character/dinosaur and why?）、絵は気に入りましたか？（Did you like the illustrations?）などと質問を続けます。

　もう一度ストーリーを読みます。今度はキーとなる単語やフレーズをリピートさせることによって、生徒を参加させながら読みます。

LESSON 3

学習目標　・恐竜について説明する。
　　　　　　・恐竜の歌を歌う。
　　　　　　・情報を図表化する。

教材　　　・ストーリーに登場する3頭の恐竜それぞれの大きな絵（可能ならば）。
　　　　　　・本書のCD #15（歌：'Who Are You?'（あなたは誰？））。
　　　　　　・CDプレーヤー。
　　　　　　・303ページのワークシート 'Fact file'（恐竜ファイル）。

導入　　　キーとなる単語やフレーズをリピートさせながら、ストーリーを再び読み聞かせます。ストーリー中の3頭の恐竜に生徒の注意が向くようにします。可能ならば、それらの恐竜の絵を黒板に貼るか、黒板に絵を描きましょう。キーとなる単語が出てきたら板書します。

ディプロドクス(Diplodocus)：生徒に絵を見せ、足に注目させます。How many legs does Diplodocus have?（ディプロドクスには足が何本ありますか？）と尋ねます。答えは 4 本です。Look at his neck. It is very ...（首を見なさい。とても…です）とポーズを置いて、生徒から long を引き出します。Look at his head. It is very ...（頭を見なさい。とても…です）と同じようにポーズを置いて、small を引き出します。池の中にいるディプロドクスの絵を生徒に見せ、What is Diplodocus eating?（ディプロドクスは何を食べていますか？）と聞きます。waterplant（水草）を引き出します。また、ディプロドクスの体長を知っているかどうか生徒に尋ねます。体長は約 28 メートルです。

ステゴザウルス（Stegosaurus）：ステゴザウルスの絵を見せ、足に注目させます。How many legs does Stegosaurus have?（ステゴザウルスには何本足がありますか？）と聞きます。答えは 4 本です。Look at his back. He has ...（背中を見なさい。背中には…があります）と言い、生徒から bony plates（骨でできた板状の背びれ）を引き出します。He has bony plates along his back. Look at his tail. He has ...（背中には背びれがあります。しっぽを見なさい。しっぽには…があります）と言い、spikes（先の鋭くとがったもの；とげ）を引き出します。He has spikes at the end of his tail. Look at his head. It is very ...（しっぽの先端にはとげがあります。頭を見なさい。とても…です）と言い、small を引き出します。菜園にいるステゴザウルスの絵を見せ、What is Stegosaurus eating?（ステゴザウルスは何を食べていますか？）と聞き、cabbage（キャベツ）と答えさせます。Stegosaurus and Diplodocus like plants. They are plant-eating dinosaurs.（ステゴザウルスとディプロドクスは植物が好きです。それらは草食動物です）と教えます。ステゴザウルスの体長を知っているか生徒に尋ねます。体長は約 9 メートルです。

ティラノサウルス（Tyrannosaurus）：生徒にティラノサウルスの絵を見せ、足を指します。How many legs does Tyrannosaurus have?（ティラノサウルスには足が何本ありますか？）と聞きます。答えは 2 本です。Look at his tail. He has ...（しっぽを見なさい。それは…です）と言い、生徒から long tail を引き出します。Look at his head. It is very ...（頭を見なさい。とても…です）と言い、big を引き出します。Look at his teeth. They are very ...（歯を見なさい。それらはとても…です）と言い、sharp を引き出します。Look at his arms. They are very ...（腕を見なさい。それらはとても…です）と言い、short を引き出します。What does Tyrannosaurus want to eat?（ティラノサウルスは何を食べたいですか？）と質問し、Meg, Mog, Owl, Stegosaurus and Diplodocus. He wanted to eat them all.（メグ、モグ、フクロウ、ステゴザウルス、ディプロドクス、全部食べたいと思いました）と答えさせます。Tyrannosaurus likes meat. He is a meat-eating dinosaur.（ティラノサウルスは肉が好きです。肉食の恐竜です）と教えます。Do you know how long Tyrannosaurus is?（ティラノサウルスの体長はどれくらいか知っていますか？）と聞きます。体長は 12 メートルです。

歌：Who are you?　　この歌を通して、Who are you？の疑問文と恐竜についての説明文を復習します。最初にCD #15を再生し、その歌のメロディーに慣れさせます。そのあと、歌に出てくる単語を導入し、次の歌詞をリピートさせます。

　　'Who are you?' asked Meg.
　　'I'm Diplodocus
　　Very big and very long
　　And eat plants all day long.'
　　(「あなたは誰？」とメグが尋ねます。
　　「私はディプロドクスですよ。体がとても大きくて、長いですよ。
　　一日中、植物を食べていますよ」)
　　'Who are you?' asked Mog.
　　'I'm Stegosaurus.
　　Bony plates along my back
　　And eat plants all day long.'
　　(「あなたは誰？」とモグが尋ねます。
　　「私はステゴザウルスですよ。背中には骨の背びれがありますよ。
　　一日中、植物を食べていますよ」)
　　'Who are you?' asked Owl.
　　'I'm Tyrannosaurus.
　　Big and ferocious
　　And eat meat all day long.'
　　(「あなたは誰？」とフクロウが尋ねます。
　　「私はティラノサウルスですよ。体が大きくて、暴れん坊ですよ。
　　一日中、肉を食べていますよ」)

　　メロディーに合わせて歌詞を練習します。抑揚と音節が拍子に合うように気をつけながら、1フレーズごとに練習します。子どもたちは歌を「体で表現する」ことや、恐竜のように教室を歩き回ることを楽しむでしょう。
　　生徒が自信を持って歌えるようになってきたら、3人の生徒を選び、フクロウ、メグ、モグの役に分かれて歌ってもらいます。また、残りの生徒をディプロドクス、ステゴザウルス、ティラノサウルスの3つのグループに分け、自分が属するグループの恐竜のパートを歌ってもらいます。

　　例：
　　'Who are you?' asked Meg.〔メグ役の生徒が歌う〕
　　'I'm Diplodocus〔ここからはディプロドクス・グループが歌う〕
　　Very big and very long
　　And eat plants all day long.'

恐竜ファイル　　303ページのワークシート'Fact file'（恐竜ファイル）を生徒に配り、ストーリーの内容と歌をもとに表を完成させます。

答え：

Name 名前	Walked on two legs 2足歩行	Walked on four legs 4足歩行	Plant-eating 草食	Meat-eating 肉食	Description その他
Diplodocus ディプロドクス	No いいえ	Yes はい	Yes はい	No いいえ	Long neck, long tail, small head 長い首 長い尾 小さい頭
Stegosaurus ステゴザウルス	No いいえ	Yes はい	Yes はい	No いいえ	Bony plates along his back, spikes on the end of his tail, small head 背中の骨盤 尾の先端のとげ 小さい頭
Tyrannosaurus ティラノサウルス	Yes はい	No いいえ	No いいえ	Yes はい	Big head, sharp teeth long tail, ferocious 大きい頭 尖った歯 長い尾 どう猛

早く終わった生徒は好きな恐竜の絵を描き、短い説明を書き加えます（例：Diplodocus is a plant-eating dinosaur. He is very long.）。

最後にもう一度'Who are you?'を歌ってレッスンを終えます。

LESSON 4

学習目標
- 大きさ（背の高さや体の長さ）を予測し、計算する。
- 数（年代）を聞き取って書き込むことによって、305ページのワークシート 'Dinosaur time-line'（恐竜の年表）を完成させる。

教材
- 305ページのワークシート 'Size and scale'（大きさと目盛）のコピー（各ペアに1枚用意する）。
- 305ページのワークシート 'Dinosaur time-line'（恐竜の年表）のコピー（生徒の人数分用意する）。

導入
- レッスン3で習った 'Who are you?' を歌う。

大きさと目盛り　　一人の生徒に教室の前に来てもらい、この生徒の身長をクラスの子どもたちに推測させ、その数字を黒板に書きます。次に、黒板にGuess（予想値）とCheck（実測値）の2つの欄がある表を作ります。子どもたちに次の質問をし、彼らの予測をGuessの欄に書き込みます。次の質問の答えは「実測値」にもとづく回答例を示します。

How tall is（生徒の名前）？（…さんの身長はどれくらいですか？）—（〜メートル）

How tall is an average person?（平均的な人の身長はどれくらいですか？）—（1.5 から 2 メートル）

How tall is an elephant?（ゾウの背の高さはどれくらいですか？）—（3 から 4 メートル）

How tall is a giraffe?（キリンの背の高さはどれくらいですか？）—（5 から 6 メートル）

How tall is Tyrannosaurus?（ティラノサウルスの背の高さはどれくらいですか？）—（4.6 から 6 メートル）

How tall is Stegosaurus?（ステゴザウルスの背の高さはどれくらいですか？）—（2.75 メートル）

How long is a car?（車の長さはどれくらいですか？）—（3.5 メートル）

How long is a bus?（バスの長さはどれくらいですか？）—（12 メートル）

How long is Diplodocus?（ディプロドクスの体長はどれくらいですか？）—（28 メートル）

How long is a blue whale?（シロナガスクジラの体長はどれくらいですか？）—（30 メートル）

参考：最も大きい恐竜にブラキオサウルス（Brachinosaurus）がいました。身長が 14 メートル、体長が 2〜6 メートルありました。

「予想値」（Guess）が「実測値」（Check）と合っているかどうかをワークシート 'Size and scale'（大きさと目盛）を使って確認します。ワークシートのコピーをペアに 1 枚ずつ配ります。大きさに関する質問の答えを計算して出すように生徒に言います。ワークシートの 1 目盛は 3 メートルであることを説明し、目盛を数え、掛け算をすることによって、ものの長さや高さを算出する方法を教えます。例えば、クジラは 10 目盛なので、10×3 で、30 メートルになります。最初はクラス全体でやり、残りをペアでやらせます。答えを確認するときは、A car is ... meters long. / An elephant is ... meters tall. と言わせるようにしましょう。黒板の Check の欄に、実測値を記入します。子どもたちの予想はどうでしたか？

恐竜の年表
(Dinosaur time-line)

まず、次の質問をします。

What year is it now?（今は西暦何年ですか？）
How old are you?（あなたは何歳ですか？）
When did dinosaurs live?（恐竜はいつ生きていましたか？）〔303、305 ページのワークシートを参考にしてください〕
Did people live at the same time as dinosaurs?（恐竜と同じ時代に人間は生きていましたか？）

生徒にワークシート 'Dinosaur time-line'（恐竜の年表）のコピーをわ

たして、見るように言います。生徒が 100 万の位（1,000,000：ゼロが 6 個続きます）が書けるかどうか確認します。次の文を読み、生徒に数を書き取らせます。

> We are in the year ...（今、…年です）
> People evolved : one million years ago.（1,000,000）（人間は 100 万年前に進化して、地球上に出現しました）
> Dinosaurs became extinct : sixty five million years ago.（65,000,000）（恐竜は 6 千 500 万年前に絶滅しました）
> Dinosaurs evolved : two hundred and thirty million years ago.（230,000,000）（恐竜は 2 億 3 千万年前に出現しました）

書き取らせたあとに、生徒に次の質問をします。

> How long were dinosaurs on the Earth?（どれくらいの間、恐竜は地球上にいましたか？）―165,000,000 years.（1 億 6 千 500 万年）
> How long have people been on the Earth?（人間はどれくらいの間、地球上にいますか？）―1,000,000 years.（100 万年）
> How old are you?（あなたは何歳ですか？）―（　　　）
> How long does an average person live?（人間の平均寿命は何歳ですか？）―（　　　）

子どもたちにとって時間の概念を理解することはむずかしいでしょう。実際に、人間が現れる何百年も前に恐竜が生きていたということを理解することもむずかしいかもしれません。

LESSON 5

学習目標
- 307 ページのワークシート 'Stressosaurus Bingo'（ストレスザウルス・ビンゴ）をすることによって、英単語に共通する強勢のパターンを意識するようになる。
- メグの魔法の呪文（Meg's spells）を唱えることによって、英語のリズムと押韻に敏感になる。
- グリーティング・カードを作り、イースターの伝統的なゲームに親しむ。

教材
- 307 ページのワークシート 'Stressosaurus Bingo'（ストレスザウルス・ビンゴ）を A4 サイズにコピーにしたもの（生徒の人数分用意する）。
- ワークシート 'Stressosaurus Bingo'（ストレスザウルス・ビンゴ）を厚紙にコピーしたもの（恐竜の足跡に単語が書かれている方は、単語ごとにそれぞれ切り離しカードにしておく）。
- グリーティング・カード用の厚紙（18cm×12cm のもの）と A4 サイズの厚紙（生徒の人数分用意する）。
- 卵の型を A5 サイズの厚紙にコピーしたもの（生徒の人数分用意する）。
- はさみ、色鉛筆またはカラーペン。
- 本書の CD #16、17：'Stressosaurus Bingo'（ストレスザウルス・ビンゴ用強勢のパターン）と 'Meg's spells'（メグの魔法の呪文）。

・CD プレーヤー。

導入　このレッスンではバラエティーに富んだアクティビティーを用意しています。生徒の興味、学習ニーズ、学習レベルに合わせて選んでください。

授業の始めにストーリーを再び読みます。キーとなる単語やフレーズをリピートさせることによって生徒を参加させます。

言語的なフォーカス：発音

1. 'Stressosaurus Bingo'（ストレスザウルス・ビンゴ）

レッスン5に入るころには、子どもたちはストーリーに出てくる単語の発音や意味にすでになじんできています。英単語の中には共通する強勢のパターンを持つものがあります。最初に恐竜の多音節の名前を見ながら音節と強勢を理解させます。恐竜の名前を1つずつ言い、音節の数を数えます。恐竜の名前を板書し、斜線を入れてそれぞれの音節をわかりやすく示します。恐竜の名前をリピートさせ、どの音節にストレスが置かれるか尋ねます。ストレスが置かれる音節の上に大きな●を描きます。

```
 ●   ●   ●   ●
Di/plod/o/cus
 ●   ●   ●
Steg/o/saur/us
 ●   ●   ●   ●
Ty/rann/o/saur/us
```

黒板に4つの大きな恐竜の足跡を描きます。そして、それぞれの足跡の下に発音パターン ●, ●●, ●●●, ●●● を描きます。ビンゴゲームのワークシートを配ります。恐竜の足跡の中に書かれている単語をひと通り見ていきます。このとき、それぞれの単語の強勢のパターンを識別し、黒板の足跡の中に同じ発音パターンの単語を書きます（注意：ここに出てくる単語の発音は CD#16 に収録されています）。

ビンゴシートを見るように言います。発音パターンをランダムに指し、その発音パターンにぴったり合う単語を子どもたちに見つけさせます。例えば、●●● は、wa/ter/plants と一致します。続けて同じようにやります。

　生徒全員が、ビンゴゲームのワークシートに印刷されている恐竜の足跡のカードを切り取る作業を終了したら、「ストレスザウルス・ビンゴ」を開始します。生徒は教師の指示をよく聞かなければいけません。

ゲームのやり方

- ビンゴシート上のいずれか 4 カ所の強勢パターンの上に切り取った単語のカードを裏返しにして置き、4 カ所の強勢パターンをふさぎます。例えば、●● の上には cauldron を、● の上には spell のカードを置きます。残りの 12 枚の足跡単語カードは机の上に表を上にして置いておきます。
- 教師用の 16 枚の単語カードをシャッフルし、その 16 枚のカードを裏返して重ねて置きます。一番上のカードから 1 枚ずつ取り、そのカード（単語）を読み上げます。もう一度リピートし、裏返して置きます（読み上げたカードは別のところに重ねて置きます）。例えば、教師が garden を読み上げたら、生徒は garden の単語カードを選び、対応する強勢パターン（●●）の上にそのカードを表を上にして置きます。
- すべての発音パターンがそろった生徒が 1 人出るまで単語を言い続けます。最初にそろった生徒は 'Bingo!' と大きな声で言います。
- ビンゴの生徒は、表にした単語を読み返し、正しくできたかどうか確認します。同時に教師も読み終えた単語カードを見て確認します。すべてがそろっていたら、この生徒が勝利者です。

2. Chanting Spells（魔法の呪文のチャンツ）

CD#17でメグの2つの魔法の呪文を聞かせます。教師が読み聞かせてもかまいません。生徒はその呪文を聞いてリピートし、それからジェスチャーをつけます。生徒に大釜とほかの材料を紙に描かせ、メグの呪文を書き写させてもよいでしょう。

文化的なフォーカス

1. グリーティング・カードを作る

このストーリーを学習している季節が春ならば、このストーリーをもとに、卵をテーマにしたポップアップ（飛び出す）・カードを作ることができます。子どもたちはレッスン1で紹介したホームページからアイデアを得て、生き物が卵からふ化するようなカードを作ることができるでしょう。

18cm×12cmの厚紙を半分に折り、グリーティング・カード本体にします。A4サイズの厚紙に2つに割れた卵を描きます（A5サイズの半分よりも小さくなるように描いてください）。そして、その卵からふ化する生き物（ディプロドクスなど）を描きます（その生き物が半分に折った厚紙の短い側よりも少し背が高くなるように描いてください）。それぞれの絵に色を塗り、切り抜きます。生き物の切り抜きは、その生き物の身体がグリーティング・カードの折り目から上に出るような場所に貼りつけます。そして、2つの割れた殻をその生き物に重ねて貼ると、まるでふ化しているかのように見えます。

生徒は次のようなメッセージを書くことができます。

Pop! Hello! I'm Diplodocus. It's spring!（ポン！ こんにちは！ 私はディプロドクスです。春だね！）
Happy spring-time!（ハッピー・スプリング！）
Happy Easter!（ハッピー・イースター！）

2. 彩色卵と卵探し

　イースター（Easter）に行う2つの伝統的な行事に、卵の色塗りと卵探しがあります。卵の型を描き、厚紙にコピーします。各生徒に1枚ずつ用意します。生徒にストーリーに出てくる卵を見せます。可能であれば、伝統的な色が塗られた卵を見せましょう。生徒は自分で卵の模様をデザインし、色を塗って切り取ります。

　モグがストーリーの最初に言ったことば（'Where's my egg?'）を覚えているかどうか尋ねます。この質問文を練習し、この文が下降音調であることを認識させます。前置詞の on、in、under、in front of、behind、next to を復習します。これから卵探しをします。一人の生徒からその生徒の卵をもらいます。そして、その生徒に目を閉じてもらうか、教室の外に出てもらいます。その間に卵を隠します。隠し終わったら、その生徒が 'Where's my egg？と言って卵を探し始めます。卵が見つかったら、その生徒はその場所を言います（例：It's under the table / in the box / behind the book. など）。このゲームはクラス全体でやることもできますし、ペアでやることもできます。

教科指導的なフォーカス　　**調べ学習**：恐竜。

　子どもたちはホームページや本を調べることで、恐竜についてもっと詳しく知ることができます。次のホームページにアクセスすることも可能です。

　www.enchantedlearning.com
　www.bbc.co.uk/dinosaur
　www.amnh.org
　www.dinosaurs.eb.com

LESSON 6

学習目標
- ストーリーを復習するために指人形劇をする。
- ストーリーに出てくることばに習熟する。

教材
- 309ページのワークシート 'Finger-puppets'（指人形）の型紙を丈夫な紙にコピーしたもの（生徒の人数分用意する）。
- はさみ、色鉛筆またはカラーサインペン。

指人形劇
　クラスをグループに分け、役割を決めます。
　指人形の型紙を配ります。生徒は自分の役のキャラクターを切り取り、色を塗ります。指を通す穴を切り抜くときは、教師が手伝ってあげてください。

- 指人形を使ってキャラクターを演じる生徒6名（一人が2つのキャラクターを演じる場合は3名）：メグ、モグ、フクロウ、ディプロドクス、ステゴザウルス、ティラノサウルス。
- ナレーター役の生徒1名（または、教師がナレーター役をやる）。

・効果音を担当する生徒数名。
・背景の絵を描く生徒（黒板または紙に描く）。

何度か練習をし、本番では各グループが教室の前で発表します。

台本

ナレーター：	It was suppertime, so Meg got out her cauldron.（夕食の時間でした。メグが大釜を取り出しました）
フクロウ：	I'm hungry.（お腹がすいた）
モグ：	Where's my egg?（私の卵はどこだ？）
ナレーター：	Meg made a spell.（メグが呪文を唱えました）
全員：	Lizards and newts, three loud hoots, green frogs' legs, three big eggs.（トカゲとイモリ、フクロウがホー、ホー、ホーと3回やかましく鳴く声、3つのカエルの脚、3個の大きな卵）
全員：	Plink, plonk, plunk!（チリン、カチン、ポロン！）
ナレーター：	The eggs were very big and very hard.（卵はとても大きくて、とてもかたい）〔机などを軽くたたいて音を立てる〕
フクロウ：	Whoo!（ホー！）
全員：	Creak, crack!（キー、キー、パチン！）
ナレーター：	Meg's egg was hatching!（メグの卵がふ化していました！）
ディプロドクス：	Croak!（ギャー！）
メグ：	Who are you?（お前は誰だ？）
ディプロドクス：	I'm Diplodocus.（私はディプロドクスだ）
ナレーター：	Meg took Diplodocus to the pond to eat waterplants.（メグはディプロドクスを池まで連れて行き、水草を食べさせました）〔ディプロドクスはムシャムシャ食べる音を出す。ほかの生徒はアヒルのガーガー鳴く音を出す〕 Now Meg's egg was hatching.（メグの卵がふ化していました）
モグ：	Who are you?（お前は誰だ？）
ステゴザウルス：	I'm Stegosaurus.（私はステゴザウルスだ）
ナレーター：	Mog took Stegosaurus to the garden to eat cabbages. He ate all the cabbages!（モグはステゴザウルスを庭に連れて行き、キャベツを食べさせました。彼はそれを全部食べてしまいました）
全員：	98 cabbages, 99 cabbages, 100 cabbages, 101 cabbages, 102 cabbages.（98、99、100、101、102個のキャベツを食べてしまいました）
ナレーター：	Now Owl's egg was hatching. It was Tyrannosaurus—the most ferocious of all the dinosaurs. Watch out everyone!（さあ、フクロウの卵がふ化

	していました。それはティラノサウルスでした！　気をつけて！）
ティラノサウルス：	SNAP! I'm hungry. I want to eat you all!（パチッ！　ああ、お腹がすいた。キミたち皆、食べちゃうぞ！）
ナレーター：	Meg made a good spell.（メグが素晴らしい呪文を唱えました）
全員：	Bacon and eggs, jump over their eggs! Those three big lumps, will be three little bumps!（ベーコン・エッグよ、卵を飛び越せ！　あの3つの大きな塊よ、小さくなーれ！）
モグ：	Where are the dinosaurs?（恐竜はどこだ？）
フクロウ：	Here's one. It's very small!（ここに1頭いるよ。でもとても小さいよ！）
メグ：	I think I put in too much bacon!（ちょっとベーコンを入れすぎたかな！）

　時間があれば発表会を開き、ほかのクラスや保護者を招待するとよいでしょう。
　'Meg and Mog' シリーズにはほかに、以下の作品があります。

Meg and Mog
Meg at Sea
Meg on the Moon
Meg's Car
Meg's Castle
Mog at the Zoo
Mog in the Fog

（「ストーリー・ノート」執筆：Gail Ellis）

7 The Clever Tortoise

民話

《WORKSHEETS》
Story pictures（ストーリーの絵） p. 311
Story text（ストーリーの全文） p. 313
Word cards（単語カード） p. 315
African animals crossword（アフリカの動物クロスワード） p. 317
Game board（ゲームシート） p. 319
Song worksheet（歌のワークシート） p. 321
Markers and spinner for board game（ストーリーゲーム用ルーレットとコマ） p. 321
Cover for board game（ゲームシートのカバー） p. 323
Game cards for board game（ストーリーゲーム用カード） p. 325
World map（世界地図） p. 362

The Clever Tortoise は、西アフリカの多くの国々で知られている民話です。小さなカメが、ほかの動物から尊敬を受けるために巧みないたずらをします。ストーリーは過去形で語られ、直接話法が用いられています。同じ出来事、構文、語彙がくり返し出てくるので、子どもたちは容易に内容を理解し、部分的にせよストーリーを覚えてしまいます。その全文は313ページのワークシート 'Story text'（ストーリーの全文）に掲載されています。

● **最終到達目標と成果**
アフリカの歌を歌う。
ストーリーのゲームシートを作り、実際に使ってみる。

● **言語的到達目標**
スキル：
リスニング：全体的な流れを理解し、具体的な情報を聞き取る。
　歌を聞く。
スピーキング：自分のことばでストーリーを再生する。
　出来事を予測する。
　歌を歌う。
リーディング：キーとなる語彙を理解する。
　ストーリーの展開を理解する。
　ことばと絵を結びつける。
ライティング：クロスワードを完成する。
　地図に名称を書き込む。
　文章を書く。
　歌詞の穴埋め問題をする。

文の機能と構造：現在形と過去形
情報を求めたり与えたりする。
指示のやりとりを行う。
There is / There are を用いて、地図上のどこにあるかを説明する。
be動詞と have〔has〕を用いて動物を描写する。
正しい語順（大きさ＋色＋名詞）を理解する。
最上級を使って動物を比較する。
順接の接続詞 and と、逆接の接続詞 but を使う。

語彙：
動物：elephant（ゾウ）, cheetah（チーター）, giraffe（キリン）, hippo（カバ）, tortoise（カメ）, wildebeest（ヌー）, monkey（サル）, snake（ヘビ）, lion（ライオン）

動物の特徴：tusks（牙）, trunk（ゾウの鼻）, mane（タテガミ）, shell（甲羅）, scales（うろこ）, spots（テントウ虫などの斑点）, tail（尻尾）, beard（ヤギなどのあごひげ）, horns（角）

体の部位：head（頭）, eyes（目）, ears（耳）, face（顔）, nose（鼻）, mouth（口）, neck（首）, legs（脚）, body（胴体）

地理的特徴：desert（砂漠）, rainforest（熱帯雨林）, grassland（大草原）, lakes（湖）, mountains（山）, trees（木）, rivers（川）, waterholes（動物の水飲み場）

形容詞：long（長い）, big（大きい）, tall（背が高い）, fat（太っている）, small（小さい）, clever（賢い）, fast（速い）, strong（強い）, friendly（優しい）, funny（面白い）

色：red（赤）, blue（青）, green（緑）, purple（紫）, brown（茶色）, black（黒）, white（白）, yellow（黄色）, orange（オレンジ色）

形：circle（円）, triangle（三角）, square（四角）, rectangle（長方形）

ストーリー固有の語彙：vine（ブドウの木）, equals（等しい）, backwards（後方へ）, meeting（ミーティング）, tug of war（綱引き）, middle（真ん中）, half（半分）, crash（ガチャン）, splash（パシッ）

発音：

desert — ストレスが最初の音節に置かれる
tortoise — /ə/
triangle — /ɚɪ/
circle, purple — /ə:/

● 教科横断的学習

理科：動物の外見。
地理：アフリカ大陸の地形的特徴。
図画工作：ボードゲームを作る。
　アフリカの模様に色を塗る。
音楽とドラマ：アフリカの歌を歌う。
　ストーリーを演じる。
学習ストラテジー：予測する、記憶する、順序づける、訂正する、マッチングする、比較する、パターンを認識する。
概念の強化：色、大きさ、形。
公民：世界の文化に対する意識を高める。
　ある特定の国に生息する動物。
　人間の平等と人間の相違の尊重。

● 文化的情報

　ボードゲーム作りを通して、子どもたちがアフリカの模様、デザイン、色に関心を持つようになる。また、レッスン4で習う歌を通して、アフリカ音楽の音とリズムに触れる。

LESSON 1

学習目標
・アフリカについての概略を述べ、地理的用語を教える。
・ストーリーに登場する動物の種類を紹介し、クロスワードで語彙を練習する。

教材
・本書の362ページの世界地図を拡大コピーしたもの。
・アフリカの地図のコピー（生徒の人数分用意する）。
・アフリカの地図の拡大コピー（教師用に1部用意する）。
（注：アフリカの地図は後で述べる8つの地理的特徴を示しているものにしてください。地図は次のホームページからもダウンロードできます）
　　www.nationalgeographic.com
　　www.newafrica.com
・地理的特徴を述べた「単語カード」（315ページのワークシート'Word cards'を拡大コピーして作ったもの）：trees, waterholes, grassland, mountains, lakes, desert, rainforest, rivers。

- 動物の「単語カード」(315ページのワークシート 'Word cards' を拡大コピーして作ったもの)：elephant, giraffe, hippo, tortoise, snake, cheetah, lion, wildebeest, monkey。
- 動物の影絵の「絵カード」(317ページのワークシート 'African animals crossword'（アフリカの動物クロスワード）の絵を拡大コピーして作ったもの)。
- 317ページのワークシート 'African animals crossword' のクロスワードのコピー（生徒の人数分用意する）。
- セロテープやマグネットなど、黒板にカードを固定できるもの。

トピックの導入　これからアフリカのストーリーを学習することを子どもたちに伝えます。世界地図を見せ、アフリカの位置を尋ねます。また、Has anyone ever been to Africa? Which country did you visit? What did you see?（アフリカに行ったことがある人はいますか？　どの国を訪ねましたか？　何を見ましたか？）と質問します。

地理的特徴　黒板にアフリカの拡大地図を貼ります。子どもたちからアフリカについて知っていることを聞きます。mountains、desert、grassland、lakes、trees、rivers、waterholes、rainforest を引き出します（または導入します）。それぞれの単語に次の動作をつけます。子どもたちにその動作をまねさせてから発音練習をします。

　　mountains ― 両手で大きな山頂の形を作る。
　　rivers ― 両手で波の動きを作る。
　　desert ― 片手をおでこにあて（汗を表す）、舌を出す（渇きを表す）。
　　grassland ― 両手で長い草をかき分ける。
　　lakes ― 泳ぐまねをする。
　　trees ― 両手を一度頭の上の方へもっていく。
　　rainforest ― 両手をくり返し頭の上の方へもっていく。
　　waterholes ― 動物のように腰を曲げて水を飲む。

再び「単語カード」を見せながらリピートさせます。生徒を一人ずつ指名し、地図上でその単語の特徴を示している場所にその「単語カード」を貼らせます。クラス全体で動作をつけて単語を言います。

次のゲームをしながら単語を復習します。

1. 教師が単語カードを1枚ずつ取り、その単語を言います。生徒はその単語の動作をします。次に教師が動作をして、生徒はその動作の単語を言います。
2. 3人のグループを複数作ります。1つのグループの生徒に1枚ずつ単語カードを与えます。別のグループの一人ひとりにある動作をするように小声で伝えます。単語カードを持っている生徒はその動作を見て、自分が持っている単語の動作をしている生徒の隣に立ちます。最後に、動作をした生徒は一人ずつ黒板のところまで行き、地図上の該当する場所にその単語カードを貼ります。

各生徒にアフリカの地図のコピーを配ります。黒板の単語を見ながら、その地図に名称を書き込ませます。

動物　アフリカにいる動物を生徒に言ってもらいます。そして、黒板のアフリカの地図の周りに、動物の輪郭を形どった317ページのワークシートの「絵カード」を貼ります。その影絵が表している動物は何かを生徒にあててもらいます。ストーリーに出てくる別の動物の名前も引き出し、その発音を練習します。

動物あてゲーム

1. 教師がカードの9匹の動物のまねをして、生徒に何の動物かをあてさせます。

    elephant（ゾウ）：ゾウの鼻をまねて腕を顔の前において左右に動かす。
    lion（ライオン）：堂々とした態度で立ち、たてがみがあるかのように頭をふる。
    giraffe（キリン）：片手を頭の上のほうへ伸ばし、つま先で立つ。
    tortoise（カメ）：まるで甲羅の下にいるかのように、体を丸くしてゆっくりと歩く。
    cheetah（チーター）：とても早く走れるかのように、足と腕を動かす。
    monkey（サル）：わきの下（のくぼみ）をくすぐる。
    hippo（カバ）：口を大きく開け、上を見る。
    wildebeest（ヌー）：角があるかのように、頭の上に両手を置く。
    snake（ヘビ）：長さを表すように両手を離していき、シーッという音を出す。

    子どもたちが正しく動物を言いあてられたら、動物の「絵カード」を見せて黒板に貼ります。

2. 一人の生徒を前に出てこさせ、動物のまねをしてもらいます。ほかの生徒はそれを見て何の動物かをあてます。このように一人ずつ交代して、すべての生徒に動物のまねをさせます。生徒が動物の名前を言ったら、教師はその動物の「単語カード」を「絵カード」の隣に並べて貼ります。

3. 黒板からすべてのカードをはがし、「絵カード」または「単語カード」を1枚ずつ生徒に与えます。生徒は同じ動物のカードを持っているパートナーを探します。パートナーが見つかったら、2枚のカード（絵カードと単語カード）を黒板に貼ります。

クロスワード　動物の「単語カード」を黒板からはずします。317ページのワークシート 'African animals crossword'（アフリカの動物クロスワード）を各生徒に配ります。生徒は二人でペアになってクロスワードを解きます。最終的に、アミかけで伏せられている単語（答えはwaterhole）を見つける必要があります。机間巡視をし、困っている生徒がいたら援助してあげます。クロスワードができたら、パートナーとワークシートを交換します。教師は、答え合わせの参考となるように動物の単語カードを再び黒板に貼りま

答え：

```
1        W I L D E B E E S T
2      S N A K E
3    T O R T O I S E
4        E L E P H A N T
5        G I R A F F E
6          H I P P O
7        M O N K E Y
8          L I O N
9    C H E E T A H
```

LESSON 2

学習目標
- 動物の名前を復習する。
- 形容詞を導入する：big, strong, tall, small, fast, funny, fat, friendly, long。
- 「be 動詞＋形容詞」を用いて動物を説明する。
- 接続詞 but を使う練習をする。

教材
- レッスン1で使用した動物の「絵カード」。
- 形容詞の「単語カード」(315ページのワークシートを拡大コピーして作ったもの)。
- 目隠し。
- セロテープやマグネットなど、黒板にカードを固定できるもの。

動物の特徴を表す形容詞

動物の「絵カード」を上に掲げ、動物の名前を復習します。次の〔　〕内の動作をして、それぞれの動物の特徴を表す形容詞を生徒に推測させます。

The elephant is …〔両腕を頭の上で広げ〕… big.
The lion …〔筋肉を動かして〕… strong.
The giraffe …〔片手を頭の上の方へ上げ、つま先で立って〕… tall.
The tortoise is …〔人差し指と親指を近づけて〕… small.
The cheetah is …〔腕と足を速く動かして〕… fast.
The monkey is …〔両手をお腹の前においで笑って〕… funny.
The hippo is …〔ほおに空気をためて、体の両脇で両手を開いて〕… fat.
The wildebeest is …〔優しくほほえんで〕… friendly.
The snake is …〔両手を離していき〕… long.

ゲーム

1. 動物の特徴を表す形容詞を動作で表し、その単語を言います。例えば、腕を曲げて筋肉を動かして strong と言います。子どもたちはその動

物が何か推測し、答え（lion）を言います。

2. 教師が形容詞を言います。子どもたちはその形容詞に合う動物を答えます。例えば、教師が strong と言ったら、子どもたちは lion と答えます。

3. 教師が動作をします。子どもたちはその動作に合う形容詞を言います。例えば、教師が腕と足を早く動かしたら、子どもたちは fast と答えます。

4. 単語テニス：クラスを2つのグループに分けます。1つのグループ（A）が動物の名前を言います。もう一方のグループ（B）は、その動物に合う形容詞を答えます。例えば、グループ（A）が lion と言ったら、グループ（B）は strong と答えます。

5. 目隠しゲーム：一人の生徒にクラスの前で目隠しをしてもらいます。また、別の一人の生徒に前に出てきてもらい、「絵カード」の中の好きな動物のポーズをして黙ってじっと立っていてもらいます。目隠しをした生徒は動物のポーズをした生徒に質問をし、その動物の名前を答えます。ゲームの前に次のダイアログを練習します。

   例：目隠しをした子ども：Are you small?（あなたは小さいですか？）
   動物の子ども：No, I'm not.（いいえ、小さくありません）
   目隠しをした子ども：Are you big?（あなたは大きいですか？）
   動物の子ども：Yes, I am.（はい、大きいです）
   目隠しをした子ども：Are you an elephant?（あなたはゾウですか？）
   動物の子ども：Yes, I'm a big elephant.（はい、私は大きなゾウです）

   子どもの様子をよく観察し、目隠しをした子どもがうまく質問をすることができずに困っていたらサポートしてください。

ライティング　黒板に動物の「絵カード」を貼り、その隣に対応する形容詞のカードを貼ります。子どもたちに動物を1匹選ばせ、その動物について説明させます。be 動詞、接続詞の and、形容詞を2つ以上使うように促します。子どもたちが言った文（例：The monkey is funny and small. / The elephant is big and strong.）を黒板に板書し、書き写させます。そのあと、子どもたちに各自で動物を説明する文を書かせます。

動物の名前と形容詞を復習してレッスンを終わります。

LESSON 3

学習目標
- *The Clever Tortoise* のストーリーを読む。
- ストーリーの絵を順番に並べる。
- ボードゲームを作り始める。

教材
- 311 ページのワークシート 'Story pictures'（ストーリーの絵）のコ

ピー（生徒の人数分用意する）：12 枚の絵に切り分けたカードはなくさないように封筒に入れてとっておく。
- ワークシート 'Story pictures'（ストーリーの絵）を拡大コピーし 12 枚のカードにしたもの：各カードの裏に 1〜12 の番号を書いておく。
- 319 ページのワークシート'Game board'（ゲームシート）を A3 サイズの厚紙に拡大コピーしたもの（生徒の人数分用意する）。
- レッスン 1 で使用したアフリカの地図（拡大版）。
- のり。
- セロテープやマグネットなど、黒板にカードを固定できるもの。
- A3 サイズの紙または厚紙（生徒の人数分用意する）。
- 本書の CD#18：*The Clever Tortoise* の朗読。
- CD プレーヤー。

ストーリー・テリング（読み聞かせ）

　まずタイトルを読みます。*The Clever Tortoise* は西アフリカに伝わる民話であることを生徒に説明し、地図でその場所を示します。ストーリーを読みながら対応する 311 ページのワークシート 'Story pictures'（ストーリーの絵）の絵を指します（絵は左から右に順番に並んでいます）。すべての生徒に絵が見えているか確認してください。動物のまねやジェスチャー、表情を利用して、子どもたちの理解を助けましょう。最初の読み聞かせでは、子どもたちはストーリーを聞きながら絵を追います。読み聞かせが終わったら、このストーリーが気に入ったかどうか、また、カメについてどう思うか尋ねます。カメについて clever を引き出します。子どもたちに Tag of War（綱引き）をしたことがあるか聞いてください。したことがあるならば、子どもたちの母語では何と呼ばれているか尋ねます。

　黒板に拡大コピーをした 12 枚のストーリーの「絵カード」をランダムに貼ります。再びストーリーを読みます。一人ずつ生徒を指名し、黒板の絵を正しい順番に並べ替えさせます。

　再びストーリーを読みます。今回は子どもたちにも読めるところは一緒に読んでもらいます。教師は読みながら対応する「絵カード」を見せます。重要な単語のところはわざと読まないで生徒に言わせます。その単語を生徒から引き出すために、教師は質問をしたり、動作をまねたり、絵を指し示したりしましょう。例えば、1 番目のカードを見せながら 'One day at a ...' と言って meeting を引き出します。また、Have you ever been to a meeting?（ミーティングに出たことがありますか？）と質問します。'Lion said, "We are all special. I am strong. Giraffe is ... Cheetah is ... Snake is ..."'を読みながら、これまでのレッスンで学習した形容詞（tall、fast、long など）を引き出します。

ストーリーゲームを作る

　A3 サイズに拡大コピーしたゲームシート（319 ページのワークシート）と 12 枚の絵カードを各生徒に配ります。生徒に最初の絵（動物の集会）を選ばせます。その絵を 1 番の四角い枠の上に置きます（313 ページのワークシートの一番上の左の文章がその下にきます）。教師がストーリーをゆっくり読んでいる間に、残りの絵も同じように正しい順番でゲームシートの四角い枠の上に置かせます。次に CD#18 に収録されているス

トーリーの朗読を聞かせます。それに合わせて、教師はストーリーの「絵カード」（拡大版）を上に掲げます。子どもたちはそれを見て、絵を置く順番が合っているかどうか確認します。順番通りに置けたら、すべての絵をのりで貼りつけます。そのあと、四角い枠の点線に沿って切れ目を入れ、折りぶたを作ります。このとき、生徒が左端を切らないように注意してください。切るのがむずかしいようであれば手伝ってあげてください。

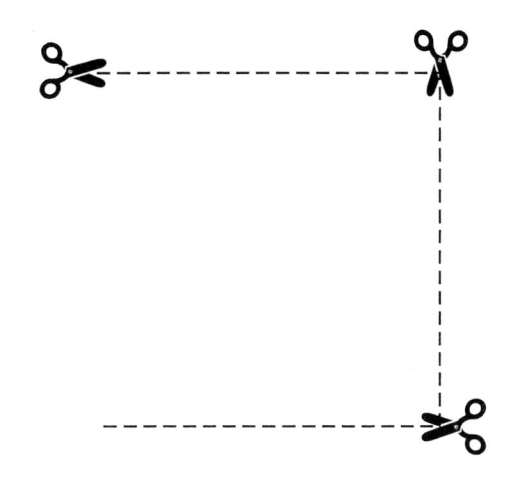

A3サイズの用紙または厚紙を各生徒に配ります。その上にゲームシートを置き、貼りつけます。折りぶたの部分はのりで貼らないように気をつけてください。仕上がりはこのようになります。

LESSON 4

学習目標 ・形容詞を復習し、最上級を導入する。
・歌を歌う。

教材 ・レッスン2で使用した形容詞の「単語カード」。
・レッスン1で使用した動物の「絵カード」。
・321ページのワークシート 'Song worksheet'（歌：'Oh wa de he'）のコピー（生徒の人数分用意する）。

- 本書 CD#19（歌：'Oh wa de he'）。
- CD プレーヤー。
- セロテープやマグネットなど、黒板にカードを固定できるもの。

最上級　動物の特徴を表す形容詞を復習します。動物の「絵カード」と形容詞の「単語カード」を生徒に渡します。それらが対応するように組み合わせ、黒板に貼らせます。動物の大きさを比較することによって最上級を導入します（例：The monkey is small. The tortoise is small. The snake is small. Which one is the smallest? (サルは小さいです。カメは小さいです。ヘビは小さいです。この中で一番小さいものはどれですか？))。これらの動物のカードを大きさの順に並べ、カメが一番小さいことを強調します。黒板のカメのカードの隣に the smallest と書きます。このとき、the と smallest を違う色で書きます。こうして子どもの注意が「the＋形容詞＋est」の構造に向くようにします。すべての動物と形容詞のカードを使ってくり返し練習します。生徒たちにも最上級に変化させる作業をさせると、生徒は次第にそのパターンを理解し自分で使えるようになるでしょう。

最上級を練習するためのゲーム　クラスを2つのグループ（AとB）に分けます。Aチームの生徒一人が最上級を言います。それを聞いてBチームがそれに合う動物を言います。

例：
Aチーム：The fastest!
Bチーム：The cheetah is the fastest.

交代して同じようにやります。正しい答えが言えたら1ポイント獲得します。ポイントを多く取ったチームの勝ちです。

アフリカの歌：'Oh wa de he'　これからアフリカの歌を学習します。多くのアフリカの歌では、リーダーが1フレーズ歌うと、コーラスがそれに応えます。コーラスは歌っている間、体を動かしたり踊ったりします。リズミカルな手拍子も添えます。CD #19 を再生し、アフリカの歌を子どもたちと一緒に聞きましょう。

Oh wa de he wa de ho
Wa de he he he ho（×4）　〔最初の2回はソロ、そしてコーラスが入る〕

The cheetah is the fastest
The lion is the strongest（×2）　〔全員が歌う〕

Oh wa de he wa de ho
Wa de he he he ho（×2）　〔最初だけソロ、そしてコーラスが入る〕

The elephant's the biggest
The hippo is the fattest（×2）　〔全員〕

Oh wa de he wa de ho
Wa de he he he ho（×2）　〔ソロ、そして全員〕

The giraffe is the tallest

The tortoise is the cleverest（×2）〔全員〕

Oh wa de he wa de ho
Wa de he he he ho（×2）　　　　〔ソロ、そして全員〕

再び歌を聞かせます。今度は最上級の前で一時停止をして歌を止め、子どもたちに次に来る最上級を言わせます。

穴埋め　　子どもたちに 321 ページの歌のワークシートを配り、再び歌を聞いて空欄を埋めさせます。

歌を歌う　　子どもたちに 1 枚ずつ動物の「絵カード」を配ります。歌の CD#19 を流します。自分が持っているカードの動物が出てきたら、すばやく立ってその絵カードを見せます。

2 つのグループを作ります。片方のグループは歌詞の最初の部分を歌います。もう片方のグループは最上級の部分を歌います。例えば、片方のグループが 'the lion' を歌ったら、もう片方のグループは 'is the strongest' を歌います。

次に同じように 2 つのグループに分かれ、片方のグループは歌を歌い、もう片方のグループは動物と形容詞の動作をします。交代して同じように歌います。

アフリカのビートのリズムにのって踊りながら歌を歌います。教師が手本を示しましょう。体を左右にゆらし、手拍子をし、指を鳴らして歌います。

The cheetah（手拍子）is the fastest（指を鳴らす）
The lion（手拍子）is the strongest（指を鳴らす）

ライティング：物を比較する（オプション）　　生徒は授業中、ないしは、家庭で宿題として動物を比較する文を書きます。

例：The monkey is small but the tortoise is the smallest.
　　（サルは小さいが、カメが一番小さい）
　　The hippo is big but the elephant is the biggest.
　　（カバは大きいが、ゾウが一番大きい）

LESSON 5

学習目標
・色を導入または復習する：purple, red, green, blue, brown, black, yellow, orange。
・形を導入または復習する：square, triangle, circle, rectangle。
・語順を導入または復習する：大きさ＋色＋名詞（例：a big blue triangle）。
・アフリカの模様に色を塗り、ゲームシートのカバーを作る。

教材
・いろいろな形のカード：上で述べた色を使って次の形を作る（big circle

（大きな円形）、small circle（小さい円形）、big rectangle（大きな長方形）、small rectangle（小さい長方形）、big square（大きな四角形）、small square（小さい四角形）、big triangle（大きな三角形）、small triangle（小さい三角形））。
- クレヨン。
- 323ページのワークシート 'Cover for board game'（ゲームシートのカバー）のコピー（生徒の人数分用意する）。
- レッスン3で子どもたちが作ったゲームシート。
- A4サイズの用紙。
- セロテープやマグネットなど、黒板にカードを固定できるもの。

いろいろな形　黒板にcircle（円）、square（四角）、rectangle（長方形）、triangle（三角形）の形をしたカードを貼ります。それらの形のカードを指しながら単語を言い、生徒にリピートさせ、発音をくり返し練習します。

単語の理解：黒板の片側にそれぞれの形の名前を書きます。生徒にその隣に絵カードを貼らせます。

シェイプ・ディクテーション：黒板の文字を消します。子どもたちにA4サイズの用紙を配り、教師が言う形を描かせます（例：Draw a big triangle!（大きな三角形を描きなさい）、Draw a small circle!（小さな円形を描きなさい）、Draw a big square!（大きな四角形を描きなさい））。それぞれの形を比較的大きく描かせましょう。そして、その形の中に名前（a big triangle、a small circle、a big squareなど）を描かせます。もう一度それらの単語を板書し、つづりを確認させます。

いろいろな色　いろいろな図形のカードを上に掲げ、What color is it?（何色ですか？）と尋ね、It's blue.（青色です）と答えさせます。そして、It' a **blue** triangle. のblueを強調して言います。子どもたちにa blue triangleをリピートさせます。黒板に三角形のカードを貼り、その下にa blue triangleと書きます。ほかの形についても同じようにします。発音も練習します。青色の大きな三角形のカードを上に掲げa big blue triangleと言い、子どもたちにリピートさせます。ほかの形についても同じように練習します。

次に、別の形のカードを上に掲げ、そのカードについての文を言います。その文が正しければ子どもたちはリピートします。正しくなければ黙っています。例えば、教師が青色の小さい三角形のカードを見せて**a big blue triangle**と言ったら、その文は正しくないので子どもたちはリピートせずに黙っています。ほかの形のカードについても同様にします。

黒板に図形のカードを貼り、カードの下に形の名前と、その前に大きさを表す形容詞を書き加えます。次に、黒板に貼られているカードをはずし文字だけにします。4人の生徒に前に出てきてもらい、文字の下に該当する形のカードを貼らせます。

シェイプ・ディクテーションで描いた形に黒板の絵カードと同じ色を塗らせ、それを切り抜き、ノートに貼らせます。それぞれの形の下に黒板の文字を写し取らせます。

ゲームシートのカバーを作る

323ページのワークシート「ゲームシートのカバー」のコピーを生徒に配ります。表紙の模様を見せて学習した形の名前を復習します。表紙の大きな丸の中の丘の上にカメの絵を書き、黒色を塗らせます。ストーリーの影絵と調和するように、カメの背景は青色で塗ります。子どもたちにストーリーのタイトルは何だったかを尋ね、表紙の大きな長方形の中に The Clever Tortoise と書かせます。

カラー・ディクテーション

これからゲームシートのカバーに描かれているアフリカの模様に色を塗ることを生徒に伝えます。その表紙のいろいろな形を指して、大小の形を区別させます。時間を節約するために、生徒には小さい形の部分だけに色を塗らせ、残りは宿題にします。次の文を注意深く聞いて色を塗ります。生徒が理解しやすいように、それぞれ該当する形のカードを指し示してもかまいません。また、background（背景）と border（縁）の意味を教えてください。

Color the small squares purple!（小さい四角形を紫色で塗りなさい）
Color the circles brown!（円形を茶色で塗りなさい）
Color the big squares red!（大きい四角形を赤色で塗りなさい）
Color the small triangles green!（小さい三角形を緑色で塗りなさい）
Color the big triangles blue!（大きい三角形を青色で塗りなさい）
Color the rectangles yellow!（長方形を黄色で塗りなさい）
Color the background orange!（背景をオレンジ色で塗りなさい）
Color the border of the circle purple!（円形の縁を紫色で塗りなさい）

生徒が確認を求めている場合は、もう一度文を読み上げてください。この色塗りの続きは宿題にします。次に、レッスン1で作ったゲームシートを子どもたちに返します。そのゲームシートを半分に折り、アフリカの模様の紙を下の絵のように貼ります。

形と色を復習し、歌を歌ってレッスン5を終了します。

LESSON 6

学習目標
・ゾウのチャンツを学習する。
・体の部位の名前を導入または復習する：ears, eyes, legs, body, mouth, head, face, nose, neck。
・動物の特徴を表す単語を導入または復習する：truck, tusks, mane, long tail, spots, shell, big mouth, scales, long neck, beard, horns。
・形容詞を復習する。
・be動詞（is）とhave〔has〕を使って動物の説明文を書く。

教材
・本書のCD#20：Elephant Chant（ゾウのチャンツ）。
・CDプレーヤー。
・レッスン1で使用した動物の「絵カード」（拡大版）。
・動物の体の部位と特徴の「単語カード」（315ページのワークシートで作ったもの）。

ゾウのチャンツ
ストーリーに登場する動物の名前を復習します。ゾウに注目し、その特徴を言わせます（例：An elephant has a trunk/tusks（ゾウは鼻／牙を持っています））。ゾウのチャンツを聞きながら、教師の動作を見るように伝えます。

The elephant has one long <u>trunk</u>.〔鼻から腕を伸ばす〕
The elephant has one big <u>mouth</u>.〔口を大きく開ける〕
The elephant has one fat <u>body</u>.〔体の脇で両腕を広げる〕
And the elephant has one short <u>tail</u>.〔腕を後ろに回して振る〕
The elephant has two small <u>eyes</u>.〔両目を指さす〕
The elephant has two big <u>ears</u>.〔耳の後ろで手をひらひら動かす〕
The elephant has tow long <u>tusks</u>.〔鼻の両側で人差し指を立てる〕
And the elephant has four strong <u>legs</u>.〔足を指さし、足踏みする〕

アクション・ゲーム
1. 再びチャンツを聞き、教師と一緒に動作をします。
2. 動作をつけて体の部位をリピートします。例えば、trunkは腕を鼻のところに置き、mouthは口を大きく開きます。教師のあとに続いてリピートさせます。発音も練習します。
3. 教師が体の部位を指さし、生徒にその名前を言わせます。
4. 生徒一人ひとりに体の部位の名前を言わせます。このときに教師はわざと間違った体の部位を指します。教師の間違いを訂正させ、生徒の理解をチェックします。
5. CD #20を再生し、チャンツをリピートさせます。動作も一緒にさせましょう。
6. もう一度、チャンツを聞かせます。今度は体の部位の前で一時停止し、続きを生徒に言わせます。

動物の特徴
ゾウの特徴（鼻と牙）を復習します。黒板のゾウの絵の隣にその特徴を表す「単語カード」を貼ります。黒板にほかの動物のカードを貼り、そ

れぞれの動物の特徴を聞きます。生徒が母語で答えた場合は、教師が英語に直してリピートさせます。発音も練習します。

生徒が単語を言ったら、対応する動物の絵の隣に「単語カード」を貼り、その単語をリピートします。生徒が覚えたら、そのカードを黒板からはずします。

動物を説明する　　ゾウについての説明文を参考に見せます。

例：The elephant is big and strong. It is gray. It has a long trunk and two white tusks. It has strong legs and a fat body. It has big ears and a short tail.（ゾウは大きくて力強い。体は灰色である。長い鼻と2本の白い牙がある。足は力強く、体は太い。大きな耳と短い尻尾がある）

ゾウ以外の動物ついて、「be 動詞＋形容詞」、「have＋名詞」の形を使って短い文章を書かせます。宿題でそれぞれの動物の絵を描かせてもよいでしょう。教室に生徒の作品を展示します。

ゾウのチャンツを合唱してこのレッスンを終えます。

LESSON 7

学習目標
- ストーリーゲーム用小物をすべて作り終え、実際にそれらを使ってみる。
- ストーリーを演じる（オプション）。

教材
- 313 ページのワークシート 'Story text'（ストーリーの全文）のコピー（生徒の人数分用意する）：切り離してカード状にし、封筒に入れておく。
- 321 ページのワークシート 'Markers and spinner for board game'（ストーリーゲーム用ルーレットとコマ）のコピー（4人グループに1枚ずつ用意する）。
- 325 ページのワークシート 'Game cards for board game'（ストーリーゲーム用カード）を切り離してカード状にしておく（4人グループに1セットずつ用意する）。

- 生徒が作ったゲームシート。
- A4 サイズの紙。
- とじ鋲（びょう）（ルーレットの矢を留めるもの）、のり、はさみ。

リーディング　このレッスンでストーリーゲーム用小物をすべて作り終えます。折りぶたの下にストーリーのカードを貼ります。生徒にストーリーの全文のコピーを配ります。ペアになって一緒に文章を読み、対応する絵の折りぶたの下にストーリーのカードを置きます。まだ、文章をのりで貼りつけてはいけません。クラス全体で正しい順番を確認してからのりで貼ります。

ゲームシートを準備する　ストーリーゲーム用小物を実際に使ってみます。321 ページのワークシート 'Markers and spinner'（コマとルーレット）、A4 サイズの厚紙、のりを子どもたちに配ります。4 つのコマの単語（tortoise, lion, hippo, elephant）の意味を確認します。ゲームのコマを A4 の厚紙に貼り、切り取ります。次に、ルーレットの円盤と矢を切り取り、円盤と矢の真ん中をとじ鋲で留めます〔訳者注：この作業は 4 人のグループで行います〕。

次のゲーム用語を教えます。
It's my/your turn.（私／あなたの番です）
Spin the arrow.（矢を回転させなさい）
Retell the story.（ストーリーを自分のことばで再生しなさい）
Pick up a card.（カードを取りなさい）
Is it true or false?（真実ですか？　間違いですか？）
Put the card at the bottom of the pile.（積み重ねられたカードの下に、そのカードを置きなさい）

子どもたちの準備が整ったら、4 人ずつのグループに分け、それぞれのグループに 325 ページのゲームカードを 1 セット与えます。ゲームのやり方を説明し、実際にゲームを行わせながら生徒の様子を観察します。困っている生徒がいたら援助します。

ゲーム：賢いカメ　このゲームは 4 人で行います。ストーリーを自分のことばで言い替えたり、質問に対して True/False（正しい／間違っている）で答えたりしながら、最初から最後まで進んでいく必要があります。最初に終えた人が勝ちです。

1. 机の上に 325 ページのゲームカードを裏返しにして置きます。
2. ゲームをする 4 人はコマを選び、スタートのところに置きます。
3. 最初の人が回転盤の上で矢を回転させます。そして出た数だけコマを動かします。四角い絵の上にきたら、その絵が意味するストーリーの部分を（折ぶたの下の文章を見ずに）語ります。1 語 1 語きちんと語る必要はありません。ストーリーのキーワードを使って簡単に説明すればよいのです。小さい四角形または三角形の絵のところにきたら、積み重ねられたカードの山から 1 枚抜き取り、そのカードを見ないで次の人に渡します。カードをもらった生徒は、そのカードの内容を読

み上げます。その内容に対して、最初の生徒が True/False で答えるか、指示に従います。True/False の答えはそのカードに書いてあります。答えが間違っていた場合や答えられなかった場合は、1 回休みになります。読んだカードは積み重ねられたカードの山の一番下に置きます。
4. 次の生徒は矢を回転させ、出た数だけコマを進めます。ストーリーを自分のことばで言い替えるか、またはゲームカードを取ります。

（「ストーリー・ノート」執筆：Nayr Ibrahim）

8 　The Elephant and the Bad Baby

作者：Elfrida Vipont
絵：Raymond Briggs

≪**WORKSHEETS**≫

Shop flashcards（店のフラッシュ・カード）
　　p. 327
Shopkeeper flashcards（店主のフラッシュ・
　　カード）p. 329
Food flashcards（食べ物のフラッシュ・カード）
　　p. 331
Vocabulary activity（語彙練習）　p. 333
Shopping game（買い物ゲーム）　p. 335

The Elephant and the Bad Baby は、面白くて道徳的なストーリーです。散歩に出かけたゾウがやんちゃな赤ちゃんに出会います。一緒に町へ行き、いろいろな店を訪れているうちに、ゾウはその赤ちゃんのマナーがあまり良くないことに気づきます。

ストーリーは過去形で語られ、直接話法が使われています。伝統的な物語の要素（ことばのくり返し、乗りの良いリズム、話の筋が読める文の終え方など）をすべて含んでいるので、子どもたちは、次に何が起こるか予測したり、読み聞かせに参加したりしながら、ストーリーを部分的に覚えてしまいます。同じ文章がくり返されるので、あまりにも長く感じられる場合は、登場人物を一人または二人減らしたり、子どもたちになじみの薄い登場人物をもっと身近なものにしたりしてもかまいません（例えば、屋台商人 (barrow boy) の代わりに八百屋さん (green grocers) に代えることも可能です）。

レッスン5での読み聞かせに備えて、レッスン1から4でキーとなる語彙を導入します。

● **最終到達目標と成果**

買い物ゲームをする。
良いマナーと丁寧なことば使いについてのクラス・マニュアルを作成する。

● **言語的到達目標**

スキル：
リスニング：ストーリーを聞きながら、キーワードと絵をヒントにして全体的なストーリーの流れを理解する。
　　指示を聞き取る。
スピーキング：キーとなる重要な語彙をくり返し言う。
　　質問をしたり、質問に答えたりする。
　　ロールプレイをする。
　　一緒に歌やライムを歌う。
リーディング：買い物リストを読む。
　　ゲーム盤の質問を読む。
ライティング：名称を書き込む。
　　単語を書き写す。
　　ショッピングリストを書く。
　　良いふるまいに関するクラスの決まり（class code of conduct）を作る。
　　丁寧なことば使いの小冊子を作成する。

文の機能と構造：

単純過去形で語られる文章を理解する。
draw、add などを使った指示を理解する。
Would you like ...? を使って、丁寧に何かを申し出る。
Yes, please. / No, thank you. を使って、丁寧に何かを受け入れたり断ったりする。

I'd like ... **please**. / Can I have ... **please**? / Have you got ... **please**? を使って、丁寧に何かを要求する。

we will / we will not ...を使って意思を表す。

語彙：

食べ物の店：ice-cream stall（アイスクリーム屋）、butcher's shop（肉屋）、baker's shop（パン屋）、snack bar（軽食堂）、grocer's shop（食料雑貨店）、sweet shop（菓子屋）、fruit barrow（フルーツの屋台）

店主：ice-cream man（アイスクリーム屋さん）、butcher（肉屋さん）、baker（パン屋さん）、snack bar man（軽食堂店主）、grocer（食料雑貨屋さん）、sweet-shop lady（菓子屋さん）、barrow boy（屋台商人）

食べ物：ice-cream（アイスクリーム）、pie（パイ）、bun（丸いパン、ロールパン）、crisps（ポテトチップス）、chocolate biscuit（チョコレートビスケット）、lollipop（棒つきキャンディ）、apple（リンゴ）、pancakes（パンケーキ）

体の部位：hump（こぶ）、trunk（ゾウの鼻）、tusks（牙）、tail（尻尾）

動詞：stretch(ed) out（（手足などを）伸ばす）、pick(ed) up（持ち上げる）、go/went（行く）、meet/met（会う）、say/said（言う）、put/put（置く）、come/came（来る）、take/took（取る）、sit/sat（座る）、fall/fell（落ちる）

形容詞：bad（悪い）、good（良い）、big（大きい）、small（小さい）、strong（強い）、large（大きい）、long（長い）、thick（厚い、太い）、heavy（重い）

接続語：soon（すぐに）、next（次に）、then（その後）、first（最初に）、second（第2に）、third（第3に）、so（だから）、but（しかし）

発音：

質問と答えのイントネーション：Would you like a bun?—Yes, please!

個々の音：butcher の [ə]
　　　　　bun/rumpeta の [ʌ]

子音結合：crisps の /sps/

ストレス：RUMpeta, Yes, PLEASE!, ice-CREAM

● 教科横断的学習

地理および環境：いろいろな店と食べ物。

図画工作：本を作る、絵を描く。

音楽とドラマ：ライムと歌に動作をつけて歌う、ロールプレイをする。

学習ストラテジー：予測する、順序立てる、問題を解く、分類する、記憶する。

概念の教科：大きさと形、原因と結果。

公民：丁寧で礼儀正しいふるまいの重要性を徹底する。

● 文化的な情報

　この絵本には Raymond Briggs の美しい絵が描かれています。絵本に描かれた街頭の風景、店内の様子は1950年代から1960年代の典型的なイギリスの様子をよく表しています。絵本を見せながら、子どもたちに話してあげることがたくさんあります。例えば、grocer（食料雑貨店）では、普通乾燥した食べ物と家庭用品を売っています。green grocer（八百屋）は新鮮な果物と野菜を売っています。tea とは、イギリスで午後4時から5時ごろに食べられる午後の軽食のことです。サンドイッチとケーキを食べ、紅茶を飲むのが一般的です。ストーリーの中で、赤ちゃんのお母さんがこの tea の時間にパンケーキを焼いています。パンケーキをフライパンの上にぽいとひっくり返している絵が描かれています。パンケーキはフレッシュ・レモンジュースと砂糖またはジャムと一緒に出されます。

LESSON 1

学習目標　　・ストーリーの概要を説明し、主要な登場キャラクター（ゾウと赤ちゃん）を紹介する。

　　　　　　・ピクチャー・ディクテーションをしながら指示を聞き取る練習をする。

教材　　　　・ピクチャー・ディクテーション用の紙。

・本書の CD#22：'Elephant rhyme'（ゾウのライム）。
・CD プレーヤー。
・クレヨンまたはサインペン。

ピクチャー・ディクテーション　英語の指示を聞き取りながら絵を描きます。何を描くかは伝えずに、子どもたちに想像させます。子どもたちの聞き慣れない単語には動作をつけて意味を理解させましょう。まず、黒板に半円を描き、2 つの目をつけます。

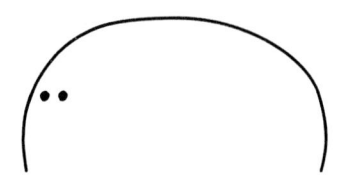

指示：Draw a big hump. Look! Copy the semi-circle and eyes on the middle of your paper.（大きなこぶを描きなさい。さあ、見てごらん。自分の紙の真ん中に黒板の半円と目の絵をまねして描きなさい）　紙を上に掲げ生徒に見せます。Draw a long trunk. Add four legs. Draw two big ears. Add two tusks. Draw a small tail.（長い鼻を描きなさい。4 本の脚を描きたしなさい。2 つの大きな耳を描きなさい。そこに 2 本の牙を描き加えなさい。短い尻尾を描きなさい）

少なくとも 2 回は指示をくり返し聞かせます。そのあと、再び指示をくり返しながら、理解できなかった生徒のために黒板に絵を描き、体の部位などの名称を書き加えます。これで、理解できなかった生徒もわかるようになり、ほかの生徒についていくことができるでしょう。意味を理解さ

せるために、教師が自分の目、耳、足などを直接指しながら指示を与えてもよいでしょう。絵が完成したら、生徒はお互いに見せ合い、色を塗ります。生徒全員がゾウを描いたか確認してください。

　語彙の理解を確かめるために、生徒に黒板のところまで来てもらい、ゾウの体の部分を指させます（例：Stephanie, point to the tail! Helena, what is this?（ステファニー、尻尾を指して！　ヘレン、これは何？）。

　ピクチャー・ディクテーションで描いたゾウに名前をつけさせ、展示します。

ゾウのライム
(Elephant rhyme)

　次のライム（CD#22）を導入します。子どもたちが歌詞に慣れてきたら、ゆっくりと歩き回らせます。体を左右にゆらせながら、頭を下げ、片腕をゾウの鼻のように垂れて歩きます。

The elephant is big and strong,	（ゾウは大きくて強い、
His ears are large, his trunk is long.	ゾウの耳は大きく、鼻は長い。
He walks around with heavy steps,	ゾウは重い足取り〔のろのろした歩調〕、
Two tusks, one tail and four thick legs.	2本の牙、1本の尻尾と4本の太い脚で歩き回る）

ストーリーの導入

　これからゾウのストーリーを学習することを生徒に伝えます。絵本の表紙を見せ、赤ちゃんの絵を指しながら、It's a story about and an elephant and a bad baby.（ゾウとやんちゃな赤ちゃんのストーリーです）と言います。bad の意味を理解させるために、good の反意語であることを説明します。また、イントネーションや顔の表情を変えて、good と bad の意味の違いを強調します。さらに、Were you a bad baby or a good baby?（あなたはやんちゃな赤ちゃんでしたか？　お利口な赤ちゃんでしたか？）、Do you have a baby brother/sister?（赤ちゃんの弟／妹はいますか？）、Is he/she good or bad?（その赤ちゃんはお利口ですか？　それともやんちゃですか？）などの質問をします。

　実際にゾウを見たことがあるかどうか尋ねます。見たことがある生徒に Where? What was it like?（どこで見ましたか？　ゾウはどんな外見でしたか？）と聞きます。生徒にゾウに乗ったことがあるかどうかも尋ねます。子どもたちは街の中でゾウを見たことがあるでしょうか？　パレードで見たのでしょうか？　動物園で見たのでしょうか？　'Elephant rhyme'（ゾウのライム）を歌って、このレッスンを終えます。

LESSON 2

学習目標

・新しい語彙を導入する：shops（いろいろな店）。

教材

・店のフラッシュ・カード：327ページのワークシート 'Shop flashcards'（店のフラッシュ・カード）を厚紙に拡大コピーし、切り取ってカードにしたもの（できれば色を塗っておく）。

- ワークシート'Shop flashcards'（店のフラッシュ・カード）を厚紙にコピーしたもの（生徒の人数分用意する）。
- 店のフラッシュ・カードを入れておく封筒。
- はさみ。
- セロテープやマグネットなど、黒板にカードを固定できるもの。

新しい語彙：食べ物の店　再び表紙を見せ、語彙を復習します。The Elephant and the Bad Baby go into town and visit different places where you can buy food. Where do you think they go?（ゾウと赤ちゃんは街へ行き、食べ物が買える場所を訪れます。どこへ行くと思いますか？）と質問します。supermarket、cheese shop、market など、思いつく場所を言ってもらいます。生徒の答えが合っていない場合は、Yes, but they don't visit the … today.（そうね、でも今日はそこへは行かないの）、または、Yes, they could do, but there isn't a … in this town.（そうね。そこへ行けるわね。でも、この街には…はないのよ）、あるいは、Yes, but it's not open today.（そうね。でも今日は開いてないの）などと言います。生徒がこのストーリーに出てくる店（baker's shop など）を答えたら、教師がその単語を復唱し、クラス全員にリピートさせます。そして、黒板または壁にそのフラッシュ・カードを貼ります。このようにしてストーリーに出てくるすべての店を導入します。しかし、snack bar（軽食堂）と fruit barrow（フルーツの屋台）は生徒から出てこないかもしれません。その場合は教師から紹介してもかまいません。

　ワークシート'Shop flashcards'（店のフラッシュ・カード）のコピーを各生徒に配り、それぞれの店の名前を書かせます。生徒が書き写せるように、教師はそれらの単語を板書します。空白の部分には好きな店の絵を描き、その店の名前を下に書かせます。その店の名前とそのつづりについては、必要に応じて教えてあげてください。コピーを切り離し、フラッシュ・カードを作らせます。フラッシュ・カードの裏には自分の名前のイニシャルを書かせます。

語彙の練習　次の中から適当なゲームを選んでください。生徒たちがゲームのやり方を理解したら、4人または5人のグループに分けます。

何がないかな？：黒板に店のフラッシュ・カードを貼ります。生徒に目を閉じるように言います。教師がフラッシュ・カードを1枚抜き取ります。生徒に目を開けるように言い、どの店がなくなったか答えさせます。

順番に並べよう！：店のフラッシュ・カードをストーリーに出てくる順番に並べて黒板に貼ります。そのあと、そのフラッシュ・カードをシャッフルして、生徒に正しい順番に並べかえさせます（例：Christel, put the ice-cream stall first!（クリステル、アイスクリーム屋のカードを1番目に貼りなさい！）、Michel, put the butcher's shop second!（ミシェル、2番目に肉屋のカードを貼りなさい！））。この機会に next と then を導入してもよいでしょう（例：Next, put the butcher's shop on the board!（次に、黒板に肉屋のカードを貼りなさい）、Then put the baker's shop on the board!（それから、黒板にパン屋のカードを貼りなさい））。

記憶ゲーム：記憶ゲーム'I went to market'（私は市場へ行った）の変形版です。

生徒1：I went to the butcher's shop.
　　　　（私は肉屋へ行った）
生徒2：I went to the butcher's shop and to the baker's shop.
　　　　（私は肉屋とパン屋へ行った）
生徒3：I went to the butcher's shop, the baker's shop and the grocer's shop.
　　　　（私は肉屋とパン屋と食料雑貨店へ行った）

　カードを入れておく封筒を配ります。封筒に shops と名前を書かせ、家でカードに色を塗らせます。次のレッスンでもこのカードが必要になること伝えておきましょう。

LESSON 3

学習目標	・新しい語彙を導入する：shopkeepers（店主）。
教材	・レッスン2で使用した店のフラッシュ・カード（拡大版）。 ・店主のフラッシュ・カード：329ページのワークシート'Shopkeeper flashcards'（店主のフラッシュ・カード）を厚紙に拡大コピーし、切り取ってカードにしたもの（できれば色を塗っておく）。 ・ワークシート'Shopkeeper flashcards'（店主のフラッシュ・カード）を厚紙にコピーしたもの（生徒の人数分用意する）。 ・レッスン2で使用した店のフラッシュ・カード（生徒用）。 ・はさみ。 ・セロテープやマグネットなど、黒板にカードを固定できるもの。
ポイントの確認	レッスン1で学習したライム（Elephant rhyme）に動作を添えて歌う。
新しい語彙：店主	表紙を見せ、ゾウが街へ行くことを思い出させます。店の名前を復習し、黒板の片側に店のフラッシュ・カードを1枚ずつ貼り、少し離れた反対側に店主のフラッシュ・カードを1枚ずつ導入しながら貼っていきます。Who works in the butcher's shop?（誰が肉屋で働いていますか？）と質問します（生徒は思いつく単語を言うでしょう）。butcher をリピートさせ、発音をチェックします。そして、一人の生徒を指名し、butcher のカードを butcher's shop のカードの隣に貼るように言います。ほかのカードでも同じようにします。Who works in the baker's / grocer's shop?（誰がパン屋で働いていますか？／誰が食料品店で働いていますか？）と聞きます。このとき、baker の /ə/ の発音を練習してください。Who works in the sweet shop?（誰が菓子屋で働いていますか？）と尋ね、sweet shop lady（菓子屋の店主）を引き出します。そのあとで ice-cream man（アイスクリーム屋の店主）と snack bar man（軽食屋の店

主）を答えさせます。最後に fruit barrow（フルーツ屋台）を指し、barrow boy（屋台の店主）を教えます。生徒の理解を確認し、レッスン2で紹介したゲームを使って、さらに単語を練習します。

ワークシート'Shopkeeper flashcards'（店主のフラッシュ・カード）のコピーを配り、それぞれの名前を書かせます。レッスン2で空白部分に描いた好きな店の店主の絵も描かせます。教室または家で色塗りをします。

カードゲーム　「店主のワークシート」を切り離してフラッシュ・カードを作ります。切り離したら shops の封筒に入れておきます。ペアになって次のゲームをします。

カード合わせゲーム：各生徒が、店または店主のフラッシュ・カードのどちらかを使います。例えば、生徒Aが店のフラッシュ・カードを、生徒Bが店主のフラッシュ・カードを使います。生徒Aは、店のカードをシャッフルし、テーブルに裏返して並べます。生徒Bは店主のカードを表に向けてテーブルに並べます。生徒Aは店のカードをめくり、肉屋の絵が出たら Who works in the butcher's shop? と生徒Bに尋ねます。生徒Bは肉屋のカードを見つけ、the butcher と答えます。同じように続けていき、しばらくしたら交代します。

スナップ！：店のカードと店主カードを一緒にしてシャッフルします。それを2つの束にし、そのまま裏返して置きます。ペアになってゲームをします。両方の束からカードを1枚ずつ取り、その2枚のカードを表に向けて置きます。もしその2枚のカードが対応していたら、その生徒は'Snap!'と言ってカードをもらうことができます。例えば、表を向けて置いたカードが baker's shop と baker だったら、その生徒は'Snap!'と言い、カードをもらうことができます。

ペアマッチ：店のフラッシュ・カードと店主のフラッシュ・カードを合わせて一緒にシャッフルし、裏返して並べます。順番に2枚のカードをめくり、それらのカードが（shopkeeper と shop のように）対応しているかどうかを見ます。対応していたら、それらのカードをもらうことができます。対応していなければ、再び裏返して置きます。より多くのカードを取った方が勝ちです。

次のレッスンでもフラッシュ・カードを使います。カードをなくさないように保管させてください。

LESSON 4

学習目標
・食べ物に関する語彙を導入、または復習する。
・歌を習う。
・'Happy Families'（楽しい家族）のアクティビティーを行う。

教材
・レッスン2で使用した店のフラッシュ・カード。
・レッスン3で使用した店主のフラッシュ・カード。
・食べ物のフラッシュ・カード：331ページのワークシート'Food flash-

cards'（食べ物のフラッシュ・カード）を厚紙に拡大コピーし、切り取ってカードにしたもの（できれば色を塗っておく）。
・ワークシート'Food flashcards'（食べ物フラッシュ・カード）をA4サイズの厚紙に拡大コピーしたもの（生徒の人数分用意する）。
・アクション・ライムで用いる本物、またはおもちゃのコイン。
・干しブドウ入りロールパン5個（絵、写真、または本物）。
・本書のCD#23：歌'Five Currant Buns'（5個の干しブドウ入りロールパン）。
・CDプレーヤー。
・セロテープやマグネットなど、黒板にカードを固定できるもの。

新しい語彙：食べ物　店と店主の名前を復習します。その2種類のフラッシュ・カードを2列に分けて黒板に貼ります。What do you think the elephant gets at the ice-cream stall / baker's / butcher's?（ゾウは、アイスクリーム屋／パン屋／肉屋で、何を取ってくると思いますか？）のように聞き、食べ物の名前を引き出していきます。店と店主のカードと対応させながら、すべてのカードを貼り終わるまで続けます。bun（小さいロールパン、丸いパン）は甘いパンのようなもので、干しブドウが入っていることがよくあると説明してください。pie（パイ）は小麦粉を練ってオーブンで焼いた菓子で、甘くて、中にはおいしい詰め物が入っています。このストーリーに出てくるパイの中身は、おそらく豚肉か牛ステーキのような肉と腎臓でしょう〔＝ミートパイ〕。

生徒が食べ物に関する単語を理解したかどうか確認し、レッスン2と3で紹介したゲームをやってさらに習熟を目指します。

331ページのワークシート「食べ物のフラッシュ・カード」のコピーを配り、それぞれの名前を書かせます。教師はそれらの単語を板書し、生徒はそれを書き写します。空白部分にはレッスン2で描いた、店で売られている食べ物の絵を描きます。教室または家で色塗りをします。カードの裏に自分の名前のイニシャルを書き、shopsと書かれた封筒の中に入れておきます。

歌：5個の干しブドウ入りロールパン　CD#23を再生し、生徒に'Five Currant Buns'の歌を聞かせます。

Five currant buns in a baker's shop,
Round and fat with sugar on the top.
Along came a boy/girl with a penny one day,
Bought a currant bun and took it away.
Four currant buns …
（パン屋で売られている5個の干しブドウ入りロールパン、
砂糖がかかった丸くて太いロールパン。
ある日、男の子／女の子が1ペニーを持ってお店にやって来て、
干しブドウ入りロールパンを買って帰って行った。
4個の干しブドウ入りロールパン…）

皆で一緒に歌を歌います。一人の生徒を選び、干しブドウ入りロールパンを買いにこさせます。歌詞の一部（次の太字体の部分）を生徒の名前に変え、'Along came **Sophie** with a penny one day ...'（ある日、ソフィーが1ペニーを持ってお店にやって来た）のように歌います。生徒がこの歌のメロディと歌詞に慣れてきたら、5人のグループを作り、動作をつけて歌わせます。一人ずつパン屋に行き、最後の1個がなくなるまで続けます。厚紙で5個のロールパンを作り（または本物のロールパン）、本物またはおもちゃのコインをペニーの代わりに使います。

生徒に店主と食べ物のフラッシュ・カードを用意させます。それぞれの生徒に合計16枚のフラッシュ・カード（自分で選んだ店主とそれに対応する食べ物のフラッシュ・カードを含める）を持たせます。最初に店主の名前を導入します。

アクティビティー：
'Happy Families'（楽しい家族）

Mr Ice-cream the ice-cream man
（アイスクリーム売りのおじさん、ミスター・アイスクリーム）
Mr Pie the butcher
（肉屋のおじさん、ミスター・パイ）
Mr Bun the baker
（パン〔バン〕屋のおじさん、ミスター・バン）
Mr Crisps the snack bar man
（軽食屋のおじさん、ミスター・クリスプス）
Mr Biscuit the grocer
（食料雑貨店のおじさん、ミスター・ビスケット）
Mrs Lollipop the sweet-shop lady
（菓子屋のおばさん、ミセス・ロリポップ）
Mr Apple the barrow boy
（屋台のおじさん、ミスター・アップル）

二人の生徒に教室の前へ出てきてもらいます。その二人の生徒は自分たちのカードを全部まとめて（合計32枚）シャッフルし、そこから6枚ずつカードを取ります。残りのカード（20枚）を裏返してテーブルの上に置きます。このゲームでは、4枚のそろいのカードを集めなければいけません。例えば、肉屋のミスター・パイのカード2枚とパイのカード2枚がそろいのカードになります。Do you have Mr Pie the Butcher, please?（肉屋のミスター・パイのカードを持っていますか？）、またはDo you have a pie, please?（パイのカードを持っていますか？）のように、自分が集めているカードをパートナーが持っているかどうかを順番に聞いていきます。パートナーが要求したカードを持っていたら、そのカードを渡さなければいけません。4枚のそろいのカードが集められたら、テーブルの上に並べます。より多くカードをそろえた方が勝ちです。

ドリル：Do you have ... please?（…を持っていますか？）—Yes, I do. / No, I don't. / Here you are. / Sorry.（はい、持っています／いいえ、持っていません／はい、どうぞ／ごめんなさい。持っていません） ペアが

作れたら、各生徒が必要なカードを持っているかどうか確認してください。机間巡視をし、困っている生徒がいたらサポートしてあげましょう。

LESSON 5

学習目標
・ストーリーを音読する。
・記憶ゲーム（memory game）をする。

教材
・レッスン2からレッスン4で使用した「店、店主、食べ物のフラッシュ・カード」（拡大版）。
・店、店主、食べ物のフラッシュ・カード（生徒用）。
・セロテープやマグネットなど、黒板にカードを固定できるもの

ストーリー・テリング（読み聞かせ）

可能ならば、生徒を教師の前に集め、床の上に座らせます。そして、「店、店主、食べ物」の単語を復習します。

'Once upon a time there was an Elephant ...' とストーリーを読み始めます。ゾウのセリフは低い声で読み、ゾウらしさを出します。'Would you like a ride?' ではイントネーションを上げて読んでください。赤ちゃんのところも声色を変え、短くぶっきらぼうに 'Yes.' と答えます。身ぶり手ぶりも適宜に入れましょう。'So the Elephant stretched out his trunk, and picked up the Bad Baby and put him on his back.' の stretched は、その意味を強調するために母音を長めに読みます。'Very soon they met an ...' のところにきたらポーズを置いて、生徒に ice-cream man と言わせます。肉屋のところでは、'Would you like a ... ?' のあとでポーズを置き、パイの絵を指し、生徒に pie と言わせます。'with the ice-cream man ...' のあとでも再びポーズを置き、肉屋の絵を指し、the butcher と言わせます。このように続けて読んでいきます。パン屋のところにきたら、'And the Elephant said to the Bad Baby ... ' のあとでポーズを置きます。生徒はこの時点ではもう 'Would you like ... ?' をくり返すことができるでしょう。ゾウが出す音 'RUMpeta, RUMpeta, RUMpeta' /rʌmpətə/ は、まねをするととても楽しめます。話が進んでいくに従って、生徒はさらに読み聞かせに参加できるようになってきます。キーとなる語(句) が言えるようになり、特に、ゾウと赤ちゃんのあとを追いかける店主の名前が言えるようになります。'But you haven't once said ...' のあとでポーズを置き、次にくることばが何か推測させます。母語でも英語でもどちらでもかまいません。再び 'And they all said, 'Yes, ...' のあとでポーズを置き、please! を予想させましょう。

再びストーリーを読みます。今度は生徒に店主になって読んでもらいます。クラスの人数に応じて、パン屋や肉屋などの数を2人か3人にします。

次のような質問をして、生徒にこのストーリーが気に入ったかどうかを尋ねます。Who was your favorite character? Why?（気に入った登場キャラクターは誰ですか？ それはなぜですか？）、Who was your least character? Why?（あまり気に入らない登場キャラクターは誰ですか？

それはなぜですか？)、What did you think about the Bad Baby's behavior?（赤ちゃんの行動についてどう思いますか？)、Do you think the Elephant was right to take the food from the shopkeeper without asking?（ゾウが店主に何も言わず食べ物を取ったことは正しいですか？)、Do you think the Elephant was behaving like this to teach the Bad Baby a lesson?（ゾウは赤ちゃんに教訓を与えるためにこのような態度を取っていたと思いますか？)、Do you like the illustrations?（絵は気に入りましたか？)、Which is your favorite picture?（お気に入りの絵はどれですか？)

　レッスンの終わりに、ストーリーの順番に自分のカードを並べさせます（肉屋のカード、肉屋の店主のカード、パイのカード、……）。机間巡視とチェックも忘れずに。

LESSON 6

学習目標
・Would you like ...? が、いろいろな場面で広く使えるようにする。
・子どもたちの家の近所にある店について考える。
・店で買える物に関する語彙を増やす。
・買い物リストを書き、買い物のロールプレイをする。

教材
・'Would you like ...?' のアクティビティーに用いる A4 サイズの薄い紙（生徒の人数分用意する）。
・333 ページのワークシート 'Vocabulary activity'（語彙練習）のコピー（生徒の人数分用意する）。
・はさみ。

アクティビティー：
Would you like ...?

　生徒に ice-cream stand（アイスクリーム・スタンド）の絵を見せ、ゾウが赤ちゃんに何と言ったか覚えているかどうかを聞きます。答えは 'Would you like an ice-cream?'（アイスクリームはいかがですか？）です。このように、友だちにほかに何を勧めることができるか考えてもらいます。生徒が言ったことを文字または絵による「クモの巣図」にします。

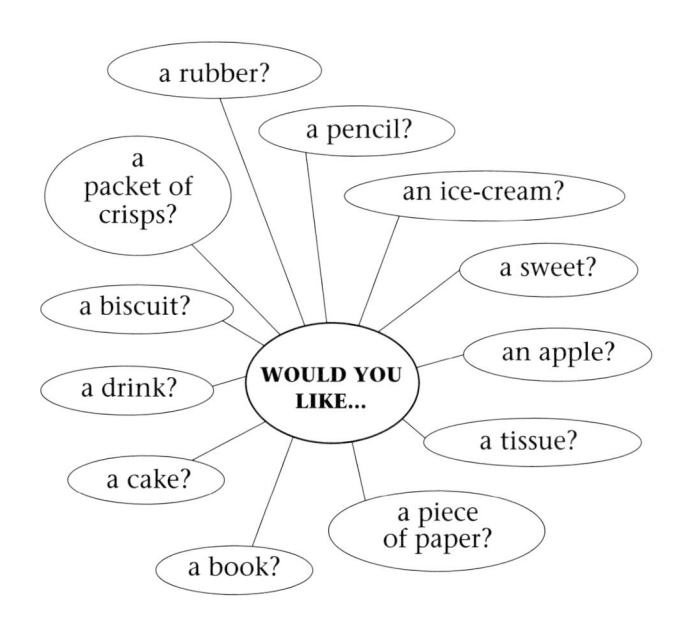

```
                a rubber?
                         a pencil?
      a packet
      of crisps?            an ice-cream?
                                    a sweet?
   a biscuit?
                   WOULD YOU        an apple?
       a drink?    LIKE...
                                   a tissue?
         a cake?
                                a piece
                   a book?      of paper?
```

生徒に薄い紙を1枚ずつ与えます。その紙を折って8つの欄を作らせ、黒板の「クモの巣図」に書かれている単語（または絵）を8つ書き写します。そして折り目を切って8枚のカードにします。

a drink	a book	a pencil	a cake
an apple	a rubber	an ice-cream	a drink

質問と答えを練習します。Would you like a bun / an apple?（パン／りんごはいかがですか？）—Yes, please. / No, thank you.（はい、いただきます／いいえ、結構です）生徒の注意が a/an に向くようにします。そして、Why is it a bun but an apple?（bun の前には a がくるけれど、どうして apple の前には an がくるのですか？）と質問し、生徒に a/an の規則を説明させてみましょう（an は母音で始まる単語の前にきます）。

生徒はペアになり、先ほど切った8枚の単語カードを机の上に裏返して置きます。順番にそのカードを1枚ずつ取ります。そして、パートナーに Would you like ...? を使って聞きます。聞かれた方は Yes, please. / No, thank you. で答えます。1組のペアに見本を見せてもらいます。机間巡視をし、発音とイントネーションをチェックします。困っている生徒がいたら援助してあげましょう。

買い物に関する語彙を増やし、復習する

ストーリーに出てくる店の名前を復習し、生徒にそれらの店が自分たちの近所にあるかどうか尋ねます。また、近所にあるほかの店の名前も言わせましょう（例：fish monger's / shop（魚屋), green grocer's（八百屋), flower shop（花屋), book shop（本屋), chemist's（薬屋、薬局), toy shop（おもちゃ屋), sports shop（スポーツ用品店), pet shop（ペットショップ), shoe shop（靴屋), newsagent's（新聞販売店), clothes shop（衣料

品店), furniture shop（家具屋）など)。

　生徒に333ページの語彙練習のワークシート 'Vocabulary activity' を配ります。ワークシートに書かれてある食べ物などが、どの店で買えるかを言わせ、店の絵の下に単語を書かせます（これが「買い物リスト」になります）。同じものが2軒以上の店で買える場合があります。例えば crisps（ポテトチップス）は snack bar（軽食堂）と grocer's（食料雑貨店）で買うことができます。少なくとも5つの品目が各店で買えます。

　例：買い物リスト
　1. bread（baker's）
　2. sausages（butcher's）
　3. apples（green grocer's）
　4. chocolate（sweet shop）
　5. biscuits（grocer's）

買い物のロールプレイ

　教室に、butcher's（肉屋）、baker's（パン屋）、grocer's（食料雑貨店）、green grocer's（八百屋）、chemist's（薬屋）、snack bar（軽食堂）、sweet shop（菓子屋）を作ります。黒板に次のダイアログを書き、導入します。二人の生徒に見本を見せてもらいます。一人が店主になり、もう一人が客になります。客は「買い物リスト」を持っています。

　店主：Good morning / afternoon.（おはようございます／こんにちは）
　客　：Good morning / afternoon.（おはようございます／こんにちは）
　店主：Can I help you?（いらっしゃいませ。何かお探しですか？）
　客　：Yes, please. I would like five buns, please. / Can I have five buns, please?（ええ。パンを5ついただけますか？）
　店主：Here you are. That's fifty pence please.（はい、どうぞ。55ペンスです）
　客　：Here you are.（はい、どうぞ）
　店主：Thank you. Goodbye.（ありがとうございます。またお越しくださいませ）
　客　：Goodbye.（さようなら）

　上記のダイアログをくり返し練習します。店主役をする生徒を決め、店に見立てた机のところにそれぞれ立たせます。残りの生徒は買い物リストを持って、いろいろな店に買い物に行きます。レベルに応じてダイアログの内容を変えてください。

LESSON 7

学習目標

・買い物ゲームをする。
・良い行動について考え、行動についての「クラスの決まり」（class code of conduct）を決め、冊子にまとめる。

教材	・レッスン6で使用した買い物リスト。 ・335ページのワークシート 'Shopping game'（買い物ゲーム）をA3サイズに拡大コピーしたもの（グループの数だけ用意する）。 ・サイコロ。 ・4色のコマ。 ・「クラスの決まり」作成用のA4サイズの薄い紙（生徒の人数分用意する）。
買い物ゲーム	4人のグループに1枚ずつ買い物ゲームのコピーを配ります。ゲームの鍵となる店の名前を生徒が理解しているか確認するために、ゲーム盤（「買い物ゲーム」のワークシート）に描かれている店を生徒に指さしてもらいます。1つのグループにゲームの見本を示してもらい、残りのグループはその見本をよく見て、教師の説明を聞きます。

ゲームの説明：

1. これは4人のグループで行うサイコロを使ったゲームです。グループごとにサイコロとゲーム盤を用意します。ゲームをする生徒は各自、色のコマとレッスン6で使った買い物リストが必要です。
2. ゲーム盤の家の絵が描かれた枠の中にコマを置きます。自分の買い物リストを見て、行く店を決めます。
3. 皆でサイコロをふり、6が出た生徒が最初にゲームをします。順番にサイコロを回し、出た数だけコマを進めます。どの方向に進んでもかまいません。買い物リストの品目を売っている店に着いたら、買い物リストのその品目に線を引いて消します。
4. 行く必要のない店にきたら何もできません。次の番が回ってくるのを待ってください。ゾウの質問の枠にきたら、もう一度サイコロをふります。そして、その数と同じ番号をゾウの質問リストから探し、その質問を読み上げます。答えを言い、ほかの生徒はその答えが正しいかどうか判断します。その答えが正しければ、再びサイコロをふることができます。その答えが間違っていれば、何もできません。次の番が回ってくるのを待ってください（赤ちゃんの質問の枠についても同様にします）。
5. Miss a turn.（1回休み）、Have another turn.（もう1回サイコロをふる）の指示の枠にきたら、そこに書かれている細字の文を読み上げ、太字で書かれている指示に従います。
6. 買い物リストのすべての品目に線が引けたら、ゲーム盤中央の店の枠に戻ります。最初に店の枠に戻った人が勝ちです。

良い行動	生徒にストーリーを読み返してもらいます。ゾウが赤ちゃんにチョコレートビスケットを勧めたとき、赤ちゃんは何と言いましたか？　赤ちゃんはYesと答えました。これは答え方として正しいかどうかを生徒に尋ねます。赤ちゃんが礼儀正しいと思うか、または礼儀正しくないと思うか生徒に尋ねましょう。何かを受け取るとき、英語ではどのように礼儀正しく言うかを聞き、Yes, please. を引き出します。母語ではどのように言うの

でしょうか？　また、丁寧に断るときはどのように言うのかを聞き、No, thank you. を引き出します。

　自分たちがすべきこと、すべきでないことを生徒に考えさせ、黒板に書き「クラスの決まり」を作ります。

例：
We will listen to our teacher.（教師の話を聞きます）
We will help our classmates.（クラスメイトを助けます）
We will ask for things politely.（礼儀正しく物事を要求します）
We will share our things.（共通のものをみんなで使います）
We will not shout.（大声を出さないようにします）
We will not laugh if a classmate makes a mistake.（クラスメイトが間違いをしても笑いません）
We will not speak when someone else is speaking.（ほかの人が話しているときは話しません）

　さらにここで、生徒から丁寧なことば使いを引き出し板書します。

例：
Would you like a book？（本はいかがですか？）
Would you like some help? Can I help you?（お手伝いしましょうか？）
Yes, please.（はい、お願いします）
No, thank you.（いいえ、結構です）
Can I have a sheet of paper, please?（紙を1枚いただけますか？）
Can I go to the toilet, please?（トイレに行ってもよろしいですか？）
Can you repeat, please?（くり返していただけますか？）
Can you help me, please?（手伝ってくださいますか？）
I'm very sorry. / Excuse me.（大変申し訳ありません／すみません）

　A4サイズの薄い紙を各生徒に配ります。その紙を半分に折り、さらに半分に折って小冊子を作ります。表紙に Our English Class Book of Good Behavior and Polite Phrases（良いふるまいと丁寧なことば使いのクラスブック）と書きます。内側のページの左側には、黒板に書かれている「クラスの決まり」を、右側には丁寧なことば使いを書き写します。それぞれの「決まり」の文の前には、スマイル（ニコニコ）マークをつけます。生徒はこれらのリストに決まりや丁寧なことば使いをさらに書き加えることができます。

（「ストーリー・ノート」執筆：Gail Ellis）

9　Something Else

作者：Kathryn Cave
絵：Chris Riddell

《WORKSHEETS》
Read and match（文章と絵を結ぶ）　p. 337
Number the sentences in order（文の順序づけ）　p. 339

Listen and complete the picture（英語を聞いて絵を描く）　p. 339
Picture cards（ピクチャーカード）　p. 341

　Something Else は、友情と忍耐についての感動的なストーリーです。この作品は、1997年に the Service of Tolerance の児童文学部門でユネスコ賞を受賞しました。主人公の Something Else は、ほかの生き物たちのようになりたいと思っていますが、ほかの生き物たちは彼を受け入れようとはしません。ある日、奇妙な生物が彼の家にやって来て、友だちになってほしいと言います。最初、Something Else はまったく本気にしていませんでした。その後、彼は何かあることを思い出します。

　このストーリーは過去形で語られ、直接話法が用いられています。文中には子どものレベルを超えたむずかしい表現が出てくることがありますが、目にも鮮やかなイラストのおかげで、子どもたちにとってはストーリーの世界が親しみやすく、かつ理解しやすくなっています。

● 最終到達目標と成果
鉛筆パペット（鉛筆に絵を貼りつけた紙人形）を使ってロールプレイをする。
いろいろな感情に関する詩をグループで書く。

● 言語的到達目標
スキル：
リスニング：全体的な内容を理解し、特定の単語を識別する。
アクティビティやゲームの指示を聞き取り、その指示に答える。
スピーキング：自分自身のことについて語る。
　文をリピートする。
　登場キャラクターについて説明する。
　質問をしたり質問に答えたりする。
　ロールプレイをする。
　リズムに合わせてライムを歌う。
　自由時間の活動について述べる。
　個人的な意見を述べる。
　理由を述べる。
リーディング：ゲームの中で文を識別する。
　絵と説明を結びつける。
　ストーリーの縮約版を作るために文を整理する。
ライティング：自分たちが考案した生き物について説明する。
　グループで詩を書く。

文の機能と構造：
I'm ...、I have ...、I like ...、I can ... などを使って、個人的な情報を与える。
友だちなどについて述べる。
　例：A friend is someone who ...
He's ...、Is he ...?、Does she have ...? を使って、ストーリーに登場する生き物について尋ねたり、説明したりする。
人と挨拶を交わし、知り合いになる。
　例：Hi, there! Great to meet you. What's your

name?
（こんにちは。お会いできてうれしいです。名前は何ですか？）

自由な時間の過ごし方について述べる。
　例：They watch TV.（彼らはテレビを見ます）
いろいろな感情について話す。
　例：I feel happy when …（…のとき、幸せだと思います）
個人的な意見を述べる。
　例：I think he's sad.（彼はさびしいと思う）
理由を述べる。
　例：He wants to help Something.（彼は Something を助けたいと思っています）

語彙：
ストーリーに関するもの：creature（生き物）, friend（友だち）, different（違った）
色：pink（ピンク色）, blue（青色）, brown（茶色）など
体の部位：hair（髪）, eyes（目）, ears（耳）, nose（鼻）, mouth（口）, feet（足）, paw（動物の足、手）, flipper（足ひれ）, neck（首）, wings（翼）, beak（くちばし）, trunk（ゾウの鼻）, horn（角）
サイズの形容詞：big（大きい）, small（小さい）, fat（太った）, tall（高い）, short（短い）, long（長い）
感情の形容詞：happy（幸せな）, sad（悲しい）, lonely（寂しい）, surprised（驚いた）, angry（怒って）, frightened（脅えた）
自由時間の活動：play games（ゲームをする）, paint pictures（絵を描く）, watch TV（テレビを見る）, ride bikes（自転車に乗る）, read（読書をする）, cook（料理をする）, go for walks（散歩をする）, listen to music（音楽を聞く）
友だちがすることを述べるための動詞：listen（聞く）, play（遊ぶ）, talk（話す）, understand（理解する）, like（〜を気に入る、好む）, love（〜を愛する）, help（助ける）, work（働く、勉強する）

発音：
Something の最初の音 /s/
creature の /tʃ/

● **教科横断的学習**
地理：人間の移動。
図画：「良い」絵の要素、好きな絵、嫌いな絵。
環境：多文化社会、他民族社会の中で暮らす。
学習ストラテジー：予測する、仮説を立てる、順序づけをする、比較する、記憶を再現する、創造的（独創的）に思考する。
概念の強化：色、大きさ、形、類似と相違。
公民：自分と異なる人々を尊敬し、受け入れる態度を育てる、ほかの人々と共感する能力を育てる、友情の価値についての認識を深める。

LESSON 1

学習目標
・個人的情報を復習する。
・友だちとの類似点と相違点を識別する。
・友情のテーマを導入する。

教材
・次の 8 つの文（大きな文字でそれぞれ別の厚紙に書く）。

A friend is someone who listens to you	（友だちとはあなたの話に耳を傾け、
plays with you	ともに遊び、
helps with you	お互いに助け合い、
works with you	ともに学び、
talks to you	あなたに語りかけ、
understands you	あなたを理解し、
likes you	あなたのことが好きで、

loves you.　　　　　　　　　　あなたのことを愛している人です）
・セロテープやマグネットなど、黒板に紙を固定できるもの。

アクション・ゲーム　　　教師が自分に関するある事実を読み上げます。生徒は、その文が自分自身にもあてはまるかどうかを答えます。例えば、教師が I have blue eyes.（私の目は青いです）と言います。この文が自分にもあてはまるならば、立ち上って腕をふり、I have blue eyes, too.（私の目も青いです）と言わなければなりません。教師は自分のことに関して、子どもたちが簡単に理解できるような情報を与えてください。母語を使ってもかまいません。

例：
I have a sister / a dog / a bicycle.
I like pizza / milk / ice cream.
I like dancing / riding my bike / listening to music.
I'm wearing trousers / black shoes.
I can play tennis / speak English.
I live in a city / in a flat / near a park.
I get up / go to bed at eight o'clock.

子どもたちがこのゲームに慣れてきたら、もう少しスピードを上げてテンポよくやってください。

さらにゲームを発展させるために、教師は教室を歩き回り生徒を一人ずつ指名します。指名された生徒は自分の個人的情報を1つ言い、残りの生徒はそれが自分にもあてはまるかどうかを答えます。

ペアワーク：類似点と相違点　　　上のアクション・ゲームの中での子どもたちの意見を引き合いに出して、私たちには他人と同じ部分や違う部分があることを説明します。まず、例を与えながら、子どもたちに same と different の概念をしっかり理解させます。

例：
I'm wearing trousers and Maria's wearing trousers, so that's the same（私はズボンをはいています。そしてマリアもズボンをはいています。その点は同じです）
I have blue eyes and Maria has brown eyes, so that's different.（私は青い目をしています。そしてマリアは茶色い目をしています。その点は違います）

2人でペアになり、お互いの類似点と相違点を3つずつ、制限時間内（例えば4分間）に見つけさせます。そのあと、クラス全体で報告し合います。複数のペアに類似点と相違点を3つずつ報告してもらいます。

例：
We are ten years old.（私たちは10歳です）
We like English.（私たちは英語が好きです）
I live in a flat and David lives in a house.（私はアパートに住んでい

ます。デイビッドは一戸建ての家に住んでいます）
I have long hair and David has short hair. （私はロングヘアです。デイビッドはショートヘアです）

子どもたちの報告が終わったら、Do the differences matter? Can you be friends with someone who's different? （その違いは問題になりますか？　自分と違う人と友だちになることはできますか？）と尋ねます。

**伝言ゲーム：
友だちとは何ですか？**

子どもたちに 'What is a friend?'（友だちとは何ですか？）と尋ね、何人かの意見を聞きます。これから、友だちの条件に関する伝言ゲームをします。

クラスを2つのチームに分けます。各チームは1列に並び、黒板のほうを向きます。各チームの前の机または床に、文が書かれた4枚のカードを束ねて置いておきます。教師は両方のチームの一番後ろに行って立ちます。そして各チームのカードに書かれてある文（A friend is someone who plays with you. など）を各チームの一番後ろに立っている生徒に小さな声でささやきます。教師が 'Go!' と言ったら、その二人は前に立っている生徒にその文を小さな声で伝えます。各チームは順番に文を前の生徒に伝えていきます。列の一番前に立っている生徒は、伝言されてきた文が書かれているカードを探し黒板に貼ります。貼り終えたら、走って列の一番後ろに回り、今度は教師が言った文を伝えます。すべての文が黒板に貼られるまでくり返し続けます。先にすべてのカードを黒板に貼れたチームが勝ちです。

ゲームが終わったら、生徒を一人ずつ指名して黒板の文を読ませます。生徒が理解しているかどうか確認してください。そして、Do you agree with the sentences? Do you have other things to add? （この文に同意しますか？　追加することがありますか？）と尋ね、子どもたちの意見を聞きます。A friend is someone who shares things with you / defends you / can keep a secret. （友だちとは、あなたと物事を共有し、あなたのことを守り、秘密を守る人です）のような意見が出てくるでしょう。必要に応じて、知らない語彙を教えたり、子どもたちの意見を英語で言い替えたり、ふくらませたりします。友だちの重要性や友だちに対しての責任についても、話し合いの時間を持つとよいでしょう。

**フォローアップ・
アクティビティー**

このアクティビティーはオプションです。友だちとの類似点と相違点で、特に注目すべき点を書き出します。友だちの絵を描かせてもよいでしょう。

LESSON 2

学習目標

・身体的特徴に関することばを練習する。
・ストーリーの登場キャラクターをいくつか紹介する。
・ゲームの中で質問したり、質問に答えたりする。
・子どもたちがストーリーを読みたくなるような動機づけをする。

教材

・337ページのワークシート 'Read and match'（文章と絵を結ぶ）のコ

ピー（生徒の人数分用意する）。
・クレヨン。

ドラマ活動　　レッスン1で子どもたちが発見した、お互いの同じことと違うことをふり返ります。次のレッスンでは、ほかと違う生き物についてのストーリーを読むことを伝えます。そのストーリーには、たくさんの奇妙な生き物が登場することを話し、creature とはすべての生き物を表すことばであると説明します。

　ワークシートに書かれている5匹の生き物のまねをさせるために、子どもたちに次のような指示を出します（この時点ではまだワークシートを子どもたちに渡していません）。教師の指示に従って一緒に動作をさせます。

　　例：
　　You are very tall and you have a very long neck.（あなたはとても背が高く、首がとても長いです）
　　You have two small horns, like this.（あなたにはこのような2本の小さい角があります）
　　And you're wearing glasses, like this.（あなたはこのようなメガネをかけています）—Very good.（とてもいいですよ）
　　Now you're a different creature.（今、あなたは違う生き物です）
　　You have a big beak like this.（あなたはこのような大きなくちばしがあります）
　　And you have wings like this.（そして、このような翼があります）
　　—Very good.（とても上手です）

　演じる活動を通して、ワークシートの文章中の語彙を導入（または復習）します。最後に Which creature do you think is the strangest/funniest?（どの生き物が一番奇妙だ／面白いと思いますか？）、Which creature do you like the most? Why?（あなたはどの生き物が一番好きですか？それはなぜですか？）と聞きます。

文章と絵を結ぶ　　ワークシート 'Read and match'（文章と絵を結ぶ）のコピーを生徒に配ります。教師が Find the creature with two small horns.（2本の小さな角を持つ生き物を見つけなさい）、Find the creature with a big beak.（大きなくちばしのある生き物を見つけなさい）などと言います。生徒は自分のワークシートを見ながら、教師が言った生き物を指さします。

　すべての生き物の説明を順番に読みます。生徒は文章を追い、それに合う絵を見つけます。その後、生徒は例を参考にして個別にワークシートをやり、絵と説明を線で結びます。ペアになってお互いの答えを比較させてから、クラス全体で答え合わせをします。生徒を一人ずつ指名して説明文を読ませてもよいでしょう。

　答え：
　　1＝D　　2＝C　　3＝A　　4＝E　　5＝B

カラー・ディクテーション　　子どもたちにクレヨンを用意させます。Now listen and color the creatures.（これから英語を聞いて、その生き物に色を塗ってもらいます）と言い、次の文を英語で読み上げます。

The creature wearing glasses is pink.
（メガネをかけている生き物は、ピンク色です）
The creature with wings and a big beak is blue.
（翼と大きなくちばしがある生き物は、青色です）
The creature with long ears is white. But she has a pink nose, pink eyes and pink ears.（長い耳の生き物は白色です。ただし、ピンク色の鼻と、ピンク色の目とピンク色の耳を持っています）
The creature with a black nose and big ears is brown.
（黒い鼻と大きな耳の生き物は、茶色です）
The creature with a big nose and hairy ears is blue.
（大きい鼻と毛で覆われた耳の生き物は、青色です）

生き物に色を塗る際、英語で指示のあった場所の一部だけに色を塗り、残りの部分についてはあとでさせることもできます。時間の節約になり、子どもたちはクレヨンを共有して使うことができます。

推測ゲーム　　一人の生徒に前に出てきてもらい、ワークシートの中の生き物を一つ選ばせます。残りの生徒は、その生徒に4つの質問（Yes/No questions）をして、その生き物をあてます。教師は手本を示し、質問の仕方を教えます

例：
Does the creature have a beak?
（その生き物には口ばしがありますか？）
Does the creature have long ears?（その生き物の耳は長いですか？）
Is the creature tall?（その生き物は背が高いですか？）
Is the creature blue?（その生き物は青色ですか？）

必要ならば、最初にクラス全員で例に挙げた質問文を復唱します。4つの質問のあとで、残りの生徒が正しく推測して答えられたら、今度は最後の質問をした生徒が生き物を選びます。残りの生徒が正しく答えられなかったら、同じ生徒が別の生き物を選び、もう一度同じように行います。

クラス全員で何回か練習したあと、ペアまたはグループになって同じゲームをします。

生き物について話す　　ワークシートを見せ、子どもたちに Are the creatures the same or different?（これらの生き物は同じですか、それともそれぞれ違いますか？）、In what ways are they different?（どのように違っていますか？）と質問し、色、大きさ、身体的特徴に関して子どもたちの答えを聞きます。そのあと、Are people different in the same way? Do these differences matter?（人もほかの生き物のように違っていますか？　これらの違いは

問題になりますか？）と質問し、子どもたちの考えを聞きましょう。

All these creatures are in the story we're going to read in the next lesson. Which one is the main character, do you think?（これらすべての生き物が、次のレッスンで私たちが読むストーリーに登場します。どの生き物が主人公だと思いますか？）と尋ね、子どもたちに推測させ、その理由を考えさせます（例：I think it's this one because he/she is sad/funny/ugly/different/friendly/nice.（私は、それはこの生き物のことだと思います。理由は、この生き物は悲しそう／面白い／醜い／ほかと異なっている／親しみやすい／素晴らしいからです））。

必要に応じて、むずかしい語彙の手助けをしたり、英語に言い換えたり、アイデアをさらにふくらませる手助けをしてあげてもかまいません。次のレッスンでその答えがわかることを子どもたちに伝えてください。

フォローアップ・アクティビティー
このアクティビティーはオプションです。337ページのワークシート 'Read and match'（文章と絵を結ぶ）の生き物の絵を切り取ってカードにします。そして、グループで推測ゲームをします。一人の生徒が絵のカードを1枚取り、残りの生徒は質問をしてそのカードの絵をあてます。正解した生徒がそのカードをもらい、今度はその生徒が質問をされる番になります。カードを一番多く取った生徒が勝ちです。

LESSON 3

学習目標
・予測し、仮説を立てるスキルを発展させる。
・子どもたちにストーリーの最初の部分を理解させる。
・子どもたちの想像力と創造的思考を育てる。
・絵を描き、説明し、ほかと比較する。

教材
・レッスン2で使用したワークシート 'Read and match'（文章と絵を結ぶ）のコピー。
・白紙の紙1枚（生徒の人数分用意する）。
・鉛筆とクレヨン。

絵本の表紙について話す
Today we're going to read the first part of the story.（今日はストーリーの最初の部分を読みます）と言い、'Read and match' のワークシートを上に掲げ、前回のレッスンの終わりに話したことを思い出させます。Which creature do you think is the main character in the story?（どの生き物が、このストーリーの主人公だと思いますか？）と尋ねることで要点をくり返します。

Now let's find out the answer.（さあ、その答えを見つけましょう）と言い、絵本の表紙を見せ、This is the main character in the story.（こちらがこのストーリーの主人公です）と続けます。あまり時間をかけず、簡単に子どもたちの推測と比較させます。そして、タイトルを指し、This creature's name is Something Else.（この生き物の名前はSomething Else です）と言います。'Something else' とは、「ほかと違うもの

〔こと〕」を意味します。What's Something Else like?（Something Else の外見はどのようですか？）と質問し、子どもたちに描写させます（例：He's blue. He has big eyes and a big nose. He has hairy ears. He has big feet.（彼は青色です。大きな目と大きな鼻があります。毛で覆われた耳があります。大きな足です））。さらに、How does Something Else feel? Is he happy or sad? Does he have a lot of friends? Why / Why not? What happens in the story, do you think?（Something Else はどのように感じていますか？　彼は幸せですか？　悲しげですか？　たくさんの友だちはいますか？　なぜですか？　なぜいないのですか？　このストーリーで何が起こると思いますか？）などの質問をします。いつでも語彙を補足できるようにしておきます。また、子どもたちの意見を英語で言い替えたり、発展させたりします。

ストーリーの最初の部分を読み聞かせる

5枚目の見開きページ（'... there was a knock at the door.'）のところまで読みます。読み聞かせながらポーズを置き、質問をし、絵を指し、そして子どもたちの意見を求めます。こうして、子どもたちの理解を助け、ストーリーに引き込んでいきます。

最初の見開きページでの質問：
Where does Something Else live?
（Something Else は、どこに住んでいますか？）
Does anyone else live in the house?
（ほかに誰か、その家に住んでいますか？）
Does he have friends?
（彼は、友だちがいますか？）
What's the house like?
（その家は、どのような外観ですか？）
Is Something Else happy in the house, do you think?
（Something Else は、家の中にいて幸せだと思いますか？）
Would you like to live in this house? Why? / Why not?
（あなたはこの家に住みたいですか？　なぜ住みたいのですか？　なぜ住みたくないのですか？）

見開きページ2枚目での質問：鏡を指しながら.
Is Something Else happy or sad?
（Something Else は幸せですか？　悲しげですか？）
Why is he sad?
（なぜ、彼は悲しいのですか？）
What does he want?
（彼は、何を望んでいるのですか？）
Are the other creatures friendly?
（ほかの生き物はフレンドリーですか？）
What do they say?
（彼らは、何と言いますか？）
How does Something Else feel, do you think?

（あなたは Something Else が、どのように感じていると思いますか？）

見開きページ3枚目での質問：
What does Something Else try to do?
（Something Else は、何をしようとしていますか？）
Does it make a difference?
（それは何か違いをもたらしますか？）

見開きページ4枚目での質問：
Do the other creatures like him now?
（今、ほかの生き物は彼のことが好きですか？）
How is Something Else different?
（Something Else は、どのように違っていますか？）

また、子どもたちに4つの絵についても自由に語らせましょう（例：His scarf is very long. His picture is different. He's very small. He can't play their game. His lunch is green.（彼のスカーフはとても長い。彼の絵はほかと違っている。彼はとても小さい。彼は（バドミントンの）試合ができない。彼のランチは緑色だ））。そのあとで、What do the other creatures think about him? How does he feel?（ほかの生き物は、彼のことをどう思っているでしょうか？　彼はどのような気持ちでしょうか？）と尋ねます。

見開きページ5枚目での質問：
Who is at the door?
（ドアのところに、誰がいますか？）
Is it a friend or an enemy?
（それは友だちですか、それとも敵ですか？）
Why has he or she come?
（彼または彼女は、なぜ来たのですか？）
What does he or she want?
（彼または彼女は、何を望んでいるのですか？）

子どもたちに、訪問者は誰なのか、またその訪問の理由は何かを想像させます。

絵を描く　　Something Else の家のドアのところにいたのは誰なのかを、子どもたちに想像させ、それを絵に描かせます。訪問の理由も考えさせます。5分程度の制限時間を設け、できる限り想像力を働かせて、創作に取り組むようにさせましょう。

自分の絵を説明する　　何人かの生徒を指名し、一人ずつクラスの前で、自分たちが描いた生き物の絵を見せながら説明させます。訪問の理由も言わせます（例：This creature is small and green. She has a long neck, hairy ears and glasses. She wants to play with Something Else.（この生き物は小さくて緑色をしています。彼女の首は長く、耳は毛で覆われ、メガネをかけて

います。彼女は Something Else と遊びたいと思っています））。

　生徒をいくつかのグループに分け、順番に自分の絵について同じように説明させます。グループの中で一番良いと思う絵と訪問の理由を選び、それをクラスで手短に報告します。

自分の絵の説明を書く

　自分たちの絵の説明を書かせます。次の3つの書き出し例を板書します。

This creature is ...
He/She has ...
He/She wants to ...

　子どもたちが書き始める前に、どのように説明文を完成させるのかを例を挙げて教えます。子どもたちが書き終えたら、その説明文を集めます。子どもたちの絵を教室の壁に掲示し、集めた説明文をランダムな順番で読みます。子どもたちは、その文を聞いて該当する絵を見つけます。次のレッスンで Something Else の家に来たのが誰なのかわかることを伝えます。

フォローアップ・アクティビティー

　このアクティビティーはオプションです。ペアを作ります。自分で書いた説明文でないものを各ペアに2枚ずつ配ります。ペアの2人はその説明文を読み、該当する絵のそばにその紙を貼ります。

LESSON 4

学習目標

・予測し、仮説を立てるスキルを育てる。
・子どもたちがストーリーの残りの部分を理解するのを助ける。
・子どもたちの絵とストーリーの Something を比較する。
・ストーリーと子どもたち自身の経験を関連づける。

教材

・レッスン3で子どもたちが描いた生き物の絵。

ストーリーの最初の部分のポイントを確認する

　What can you remember about Something Else?（Something Else について何を覚えていますか？）と質問し、生徒にストーリーの最初の部分を要約させます。

　再びストーリーの最初の部分を読み聞かせます（'... there was a knock on the door'まで）。子どもたちの期待感を高めるために6枚目の見開きページに行く前で少しポーズを置きます。壁に展示してある子どもたちの絵を指しながら Who is it knocking at the door? Is it like one of these creatures do you think?（ドアのところでノックしているのは誰ですか？　その生き物はあなたたちが想像した生き物に似ていますか？）と聞きます。ページをめくり、Something の絵を見せます。

Something と子どもたちの絵を比較する

　6枚目の見開きページの文章を読みます。Is Something friendly, do you think? Is he the same as or different from Something Else?（Something はフレンドリーだと思いますか？　彼は Something Else と

同じですか？ それとも違いますか？）と尋ね、子どもたちにSomethingを描写させます（例：He is orange. He has a lot of hair. He has a nose like an elephant. He has a big smile. He has two paws and big feet.（彼はオレンジ色です。毛がふさふさしています。ゾウのような鼻をしています。満面にほほえみを浮かべています。大きな2本の手と大きな足があります））。壁に貼ってある子どもたちの絵を見て、Is Something the same as the creatures you imagined?（Somethingはあなたたちが想像した生き物と同じですか？）と質問します。答え方の例を与えます（例：Something is orange and this creature is orange too.（Somethingはオレンジ色です。そしてこの生き物もオレンジ色です））。子どもたちにいろいろ比較して言ってもらいます（例：Something has big feet and this creature has big feet too.（Somethingは大きな足があり、この生き物にも大きな足があります））。

ストーリーを最後まで読む

Do you want to find out what happens?（何が起こるか知りたいですか？）と子どもたちに尋ね、ストーリーを最後まで読みます。前回と同様に、少しポーズを置き、質問をし、絵を指して子どもたちの意見を求めます。

7枚目の見開きページの質問：
What does Something do?
（Somethingは、何をしていますか？）
How does Something Else feel?
（Something Elseは、どのように感じていますか？）
What does Something want, do you think?
（Somethingは、何を望んでいると思いますか？）

8枚目の見開きページの質問：
What does Something do?
（Somethingは、何をしていますか？）
Does Something Else know Something?
（Something Elseは、Somethingを知っていますか？）
What does Something Else do?
（Something Elseは、何をしていますか？）
How does he feel?
（彼は、どのように感じていますか？）
Does Something want to be friendly?
（Somethingは、仲よくなりたいと思っていますか？）

9枚目の見開きページの質問：
How does Something Else feel?
（Something Elseは、どのように感じていますか？）
How does Something feel?
（Somethingは、どのように感じていますか？）
What does it remind Something Else of, do you think?

（Something Else は、それを見て何を思い出すと思いますか？）

10 枚目の見開きページの質問：
What does Something Else remember?
（Something Else は、何を思い出しますか？）
What does he do?
（彼は、何をしていますか？）
What does he say?
（彼は、何と言いますか？）
Does Something stay?
（Something は、（Something Else の家に）滞在しますか？）
Are they friends, do you think?
（彼らは、友だちだと思いますか？）
What do they do together?
（彼らは一緒に、何をしますか？）〔子どもたちに推測させます〕

11 枚目の見開きページの質問：
子どもたちにそれぞれの絵について語らせます。
What do they do?
（彼らは、何をしますか？）
Are they the same or different?
（彼らは同じですか、それとも違いますか？）
Are they friends?
（彼らは友だちですか？）

12 枚目の見開きページの質問：
'weird-looking'（奇妙に見える）の意味がわかるような動作をします。
Do they tell the boy to go?
（彼らは、その少年に出て行くように言いますか？）
What do they do?
（彼らは、何をしますか？）
Why, do you think?
（どうして、そのように思いますか？）

ストーリーについて話し合う　　子どもたちにストーリーについて語らせ、自分自身の経験や生活と結びつけて考えさせます。Would you do the same as Something and Something Else? Why?（あなたたちは、Something や Something Else と同じようにするでしょうか？　それはなぜですか？）と尋ね、子どもたちの答えを聞きます。Imagine a creature as different as Something Else is coming to your school tomorrow. What would you do?（Something Else のように、自分たちと違う生き物が明日学校にやってくると想像してください。あなたならどうしますか？）のような具体例を与え、子どもたちの意見を引き出してもよいでしょう。また、play with him（彼と遊ぶ）、help him（彼を助ける）、work with him（彼と一緒に勉強する）などの表現を使って質問しましょう。子どもたちにとって、これらのこと

は重要ですか？ それはどうしてですか？

| フォローアップ・アクティビティー | このアクティビティーはオプションです。自分たちの学校に転入生が来たら、どのような手助けができるかをグループで話し合い、みんなのアイデアをまとめたポスターを作ります。 |

LESSON 5

学習目標	・ゲームをしながら、ストーリーに登場するおもなキャラクターを識別する。 ・チームの一員として、ストーリー中の特定の単語を聞き取って反応する。 ・ストーリー中のいろいろな出来事に関する文章を読み、順序づける。 ・ストーリーから何を学ぶことができるか考える。
教材	・単語カードを2セット（ストーリーに出てくる単語をそれぞれ小さなカードに書く。各グループの個々の生徒にカードが1枚ずつ行き渡るだけの数を用意する（例：20人クラスで2つのグループを作る場合、次のような10個の単語を選びます Else/Something/game/pictures/lunch(es)/creature/ friends/ paw/door/sorry)。 ・339ページのワークシート 'Number the sentences in order'（文の順序づけ）のコピー（生徒の人数分用意する）。
ウォーミングアップ	クラスを Something と Something Else の2つのグループに分けます。教師がそれぞれのキャラクターについての文を言います（例：He has orange hair.（彼はオレンジ色の髪です）、He lives on a windy hill.（彼は風の強い丘の上に住んでいます）、He has a trunk.（彼はゾウのような鼻を持っています）など)。生徒は文を聞いて、その文が自分のグループのキャラクター（Something または Something Else）のことを言っていたら、そのキャラクター（Something または Something Else）の名前を言います。
チームで聞いて答える	クラスを2つのチームに分け、各チームのメンバーに1枚ずつ単語カードを渡します。単語はすべてストーリーに出てくるものであることを生徒に伝えます。そして、教師は順番にその単語を言います。生徒は自分の単語が聞こえたら、そのカードを上に掲げます。このとき、各生徒が自分の単語を理解しているかどうか確認してください。これから、子どもたちはストーリーを聞きながら、自分が持っている単語が出てくるたびに、立ち上がり、くるりと回転して、また、いすに座らなければいけません。子どもたちの準備が整ったら、ストーリーを読み聞かせます。適当なところでポーズを置いて、子どもたちが正しく反応しているかどうか確認してください。
順序づけ	子どもたちに What happens in the story?（ストーリーの中で何が起こりますか？）と尋ね、おもな出来事を引き出します。339ページのワー

クシート 'Number the sentences in order'（文の順序づけ）のコピーを各生徒に配ります。ワークシートの文を読んで、ストーリーの順番に番号をふります。ワークシートの例を見せてから始めましょう。

準備がすんだら、まずペアになって子どもたち同士で答えを比較させます。そのあと、クラス全体で答え合わせをします。生徒を一人ずつ指名し、順番に文を読んでもらいます。

答え：
(1) Something Else lives alone in a house on a windy hill.
(2) He wants to be friends with the other creatures.
(3) The other creatures think Something Else is different and they don't like him.
(4) One day Something comes to Something Else's house.
(5) Something stays with Something Else.
(6) Something and Something Else are different but they're friends.
(7) When a really weird-looking creature comes to the house, he's their friend too.

ストーリーについて話し合う

子どもたちに、What can we learn from the story?（このストーリーから何を学ぶことができますか？）と質問し、子どもたちの意見を聞きます（例：We're all different.（私たちは、みんな違っています）、We all need friends.（私たちは、みんな友だちが必要です）、We can all feel like Something Else at times.（私たちは、みんな Something Else のように感じるときがあります）、We can be friends with people who are different from ourselves.（私たちは、自分たちと違う人々と友だちになることができます）、It's important to accept and respect differences.（違いを受け入れ尊重することは重要です）、It's important not to reject people just because they are different.（違うという理由だけで、人々を拒絶しないことは大切です））。必要なときに子どもたちの意見を英語で言い替えたり、発展させたりできるようにしておきます。

フォローアップ・アクティビティー

このアクティビティーはオプションです。339 ページのワークシート 'Number the sentences in order'（文の順序づけ）の文を切り取り、1 枚の紙に順番に貼ります。そして、そのストーリーに合う絵を描きます。

LESSON 6

学習目標
・絵を完成させるための指示を聞き取り、それに従う。
・鉛筆パペット（鉛筆に絵を貼りつけた紙人形）を使ってロールプレイをする。
・ストーリーのテーマに関連するライムを歌う。

教材
・339 ページのワークシート 'Listen and complete the picture'（英語を

　　　　　　　　　　聞いて絵を描く）のコピー（生徒の人数分用意する）。
　　　　　　　　・鉛筆3本、クレヨン、はさみ、セロハンテープ。
　　　　　　　　・鉛筆パペットの見本（339ページのワークシートの絵を利用して作る）。
　　　　　　　　・本書のCD#24：ライム 'We Always Try Our Hardest'（私たちはいつも
　　　　　　　　　一生懸命やろうとしている）。
　　　　　　　　・CDプレーヤー。

発展型ピクチャー・　　子どもたちに 'Listen and complete the picture' のワークシートを配
　ディクテーション　り、また別の「本当に奇妙な外見の生き物」（really weird-looking crea-
　　　　　　　　ture）が Something Else の家にやってくることを説明します。What do
　　　　　　　　you think the creature is like?（その生き物はどのような外見だと思い
　　　　　　　　ますか?）と質問します。子どもたちの意見を受け入れ、その意見をピク
　　　　　　　　チャー・ディクテーションに取り入れます。

　　　　　　　　　例：
　　　　　　　　生徒1：I think he has long ears.
　　　　　　　　　　　　（彼は長い耳をしていると思います）
　　　　　　　　教師：　OK. The creature has long ears. So everybody, draw two
　　　　　　　　　　　　long ears. Good. What else?（はい。その生き物は長い耳を
　　　　　　　　　　　　しています。それでは皆さん、2つの長い耳を描いてください。
　　　　　　　　　　　　はい、上手に描けました。ほかには何かありますか?）
　　　　　　　　生徒2：I think he has big eyes.
　　　　　　　　　　　　（彼は大きな目をしていると思います）
　　　　　　　　教師：　Right. Now draw two big eyes on the creature.
　　　　　　　　　　　　（そうですね。では、その生き物に2つの大きな目を描いてく
　　　　　　　　　　　　ださい）

　　　　　　　　　絵が完成するまで同様に続けます。子どもたちに体の部分の色を言わせ
　　　　　　　　てもよいでしょう。完成したら、ペアになってお互いの「本当に奇妙な外
　　　　　　　　見の生き物」の絵を比べ合います。

鉛筆パペットを作る　　前もって作っておいた鉛筆パペットを生徒に見せます。ワークシートの
　　　　　　　　絵を利用して3種類の鉛筆パペットを作り、それらを使ってライムを言
　　　　　　　　いながらロールプレイをすることを説明します。ワークシートの点線の部
　　　　　　　　分を切り取り、セロテープでそれぞれのパペットを鉛筆の太い部分に固定
　　　　　　　　します。パペットに色を塗ってもよいでしょう。

　　ロールプレイ　　子どもたちに「本当に奇妙な外見の生き物」が Something Else の家に
　　　　　　　　来たと想像してもらいます。順番にパペットを見せ、子どもたちに場面を
　　　　　　　　作っていくための提案をしてもらいます。

　　　　　　　　　例：
　　　　　　　　〔ドアをたたく音〕
　　　　　　　　Something Else：　Who is it?（誰かな?）
　　　　　　　　Something：　　　 I don't know.（わからないな）

Something Else :	Open the door!（ドアを開けて！）	
Weird Creature :	Hi there! Great to meet you! Can I come in?（こんにちは！ あなたたちに会えて嬉しいです！ 入っていいですか？）	
Something Else :	Yes, of course. You're welcome.（もちろんです。ようこそ、いらっしゃい）	
Something :	You can stay! You can be our friend！（ここに滞在してもいいよ！ 君は友だちだ！）	
Weird Creature :	Thank you.（ありがとう）	
Something Else :	What's your name？（君の名前は何？）	

これをさらに発展させて、ここに挙げてある例だけでなく、子どもたちに自由な表現を使わせて、自分自身に関する情報をやりとりさせるのもいいでしょう。

3人または4人のグループを作ります。それぞれの役割を決め、自分の役のパペットを準備します。4人グループの場合は、2人の生徒が「奇妙な生き物」の役をします。その2人は双子であると想像して演じます。グループで鉛筆パペットを使ってロールプレイをします。

ライム　子どもたちに、Something Else と Something が作ったライムを学習したいかどうか尋ねます。Listen and tell me：What's the problem?（よく聞いてくださいね。何が問題なのですか？）と言います。CD#24に収録されているライムを聞かせながら、または教師がライムを歌いながら、2つの鉛筆パペットをリズミカルに動かします。下線の引かれた音節にストレスを置いてライムを歌います。

We <u>al</u>ways try our <u>hard</u>est.	（私たちはいつも一生懸命やろうとしている。
We <u>al</u>ways do our <u>best</u>.	私たちはいつもベストを尽くしている。
The <u>prob</u>lem is we <u>seem</u> to be	問題は私たちが
So <u>dif</u>ferent from the <u>rest</u>!	ほかととても違っているらしいということだ！）

答え（the problem is they're different）を確認し、最初の2行の意味を明確にします。再び1回または2回ライムをくり返します。2つの鉛筆パペットを見せながら、同じようにリズミカルに動かします。黒板に数カ所単語を抜いた（虫食い）ライムを書きます。子どもたちはそのライムを書き写し、抜けた部分を埋めて完成させます。自分たちが住んでいる国では「違っている」ことが、人々にとって問題であると思うかどうかを（この場にふさわしい議題であれば）クラス全体で手短に話し合います。

フォローアップ・アクティビティー　このアクティビティーはオプションです。このレッスンで学習したロールプレイをもとに、対話文を書きます。

LESSON 7

学習目標
・自由時間の活動に関する語彙を導入または復習する。
・ゲームの中で自由時間の活動について話す。

教材
・341 ページのワークシート 'Picture cards'（ピクチャーカード）のコピー（生徒の人数分用意する）。
・1 組のピクチャーカード（341 ページのワークシートを切り取ってカードにしたもの）。
・はさみ。

ドラマ活動

Can you remember what Something Else and Something do together in the story?（Something Else と Something が、ストーリーの中で一緒に何をするか覚えていますか？）と尋ねます。答えは They play games. / They paint pictures.（彼らはゲームをします／彼らは絵を描いています）です。Look. These are some other things Something Else and Something do together.（ほかにも Something Else と Something が一緒にしていることがありますね）と続け、自由時間にする活動を動作で示して（ピクチャーカードに描かれていることも含む）、子どもたちに答えさせます（例：They listen to music together（彼らは一緒に音楽を聞きます）、They go for walks together.（彼らは一緒に散歩に行きます）など）。必要に応じて文章を言い替え、子どもたちにリピートさせます。

ペアを作ります。Imagine you and your partner are Something and Something Else. Listen and mime activities you do together.（あなたとパートナーが Something と Something Else であると想像してください。一緒に英語の文を動作で表現してください）と言ってから、文を言います（例：You read books together.（あなたたちは一緒に本を読みます）、You watch TV together.（あなたたちは一緒にテレビを見ます））。生徒はこれらの英語を聞いて、パートナーと一緒に動作で応えます。

ピクチャーカードを作る

341 ページのワークシート 'Picture cards' のコピーを各生徒に配ります。子どもたちにはさみを準備させてください。前もって準備しておいたピクチャーカードを見せ、Look at the pictures of Something Else and Something. Cut out the pictures and make cards like this.（Something Else と Something の絵を見てください。絵を切り取り、このようにカードを作ってください）と言います。早くできた生徒には色を塗らせます。子どもたちが全員カードを切り終えたら、教師がカードの文をランダムに言っていきます（例：They play games together.（彼らは一緒にゲームをします））。生徒はその文に該当するカードを見つけ、上に掲げます。

カード並べゲーム

ペアを作ります。仕切り用のつい立を間に立てて、向かい合わせに座ります（例えば、本を開いてお互いの間に立てて置きます）。ペアのどちらかがカードを 5 枚選び、自分の机の上に横一列（左から右へ）に並べま

す。そして、カードの文を読み上げます。

例：
生徒1：They read books together.（彼らは一緒に本を読みます）
生徒2：Can you repeat that, please?（もう一度くり返してもらえませんか？）

もう一人の生徒は、パートナーの英語を聞いて、対応するカードを同じように並べます。5枚のカードを並べ終わったら、お互いのカードを見せ合います。交代し、同じように行います。

記憶ゲーム　　ペアを作ります。2人分のカード（2組のカード）を一緒にしてシャッフルし、机の上に裏返して並べます。一人の生徒がカードをめくり、その絵の文を言います（例：They watch TV together.（彼らは一緒にテレビを見ます））。そして、2枚目のカードをめくり、同じように英語を言います。その2枚のカードが同じならばそのカードをもらうことができます。違ったら、また机の上に戻します。順番にカードをめくっていきます。ゲームをする前に、教師が一人の生徒とデモンストレーションをします。より多くのカードをとった方が勝ちです。パートナーを変え、再び同じようにゲームをします。

フォローアップ・アクティビティー　　このアクティビティーはオプションです。簡単な絵本を作ります。1ページごとに1枚のピクチャーカードを貼ります。カードの下に文を書きます。

LESSON 8

学習目標
・子どもたちが抱くさまざまな感情について考えさせる。
・ほかの人々の感情に対して、共感し、尊重し、そして理解を深める。
・グループで協力し合いながら詩を書く。
・編集と書き直しの作業の重要性を理解させる。

教材
・書き出し文が書かれたカード（4人グループで1組のカードを使用する）。
例：
I feel happy when ...（…のとき、幸せを感じる）
I feel sad when ...（…のとき、悲しく感じる）
I feel lonely when ...（…のとき、さびしく感じる）
I feel frightened when ...（…のとき、怖く感じる）
・紙1枚、鉛筆1本（生徒の人数文用意する）。

導入　　ストーリーのいろいろな場面において、Something Else と Something の感情を表す単語（sad, lonely, different, happy, surprised, angry, frightened など）を子どもたちに言ってもらいます。必要に応じて絵本の絵を見せましょう。子どもたちが言った単語を板書します。

板書したことばを使って教師自身のことを述べて例を与えます（例：I feel happy when I ride my bike in the park.（公園で自転車に乗っているときに幸せを感じます）、I feel sad when I see pictures of war on TV.（テレビで戦争の映像を見ていると悲しくなります））。同様に、子どもたちにも自分自身のことについて述べてもらいます。必要なときに子どもたちの意見を英語で言い替えたり、ふくらませたりできるようにしておきます。

グループで詩を書く　4人のグループを作ります。白紙の紙を各生徒に配ります。用意しておいた書き出し文（I feel happy when ..., I feel sad when ..., など）の中から、グループで1つ選び、その書き出し文を用いて、グループで1つの詩を書かせます。最初は、各生徒が自分自身のことについてその書き出し文を使って文を作り、配布した紙に書きます。個人の文が完成したら、グループでそれぞれの文を読み比べます。それから、グループのメンバー全員の詩をアレンジして、全体を一つの詩にまとめます。この時点では、好きなようにことばをつけ加えたり、削除したり、文を変えたりしてもかまいません。そのあと、その詩をいかに締めくくるかを考えさせます。最後に 'But ...' で始まる文を書き、詩の中で最初に述べたことと対比させることも可能です。

詩の最後の部分の例：

I feel sad when ...	（…のとき、私は悲しく感じます。
I argue with my best friend	友だちと喧嘩をしているとき
My parents are angry with me	両親が私のことを怒っているとき
I can't find my things to take to school	学校に持っていくものが見つからないとき
My homework is boring and difficult	宿題がつまらなくてむずかしいとき
But I feel sadder when ...	しかし、…のときはもっと悲しく感じます。
I see hungry children on the street	通りで飢えた子どもたちを見たとき
Or people dying on TV	またはテレビで死にそうな人を見たとき）

全員が最後の部分に同意したら、完成版を清書します。

詩を読む　完成した詩を各グループに発表してもらいます。ほかのグループの生徒は、自分たちの詩と比較しながら聞きます。これらの詩の中にも自分たちと同じような感情や考えが含まれているかどうかに注意して聞かせます。

フォローアップ・アクティビティー	このアクティビティーはオプションです。完成した詩を清書し、絵を描きます。生徒の作品はクラスブックとしてまとめるか、または壁に貼って掲示します。

(「ストーリー・ノート」執筆：Carol Read)

10 Funnybones

作・絵：Janet Ahlberg & Allan Ahlberg

≪WORKSHEETS≫
Make a skeleton（骸骨を作る） p. 343
Body parts flashcards（体の部位のフラッシュ・カード） p. 345
Skeleton wordsearch（骨格の単語探し） p. 347
Funnybones quiz（Funnybones クイズ） p. 347

Funnybones は、友だち同士の大きな骸骨と小さな骸骨がイヌの骸骨と一緒になって、誰かほかの人を脅かすことをたくらむという愉快なストーリーです。彼らは公園に行きますが、そのイヌが事故にあい、体の骨がバラバラになり、骨の山ができてしまいます。二人はそのイヌの骨を元通りにしようとしますが、とても苦労します。そのあと、彼らは脅かす相手を探し求めて動物園を訪れます。しかし、結局、彼らは誰も見つけることができず、しかたがないので自分たちだけで「脅かし合い」をすることにしました。

伝統的なライム 'In the dark, dark wood …' をもとにした作者の自作のライム 'On the dark, dark hill …' をストーリーの始めと終わりに使い、話を展開させていきます。この種のお化けのライムやストーリーは、子どもたちの間で広く親しまれている遊びの一つです。このストーリーを聞かせるときは、日が沈んでから、または、日中でも照明を暗くして、小さな声でゆっくりと怖そうな声で朗読し、最後のところで突然大声で叫びます。その目的はミステリアスでエキサイティングな雰囲気をかもし出して、子どもたちを脅かすことです。形容詞 dark のくり返しと、そのあとにくる名詞がライムの緊張感を高めています。

ストーリーは単純過去形で語られます。会話文は Good idea!（良い考えだ！）、What shall we do?（何をしましょうか？）、Let's …!（…をしましょ

う！）のような役に立つ表現から成り、それらはくり返され、吹き出しの中で強調されます。黒人霊歌の 'Dem Bones' にもとづく歌には、受動態の文 'The toe bone's connected to the foot bone!' などが使われています。このストーリーはことばのくり返しが多くリズミカルなので、子どもたちは読み聞かせに参加しやすいのです。

● 最終到達目標と成果
恐ろしいライムと黒人霊歌を学習する。
個人の辞書を作る。
骸骨を作り、そのおもな部分の名称を学習する。

● 言語的到達目標
スキル：
リスニング：要点、具体的な情報を聞き取る。
　指示に従う。
スピーキング：キーとなる語（句）をくり返す。
　ライムと歌を学習する
リーディング：ゲームで使うキーとなる語（句）を学習する。
ライティング：単語をつづる。
　名前を書き込む
　リストを書く。
　辞書を作る。
　簡単な文（例えば、受動態を使った文）を書く。

文の機能と構造：
What shall we ...? を使って質問をする。
Let's ...使って提案をする。
単純過去形を使って過去のことを述べる。
受動態の is connected to を使う。
I wish I had ...を使って願望を述べる。

語彙：
名詞（周囲の環境に関するもの）：hill（丘）, town（町）, street（通り）, house（家）, staircase（階段）, cellar（地下室）, park（公園）, zoo（動物園）, swings（ブランコ）, pond（池）, bench（ベンチ）, tree（木）, tennis courts（テニスコート）, stick（木の枝）, park bench（公園のベンチ）
登場キャラクターに関するもの：dog（イヌ）, skeleton（骸骨）, animals（動物）, elephant（ゾウ）, crocodile（ワニ）, snake（ヘビ）, giraffe（キリン）, mouse（ネズミ）, pig（ブタ）
体の部位に関するもの：skull（頭蓋骨）, head（頭）, toe（つま先、足の指）, foot（足）, leg（脚）, hip（腰）, back（背中）, arm（腕）, thigh（もも）, neck（首）, finger（指）
形容詞：dark（暗い）, big（大きい）, little（小さい）, right（正しい）, wrong（間違った）, scary（恐ろしい、怖い）
動詞：scratch（ひっかく）, live（住む）, left（去った）, frighten（怖がらせる）, play（遊ぶ）, climb（登る）, walk（歩く）, throw（投げる）, put together（一緒に合わせる）, bump（ぶつかる）, hide（隠れる）, ... is connected to（…とつながっている）
副詞：past（すぎて、通り越えて）, into（〜の中に）

発音：
新しい単語とフレーズの発音と語強勢。
Shall we ...?を用いた文での上昇調。
Let's ...を用いた文での下降調。

● 教科横断的学習
理科：骨格と人体。
音楽とドラマ：怖い声でライムを歌う、黒人霊歌を歌う。
学習ストラテジー：予測する、順序立てる、単語を分類する、単語を覚える、辞書を作る。
公民：人によって怖いと思うことがそれぞれ違うことを理解する、友情関係の重要性に気づく。

● 文化的情報
'Dem Bones' はよく知られた「よみがえり」（resurrection）をテーマにした黒人霊歌です。これが初めて歌われたのは、おそらく200年前ほどはるか昔のことでした。今日では、その歌は普通、骨格について学んだり、ライムやことば使いを学んだりするために歌われています。

LESSON 1

学習目標
・ストーリーとおもな登場キャラクターを紹介する。
・骨格と体の部位を説明するための必要な語彙を導入する。
・ライム 'On a dark, dark hill' を導入する。

教材
・（可能であれば）レントゲン写真、動く骸骨の模型、または本当の骨。
・鉛筆で軽くページ番号を打った絵本のコピー（全部で29ページあります。1ページ目は 'This is how the story begins ...' から始まり、29ページ目の 'They still do.' で終わります）。

ストーリーの導入
表紙を見せて、どんなストーリーだと思うかを子どもたちに想像させ、skeleton(s)、bone(s)、dog を引き出します。タイトルを指し、タイトルが funny と bones の２つの単語からできていることを示します。登場キャラクター、いろいろな骨、大きい骸骨がかぶっている帽子を指します。

骨について何か知っているかどうか子どもたちに質問します。もし、骨格の一部のレントゲン写真、動く骸骨の模型、本当の骨または頭蓋骨があれば、子どもたちはより興味を持つでしょう。骨格は体の柔らかい部分を支え、保護する多くの異なる骨から成り、私たちが動くことを可能にしているものだということを説明します。

ライム：
'On a dark, dark hill'

読み聞かせる前に、薄気味悪い雰囲気を作り出します。カーテンを閉め、ブラインドを降ろして、ライトを消し、懐中電灯で本を照らします。最初の見開きページを開けて、'This is how the story begins.' と読みます。名詞（hill, town, street, house, staircase, cellar）の意味がわかるように絵を指しながら、ゆっくりと小さな声でささやくように読みます。最後の行 'And in the dark dark cellar …' のあとでポーズを置き、地下室には何がいると思うか尋ねます。ページをめくり、イラストを指しながら some skeletons を子どもたちに言わせます。' … some skeletons lived.' をくり返して読みます。'There was a big skeleton, a little skeleton and a dog skeleton.' を読みながら、それぞれの骸骨を指します。

絵を指し、子どもたちを参加させながら再びライムを歌います。クラスを6つのグループに分け、各グループにライムに出てくる名詞(hill, town, street, house, staircase, cellar)を1つずつ与えます。各生徒に紙を1枚配り、自分のグループの名詞の絵をすばやく描かせます。再びライムを歌います。それを聞いて、生徒はその絵を上に掲げ、それが対応する行を言います。

例：
グループ1：'On a dark, dark hill'
グループ2：'There was a dark, dark town. In the dark, dark town'
グループ3：'There was a dark, dark street. In the dark, dark street …'

子どもたちの絵を掲示します。

ストーリーを読む

このレッスンでは、'There was a big skeleton, a little skeleton and a dog skeleton.' までを読み聞かせます。夜（月と星が見える時間帯）とは何時ごろのことか、またそのときに骸骨たちは何をするつもりだと思うかを子どもたちに尋ねます。

LESSON 2

学習目標
・最初の6ページ（'They went into the park.' まで）を読む。
・詳細を聞き取る。
・X frightens us/me（Xが私たち／私を怖がらせる）を使って感情を表現する。
・概念の「クモの巣図」を作る。
・辞書作成プロジェクトを始める。

教材	・レッスン1で描いた重要な単語（hill, town, street, house, staircase, cellar）の絵。
ストーリーの導入	表紙を見せ、登場キャラクターの名前（Big Skeleton, Little Skeleton, Dog Skeleton）を聞きます。最初の3ページ（'... and a dog skeleton.'）までを読みます。骸骨たちを指しながら、Where are they? What do you think they are going to do?（彼らはどこにいますか？　これから何をしようとしていると思いますか？）と質問します。次のページでは scratched や frighten somebody のようなところで、ジェスチャーをつけて読み聞かせます。
概念の「クモの巣図」：私たちを怖がらせるもの	まず教師が自分たちにとって怖いものを言い、それから子どもたちに何が怖いかを言ってもらいます。The dark frightens us/me. のような簡単な文を例として与えます。子どもたちの意見を聞きながら、下記のような概念の「クモの巣図」を作ります。黒板の中央には THINGS THAT FRIGHTEN US（私たちを怖がらせるもの）と書きます。

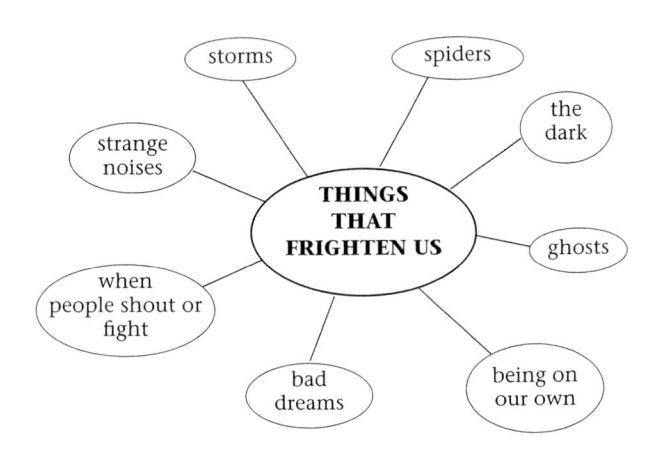

```
                storms        spiders
                               
                                     the
    strange                          dark
    noises     THINGS
               THAT
               FRIGHTEN
    when       US              ghosts
    people shout or
    fight
                bad         being on
                dreams      our own
```

必要があれば単語を教えます。辞書制作プロジェクトの一環として、この「クモの巣図」を子どもたちに描き写させます。また、怖いものの絵を描かせ、X frightens me.（Xが私を怖がらせる）という見出しをつけさせます。

ストーリーを読む	次の見開きページの最後（'They went into the park.' まで）を読みます。新しい単語（scratch, frighten, left, climbed, skull, houses, shops, zoo, police station）が出てきたら、ジェスチャーを添えたり、絵を指したりして単語の意味を理解させます。
新しい単語を復習する	クラスを9つのグループに分けます。その中の5つのグループにはストーリーの次の場面に出てくる名詞（skill, shop(s), zoo, police station, park）の絵をすばやく紙に描かせます。残りの4つのグループについては、動詞（scratched, climbed, walked, frighten）の中からそれぞれ1つずつ与え、大きな紙にその単語を書かせます。また、レッスン1で描

いた hill、town、street、house(s)、staircase、cellar の絵も配ります。再び物語の最初の部分を読み聞かせることを伝えます。各グループに割りあてられた単語（レッスン1の単語も含む）が聞こえたら、そのメンバーは立ち上がって、また座らなければなりません。最初の6ページ（'They went into the park.'）までを読み聞かせます。

辞書作成プロジェクト　　このストーリーを学習している間に、生徒は個々に絵と単語の辞書を作成します。ノートやバインダーなどを利用して作ります。辞書の表紙のデザインについてはレッスン7で説明します。また、モビール作品（針金などを用いて動く作品）のような辞書を作ることもできます。黒い紙に白色、銀色または金色のサインペンで単語と絵を書き、その紙をコートハンガーに吊るします。

　生徒は辞書の構成の仕方を決めなければいけません。辞書は、ストーリーを特徴づけるもの（周囲の環境、登場キャラクター、出来事）、セクションごとのトピック、文法（名詞、動詞、形容詞など）または、アルファベット順に分けることが可能です。

　辞書には文字も入れるので、生徒は単語のつづりが正しいかどうかをしっかり確認する必要があります。さらに、適当なところで絵、訳、その単語を使ったフレーズや例文を書くことができます。きれいにわかりやすく書くように指示しましょう。

　生徒には、次の中から単語の発音と意味が最も覚えやすい方法を選ばせます。

・長い単語は発音も一緒に書いてもよい。強勢が置かれる音節を大文字で書き記す（例：SKEleton）。
・単語を見ただけでその意味がわかるように書く（例：frightened は怖そうな字体で書く。swing は曲げた形で書く）。
・単語を1つずつ縦に書き、それぞれの単語の最初の文字をつなげると別の単語（意味のつながりがある単語）になる。

　　Snakes
　　Caterpillars
　　Angry people
　　Roars
　　Elephants

・意味的に関連性を持つ単語を、次の「クモの巣図」のように描く。

例：

```
        house
cellar — DARK — staircase
        street
```

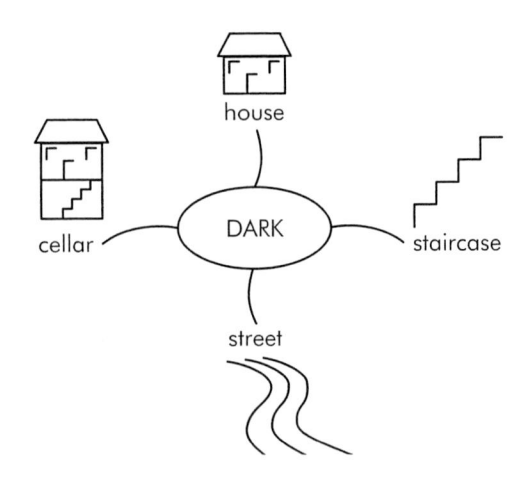

　　生徒に単語を1つ選ばせ、その単語の「クモの巣図」を描かせます（例：SKELETON ＋ leg bone ＋ skull ＋ connected … ; PARK ＋ swings ＋ tennis courts ＋ slides ＋ pond … ; TOWN ＋ hill ＋ street ＋ house ＋ park ＋ zoo ＋ police station など）。描き終えたら、生徒は順番に自分の「クモの巣図」を見せます。このとき、中心にくる単語を隠しておきます。ほかの生徒はそこに書かれた周りの単語を見て、中央に隠されている単語を推測します。生徒の「クモの巣図」は教室に掲示します。

　　注：ストーリー全体を通して、意味的に関連する語群を構成する項目。
　　things that frighten me（私を怖がらせるもの）
　　things in towns（町にあるもの）
　　things in parks（公園にあるもの）
　　body parts（体の部分）
　　animals（動物）

　　再びストーリーの6ページ（'They went into the park.'）までを読んで、このレッスンを終えます。これから骸骨たちが何をするか予想させます。

LESSON 3

学習目標
- 次の5ページ（11ページの 'Let's put him together again …' まで）を読む。
- 公園に関する語彙（swings, pond, tennis courts, stick, park bench, throw, play, chase, bump など）。
- What shall we do? を使って質問をする。
- Let's … を使って提案をする。

教材
- 7ページと8ページの吹き出しの文（'What shall we do now?' と 'Let's play on the swings.'）を紙に書き、切り取る。

ストーリーを読む	ストーリーを6ページまで（'They went into the park.' まで）もう一度読み聞かせます。子どもたちの住む町の公園に何があるか（もしくは何がほしいか）を尋ねます。ストーリーに出てくる公園にあるもの（a pond, some benches, some swings, some flower beds, some tennis courts, some trees）と比較します。前回のレッスンの終わりに、骸骨たちが公園で何をするかについて予想しましたが、それを思い出させて自分たちの予想があたっていたかどうかを聞きます。 7ページから11ページの 'Let's put him together again.' までを読みます。 公園に関する単語（a pond, a bench, a tennis court, a tree, the swings）を復習します。単語を板書し、リピートさせ、発音を確認します。子どもたちに2〜3分の時間を与え、単語を覚えさせます。そして、黒板の単語をいくつか消し 'What is missing?'（何がありませんか？）と聞きます。
提案をする	'What shall we do now?' と 'Let's play on the swings' のところをもう一度読みます。そして、前もって作っておいた吹き出しの紙を見せます。'What shall we do?' の質問に対していろいろな答えを引き出すために、レッスン1と2で子どもたちが描いた絵を何枚か使います（例：Let's play tennis.（テニスをしましょう）、Let's play in the pond.（池で遊びましょう）、Let's play with the dog.（イヌと遊びましょう）など）。子どもたちからいろいろな意見を求めます。子どもたちに自信がついてきたら、ストーリーに出てくる単語を使って文を作らせます（例：Let's go to the shops.（お店へ行きましょう）、Let's go to the zoo.（動物園へ行きましょう）など）。ペアになってこれらの文型を練習します。 生徒A：What shall we do? 生徒B：Let's play/go/climb ...　など
動作の動詞をジェスチャーで表現する	1ページから11ページまでをもう一度読み返し、動作の動詞（play, throw, chase, trip, bump into）を本の挿絵やジェスチャーを使って教えます。一人の生徒に前に出てこさせ、それらの動詞の動作をしてもらいます。残りの生徒は彼が何をしているのか考え、'He's 〜ing ...' の構文を用いて答えます（例：<u>He's</u> play<u>ing</u> with the dog.）。
辞書作成プロジェクト	作成中の辞書に公園に関する単語を書き加えます。子どもたちに余裕があれば、ペアになって単語のテストをさせることもできます（例：What does 'swings' mean? Can you put it into a sentence?（'swing' の意味は何ですか？　その単語を使って文を作れますか？））。
ホームワーク	生徒は The Ideal Park（理想的な公園）または Our Favorite Park（私たちのお気に入りの公園）に対する自分たちの考えを絵にします。どのようなものが公園にあるかを示すために、そこにあるものの名前も書き込む必要があります。これらの絵も辞書の中に入れることが可能です。

LESSON 4

学習目標
- 1 ページから 11 ページまでを復習する。
- 体の部位の名前 (toe, foot, ankle, leg (front/back), knee, thigh, hip, back, shoulder, neck, head, tail など) を教える (または復習する)。
- 人間とイヌの骸骨を作る。
- 受動態の is connected to を使って歌を学ぶ。

教材
- 343 ページのワークシート 'Make a skeleton' (骸骨を作る) のコピー (生徒の人数分コピーする)。
- 30 枚の用紙が留められる留め具、はさみ、ひも。
- ワークシート 'Make a skeleton' (骸骨を作る) を A3 サイズの厚紙に拡大コピーして切り抜いたもの。
- 本書の CD#25、26 (ストーリーの朗読 *Funnybones* および歌 'Dem Bones')。
- セロテープやマグネットなど、黒板に紙を固定できるもの。

体の部位の復習

最初に toe、foot、leg、hip、back などを実際に指し示しながら、体の部位の名前を復習します。生徒にも同じように体の部位を指すように言い、その単語をリピートさせます。このとき、生徒の発音をチェックします。人間の骨格が描かれているワークシートの切り抜き (拡大コピーをしたもの) を 1 枚ずつ見せ、Which bone is this? (これはどの骨ですか?)、Is it the leg bone? (足の骨ですか?)、Is it the shoulder bone? (肩の骨ですか?)、This is the hip bone. Is it true? (ここは腰の骨です。本当ですか?) などと質問し、どの部分の骨格かを考えさせます。何人かの生徒に教師役をやってもらい、同じように質問させます。各生徒に 343 ページのワークシート 'Make a skeleton' (人間の骨格: Human) のコピーを配ります。骨格を切り抜きます。関節が動くようにとじ鋲 (びょう) などで留め、人間の骸骨にします。教室を歩き回りながら、生徒に体の部位の名前を言わせます。頭にひもをつけるときには手伝ってあげてください。

ゲーム: 'Skeleton Says'

このゲームは 'Simon Says' のやり方と同じです。'Skeleton Says' で始まるときだけその指示に従います。例えば、Skeleton says touch your hip! と聞こえたら、子どもたちは自分の腰を触らなければいけません。Touch your leg! では、誰も動いてはいけません。子どもたちが自信を持ってできるようになってきたら、一人または二人に教師役をしてもらい、指示を出してもらいます。

歌: 'Dem Bones'

CD#25 に収録されているストーリーの朗読を 11 ページの終わり ('They sang a song while they did it.') まで聞かせます。歌はまだ聞かせません。The leg bone's connected to the hip bone! (脚の骨は腰の骨とつながっている) などの文を言いながら、'is connected to ...' の用法を説明します。再び、CD の朗読を 12 ページの 'The hip bone's connected to the back bone!' まで聞かせます。'Dem Bones' は、もともと

アフリカの歌であることを説明し、歌を最後まで聞かせます（CD#26）。教師は歌詞に合わせて、体の部位を指します。

'Dem Bones'

The toe bone's connected to the foot bone.
（つま先の骨は足の骨につながる。
The foot bone's connected to the ankle bone.
足の骨は足首の骨につながる。
The ankle bone's connected to the leg bone.
足首の骨は脚の骨につながる。
The leg bone's connected to the knee bone.
脚の骨は膝の骨につながる。
The knee bone's connected to the thigh bone.
膝の骨はももの骨につながる。
The thigh bone's connected to the hip bone.
ももの骨は腰の骨につながる。
The hip bone's connected to the back bone.
腰の骨は背中の骨につながる。
The back bone's connected to the shoulder bone.
背中の骨は肩の骨につながる。
The shoulder bone's connected to the neck bone.
肩の骨は首の骨につながる。
The neck bone's connected to the head bone.
首の骨は頭の骨につながる。

Dem bones, dem bones, dem dry bones,	骨、骨、乾燥した骨、
Dem bones, dem bones, dem dry bones,	骨、骨、乾燥した骨、
Dem bones, dem bones, dem dry bones,	骨、骨、乾燥した骨、
Dem bones connected together.	すべてつながった骨）

歌をもう一度聞きます。教師と一緒に歌に合わせて体の部位を指します。

体の部位に関する語彙をさらに増やす

再び体の部位の名前を復習します。そのあと、tail bone、front leg bone、back leg bone を導入します。イヌの骨格の絵が描かれている 343 ページのワークシートの切抜き（拡大コピーをしたもの）を 1 枚ずつ見せ、どの部分の骨格かを考えさせます。何人かの生徒に教師役になってもらい同じようにやってもらいます。

体の部位の名前の復習が終わったら、Oh dear, Dog Skeleton's all in pieces. What shall we do now? I know, let's put him together again. （あー、困ったことだ。イヌの骨がばらばらになっている。これからどうすればいいんだ？　そうだ、もう一度もとに戻そう）と言います。1、2 名の生徒に黒板のところまで出てこさせ、ばらばらにした骨の切抜きを正しくつなげてもらいます。そのあとでワークシート「イヌの骨格」のコピーを各生徒に配ります。はさみで骨を切り抜き、つなぎ合わせてイヌの骸骨を作ります。教室にそのイヌの骸骨の絵を掲示します。

作成中の辞書に体の部位の名称と絵を書き、このレッスンを終えます。

LESSON 5

学習目標
- ストーリーの読み聞かせと「ドミノ」(Dominoes) ゲームを通して、体の部位の名称を復習する。

教材
- 本書の CD#26（歌：'Dem Bones'）。
- CD プレーヤー。
- レッスン 4 で使用した人間の骨格の拡大コピー。
- 345 ページのワークシート 'Body parts flashcards'（体の部位のフラッシュ・カード）を厚紙に拡大コピーして切り取り、フラッシュ・カードにしたもの。
- ドミノを作るための A4 サイズ用紙 2 枚（生徒の人数分用意する）。
- はさみ。
- 下記のような 8 枚のドミノカード（作り方は次ページを参照）。

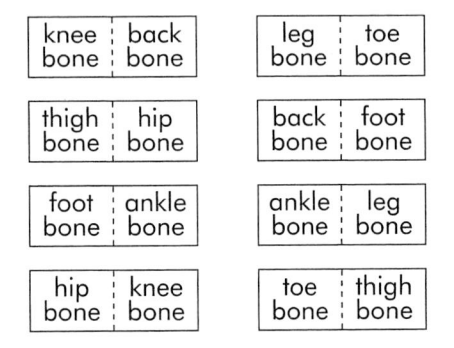

knee bone	back bone		leg bone	toe bone
thigh bone	hip bone		back bone	foot bone
foot bone	ankle bone		ankle bone	leg bone
hip bone	knee bone		toe bone	thigh bone

復習

12 ページまでのストーリーを復習します。'Dem Bone' の歌を再び聞きながら、歌詞に合わせて体の部分を正しく指します。慣れてきたら、一緒に歌いましょう。

体の部位の名称を復習し、単語のフラッシュ・カードを使って文字を導入します。生徒を何人か指名し、黒板に貼ってある人間の骨格の切り抜きに名前をつけさせます。それぞれの骨格の名前がわかるようにフラッシュ・カードを貼らせます。

ドミノゲーム

拡大コピーした 8 枚のドミノカードを使います。それぞれのドミノカードがどのようにつながるかを教師が実際にやりながら説明します。

| knee bone | back bone | + | back bone | foot bone | + | foot bone | ankle bone |

例えば、'back bone' と 'back bone' が一致するので、I can use this domino (back bone / foot bone domino)（私はこの back bone と foot bone のドミノカードを使います）と言い、カードを置きます。すべてのドミノカードを使うまで続けてください。カードをシャッフルし、再びゲームのやり方を見せます。今度はどのドミノカードが使えるか生徒に尋

ねながら進めます。

　そのあと、生徒は自分のドミノカードを作ります。2枚のA4の紙を縦に半分に折り、そして横に2回折ります。図のように、1枚の紙から4枚のドミノカードを作り、それぞれのカードの中央には折り目をつけます。図のように横の折り目を切り、8枚のドミノカードを作ります。カードの中央の折り目にそって線を引かせます。

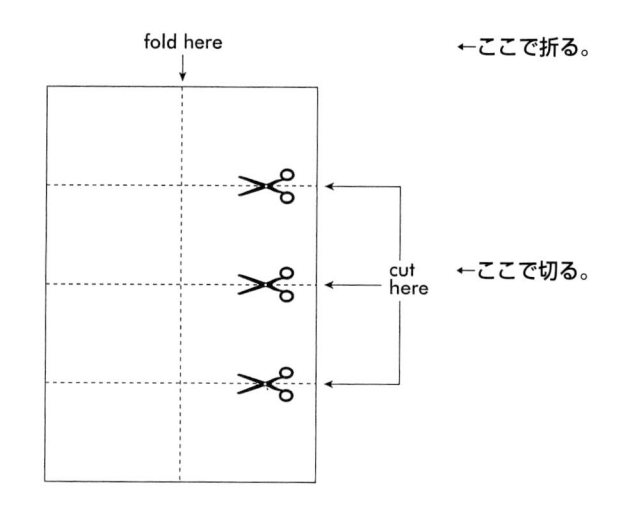

```
        fold here
            ↓                    ←ここで折る。
    ┌───────┬───────┐
    │       │       │
    │       │       │
    ├──✂────┼───────┤  ←
    │       │       │    │
    │       │       │    │ cut   ←ここで切る。
    ├──✂────┼───────┤    │ here
    │       │       │    │
    │       │       │    ←
    ├──✂────┼───────┤
    │       │       │
    │       │       │
    └───────┴───────┘
```

　次に、体の部位のフラッシュ・カードにある単語から8個選びます。それぞれの部位が別の部位とつながるように選ぶ必要があります。黒板に2つのリストを書きます。各リストには同じ8個の単語を書きますが、順番は変えてください。

例：

hip bone	back bone
back bone	finger bone
shoulder bone	head bone
neck bone	hand bone
head bone	neck bone
finger bone	arm bone
hand bone	hip bone
arm bone	shoulder bone

　最初のリストから単語を1つ選び、それをドミノカードの左半分に写します。右半分には2番目のリストから選んだ単語を書きます。ドミノカードに同じ単語を2回以上書く場合も出てきます。子どもたちは自分でドミノの組み合わせを考えなければいけません。単語は正しいつづりできれいに、そして少し大き目の文字で書かせてください。

　ドミノカードができたら、ほかの人のものと間違わないようにカードの裏に自分の名前のイニシャルを書かせます。ペア、または3人か4人のグループを作り、ドミノゲームをします。ゲームを始める前にすべての生徒が8枚のドミノカードを持っているかどうか確認してください。子どもたちは順番に一致するドミノカードを置いていきます。最初にすべての

ドミノカードをつなげる　子どもたちが自信を持ってできるようになったら、少しアレンジしたドミノゲームをします。今度は、それぞれ異なった骨が正しくつながる組み合わせになるように、カードを並べます。

例：

| ankle bone | leg bone | + | hip bone | knee bone | + | leg bone | toe bone |

The leg bone's connected to the hip bone, so I can use this domino (hip bone / knee bone)（脚の骨は腰の骨につながるので、この hip bone と knee bone のドミノカードを使います）と言い、ドミノカードを置きます。再びペアまたはグループを作り、ゲームをします。すべてのカードを使った人が出るまで続けます。

時間があれば、辞書作りの続きをします。そのときはおもに体の部位に関する単語を書き込ませます。

LESSON 6

学習目標
・ストーリーの 13 ページから 20 ページまでを読み聞かせる。
・新しい語彙（mixed up, policemen, animals, giraffe, fish, mouse, snake, big, elephant, parrot, crocodile）を教える（または復習する）。
・I wish I had ...を使う練習をする。
・You're right/wrong. ; That's true / not true. を使う練習をする。

導入　これまでのストーリーを復習する。イヌの骨格が元通りになったと思うか生徒に聞きます。mixed up（混乱している）の意味がわかるように絵を指しながら 13 ページと 14 ページを読みます。'Foow!' という単語を注目してもかまいません（あとで出てくる 'Woof' は、イヌの頭と尻尾が反対になってしまったことを強調するためにつづりが逆になっています）。

15 ページから 20 ページまで読む　15 ページから 20 ページの 'Let's ... keep out of the way of the crocodile skeleton.' まで読みます。必要に応じて、簡単なことばに言い替えてください。例えば、20 ページの 'Let's have a ride on the elephant skeleton' は Let's ride on the elephant skeleton（ゾウの骨に乗りましょう）のようにします。'Let's have a word with the parrot skeleton.' は Let's talk to the parrot skeleton.（オウムの骨と話しましょう）にして、'Let's keep out of the way of the crocodile skeleton.' は Let's run from the crocodile skeleton.（ワニの骨から逃げましょう）に変えます。新しいことば（policeman, animals, giraffe, fish, mouse, snake, pig, elephant, parrot, crocodile）が出てきたら、絵を指して教えます（または引き出します）。15 ページに 'Dem Bones' と同じメロディーで別の歌詞の一部 'These bones, these bones can bark again!' が出てきます。子

もたちが歌いたいと言えば歌わせてあげてください。

I wish I had ... (…がいたらいいのになあ)	16ページに戻り、吹き出しの文を読みます。手に入れることができないものがほしいときに 'I wish I had ...' を使うことを説明します。動物に関する例文 I wish I had a cat ... but I don't.（ネコがいたらいいのになあ…でも、いない）、I wish I had a dog ... but I don't.（イヌがいたらいいのになあ…でも、いない）を与え、黒板に動物の名前をいくつか書きます。生徒はそこから3つの動物を選んで紙に書きます。何を選んだかは内緒にしておきます。ペアになり、生徒Aが I wish I had an elephant.（ゾウがいればいいのになあ）のような 'I wish I had ...' を使った文を言います。生徒Bはその動物が生徒Aの選んだリストの中に入っているかどうか推測します。リストの中に入っていると思ったら That's true. と言い、リストの中に入っていないと思ったら That's not true. と言います。それに対して、生徒Aは You're right/wrong.（あなたは正しいです／間違っています）と答えます。
辞書作成プロジェクト	辞書の作成を続けます。今回は動物に関する語彙を中心にまとめます。早く終わった人はドミノゲームをすることができます。

LESSON 7

学習目標	・ストーリーを読み終える（21ページから29ページまで）。 ・生徒が自分の能力や興味に合ったアクティビティーに集中できるように、自由に選択させる。 ・辞書を完成し、展示する。
教材	・347ページのワークシート 'Skeleton wordsearch'（骨格の単語探し）。 ・347ページのワークシート 'Funnybones quiz'（Funnybones クイズ）。 ・人間と動物の体に関する参考書物。 ・絵本に描かれているいろいろな動物の骨格の絵（オプションのアクティビティー「骨がチグハグにつながっている動物たち」で使用する）。 ・頭蓋骨のお面（オプションの「ドラマ活動」で用いる）。
ストーリーを読み終える	21ページの 'When they were back in the street' から最後までを読み聞かせます。文章の一部をとばして読んでもかまいません。例えば、22ページでは 'Let's frighten each other! Good idea!' を読むだけでもよいでしょう。意味がわかるように、読みながら絵を指してください。 レッスン2で作った概念のクモの巣図 'Things that frighten us'（私たちを怖がらせるもの）をもう一度見直します。What do the skeletons do to frighten each other?（骸骨たちは、お互いを怖がらせるために何をしますか？）と質問し、絵を指しながら語彙を引き出します。概念のクモの巣図に追加することがあるかどうか聞きます。 ストーリーの最後に出てくるライムを生徒も参加させながら再び歌います。

辞書 　辞書の中身と表紙を完成させます。骨のような字体を使って表紙の文字を書いてもよいでしょう。また、各ページの縁の飾りを骨の形にしてもよいでしょう。辞書が完成したら展示をして、お互いの作品を見学します。

自由な選択 　生徒が個人、ペアまたは小さなグループで、次のアクティビティーの中から好きなものを選んで行います。アクティビティーの中には家で完成させるものや、さらに補充の授業が必要なものもあります。

1. **スケルトン動物園**：スケルトン動物園を作ります。いろいろな動物の絵を描き、それらの動物に名前もつけます。ポスターとチケットをデザインし、開園時間やエサの時間、動物園の見取り図、入園料などを決めます。でき上がった作品は教室に掲示します。

2. **骨がチグハグにつながっている動物たち**：絵本の 13 ページと 18 ページの動物の骸骨の絵を使って、骨格がチグハグにつながっている動物の骸骨を描かせます。それぞれの骨格に名前も書かせます。ほかの生徒は何の動物が描かれているのかを推測します。また、動物の骨のつながり方についての解説を書かせてもよいでしょう（例：My animal has a tail bone connected to its skull and a hand bone connected to its neck bone.（私の動物は、しっぽの骨が頭蓋骨につながっており、手の骨が首の骨につながっています））。

3. **「ドラマ活動」**：生徒はお面を作り、グループでストーリーを演じます。少なくとも 6 つの登場キャラクター（Big Skeleton, Little Skeleton, Dog Skeleton, Parrot Skeleton, Crocodile Skeleton, Giraffe Skeleton）が必要になるでしょう。

4. **クリエイティブ・ライティング**：場面設定あるいは登場する動物を変えて *Funnybones* に似たストーリーを書きます。骸骨の絵を描いたり、骸骨のような字体を使ったりすることもできます。生徒のストーリー作りを手助けをするために次の質問をしてください。

    How many skeletons are in the story?（物語にはいくつの骸骨が出てきますか？）
    What are they like?（彼らはどのようですか？）
    Where do they live?（彼らはどこに住んでいますか？）
    What do they like doing?（彼らは何をすることが好きですか？）
    What happens?（何が起こりますか？）
    Do they have a problem?（彼らは何か問題を抱えていますか？）
    How do they solve it?（それをどのように解決しますか？）
    How does it end?（どのように終わりますか？）

5. **骨格の単語探し**：347 ページのワークシートの 'Skeleton word-search'（単語探し）を完成させてから、ストーリーに出てくる体の部位の単語を 8 個から 10 個使って「単語探し」シートを自分で作ります。縦横 8 個から 10 個の正方形のマス目を作り、1 つのマス目に 1 文字ずつ選んだ単語を書き込みます。単語は縦、横、斜め、または逆方向で読めるようにします。残りの空白のマスには適当に文字を入れます。完成したら、「単語探し」シートと単語リストを一緒にして、

ほかの生徒に解いてもらいます。

答え：

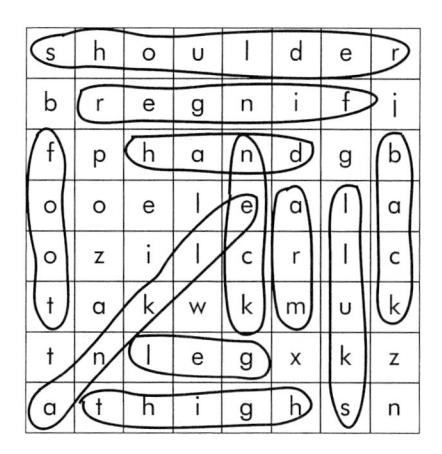

s	h	o	u	l	d	e	r
b	r	e	g	n	i	f	j
f	p	h	a	n	d	g	b
o	o	e	l	e	a	l	a
o	z	i	l	c	r	l	c
t	a	k	w	k	m	u	k
t	n	l	e	g	x	k	z
a	t	h	i	g	h	s	n

6. **Funnybones クイズ**：ワークシートの「Funnybones クイズ」（347 ページ）をペアまたはグループで解きます。

答え：
1. 大人の体には 206 本の骨がある。
2. はい、赤ん坊は 350 本の骨がある。これらの骨の多くは一緒に成長していく。
3. 人間の頭蓋骨には 29 本の骨がある。
4. 人間の首には 7 本の骨がある。
5. キリンの首の骨にも 7 本の骨がある。
6. 人間の足には 26 本の骨がある。
7. 人間の手には 27 本の骨がある。
8. 人間の背中には 24 本の骨がある。
9. 大腿骨が人間の骨の中では最も長い。
10. はい、私たちは皆、約 1.25cm 縮む。なぜならば、日中は背骨が縮むからである。

まとめ

レッスンの終わりに、これまでの学習の中で気に入った部分についての調査をします。次のような質問をし、自分たちの辞書の作成と語彙の学習方法ついてふり返ってもらいます。

How many words from the story do you think you have learned?
（このストーリーでいくつの単語を覚えたと思いますか？）

Do you know how to pronounce them?
（それらの単語の発音の仕方はわかりますか？）

Do you know how to spell them?
（それらの単語のつづり方はわかりますか？）

Do you know how to put them into a sentence?
（それらの単語を並べ替えて文を作ることができますか？）

What helps you to remember a word? For example, saying it out loud, writing it down or drawing a picture for it？（単語を覚えるのに何が役立ちましたか？　例えば、声を出すこと、書くこと、絵にすることですか？）

（「ストーリー・ノート」執筆：Jean Brewster）

11　Princess Smartypants

作・絵：Babette Cole

≪WORKSHEETS≫
Typical!（典型的なタイプ！）　p. 349
Princes and tasks 1（王子たちと課題 1）　p. 351
Reasons（理由）　p. 351
Princes and tasks 2（王子たちと課題 2）　p. 353
Solutions（解決方法）　p. 355

Princess Smartypants は現代的なテーマを扱った面白い風刺物語ですが、伝統的なおとぎ話の「パロディ」とも言えます。スマーティパンツ姫は型破りなプリンセスで、独身生活を謳歌し、どの王子とも結婚する気がまったくありません。姫は 9 人の求婚者に対して成し遂げることが不可能だと思われるような難題をいろいろ与えます。王子たちはそれらの難題に取り組みますが、たった一人の王子が成功するだけです。さて、ハッピーエンドとなるでしょうか。結末がとても気になるところです。

ストーリーは単純過去形と直接話法を用いて語られます。ユーモアがあり、ことばのくり返しが多いので、子どもたちが内容を理解し、新しい語彙と構文を習得しやすくしています。

● 最終到達目標と成果
ワークシートを使った一連のリーディング・アクティビティーをする。
おとぎ話のパロディを演じる、または文章にする。

● 言語的到達目標
スキル：
リスニング・リーディング：ストーリーの要点と細部を聞き取ったり、読む。
スピーキング・ライティング：新しい語彙と「文の機能と構造」の各項目を使って、話したり、書いたりする。

文の機能と構造：
「too＋形容詞」を用いて比較する。
might、perhaps を用いて可能性を述べる。
because を用いて理由を述べる。
so を用いて解決策を述べる（例：The pets were too dangerous to feed so he used a helicopter.（そのペットはあまりに危険でえさを与えることができないので、彼はヘリコプターを使った）。
物語に使われる単純過去形。
話しことばに使われる単純現在形。

語彙：
副詞：usually（たいてい）, perhaps（多分）
助助詞：might（～かもしれない）, could（～することができた）
接続詞：because（なぜならば）, so（だから）
形容詞：typical（典型的な）, blonde（金髪の）, obedient（従順な）, well-behaved（行儀の良い）, beautiful（美しい）, handsome（ハンサムな）, kind（親切な）, brave（勇敢な）, fierce（どう猛な）など
名詞：castle（城）, uniform（制服）, pony（ポニー、小型の馬）, blindfold（目隠し）, helicopter（ヘリコプター）, sword（剣）, elephant（ゾウ）, crown（王冠）, pets（ペット）など
動詞：wear（着る）, rescue（救助する）, ride（乗る）, enjoy（楽しむ）, kill（殺す）, feed（～に食

物を与える), roller-skate（ローラースケートをする), climb（登る), shop（買い物をする）など

発音：
語強勢と文強勢（単語と文のイントネーション）。

● **教科横断的学習**
歴史：城、特権階級、紋章。
学習ストラテジー：記憶する、文を対応させる、分類する、仮説を立てる、問題を解決する。
概念の強化：原因と結果、問題と解決。
公民：性別に対する固定観念を疑問視させることにより、男女の機会均等を促進する。

● **文化的情報**
'Smartypants' とは、ほかの誰よりも自分のほうが優れていると思っている「うぬぼれた人」のことを指し、しばしば子どもたちが嫌いな人に対して使う呼び名です。'Clever clogs' も似た意味で使われます。スマーティパンツ姫は自分のことをとても賢いと思っているのです。

女性の呼称について：'Princess Smartypants did not want to get married. She enjoyed being a Ms.'（スマーティパンツ姫は結婚したくなかった。彼女は独身であること（Ms であること）を楽しんでいた）という一節が出てきますが、英語圏では普通、結婚していれば 'Mrs.'、結婚していなければ 'Miss' を使います。しかし、1950年代に女性に用いる呼称を統一すべきだという強い意見が一部の人々から出ました。そこで、'Ms'（/míz/ と発音する）が使われることになり、呼称によって既婚か未婚かの区別ができなくなりました。一般的に若い女性は 'Ms' で呼ばれることを好みますが、年配女性は必ずしもそうではないようです。

LESSON 1

学習目標
・絵本とストーリーのテーマを紹介する。
・固定観念という考え方を導入または復習する。
・新しい語彙（royalty, king, queen, prince, princess, clothes, dress, uniform, castle, horse, forest, crown, like, rescue, ride, enjoy, is wearing, beautiful, brave, handsome, blonde, obedient, well-behaved, kind など）を教える。
・外見を説明するために重要な動詞の現在形（has, looks, wear）を練習する。
・新しい語彙を学習し、物語の詳細を分類する練習をする。

教材
・伝統的なおとぎ話の絵本（挿絵が大きいもの）。
・349 ページのワークシート 'Typical!'（典型的なタイプ！）を厚紙に拡大コピーし、切り取ってカードにしたもの（指導用に用いる）。
・ワークシート 'Typical!'（典型的なタイプ）を厚紙にコピーし、カードにしたもの。
・セロテープやマグネットなど、黒板にカードを固定できるもの。
・本、雑誌、絵葉書などに載っている王族（皇族）の写真。

トピックの導入　これからおとぎ話を学習していくことを生徒に伝えます。伝統的なおとぎ話の中でいつも決まって起こる出来事を生徒に尋ねます。ここでは母語を使ってもかまいません。もし、英語でやるならば、'typical' と 'usually' を説明してください。次の質問を使うこともできます。

What fairy stories do you know? Did you enjoy them when you were young?
（どんなおとぎ話を知っていますか？　小さかったころ、それらのおとぎ話が好きでしたか？）

What do 'typical' princesses look like? What do they like doing?
（「典型的な」姫はどのような外見ですか？　何をすることが好きですか？）

What are 'typical' princes like? What kinds of things do they 'usually' do?
（「典型的な」王子はどのようですか？　「普通」どのようなことをしますか？）

What kinds of things 'usually' happen in traditional fairy stories?
（伝統的なおとぎ話では、「普通」どのようなことが起こりますか？）

おとぎ話の「典型的な」特徴を生徒たちからいくつか引き出すために話し合いましょう。例えば、ことば使いがしばしば古風であるなどが挙げられます。王と女王、王子と姫、意地悪な魔女、巨人、妖精、小人、カエル、魔法の食べ物、竜などが登場することが多い。「典型的な」行動や出来事に関しては、戦闘、魔法の呪文、善人と悪人（悪魔）との戦いや、不幸な人々が幸せになっていく過程、勇敢でハンサムな王子に助けられた姫がその王子と結婚して幸せに暮らすまでの過程などが挙げられます。

ゲーム：Typical！

このゲームはリーディングと分類の練習をするためのものであり、子どもたちはゲームをしながら、ストーリーを理解するために必要な語彙を導入（または復習）し、また、'typical'（典型的）なタイプと'usual'（普通）なタイプの王子と姫について考えます。

349ページのワークシート'Typical!'をカードにしたものを使ってゲームの説明をします。始めに表題の3枚のカード（typical princes（典型的な王子）、typical princesses（典型的な姫）、not typical（典型的でない場合））を見せます。マグネットなどを使って、それらのカードを黒板に貼ります。次に残りのカードの中から最初のアクティビティーで生徒から出てきた意見（例えば、(princesses) are usually beautiful.）に近いカードを1枚または2枚選びます。生徒にそのカードがどのカテゴリーに属するかを尋ねます。例えば、'... are usually beautiful.'は典型的な姫のカテゴリーに属します。該当する表題のカードの下にこのカードを貼ります。これを3回から4回続けて行います。ゲームを面白くするために、わざと間違えてもよいでしょう。必要に応じてカードの重要な単語を導入（または復習）します。指導の際に、ジェスチャー、おとぎ話の訳や絵を使うとよいでしょう。

ペアまたはグループでこのゲームをします。机間巡視をし、困っている生徒がいたら援助してあげましょう。単語の順番と文中のusuallyの位置にも注意を向けさせてください。のちほどクラス全体で答え合わせをします。

発展学習	実際に存在する王、女王、王子または姫を知っているかどうか質問します。雑誌などに載っている王族（皇族）の写真があれば見せましょう。

LESSON 2

学習目標	・ストーリーの最初の5ページを読む。 ・新しい語彙（dungarees, crown, throne, dragon, castle, sofa, husband, tasks, uniform, medals, king and queen, wellingtons, pretty, rich, untidy, rude, get married, enjoy など）を導入する。 ・but を用いて比較をする。 ・固定観念による考え方を疑問視する。
教材	・*Princess Smartypants* の絵本（鉛筆で薄くページ番号を書いておく。1ページ目は 'Princess Smartypants did not want to get married.' から始まり、全部で29ページあります）。
ストーリーの導入	絵本の表紙を見せ、ここに登場する姫が「典型的な」プリンセス（typical princess）のように見えるかどうかを生徒に尋ねます。その理由も聞きます。イギリスではすべての王室の人々は HRH（His or Her Royal Highness を意味する）と呼ばれています。オートバイに HRHSP と記された記章がついていますが、これは Her Royal Highness Smartypants を表しています。生徒に Smartypants が何を意味していると思うか聞きます。Do you think she looks like a clever princess?（彼女は賢いプリンセスのように見えると思いますか？）、What do you think the story will be like?（どんなストーリーになるでしょうか？）、Typical or not?（典型的なストーリーでしょうか？ そうではないでしょうか？）と質問します。ストーリーの中で何が起こるかを生徒に予測させ、母語または英語で紙に書かせます。ストーリーを読み終えてから、最初の予測と比べます。 　とびらのスマーティパンツ姫と彼女のペットの竜の絵を見せます。What is she wearing? Is this typical?（彼女は何を着ていますか？ これは典型的な格好ですか？）
ストーリーを読む	このストーリーを読むとき、単語と文の意味が生徒にわかるように言い替える必要があるかもしれません。例えば、3ページの 'Princess Smartypants wanted to ... do exactly as she pleased.' は 'Princess Smartypants wanted to ... enjoy herself.' に言い替えることができます。5ページの 'It's high time you smartened yourself up.' は、'You don't look like a princess. You're so untidy.' に、'Stop messing about with those animals and find yourself a husband!' は、'Stop playing with those animals and start looking for a husband!' に言い替えることができます。 　1ページと2ページを開け、絵を指します。そして、描かれている絵が典型的であるかどうかを聞きます。例えば、1ページ目の絵では、スマーティパンツ姫は典型的なプリンセスにはまったく見えません。部屋は散ら

かっているし、靴をはいていないし、馬がソファの上に座っています。2ページ目を見ると、スマーティパンツ姫はまだ作業着を着ています（典型的ではない）が、王冠をかぶり（典型的）、王座のいすに座っています（典型的）。スマーティパンツ姫はマニキュアを爪に塗っています。その姿はかなり無作法で品がありません。一方、王子たちは典型的で、勲章がたくさんついた上着を着ています。

3ページと4ページを開けます。ここでもスマーティパンツ姫は同じ格好をしています。そして、掃除をしたり、ペットを洗ったり（典型的ではない）、普通、召使がするような仕事をしています。しかし、彼女は城に住んでいます。城の尖塔には洗濯物干しロープがつながれていて、洗濯物が干してあります（典型的ではない）。別の尖塔には旗が掲げられています（典型的）。旗に描かれているSの文字は何を意味するのか生徒に尋ねます。

5ページを開けます。王と女王が典型的に見えるかどうか生徒に聞きます（スマーティパンツ姫の仕事着とウェリントンブーツと比べて、王と女王の王冠、王座のいす、美しいドレス、勲章、上着は典型的でしょうか？）。また、スマーティパンツ姫と王の顔の表情を比べます（スマーティパンツ姫は怒っているようです。王は脅えているようです）。

アクティビティー　　349ページのワークシートの 'Typical!'（典型的なタイプ！）を個人、ペアまたはグループで再び行います。

そのあと、2種類の絵を生徒に描かせます。1つは典型的な王子または姫の絵、もう1つは典型的ではない王子または姫の絵を描かせます。それらの絵を描いたら、それぞれの絵に名前か見出し（短い説明文）をつけさせます。黒板にキーワード（beautiful, untidy, dungarees, dress, wellingtons, shoes, uniform, medals, crown, throne など）を板書し、復習します。生徒が使いたいと思う見出しを引き出して板書し、生徒に書き写させます。

例：
This princess/prince is (is not) very typical.
(この姫／王子はとても典型的である（ではない）)
She/he is wearing ... a beautiful dress / blue dungarees / wellingtons / a crown / a uniform / medals.
(彼女／彼は、美しいドレス／青い作業着／ウェリントンブーツ／王冠／制服／勲章を身についています)
She/He has ... beautiful/untidy, blonde/dark hair.
(彼女／彼は、美しい／だらしない、金髪／黒髪です)
She/He looks polite/rude/angry/kind.
(彼女／彼は、礼儀正しい／だらしない／怒っている／親切なように見えます)

絵を使って比較を表現するための but を導入します（例：This princess is wearing beautiful clothes, **but** this princess is wearing dungarees and wellington boots.（この姫は美しい服を着ていますが、この姫は作業服を着てウェリントンブーツを履いています）、This prince is wearing a uniform and medals **but** this prince is wearing dungarees.（この王子は勲章のついた制服を着ていますが、この王子は作業服を着ています））。

LESSON 3

学習目標	・6ページから11ページまで読む。 ・新しい語彙（suitor, slugs, garden, pets, roller-disco marathon, tower, rescue, feed, challenge, frightened, gigantic, dangerous）を導入する。 ・新しい単語と構文を読む練習をする。 ・'read-and-match' アクティビティーを通して、ストーリーの詳細を記憶する練習をする。
教材	・351ページのワークシート 'Princes and tasks 1'（王子たちと課題1）を拡大コピーし、カードにしたもの。 ・ワークシート 'Princes and tasks 1'（王子たちと課題1）のコピー（生徒の人数分用意する）。 ・本書のCD#27（ストーリーの朗読：*Princess Smartypants*）。 ・CDプレーヤー。
導入／ウォームアップ・アクティビティー	説明が必要だと思われるキーとなる語彙（例：husband, suitor, pets, garden, task, roller skate, marathon, marry）を導入するとともに、それらの発音も確認します。
ストーリーを読む	6ページから8ページまでを読みます。必要に応じて表現を言い替えて簡単にします。6ページの 'making a nuisance of themselves' は 'causing trouble'（問題を引き起こす）に、'whoever can accomplish the tasks will … win my hand' は 'whoever can do the tasks can marry me.'（その課題を成し遂げることができる者は、誰でも私と結婚できる）に言い替えることができます。生徒から絵の説明をできるだけ詳しく引き出します。 質問例： Q：How do the slugs look?（そのナメクジはどのように見えますか？） 　A：gigantic, dangerous（非常に大きい、危険） Q：How does the prince look?（王子はどのように見えますか？） 　A：frightened（脅えている） Q：What is he wearing?（彼は何を身に着けていますか？） 　A：a uniform, medals, a crown（上着、勲章、王冠） Q：Is the prince brave or clever?（王子は勇敢ですか、または賢いですか？）

9ページから11ページを読みます。9ページで、How do the pets look?（ペットはどのように見えますか？）と聞き、gigantic, dangerous（非常に大きい、危険）を引き出します。10ページでは、How does Princess Smartypants look?（スマーティパンツ姫はどのように見えますか？）と聞き、very happy, not tired, not frightened（とても幸せ、疲れていない、脅えていない）を引き出します。また、How do Prince Pelvis and Prince Boneshaker look?（ペルビス王子とボーンシェイカー王子はどのように見えますか？）と聞き、very tired, frightened（とても疲れている、脅えている）を引き出します。

メモリーゲーム　ワークシート 'Princes and tasks 1'（王子たちと課題1）で作ったカード（拡大版）を使って、'read-and-match' のアクティビティーをします。生徒がカードに書かれていることばの意味を理解でき、またそれらを読むことができるか確認しながら、カードを1枚ずつ読んで黒板に貼ります。ストーリーの内容に合うように、王子たちと課題のカードを正しく組み合わせて貼ってください（ワークシートの組み合わせは正しくありません）。そのあと、3枚1組のカードを使って教師が文を作って読みます。生徒は教師が読んだカードを選び正しく並べます。生徒が自信を持ってできるようになるまで数回続けます。

　生徒に王子たちの名前と彼らの課題を覚えるように言い、その後、目を閉じさせます。カードを並べ替え、Are the cards in the right order?（カードは正しい順番になっていますか？）と聞きます。または、カードを1枚抜き、Is one card missing?（1枚のカードが抜けていますか？）と聞きます。次に、課題のカード2枚とそれに対応する王子のカード2枚を選び、ばらばらにします。生徒は、それを正しく組み合わせ、順番に並べます。残りのカードでも同様に行います。

　ゲームのやり方とカードの内容が理解できてきたら、ワークシート 'Princes and tasks 1'（王子たちと課題1）のコピーを各生徒に配ります。王子の名前と対応する課題を線で結ぶように言います。線が結べたら、ペアになって文を音読します。そして、その文を正しく書き写します。

正誤問題　ワークシート 'Princes and tasks 1'（王子たちと課題1）の文を使って True/False の質問をします（例：The Princess asked Prince Boneshaker to feed her pets. True or false?（スマーティパンツ姫は、ボーンシェイカー王子に彼女のペットにえさを与えるように頼みました。正しいですか？　それとも誤りですか？））。いくつか練習をやったあと、ペアになって True/False の質問を出し合います。

オプション　時間があれば、CDに収録されているストーリーの朗読（#27）を11ページまで聞きます。または教師が1ページから11ページまでを読み聞かせます。

LESSON 4

学習目標
- 6ページから11ページまでを復習し、12ページから19ページまでを読む。
- 新しい語彙 (firewood, forest, pony, ride, queen, ring, goldfish, pond, chop, go shopping, magic, safe) を練習する。
- 目的の不定詞を使う練習をする。
- 新しい語彙と構文を読む練習をする。
- 'read-and-match' のアクティビティーを使いながら、ストーリーの詳細を記憶する練習をする。
- 対話文を推測する練習をする。

教材
- 353ページのワークシート 'Princes and tasks 2' (王子たちと課題2) を拡大コピーしカードにしたもの。
- ワークシート 'Princes and tasks 2' (王子たちと課題2) のコピー (生徒の人数分用意する)。
- 本書のCD#27 (ストーリーの朗読：*Princess Smartypants*)。
- CDプレーヤー。

復習／ウォームアップ・アクティビティー

レッスン3で使ったカードを使って、スマーティパンツ姫が求婚者に与えた最初の4つの課題をふり返ります。また、スマーティパンツ姫が次に与える課題は何かを生徒に予想させます。

ストーリーを読む

12ページから14ページまでを読みます。姫と王子たちがどのように見えるか生徒に尋ねます。15ページから18ページを読みます。可能であればどんな単語でも引き出し、また絵の細部 (16ページに描かれている買い物包や、17ページと18ページに登場する動物など) にまで注目しながら読みます。

メモリーゲーム

ワークシート 'Princes and tasks 2' (王子たちと課題2) で作ったカード (拡大版) を使いながら、残りの5人の王子たちの名前と彼らの課題を復習します。王子のカードと課題のカードを組み合わせながら、1組ずつカードを黒板に貼っていきます (ワークシートの順番ではなく物語の順番に従って貼ってください)。

生徒に王子たちの名前と彼らの課題を覚えるように言い、そのあと、目を閉じさせます。課題のカード2枚とそれに対応する王子のカード2枚を選び、ばらばらにします。そして、生徒も一緒にそれらを正しく組み合わせます。残りの3つの課題に関しては、カードの順番を変えて並べ、生徒にそのカードが正しい順番になっているかをチェックさせます。または、カードを1枚抜き取り、抜き取ったカードは何かを答えさせます。そして、生徒も一緒にカードを正しく組み合わせ、ストーリーの順番に並べ替えます。すべての課題と王子のカードを使ってやってみましょう。

ワークシート 'Princes and tasks 2' (王子たちと課題2) のコピーを生徒に配ります。レッスン3でやったように、王子の名前と課題を正しく

線で結びます。

正誤問題　　ワークシート 'Princes and tasks 2'（王子たちと課題2）の文を使って True/False の質問をします。例えば、Princess Smartypants asked Prince Bashthumb to ride her pony. True or false?（スマーティパンツ姫はバッシュサム王子にポニーに乗るように頼みました。正しいですか？　それとも誤りですか？）いくつか練習をしたあと、ペアになって True/False の質問を出し合います。または、王子たちと課題の組み合わせを変えた文を書き、その文を使ってほかの生徒に True/False の質問をします。

せりふを作る　　最初の4人の王子は自分の課題に取り組んでいる間、何と言ったかを生徒に想像してもらいます。例えば、Help! These slugs/pets/tress are gigantic/dangerous ; This motorbike is too dangerous / frightening! ; Help! I'm frightened/tired.（助けて！　このナメクジ／ペット／木は、とても大きい／危険だ。このオートバイは、あまりにも危険だ／恐ろしい！　助けて！　怖いよ／疲れたよ）

せりふが真に迫った感じになるように大げさに声色を変えます。そして必要に応じて新しい単語を教えます。このアクティビティーは、too の意味を説明し、ストーリーに出てくる形容詞のいくつかを再び使ってみるよい機会でもあります。その後、ナメクジとペットが二人の王子に言ったことばの例を与えます（例：Call yourself a prince? You're not brave/clever/strong at all!（あなたは自分のことを王子と呼ぶのか？　あなたは、まったく勇敢ではない！／賢くない！／力強くない！）、または、Huh! You're not very brave/clever/strong, are you?（ふん！　あなたは、あまり勇敢ではない／賢くない／力強くないでしょう？））。

これらのせりふを板書します。ほかにも良い例があれば書き加えます。生徒は黒板の文を書き写し、ペアになって練習します。そのあと、ストーリーの朗読に合わせて、何人かの生徒が登場キャラクターのせりふを作って言います。4人の生徒を選び、コンポスト王子、ラッシュフォース王子、ペルビス王子、ボーンシェイカー王子のせりふを言わせます。さらに、ナメクジ、ペット、湖の中の動物（絵本11ページ）のせりふを言う生徒も選びます。11ページまでを教師が読み聞かせるか、CDに収録されているストーリーの朗読を聞かせます。それらの登場キャラクターの場面が来たら、教師は読むのを止め、またはCDを一時停止し、生徒に考えたせりふを言わせます。

LESSON 5

学習目標
・because を使う練習をし、その用法を理解する。
・新しい語彙（fierce, dangerous, tiring, slippery, frightening など）を使って話す練習をする。また、新しい語彙を読む練習をする。

教材
・レッスン4で使った 'Princes and tasks 2'（王子たちと課題2）のカード（拡大版）。

・351 ページのワークシート 'Reasons'（理由）を厚紙に拡大コピーし、切り取ってカードにしたもの。
・ワークシート 'Reasons'（理由）のコピー（生徒の人数分コピーする）。
・本書の CD#27（ストーリーの朗読：*Princess Smatypants*）。
・CD プレーヤー。
・セロテープやマグネットなど、黒板にカードを固定できるもの。

復習／ウォームアップ・アクティビティー

ワークシート 'Princes and tasks 1' のカードを使ってレッスン 3 のメモリーゲームを再び行います。そのあと、'Princes and tasks 2' のカードも加え、全部で 9 組の王子たちと課題のカードを混ぜ合わせます。そして、生徒にそれらのカードを正しく組み合わせるように言います。9 組のカードの順番はあまり気にしなくてかまいません。これまでの学習で、子どもたちは課題の内容をよくわかってきているはずです。

問題点と原因を because を使って結びつける

理由を述べるための because の意味を復習します。子どもたちが簡単に理解できるような日常生活のことを使って例を出します。

問題：I couldn't play football.（私はサッカーをすることができませんでした）
理由：because I was too tired.（なぜならば、とても疲れていたからです）

この文を板書し、ほかの理由を考えさせます。
ストーリーの 7 ページと 8 ページに戻り、それぞれの絵を見せます。そして、どうしてそれぞれの課題がそんなにむずかしいのか尋ねます。自分たちが考えたセリフを思い出させ、今回はそのセリフに because をつけ加えます。

問題：Help! I can't do this.（助けて！　私にはこれができません）
理由：because X is too fierce/dangerous.（なぜならば、X はとてもどう猛／危険だからです）または、because I'm too tired/frightened.（なぜならば、私はとても疲れている／怖いからです）

11 ページまでの残りの 3 つの課題についても同様に、fierce、dangerous、tiring の単語を引き出し（教え）ながら、because をつけて文を完成させます。

ワークシート 'Reasons'（理由）で作ったカード（拡大版）の中から何枚かを取り出し、1 枚ずつ読み上げながら黒板に貼ります。生徒にも何枚かのカードを読ませます。生徒が自信を持って読めるようになるまで続けます。

Prince X couldn't do this task because
（X 王子は、この課題をすることができませんでした）
... the trees/pets/slugs were too big/fierce/dangerous
（木／ペット／ナメクジが、とても大きい／どう猛な／危険だったからです）

… it was too tiring/dangerous/slippery/frightening
　　　　　　　　（あまりにも疲れる／危険な／よく滑る／恐ろしいことだったからです）

正誤問題　　　True/False の質問をすることによってさらに口頭練習を続けます。Prince Swimbladder couldn't skate in the roller-disco marathon because it was too dangerous. True or false?（スイムブラダー王子はローラーディスコマラソンで、スケートをすることができませんでした。なぜならば、あまりに危険だったからです。正しいですか？　誤りですか？）わざと間違えて、ゲームを面白くします。生徒が自信を持ってできるようになってきたら、ペアになって黒板のカードを参考にしながら口頭で質問を出し合います。

文を作る練習：「理由」　　　351 ページのワークシート 'Reasons'（理由）のコピーを各生徒に配り、ストーリーに基づく文とストーリーとは違う文を 5 つずつ書かせます。書き終えた生徒同士で、文章を見せ合い内容を確認します。生徒が書いている間、本書の CD に収録されているストーリーの朗読（#27）を再生しておき、19 ページまで聞かせます。

LESSON 6

学習目標　　　・12 ページから 19 ページまでを復習し、20 ページから 25 ページまでを読む。
　　　　　　　・新しい語彙（wine, make someone drunk, helicopter, rockets, blindfold, suckers, brooms, elephants, sword など）を学習する。
　　　　　　　・スウォッシュバックル王子が課題を成し遂げるために用いる方法を予想する。

教材　　　・本書の CD#27（ストーリーの朗読：*Princess Smartypants*）。
　　　　　・CD プレーヤー。

せりふをさらに考える　　　最初の 4 人の王子について考えたせりふと、王子たちの課題を生徒に思い出させます。残りの 5 人の王子についても同様にせりふを考えさせます。次の例のようなパターンを使ってください。

　　　例：
　　　王子：Oh no! This tower is too slippery！（うわあ！　この塔はあまりにも滑りやすい！）
　　　　　　Help! These trees are too big/dangerous!
　　　　　　（助けて！　これらの木は大きすぎる／危険すぎる！）
　　　　　　This horse is too difficult!（この馬は乗るのがむずかしすぎる！）
　　　　　　もっと簡単に、Help! I'm frightened/tired.（助けて！　怖い／疲れた）
　　　ほかのキャラクター：Call yourself a prince?（自分のことを王子と呼

ぶのですか？）
You're not brave/clever/strong at all!
（あなたは、勇敢ではない／賢くない／強くないです！）
Huh! You're not very brave/clever/strong, are you?
（ふん！　あなたは、あまり勇敢ではないですよね／賢くないですよね／強くないですよね？）

　5人の王子とは、バーティゴ王子、バッシュサム王子、フェトロック王子、グローヴル王子、スウィムブラダー王子のことです。ほかの登場キャラクターは塔のそばに立っている動物、木、馬、女王、金魚の池のそばに立っている動物です。2つまたは3つの課題を選び、ペアまたは3人のグループになってせりふを言う練習をさせます。感情を込めて表情豊かにせりふを言わせるようにします。そのあと、王子とほかの動物のせりふを担当する5人の生徒を選びます。12ページから19ページまでを教師が読み聞かせるか、CDに収録されているストーリーの朗読を聞かせます。登場キャラクターの場面がきたら、教師は読むのを止め、またはCDを一時停止し、生徒に考えたせりふを言わせます。19ページでは、How does Princess Smartypants look now?（スマーティパンツ姫は、今どのように見えますか？）と尋ねます。

難題を解決する方法を予想する
　ここまでのストーリーでは、どの王子も課題を達成することはできなかったことを生徒に思い出させます。20ページを読み、How does Prince Swashbuckle look?（スウォシュバックル王子は、どのように見えますか？）と聞きます。handsome、polite、happy（ハンサム、礼儀正しい、幸せ）のような答えが考えられます。また、How does Smartypants look?（スマーティパンツ姫はどのように見えますか？）と聞きます。grumpy、in a bad mood（無愛想な、機嫌が悪い）のような答えが考えられます。
　スウォシュバックル王子は、ナメクジ、ペット、ローラーディスコマラソン、オートバイ、塔に対して何をするつもりかをペアになって予想させます。21ページから23ページまでを読み聞かせ、自分たちの予想があたっていたかを確認させます。さらに、スウォッシュバックル王子が次の4つの課題（ナメクジ、ポニー、女王との買い物、魔法の指輪）に対しても何をするか予想させます。24ページと25ページを読み聞かせ、自分たちの予想がどうだったかを確認させます。
　soを導入（または復習）し、ストーリーの絵を使いながら新しい語彙を引き出します（または復習します）。それぞれの課題のむずかしさを生徒にも説明させるために、絵を使いながらストーリーを最後まで一通り読みます。Do you remember? The slugs/pets were too fierce.（覚えていますか？　ナメクジ／ペットは、あまりにどう猛でした）次のように、王子が自問するせりふと解決方法を考えます。

　例：
　困難な点：The pets were too dangerous.
　　　　　（ペットはあまりに危険だった）

解決方法：so Prince Swashbuckle said, 'What shall I do? I know! I'll use a helicopter.'
（だから、スウォッシュバックル王子は「どうしよう？　わかった！　ヘリコプターを使おう」と言った）

解決方法：スウォッシュバックル王子はナメクジを酔わせるためにワインを使い、ペットにエサを与えるためにヘリコプターを使い、スケートにロケットを取りつけ、目隠しをしてオートバイに乗り、塔に登るために特別な吸盤を使い、まきはほうきにし、ポニーをおとなしくさせるために魔法／催眠術をかけ、買ったものを運ぶためにゾウを使い、魚がかまないように刀を使った。

LESSON 7

学習目標	・26ページから最後までを読む。 ・スウォッシュバックル王子が、いくつもの課題を成し遂げるために用いた解決方法を引き続き予想する。 ・so を使って難題の解決方法を述べる練習をする。
教材	・355ページのワークシート 'Solutions'（解決方法）を拡大コピーしたもの。 ・ワークシート 'Solutions'（解決方法）をコピーしたもの（生徒の人数分用意する）。 ・レッスン5で使用した351ページのワークシート 'Reasons'（理由）をコピーしたもの（生徒の人数分用意する）。 ・A4サイズの用紙、ペン、ゲームなどで点数を数えるチップ（または小さいカード）。
復習／ウォームアップ・アクティビティー	これまで学習したストーリーの内容を復習します。Is Prince Swashbuckle typical?（スウォッシュバックル王子は典型的ですか？）彼のキャラクターを述べるための形容詞（handsome, brave, clever）を引き出します。26ページを読み、次に何が起こるか予想させます。What happens in a typical fairy story?（典型的なおとぎ話では何が起こりますか？）と尋ねます。ストーリーを最後まで読みます。Were your predictions correct?（あなたの予想は正しかったですか？）、Is the ending typical?（終わり方は典型的ですか？）、Do you like the ending?（あなたはその結末が好きですか？）、Would you like to change it?（それを変えたいですか？）
ビンゴ：王子の解決方法	ビンゴをする前に、レッスン6でやった解決方法と王子のせりふを考えるアクティビティーを復習してもよいでしょう。A4サイズの用紙を横に半分に折り、そして縦に3等分するように折り、全部で6個の四角いマスを作ります。9種類の解決方法の文に含まれる名詞を6個選び、その四角のマスの中に1語ずつ書いてビンゴシートを作ります。

a helicopter	brooms	a blindfold
special suckers	elephants	a sword

生徒は教師とは違う内容のビンゴシートを作ります。これから教師が問題を読み上げるので、それに合う解決方法に含まれる名詞があったら線を引いて消します。例えば、The slugs were too fierce, so Prince Swashbuckle used ... What?（そのナメクジはあまりにもどう猛だった。だからスウォッシュバックル王子は何を使いましたか？）。ビンゴシートに 'wine' があればその単語を線を引いて消します。同様に続けていきます。6個すべての単語を消すことができた生徒は 'Bingo!' と叫びます。その生徒はビンゴになったすべての解決方法を読み返し、それぞれの困難な点と解決方法を組み合わせる必要があります。そのあと、グループでビンゴをします。

文を作る練習「解決方法」　　レッスン5で使用したワークシート 'Reasons'（理由）のコピーとワークシート 'Solutions'（解決方法）のコピーを使い、文を組み立てる練習をします。今回は困難な点と解決方法を結びつける練習をします（例：The tower was too slippery so Prince Swashbuckle used special suckers. (その塔はあまりに滑りやすかったので、スウォッシュバックル王子は特別な吸盤を使った)）。最初にクラス全体で例文を1つまたは2つ作ったあと、ペアになって文を組み立てる練習をします。さらに、口頭練習のあと、文章を書き True/False のアクティビティーをします。

発展学習

次のアクティビティーは、ストーリー、語彙、文の構造を復習することと、生徒自身のアイデアを用いて想像力を育てることを目的としています。生徒にやりたいアクティビティーを選ばせてもかまいません。子どもたちの作品を展示し、保護者やほかのクラスに見てもらうとよいでしょう。

1. **異なる結末を書く／録音する**：スマーティパンツ姫が王子をカエルにしたあと、彼女の身に起こった内容を変えて、原作とは異なる結末にします。Did she change her mind?（彼女の気持ちは変わりましたか？）、Did she feed him to her pets?（彼女はカエルになった王子を自分のペットに食べさせましたか？）、Did he escape?（王子は逃げましたか？）、Was she very unhappy?（彼女はとても不幸でしたか？）　結末を紙に書くか、カセットに録音するかのどちらかを生徒に選ばせます。
2. **パロディを作る**：登場キャラクターを変えてパロディを作ります。生徒は登場キャラクターの特性を現す絵を描き、簡単な説明文を添えます（例：The Dangerous Doctor（危険な医者）、The Nasty Nurse

（意地悪な看護師）、The Monster Mouse（怪物ねずみ）、The Gentle Giant（優しい巨人）など）。そして、What do these characters look like?（これらの登場キャラクターはどのような外見ですか？）、What do they do?（彼らは何をしていますか？）、Where do they live?（彼らはどこに住んでいますか？）、What do they like doing?（彼らは何をすることが好きですか？）、What adventures do they have?（彼らはどんな冒険をしますか？）などの質問をします。伝統的なおとぎ話を少し変えたようなストーリー、または連続漫画として別のパロディを作ってもかまいません。

3. **ボードゲーム**：絵と四角いマスを描いてゲーム盤を作ります。四角いマスのいくつかにはクエスチョンマーク（？）を書き込み、そこに来た人は、カードを取り、指示を読み、何マスか後ろに戻ったり、前に進んだりする必要があるということにします。ストーリーに基づく指示をカードに書いておく必要があります（例：You meet some fierce animal. Go back three squares.（どう猛な動物に会います。3マス戻ります）、You use magic to help you find your way out of the forest. Go forward two squares.（森からの抜け道を見つけるために魔法を使います。2マス進みます））。

4. **ドラマ**：ストーリーのいくつかの場面、特にエンディングを演じて楽しみます。課題の数を減らしたり、ストーリーの内容を少し変えたりしてもよいでしょう。

（「ストーリー・ノート」執筆：Jean Brewster）

12 Jim and the Beanstalk

作・絵：Raymond Briggs

≪WORKSHEETS≫
Story cards（ストーリーカード） p. 357
Character study（登場キャラクターの研究） p. 359
Wordsearch（単語探し） p. 359
Homonyms（同音異義語） p. 361

　Jim and the Beanstalk は、Joseph Jacob の有名な物語『ジャックと豆の木』(*Jack and the Beanstalk*) を現代風にアレンジしたストーリーです。ある朝、ジムが目覚めると窓の外に大きく育った豆の木があります。ジムは彼の有名な祖先（ジャック）がしたように、その大きな豆の木の頂上まで登ります。年老いていて、近眼で、歯がなくて、頭にほとんど毛がない巨人と出会い、友だちになります。ジムはその巨人のためにメガネ、入れ歯、そして素晴らしいカツラを手に入れます。巨人は生まれ変わったような気分になり、新しい入れ歯のおかげで食欲も戻ります。彼は再び大好物のフライドボーイ・サンドイッチ（油で揚げた男の子のサンドイッチ）をすぐにでも食べたいと思っています。ジムはやっとのことで逃げ出し、豆の木から降りて、それを切り倒してしまいます。

　ストーリーは過去形で語られ、直接話法を含みます。また、ジムの巨人に対する提案と行動（メガネ、入れ歯、カツラを与えるというジムの手助け）のくり返しで構成されています。これらの行動とことばのくり返しは、子どもたちがストーリーの展開を予測し、自信を持ってことばを理解して使用することに役立ちます。

● 最終到達目標と成果
ストーリーに基づいた自作のジグザグ絵本（ジャバラ折の絵本）を作成する。

● 言語的到達目標
スキル：
リスニング：全体的な意味の理解と具体的な情報を聞き取る。
　文を聞いて順序づける。
スピーキング：質問に答える、音読する、先生の読み聞かせに応える。
リーディング：文を読み、順序づける。
　手紙の内容を訂正する。
　単語探しゲームの単語を認識する。
　同音異義語（homonyms）同士を結びつける。
ライティング：ストーリーを書く、献立表を作る、コインをデザインする、詩を書く、手紙を書き直す、手紙を書く、登場人物のキャラクター研究を完了する。

文の機能と構造：
単純過去形で語られる過去の出来事を理解する。
提案する：Why don't you have ...?
意思を述べる：I'll ask ..., I'll pay ...など。
比較する：Jim is as big as the doorstep.（ジムは戸口の踏み台と同じくらい大きい）

語彙：
ストーリーに関するもの：plant（植物）, clouds（雲）, beanstalk（豆の茎）, castle（城）, door（ドア）, oculist（眼科医）, dentist（歯科医）, wig-

maker（カツラ師）
ジムに関するもの：hungry（空腹の）, breakfast（朝食）, cornflakes（コーンフレーク）, measure（測定する）, explain（説明する）
巨人に関するもの：old（年老いた）, toast（トースト）, beef（牛肉）, beer（ビール）, see（見る）, poetry（詩）, reading glasses（メガネ）, gold（金貨）, head（頭）, coin（硬貨）, false teeth（入れ歯）, mouth（口）, hair（髪の毛）, wig（カツラ）, happy（幸せな）, appetite（食欲）

発音：次の構文におけるイントネーションと強勢。
平叙文：It certainly is a big plant. ; I'm hungry. ; It's that beanstalk again.
Yes/No で答える質問：Is your name Jack? ; Did you come up a beanstalk?
提案：Haven't you got any glasses? ; Why don't you have false teeth?

● 教科横断的学習
算数：測定する、割り算と掛け算、いろいろなコインを比較する。
理科：豆の成長を観察する。
図画工作：絵本を作る。
学習ストラテジー：予測する、順序づける、記憶する、合わせる、観察する、訂正する。
概念の強化：大きさ。
公民：加齢に伴う機能の低下と生活の質の改善方法に対する意識を高める。
　年老いた人々を助けることの重要性を理解する。

● 文化的情報
　巨人に関する話は、世界中のほとんどいたる所で語られています。*Jack and the Beanstalk*（ジャックと豆の木）は多くの国々で知られているので、子どもたちはすでにこのストーリーに親しんでいます。この知識によって、子どもたちはこの改作されたストーリーの展開を予測し、ユーモアを面白く味わうことができるでしょう。とても英国風な挿絵なので、少し説明が必要になるかもしれませんが、語彙を増やすことに利用できるだけでなく、文化的な情報を提供し文化的な比較をすることにも役立つでしょう。

LESSON 1

学習目標
・昔話の『ジャックと豆の木』を子どもたちに思い出させる、またはその話を伝える。
・昔話の『ジャックと豆の木』を再構成し、おもな出来事が起こる順番を考え、ミニチュアブックを作る。

教材
・豆（赤または白のインゲンマメ）。
・357 ページのワークシート 'Story cards'（ストーリーカード）を A3 サイズの用紙に拡大コピーし、切り取ってカードにしたもの（生徒の人数分用意する。各組ごとに封筒に入れておく）。
・色鉛筆またはサインペン。
・ホッチキス。

トピックを紹介する
　絵本の表紙を生徒に見せます。登場キャラクターの絵を指し、**giant** と **boy** を引き出します。巨人が出てくる話を知っているか尋ねます。知っているならば、それは、どんな感じの巨人かを聞きます。friendly/unfriendly（親しみやすい／無愛想な）、kind/unkind（優しい／不親切な、意地の悪い）を引き出します。その巨人の好きな食べ物や、その話の内容も聞きます。単語 **beanstalk** を指します。その単語が何を意味しているかを聞きます。必要であれば、単語を 2 つに分け、**bean** を知っているかどうか聞きます。そして、生徒に豆を見せます。豆はかなりの背丈の茎に成長し、ス

トーリーに出てくる豆は、その茎が空まで高く伸びることを説明します。名前のJimを指し、似た名前の話を知っているかどうか尋ねます（子どもたちが知っているならば *Jack and the Beanstalk*（ジャックと豆の木）を引き出します）。

「ジャックと豆の木」のストーリーを聞かせる

生徒に次のような話を聞かせます。〔 〕内の質問は子どもたちがストーリーの内容を推測し、自分自身の経験に関連づけるためのものです。必要に応じてジェスチャーをつけたり、物、絵、写真などを見せたりして意味を理解させてください。

This is a story about a boy called Jack. He lives with his mother. They are very poor so his mother decides to sell their cow. She tells Jack to take the cow to the market to sell it. (これは、ジャックと呼ばれる男の子のお話です。彼はお母さんと住んでいます。とても貧しいので、お母さんはウシを売ることに決めました。お母さんはジャックにウシを市場に連れて行き、売ってくるように頼みます)

On the road Jack meets a strange man who offers him some magic beans in exchange for the cow.〔What would you do? Sell the cow at the market or take the magic beans? Why? What do you think Jack does?〕(通りで、ジャックは魔法の豆とそのウシを交換しようと申し出てきた奇妙な男に会います。〔あなたならどうしますか？　市場でウシを売りますか？　それとも魔法の豆と交換しますか？　それはどうしてですか？　ジャックはどうすると思いますか？〕)

Jack exchanges the cow for the beans.〔What do you think his mother is going to say? What do you think Jack's mother is going to do?〕(ジャックはそのウシを魔法の豆と交換してしまいます。〔お母さんは何と言うと思いますか？　ジャックのお母さんは何をすると思いますか？〕)

Jack's mother is very angry and throws the beans out of the window.〔What do you think is going to happen to the beans?〕(ジャックのお母さんはとても怒り、その豆を窓の外に投げてしまいます。〔その豆に何が起こると思いますか？〕)

During the night the beans grow and grow and grow into a huge beanstalk. When Jack wakes up he sees the beanstalk out of this window.〔What do you think he is going to do? What would you do?〕(夜中にその豆はぐんぐん成長し、大きな豆の茎になります。ジャックが目を覚ますと窓の外にその豆の茎が見えます。〔彼は何をすると思いますか？　あなたならどうしますか？〕)

Jack climbs up the beanstalk.〔What type of boy do you think Jack is? Stupid? Brave? Would you climb up the beanstalk? What do you think he is going to find at the top?〕(ジャックは豆の茎に登ります。〔ジャックはどのような少年だと思いますか？　愚かですか？　勇敢ですか？　あなたなら豆の茎に登りますか？　ジャックは頂上で何を見つけると思いますか？〕)

Jack climbs up the beanstalk and finds a castle at the top.〔Who do you think lives in the castle? Do you think Jack is going to go into the castle? Would you?〕(ジャックはその豆の茎に登り、頂上に城を見つけます。〔その城には誰が住んでいると思いますか？ ジャックはその城の中に入って行くと思いますか？ あなたならそうしますか？〕)

Jack is very hungry and goes into the castle and eats some food in the kitchen. Suddenly he hears a loud noise, 'Fee, fi, fo, fum,' and sees the Giant.〔Do you think the Giant is going to see Jack?〕(ジャックはとてもお腹がすいています。そして、その城に入り、台所で食べ物を食べます。突然、「フィー、ファイ、フォー、ファム」という大きな音が聞こえ、巨人に気づきます。〔巨人はジャックを見つけると思いますか？〕)

Jack hides and watches the Giant eat his breakfast and count his gold. The Giant falls asleep.〔What do you think Jack is gong to do? What would you do?〕(ジャックは隠れ、巨人が朝食を食べて、金貨を数えているのを見ています。巨人は眠ってしまいます。〔ジャックは何をすると思いますか？ あなたなら何をしますか？〕)

Jack takes the gold and starts to run. At this moment the Giant wakes up.〔Do you think the Giant is going to catch Jack?〕(ジャックはその金貨を取り、走り出します。この瞬間、巨人が目を覚ましてしまいます。〔巨人はジャックをつかまえると思いますか？〕)

Jack runs out of the castle and the Giant follows him. Jack climbs down the beanstalk and cuts it down and the Giant falls down. Jack and his mother are now rich and live happily ever after.(ジャックは城から逃げ出し、巨人がジャックを追いかけます。ジャックは豆の茎を降りると、その茎を切ってしまいます。巨人は豆の木から落ちてしまいます。ジャックとお母さんはお金持ちになり、幸せに暮らします)

ストーリーの順番を考える	各生徒に1組のストーリーカードを与えます。それらのカードを読みながら、おもな出来事が起こる順番を生徒に尋ねます。ストーリーを読み返し、カードを正しい順番に並べ換えさせます。生徒にストーリーカードの文章を読んでもらいます。そのあと、自分のストーリーカードに絵を描き加えさせます（自宅または学校のどちらかで）。あとから、そのカードをまとめてホッチキスで留め、ミニチュアブックを作ります。
オプショナル・アクティビティー	豆を植え、*Jim and the Beanstalk* を学習している期間中に豆の成長を観察します。

LESSON 2

学習目標	・*Jim and the Beanstalk* を紹介する。 ・巨人のサイズを測定し、計算する。

- 絵本制作プロジェクトを始める。

教材
- 249ページの指示に従って作ったジグザグ絵本（ジャバラ折の絵本）の見本。
- A3サイズの用紙または厚紙（各生徒に2枚ずつ用意する）。
- セロテープ。
- はさみ（各生徒または各ペアに1つずつ用意する）。
- 定規またはメジャー、計算機。

導入

絵本の表紙を見せ、巨人を指します。Who's this?（これは誰ですか？）と尋ね、giant（巨人）を引き出します。ジムを指し、This is Jim.（こちらがジムです）と言います。再び巨人を指し、Do you think he is friendly or unfriendly? Is he young or old?（彼は親しみやすいと思いますか？ それとも無愛想だと思いますか？ 彼は若いですか？ それとも年老いていますか？）と質問します。また、Has he got any hair?（彼は髪の毛がありますか？）と聞き、bald（頭に毛がない）を引き出します。What is Jim doing? Why do you think he is measuring his head? How tall do you think the Giant is?（ジムは何をしていますか？ なぜ彼は頭のサイズを測っていると思いますか？ 巨人の背の高さはどれくらいだと思いますか？）などと質問を続けます。

巨人はどれぐらい大きいのか？

表紙を見せ、巨人の耳とジムの身長を測らせます（それらはほぼ同じ大きさで7cmです）。もし巨人に出会ったらどのように感じるかを子どもたちに尋ねます。子どもたちはその巨人がどれくらいの身長があるか想像できるでしょうか？ クラスの平均的な身長の子どもがジムと同じサイズであると仮定して測定します。子どもたちに、次のような算数の問題を出します。

1. ジムの身長が1.35mだったら、巨人の耳はどれくらいの大きさですか？（1.35m）
2. 子どもの耳を測ります。約5cmです。ジムの身長が1.35mなので、子どもの身長に対する耳の割合はいくつですか？ 1.35cmを5で割ると、27cmになります。その子どもの耳の大きさは、身長の27分の1です。もし、巨人の耳が1.35mだったら、巨人の身長はいくつでしょうか？ すでに、耳の大きさは身長の27分の1であることがわかっているので、掛け算をすると巨人の身長が出てきます。1.35×27＝36.45mが巨人の身長です。子どもたちに大きさの概念を理解させるために街の建物など実際にあるものと比較させます。

実在する最も身長の高い男性と女性をギネスブックで調べるのも楽しいでしょう（*Guinness Book of Records* : www.guinessworldrecords.com）。

ストーリーを読む

表紙をめくり、タイトルを再び読みます。コインを持っているジムを指し、What's this?（これは何ですか？）と尋ねます。答えは、It's a gold coin/gold.（金貨／金です）。また、What do you think the gold coin is for?（その金貨を何に使うと思いますか？）と尋ねます。

　1ページ目を読みます。Where's Jim? What's he wearing? What time is it? Where does he live? What type of plant it is? Where do you think it goes? What do you think Jim is going to do? What would you do?（ジムはどこにいますか？　ジムは何を着ていますか？　何時ですか？　ジムはどこに住んでいますか？　それはどんな種類の植物ですか？　それはどこへ続いていると思いますか？　ジムは何をすると思いますか？　あなたならどうしますか？）

　次の見開きページを読み、次の質問をします。Would you climb the beanstalk? What type of boy do you think Jim is? Do you think he is going to climb to the top of the beanstalk? What do you think he is going to find?（あなたなら豆の茎に登りますか？　ジムなどんなタイプの少年だと思いますか？　ジムは豆の茎の頂上まで登ると思いますか？　ジムは何を見つけると思いますか？）

　次の見開きページを読み、次の質問をします。Do you think Jim is frightened? Would you be frightened? What is he going to find?（ジムは脅えていると思いますか？　あなたなら脅えますか？　彼は何を見つけますか？）城の絵を指し、What's this? Do you think Jim is going to go to the castle?（これは何ですか？　ジムは城に行くと思いますか？）と質問します。次の行を読み、Why is Jim going to go to the castle? What does he want for breakfast? What do you usually have for breakfast?（なぜジムはその城に行くのですか？　彼は朝食に何を食べたいと思っていますか？　あなたは普通、朝食に何を食べますか？）と聞きます。

　ページをめくり、次の見開きページを開けます。What did the Giant like to eat in the old days? Why is Jim safe? Do you think Jim is frightened/scared? Would you be scared? What do you think the Giant eats for breakfast now?（巨人は昔、何を食べることが好きでしたか？　なぜ、ジムは安全なのですか？　ジムは脅えている／怖がっていると思いますか？　あなたなら怖いですか？　巨人は今、朝食に何を食べると思いますか？）

　再び、ここまでのストーリーを読み、絵を見る時間を生徒に与えます。

絵本制作プロジェクト　　これからのレッスンでは、子どもたちはジグザグ絵本を作るプロジェクトに取り組みます。*Jim and the Beanstalk* のストーリーに基づいて、自分自身のことについて書いたジグザグ絵本を作ります。このプロジェクトを始める前に、教師自身も見本のジグザグ絵本を作っておくとよいでしょう。子どもたちのジグザグ絵本に関しては、もととなるジャバラ折りの紙を前もって準備しておくか、教室で作らせます。2枚のA3サイズの用紙または厚紙を半分に折り、その2枚の紙の端をテープでくっつけます。全部で12ページできるように、ジグザグに折ります。図のように表と裏それぞれ6ページになるように折ります。最初の1ページがタイトルページ（title page）／表紙（cover）になります。4ページと5ページの上部は

城壁の先端の輪郭（外観）のように切ります。また、4ページはドアが開くように切ります。

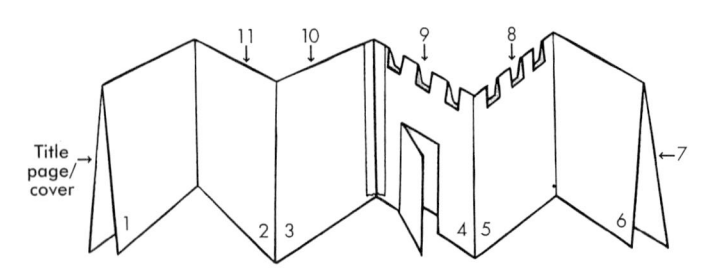

どのページが表紙になるか生徒が理解しているか確認し、ページづけをするように言います。次に絵本のタイトルを決め、表紙に書かせます。タイトルには Marie and the Beanstalk のように生徒の自分の名前を使うことも可能です。毎回、レッスンの終わりに制作中の本を回収します。

時間があれば、'Come in, boy, you're quite safe.' までストーリーを読み返します。

LESSON 3

学習目標
・ストーリーの続きを読み、絵本制作プロジェクトに取り組む。

教材
・生徒のジグザグ絵本（ジャバラ折の絵本）。
・豆の茎に使う緑色の紙（生徒の人数分用意する）。
・30cm×6cmの紙を約11回ジャバラに折ったもの（巨人の頭に使う）。
・はさみとのり（各ペアに一組ずつ用意する）。

ポイントの確認
'Come in, boy, you're quite safe.' まで読み返します。自由に質問をさせ、子どもたちの理解を確認します。

絵本制作プロジェクト
これからジグザグ絵本の各ページに、文章と絵を入れていきます。次の説明に従って作業を進めてください。また、生徒から文章を引き出し、できるだけ自分のことばで表現させるようにしてください。

クラス全員で、1ページ目に書く文を考えます（例：One morning 'X' wakes up and see a beanstalk outside his/her window.（ある朝、Xは目覚めると窓の外に豆の茎を見つけます））。一人の生徒に黒板に文を書かせます。その文が正しければ、残りの生徒はその文を自分の絵本に書き写し、絵も描きます。

絵本に描かれている豆の茎の絵を生徒に見せ、その絵を（できれば緑の紙に）模写させます。模写した絵を切り取って2ページ目に貼ります。このとき、文章を書くスペースを空けておきます。豆の茎の長さをジグザグ絵本の縦の約2倍になるようにし、その豆の茎を半分に折って貼りつけます。そうすると豆の茎が絵本の上からとび出して、成長しているような感じにします。このページの文を再びクラス全員で考えます（例：'X' climbs up the beanstalk.（Xは豆の木に登ります））。絵本の最初の見開

きページに描かれている絵のように、自分の家の屋根の上から見た周囲の景色（都市、いなか、海辺など）を描くとよいでしょう。

3ページ目では、豆の茎の部分を折り込むとジグザグ絵本の城に届きます。このページの文を生徒に考えさせます。'X' climbs to the top of the beanstalk and sees a castle.（Xは豆の木の頂上に登り、城を見ます）のような文が考えられます。また、雲の絵も描きます。

4ページ目には 'X' knocks on the castle door. A very old giant opens the door.（Xが城のドアをノックします。とても年老いた巨人がドアを開けます）と書きます。ドアの後ろに巨人の足と、ドアのところに立っている自分自身の絵も描きます。

5ページ目では、30cm×6cmの細長い紙をジャバラに折り、そのページの中央よりやや上に貼りつけます。ジャバラに折った紙が上の方へ伸びていく感じになります。直径約8cmの丸い紙に巨人の顔を描きます。そして、その巨人の顔をジャバラに折った紙の先端部分に貼ります。このとき、巨人の顔が4ページのドアの上にとび出すようにします。子どもたちが正しい向きに貼っているかどうか確認してください。次のことばが書かれた吹き出しを貼りつけてもよいでしょう。Aha! A boy/girl. A nice juicy goy/girl. Come in.（やあ、お坊ちゃん／お嬢ちゃん。みずみずしいお坊ちゃん／お嬢ちゃん。お入りなさい）

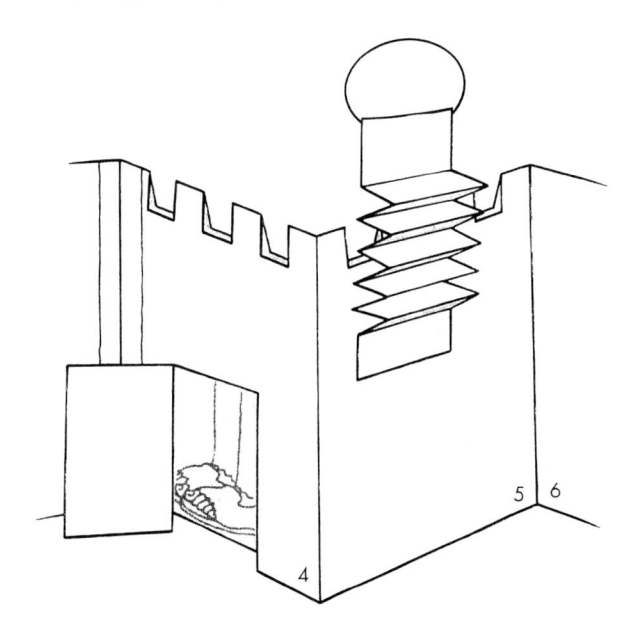

ストーリーを読む　ストーリーに戻り、What do you think the Giant eats for breakfast?（巨人は朝食に何を食べると思いますか？）と尋ねます。ページをめくり、次の見開きページを開け、'The giant shared his breakfast.' を読みます。ここで、ジャックが登場する昔話を引き合いに出します。そのストーリーでは、ジャックは豆の木を3回往復し、金、金のハープ、金の卵を産むニワトリを取ってきます（'pesky' は annoying（うるさい）または naughty（いたずらな）を意味します）。次の質問をします。What does the Giant have for breakfast? Why does the Giant think Jim is Jack? What did

Jack take? Why is the Giant sad?（巨人は朝食に何を食べますか？　なぜ巨人はジムをジャックだと思うのですか？　ジャックは何を取りましたか？　なぜ巨人は悲しんでいるのですか？）

LESSON 4

学習目標　・ストーリーの続きを読み、絵本制作プロジェクトに取り組む。
　　　　　　・お腹をすかせた巨人のために、朝食の献立表を作る。

教材　・子どもたちのジグザグ絵本。
　　　　・献立表の下書き用紙。
　　　　・献立表を書くための 10cm×7cm 程度の大きさの白い紙。
　　　　・のり。

ポイントの確認　朝食の場面までを再び読みます。

献立表を書く　これからお腹をすかせた巨人のために朝食の献立表を作ります。最初に、生徒からアイデアを引き出し、黒板に献立表を書きます。

　　献立表の例：

```
Giant Breakfast Menu

Giant Breakfast Special 1

50 sausages
10 fried eggs
20 slices of toast

Giant Breakfast Special 2

a leg of beef
20 slices of toast

Giant Breakfast Special 3

50 slices of ham
20 slices of cheese
20 slices of toast

Drinks

5 pots of coffee
5 very big cups of hot chocolate
10 huge glasses of orange juice
```

　　次に、生徒に献立表を自分で考えさせ、下書き用紙に書かせます。机間巡視をし、必要があれば手伝います。下書きが正しく書けていれば白い紙を与えます。生徒はその紙に献立表を清書します。その後、生徒に献立表の内容を読み上げてもらいます。

絵本制作プロジェクト　完成した献立表をジグザグ絵本の 6 ページ目に貼ります。5 ページ目には、The Giant and 'X' have breakfast.（巨人と X は朝食を食べます）と書きます。そして、食べ物が盛られた皿を描き、生徒同士で絵本の読み合

いをさせます。

LESSON 5

学習目標
・ストーリーの続きを読み、絵本制作プロジェクトに取り組む。
・いろいろなコインを比較し、自分たちのコインをデザインする。

教材
・子どもたちのジグザグ絵本。
・コインを作るための金色または黄色の紙（チョコレートの包み紙、コーヒーの袋など）。
・いろいろな国のコイン（可能であれば）。
・のり。

ストーリーを読む

朝食の場面までを再び読みます。What will help the Giant read his poetry books?（巨人が自分の詩集を読むのに使うものは何ですか？）と尋ね、glasses（メガネ）を引き出します。次の見開きページを読みます。巨人がメガネをビールのグラスと間違えるところに生徒の注意を向けます。ここがこのストーリーの滑稽なところです。次のジムの説明によって、さらに巨人の混乱している様子と滑稽さが伝わってきます。

"They go on your nose and ears."
（「それはあなたの鼻と耳の上にかけます」）
"It's my eyes I'm talking about!" roared the Giant.
（「私は自分の目のことを言っているんだ！」と巨人は叫びました）

同じ音で違う意味を持つことばが母語の中にもあるか、子どもたちに考えさせます。次のページに行く前に、What do you think Jim does next?（ジムは次に何をすると思いますか？）と聞きます。次の2ページを読みます。'oculist'は、'optician'（メガネ技師）の古いことばです。optician のほうが使いやすければ、optician を使いましょう。

絵本制作プロジェクト

生徒にジグザグ絵本の7ページ目に The Giant needs glasses.（巨人はメガネが必要です）と書かせます。そして、メガネの絵を描かせます。巨人がジムに与えた金貨とタイトルページの金貨に生徒の注意を向けます。それらが何からできているかを聞き、gold（金）を引き出します。これは高価なものであることを説明します。コインに刻まれた GNTD. GEN. GOLD（Guaranteed Genuine Gold：保証された本物の金）の文字を見せます。What else can you see on the coin?（ほかには何がコインに刻印されていますか？）と聞き、head（頭）を引き出します。生徒に誰の頭か聞きます。Is it someone important, a king, an emperor, a president?（それは重要な人物ですか、王様、皇帝、それとも大統領ですか？）その人物の名前は Georgius Giganticus 4世です。この人物がコインの図柄のモチーフになっていると説明します。モチーフには有名な人々の肖像画、動物、植物、またはシンボルが含まれます。生徒に何枚かのコインを見せ、そこに刻まれてあるもの（モチーフ、日付、通貨の名称

とその金額、文字など）を引き出します。可能ならば、いろいろな国のコインを見せます。

　形、通貨の名称とその金額、日付、モチーフ、文字などを考えながら、自分でコインを作ります。金色または黄色の紙を配ります。コインが作れたら、ジグザグ絵本の 8 ページ目に貼り、The Giant gives 'X' a gold coin.（巨人は X に金貨を与える）と書きます。

　　　役に立つホームページ：www.royalmint.com

　制作中のジグザグ絵本を集め、'... and ran off to the oculist.' までを再び読み、このレッスンを終了します。

LESSON 6

学習目標
・ストーリーの続きを読み、絵本制作プロジェクトに取り組む。
・巨人のライムを学習する。

教材
・子どもたちのジグザグ絵本。
・巨人のカツラを作るためのオレンジ色の毛糸（オプション）。
・のり。
・本書の CD#29（ライム：Fee-Fi-Fo-Fum）。
・CD プレーヤー。

ストーリーを読む
　'... and ran off to the oculist.' までを再び読み、続けて次のページ '... the glasses were ready.' までを読みます。How do you think Jim is going to carry the glasses up the beanstalk?（ジムはメガネを持って豆の木を登るつもりですか？）、How do you think the Giant is going to feel with his new glasses?（巨人は新しいメガネのことをどのように感じると思いますか？）と尋ねます。次のページの最初の 2 行を読みます。

巨人のライム
　次の見開きページ（'The Giant loved his glasses ...'）に進みます。巨人が読書をしている本のタイトルに子どもの注意を向けます。'Fee-Fi-Fo-Fum' は、原作『ジャックと豆の木』の中に出てくる有名なことばであることを生徒に説明します。そのことば自体は何の意味もありませんが、巨人が人々を怖がらせるために使うことばです。生徒に巨人のライムを聞かせます。CD#29 を流しましょう。

　Fee, fi, fo, fum,　（フィー、ファイ、フォー、ファム
　I smell the blood of an Englishman.　イギリス人の血のにおいがする。
　Be he alive or be he dead.　生きていても、死んでいても
　I'll grind his bones to make my bread.
　　パンを作るために骨をつぶして粉にしよう）

　新しい語彙を説明し、再びライムを聞かせます。今度は子どもたちにも一緒に歌ってもらいます。ライムを歌いながら、巨人になったように教室の中を足を踏み鳴らして歩き回るのも楽しいでしょう。

　ライムを板書します。ジグザグ絵本の 9 ページの上半分にそのライム

を清書させます。その下には次の文を書かせます。'X' climbs down the beanstalk and gets the glasses for the Giant. The Giant is happy.（Xは豆の木を降り、巨人のためにメガネを買ってきます。巨人は幸せです）

ストーリーの続きを読む　'The Giant loved his glasses ...' から '... because I've got no teeth.' までをもう一度読みます。What does Jim suggest?（ジムは何を提案しますか？）と聞き、'Why don't you have false teeth?'（どうして入れ歯をしないの？）を引き出します。このページを最後まで読み、What does Jim do next?（次にジムは何をしますか？）と聞き、He measures the Giant's mouth.（彼は巨人の口の大きさを測ります）を引き出します。Where do you have false teeth made?（どこで入れ歯を作ってもらえますか？）と聞き、at the dentist's（歯医者で）を引き出します。

　ページをめくり、巨人の頭を指し、Has he got any hair?（彼には髪の毛がありますか？）と聞きます。答えは、No, he's bald.（いいえ、毛がありません）です。次に What do you think Jim is going to suggest next?（ジムは次に何を提案すると思いますか？）と聞き、'Why don't you have a wig?'（どうしてカツラをつけないの？）を引き出します。続きを読み、生徒にも 'Get one! I'll pay good gold!' を一緒に言ってもらいます。再び、'... I look about a hundred years younger!' まで読みます。ここで、生徒同士で巨人は何歳だと思うか議論させてもよいでしょう。巨人の絵を指し、How does Giant feel now?（巨人は今どのような気持ちですか？）と尋ね、happy/pleased/delighted などを引き出します。再び、'... and my appetite ...' まで読み、ポーズを置き、生徒に予測させ、'... has come back too ...' と読みます。What do you think Jim is going to do? What would you do? Do you think Jim is frightened?（ジムはこれから何をすると思いますか？　あなたならどうしますか？　ジムは脅えると思いますか？）と尋ねます。次の見開きページを読みます。Do you think the Giant is going to catch Jim? Why? Why not? What do you think Jim is going to do next?（巨人はジムを捕まえると思いますか？　なぜ捕まえるのですか？　なぜ捕まえないのですか？　ジムは次に何をすると思いますか？）と尋ねます。最後のページを読みます。'chopped down the beanstalk' を動作で示します。Does the story have a happy ending? Is Jim happy? Is the Giant happy? How do you know?（ストーリーはハッピーエンドですか？　ジムは幸せですか？　巨人は幸せですか？　どうしてわかりますか？）と聞き、The Giant is laughing.（巨人は笑っています）を引き出します。

絵本制作プロジェクト　ジグザグ絵本の10ページには、1組の入れ歯とカツラを描かせます。巨人の赤い髪をイメージし、オレンジの毛糸を貼りつけてもいいでしょう。10ページには、The Giant needs false teeth and a wig. 'X' gets them for him.（巨人は入れ歯とカツラが必要です。Xは彼のためにそれらを手に入れます）、11ページには、The Giant is happy and hungry! 'X' climbs down the beanstalk. The Giant sends him/her a letter.（巨人は幸せですが、お腹をすかしています。Xは豆の茎を降ります。巨人は彼／

彼女に手紙を書きます）を書き入れさせます。

生徒同士で自分たちのジグザグ絵本を読み合い、このレッスンを終了します。

LESSON 7

学習目標	・絵本制作プロジェクトを完了する。 ・巨人の手紙を訂正する。 ・ジムから巨人へ手紙を書く。 ・ジムと巨人のキャラクターを研究する。
教材	・ジグザグ絵本。 ・絵本の中の巨人の手紙のコピー（オプション）。 ・手紙を書く紙（最大9cm×9cm）。 ・のり。 ・359ページのワークシート 'Character study'（登場キャラクターの研究）をA4サイズの用紙に拡大コピーしたもの（生徒の人数分コピーする）。
ポイントの確認	できるだけ子どもたちを参加させながら、再びストーリーを読む。
ジムに宛てた巨人の手紙を訂正する	巨人の手紙のコピーを配るか、黒板に書き写します。つづり、句読点、レイアウトをクラス全体、ペア、または個人で訂正させます。ジグザグ絵本の11ページには、書き直した手紙をのりで貼ります。

> Dear Jim,
> Thank you for the teeth, the glasses, and also the lovely wig.
> Your friend,
> The Giant
> （親愛なるジムへ
> 入れ歯、メガネ、すてきなカツラをどうもありがとう。
> 友だちの巨人より）

今度は、生徒にジムから巨人への金貨のお礼の手紙を書いてもらいます。

登場キャラクターの研究	「登場キャラクターの研究」のワークシート 'Character study'（359ページ）を配ります。これから登場キャラクターであるジムと巨人について、ワークシートのカテゴリー（外見、衣服、住んでいるところなど）をもとに話し合います。すべての生徒がそれぞれのカテゴリーを理解しているかどうか確認してください。まず一緒に外見について話し合います。ジムは若い、巨人は年老いている、ジムは赤毛である、巨人は髪の毛がない、巨人は近眼で歯がない。生徒が書き写せるように、必要に応じて単語を黒板に書きます。次に、ペアまたはグループになってほかのカテゴリーについても同じように話し合います。そのあと、クラスで発表し合い、生徒の提案を黒板に書きます。最後にワークシートを完成させます。

レッスンの終わりに、自分たちが作ったジグザグ絵本を披露します。また、教室にそのジグザグ絵本を展示します。クラスで植えた豆がどれくらい成長しているか観察してみましょう。

発展学習

言語的なフォーカス

1. **同音異義語**（homonyms）：同音異義語とは、発音が同じで（つづりも同じ場合がある）意味の違う単語であることを説明します。母語で思いつく単語はありますか？ ストーリーの中にそのような単語があったか覚えていますか？ このストーリーには2種類の同音異義語が出てきます。巨人が意味を間違えた reading glasses（老眼鏡）と beer glasses（ビールグラス）と、巨人の手紙の中に出てきた dear（親愛なる）と deer（シカ）です。巨人は間違って deer（シカ）を使ってしまいます。ほかに思いつく英語の同音異義語を尋ねます（例：to/two, sun/son, no/know など）。361ページの'Homonyms'（同音異義語）のワークシートを配り、発音が似ている単語を組み合わせるように言います。また、それぞれの単語の意味がわかるような文を作らせてみましょう（例：We saw the sun through the trees. ; We saw his son playing tennis.）。

2. **巨人の単語探し**（giant words wordsearch）：巨人を形容する単語をできるだけたくさん出してもらいます。例えば、tall、big、great、large、huge などです。359ページのワークシート 'Wordsearch'（単語探し）を配り、巨人を表す形容詞を探させます。

単語探しの答え：

1. Tall　 2. Big　 3. Almighty　 4. Great　 5. Gigantic
6. Whopping　 7. Vast　 8. Colossal　 9. Immense
10. Large　 11. Ginormous　 12. Huge　 13. Humungous
14. Enormous

公民　**老人を助ける**：年老いた人が身の周りにいるかどうか聞きます。年をとるとどのようになると思いますか？　巨人を思い出させて考えさせます。彼の視力は衰え、髪の毛と歯を失います。年をとることは彼をどのような気持ちにさせますか？　人が年をとると、ほかにはどんなことが起きるかを尋ねます。黒板に「クモの巣図」を描き始めます。次のようなヒントを書いてもよいでしょう。

They become tired.（疲れやすくなる）
It is difficult to walk far.（遠くまで歩くことが困難）
They become deaf.（耳が遠くなる）
They are often lonely.（しばしば孤独を感じる）
They sometimes lose their memory.（ときどき、忘れっぽくなる）

老人を助けるために、どんなことができるかを子どもたちに考えさせます。

We can help with the shopping.（買い物を手伝う）
　visit them and talk to them（訪問し、話し相手になる）
　read to them（本を読む）
　post their letters（手紙を投函する）
　do the washing up（洗い物をする）
　vacuum the carpet（カーペットに掃除機をかける）
　tidy up（片づける）
　take the dog for a walk（イヌを散歩に連れて行く）
　make them some biscuits or cakes（ビスケットやケーキを作る）

　子どもたちの提案を黒板にまとめ、各自のジグザグ絵本に書き写させるか、あるいは、How we can help old people（私たちはどのように老人を助けることができるか）というタイトルでクラス・ポスターを作らせます。

（「ストーリー・ノート」執筆：Gail Ellis）

第 3 部

ワークシート

1　Brown Bear, Brown Bear, What Do You See?
2　The Kangaroo from Wolloomooloo
3　My Cat Likes to Hide in Boxes
4　Mr McGee
5　The Very Hungry Caterpillar
6　Meg's Eggs
7　The Clever Tortoise
8　The Elephant and the Bad Baby
9　Something Else
10　Funnybones
11　Princess Smartypants
12　Jim and the Beanstalk

Colour and write

(動物の色と名前)

ワークシート 'Colour and write'（動物の色と名前）を配ります。それぞれの動物に色を塗り、線上に動物の名前を書くように言います。必要ならば、生徒が写せるように単語を板書してあげましょう。生徒に文字を書かせない場合は、色を塗らせるだけでかまいません。次に What's number one?（No. 1 は何ですか？）と聞き、生徒の理解を確認します。このとき、It's a brown bear.（ヒグマです）と答えさせましょう。

答え：
2. a red bird
3. a yellow duck
4. a blue horse
5. a green frog
6. a purple cat
7. a white dog
8. a black sheep
9. a gold fish
10. a _____ monkey
〔下線には絵本のサルの色（brown）を答えさせるか、生徒の好きな色を入れさせてもよいでしょう〕

「動物と色の名前の練習」については p. 73、そのほかのゲームなどについてはレッスン 4（p. 75）を参照のこと。

Colour and write

Example: **1** a brown bear

2 a red _____
3 _____
4 _____
5 _____
6 _____
7 _____
8 _____
9 _____
10 _____

1 Brown Bear, Brown Bear, What Do You See?

The bear facts
（クマに関する知識）

クマに関する次の文章を読み、下線の引かれた語を下のクロスワードの中の文字を囲みなさい（p. 78 も参照のこと）。

Bears are large animals with thick, strong legs. They have big heads, little eyes and small round ears. They are covered with heavy <u>fur</u>. Bears are <u>mammals</u> and there are eight different kinds : <u>brown</u> or grizzly bears, American and Asiatic <u>black</u> bears, <u>polar</u> bears, <u>sun</u> bears, <u>sloth</u> bears, <u>spectacled</u> bears and <u>panda</u> bears. The biggest bear is the grizzly bear who can measure up to three metres when it stands up. Bears are <u>omnivorous</u> which means they eat many different types of food : meat, berries, plants, nuts, fish, insects and honey. They use their <u>claws</u> to hunt for their food. Some bears <u>hibernate</u> (sleep) in a <u>cave</u> or <u>den</u> during the winter. A baby bear is called a <u>cub</u>.

単語探し

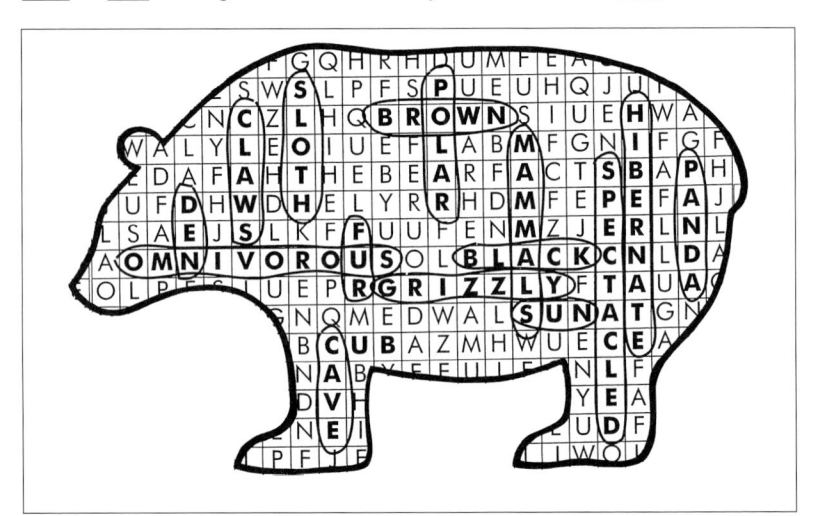

和訳 クマは太くて力強い脚を持った動物です。大きな頭、小さな目、小さくて丸い耳をしています。濃い毛でおおわれています。クマは哺乳動物で、ヒグマ、アメリカ・クロクマ、ツキノワグマ、北極グマ（シロクマ）、マレーグマ、ナマケグマ、メガネグマ、パンダの8種類に分かれます。最も大きいクマはヒグマで、立ち上がると3メートルにもなります。雑食性であるクマは、肉、ベリー類、草木、木の実、魚、昆虫、蜂蜜のようないろいろな種類の物を食べます。食べ物を取るのには爪を使います。冬の間、洞くつや洞穴で冬眠をするクマもいます。赤ちゃんクマは、cub（コグマ）と呼ばれます。

The bear facts

Read and find out about bears, then find the underlined words in the wordsearch below.

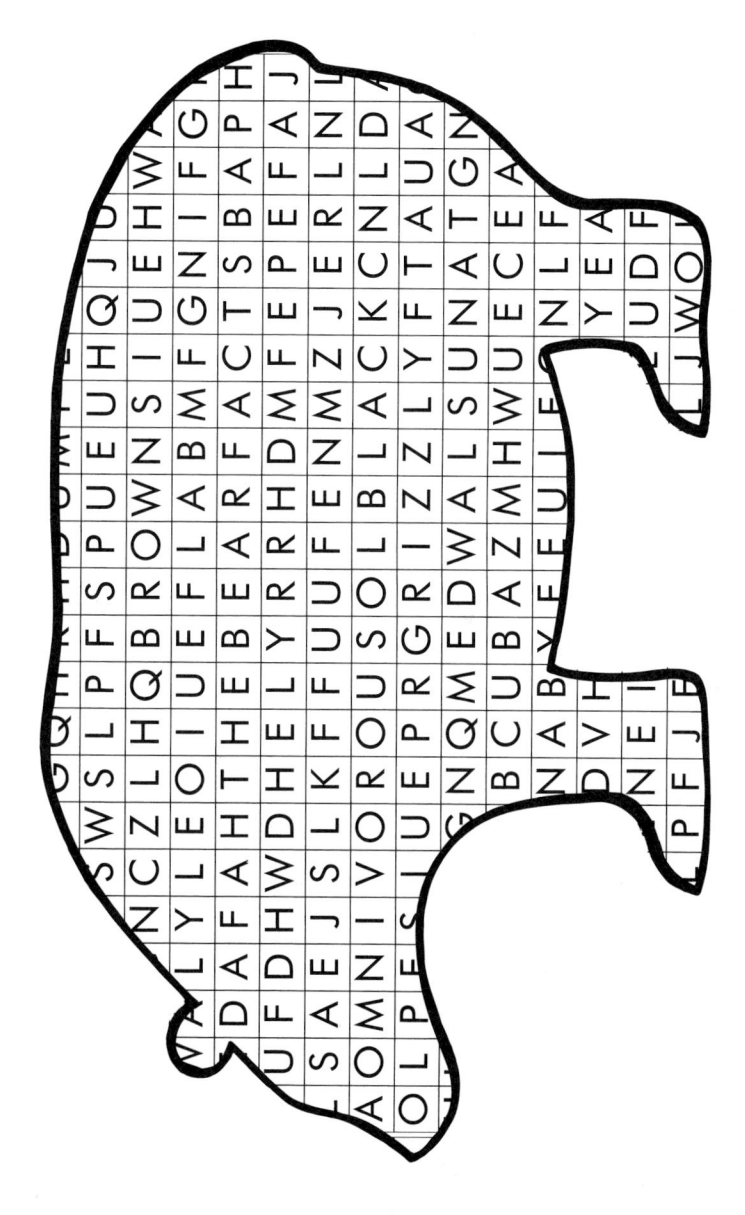

Bears are large animals with thick, strong legs. They have big heads, little eyes and small round ears. They are covered with heavy <u>fur</u>. Bears are <u>mammals</u> and there are eight different kinds: <u>brown</u> or <u>grizzly</u> bears, American and Asiatic <u>black</u> bears, <u>polar</u> bears, <u>sun</u> bears, <u>sloth</u> bears, <u>spectacled</u> bears and <u>panda</u> bears. The biggest bear is the grizzly bear who can measure up to three metres when it stands up. Bears are <u>omnivorous</u> which means they eat many different types of food: meat, berries, plants, nuts, fish, insects and honey. They use their <u>claws</u> to hunt for their food. Some bears <u>hibernate</u> (sleep) in a <u>cave</u> or <u>den</u> during the winter. A baby bear is called a <u>cub</u>.

1 Brown Bear, Brown Bear, What Do You See?

Bear wheel 1

(クマの回転シート 1)

クマの回転シートを作る

263 ページのワークシート 'The bear facts'（クマに関する知識）を参考にして、いろいろな種類のクマを挙げてもらいます。この 8 種類のクマについてもう少し知るために、「クマの回転シート」(Bear wheel) を作ります。まず 8 種類のクマの名前を板書します。

giant panda（ジャイアント・パンダ）
American black bear（アメリカ・クロクマ）
Asiatic black bear（ツキノワグマ）
sloth bear（ナマケグマ）
polar bear（北極グマ、シロクマ）
brown/grizzly bear（ヒグマ）
spectacled bear（メガネグマ）
sun bear（マレーグマ）〔質問例は p. 79 を参照のこと〕

ワークシートを配り、「回転シート」の作り方を説明します。レッスンの前にあらかじめ作っておくと、ゆとりを持って教えることができます。2 枚のワークシート（'Bear wheel 1' と 'Bear wheel 2'）を切り抜きます。カード中央のツマミの部分に切り込みを入れ、その部分を折り曲げます。ツマミの部分は簡単に開けたり閉じたりできます。'Bear wheel 2' の上に 'Bear wheel 1' を重ね、中央をとじ鋲（びょう）で一緒に留めます。

'Bear wheel 2' の上でツマミを動かすことによって、8 種類のクマの説明文が示されます。一緒にその説明文を読み、どのクマのことを言っているのかを考えます。そして、板書しておいたクマの名前を、その 'Bear wheel 2' の説明文のところに書き写します。このとき、クマの名前は該当する説明とは反対のところに（ツマミの下の線上に）書かなければいけません。例としてジャイアント・パンダの名前がすでに書かれていますので参考にしてください。'Bear wheel 2' に名前がすべて書き込めたら、'Bear wheel 1' のクマの絵を見て確認します。

次にペアを作ります。生徒 A が自分の回転シートを動かしてクマの説明に合わせ、最初の 1 文を読みます。生徒 B がその文を聞いて、どのクマのことかあてます。最初の 1 文だけではわからない場合は、次の文を読んであげます。生徒 B がわかるまで読み続けます。答えが正しいかどうかツマミを上げて確認し、合っていたら交代します。

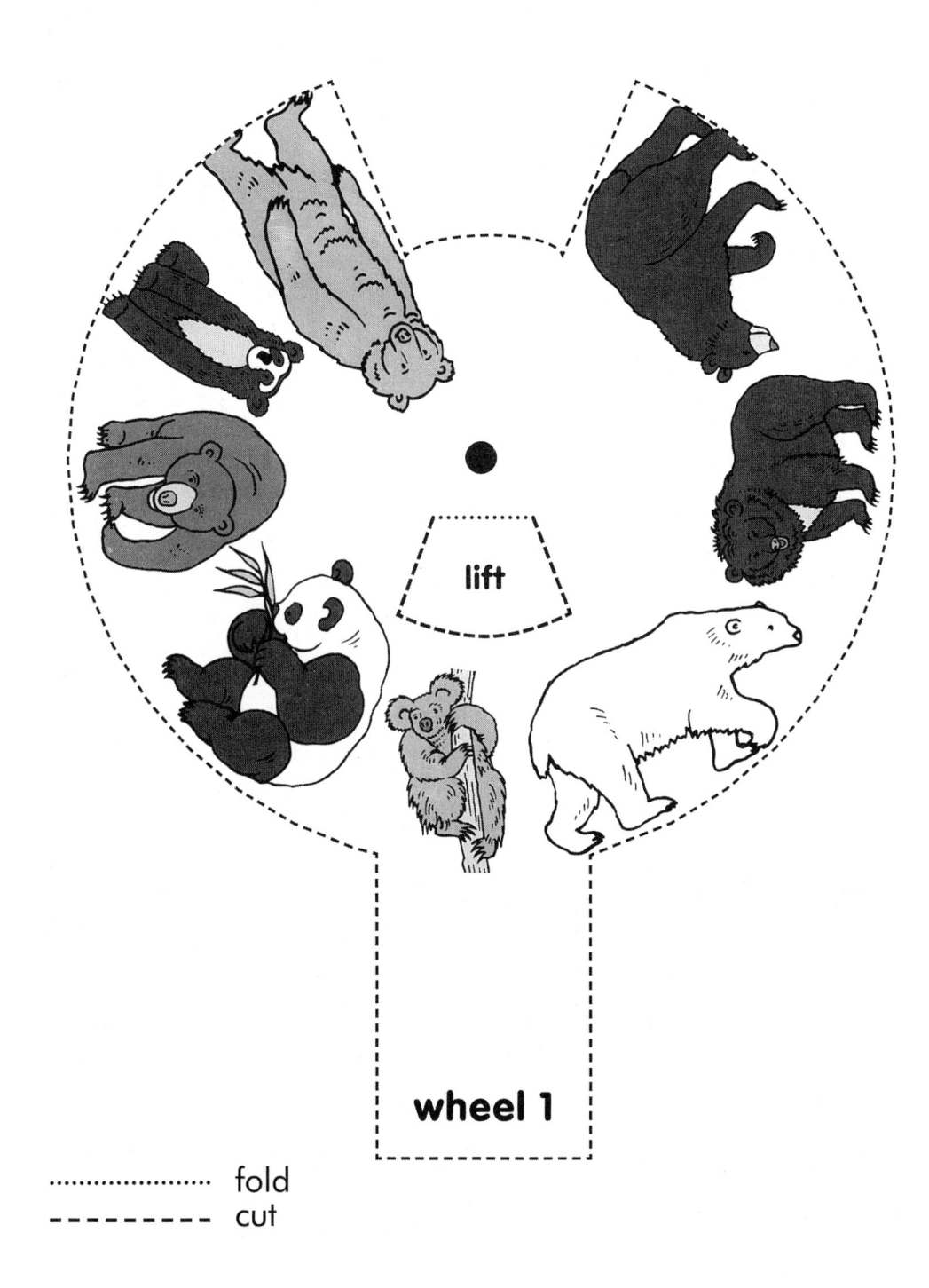

Bear wheel 1

1 Brown Bear, Brown Bear, What Do You See?

lift

wheel 1

·············· fold
- - - - - - - cut

From *Tell it Again! The New Storytelling Handbook* by Gail Ellis and Jean Brewster © Penguin Books 2002 **Photocopiable**

Bear wheel 2

（クマの回転シート２）

1　Brown Bear, Brown Bear, What Do You See?

「回転シート」の上から時計回りに、

giant panda （ジャイアント・パンダ）	It's black and white. It lives in China. It eats bamboo. It can climb trees. It does not hibernate.（色は黒色と白色で、中国に住んでいます。竹を食べます。木に登ることができます。冬眠はしません）
American black bear （アメリカ・クロクマ）	It lives in North America. It's black but can also be brown or light brown. It eats meat, fish, insects, fruit, nuts and honey. It hibernates. It can climb trees.（北アメリカに生息しています。色は黒、茶色、または明るい茶色。肉、魚、昆虫、果物、木の実、蜂蜜を食べます。冬眠をします。木に登ります）
sloth bear （ナマケグマ）	It's got long black fur. It lives in forests in South Asia. It walks slowly and can climb trees. It eats insects especially ants, fruit, honey and plants. It does not hibernate.（黒色の長い毛皮です。南アジアの森林地帯に住んでいます。ゆっくり歩き、木登りができます。昆虫、特にアリ、果物、蜂蜜、植物を食べます。冬眠はしません）
polar bear （北極グマ、シロクマ）	It's got white fur. It lives in North America and Asia. It can swim and dive. It eats seals. It hibernates.（白い毛皮でおおわれています。北アメリカ、アジアに生息します。泳いだり、水中に潜ることができます。アザラシを食べます。冬眠します）
brown/grizzly bear （ヒグマ）	It's got brown fur. It lives in Asia, Europe and North America. It can run very fast. It eats plants, nuts, roots, insects, meat and fish. It's the biggest bear. It hibernates.（茶色い毛皮でおおわれています。アジア、ヨーロッパ、北アメリカに生息します。とても速く走ることができます。植物、木の実、根、昆虫、肉、魚を食べます。一番大きなクマです。冬眠します）
sun bear （マレーグマ）	It's the smallest bear. It lives in South-East Asia. It's got short, black fur. It eats insects, small animals, fruit and honey. It does not hibernate. It can climb trees.（最も小さいクマです。東南アジアに生息します。短く黒色の毛皮です。昆虫、小動物、果物、蜂蜜を食べます。冬眠はしません。木に登ります）
Asiatic black bear （ツキノワグマ）	It lives in Southern and Eastern Asia. It's black. It eats small animals, insects, fruit and nuts. It can climb trees. Some hibernate.（南アジア、東アジアに生息します。色は黒です。小動物、昆虫、果物、木の実を食べます。木に登ることができます。冬眠するものもいます）
spectacled bear （メガネグマ）	It lives in South America. It's got black fur and white fur around its eyes. It can climb trees. It eats plants, fruit and small animals. It does not hibernate.（南アメリカに生息します。目の周りに黒と白の毛が生えています。木に登ることができます。食物、果物、小動物を食べます。冬眠はしません）

「回転シート」の作り方については p. 264 を参照のこと。

Bear wheel 2

1 Brown Bear, Brown Bear, What Do You See?

giant panda (center)

- It's black and white. It lives in China. It eats bamboo. It can climb trees. It does not hibernate.
- It lives in North America. It's black but can also be brown or light brown. It eats meat, fish, insects, fruit, nuts and honey. It hibernates. It can climb trees.
- It's got long black fur. It lives in forests in South Asia. It walks slowly and can climb trees. It eats insects especially ants, fruit, honey and plants. It does not hibernate.
- It's got white fur. It lives in North America and Asia. It can swim and dive. It eats seals. It hibernates.
- It's got brown fur. It lives in Asia, Europe and North America. It can run very fast. It eats plants, nuts, roots, insects, meat and fish. It's the biggest bear. It hibernates.
- It's the smallest bear. It lives in South-east Asia. It's got short, black fur. It eats insects, small animals, fruit and honey. It does not hibernate. It can climb trees.
- It lives in Southern and Eastern Asia. It's black. It eats small animals, insects, fruit and nuts. It can climb trees. Some hibernate.
- It lives in South America. It's got black fur and white fur around its eyes. It can climb trees. It eats plants, fruit and small animals. It does not hibernate.

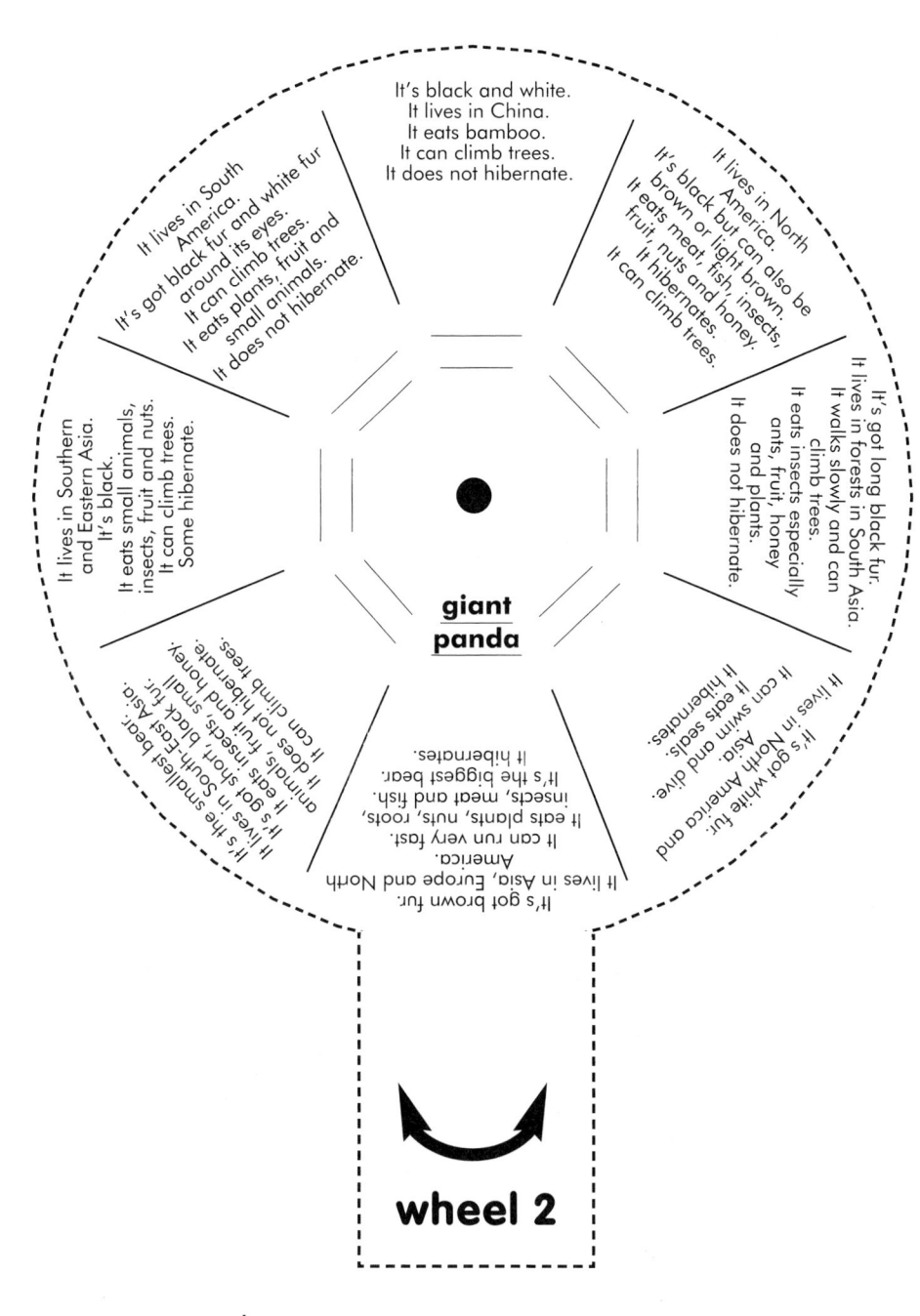

wheel 2

- - - - - - cut

Story pictures 1

（ストーリーの絵 1）

和訳　　＊左欄の上から順番に訳してあります。
1　ウールームールーからやって来たカンガルー
2　私がシドニー動物園に行ったとき、私は何を見たでしょうか？
　　クロコダイルとその陽気な笑顔と、
　　ウールームールーからやって来たカンガルーを見ましたよ。
3　私がシドニー動物園に行ったとき、私は何を見たでしょうか？
　　フルートを吹くバンディクートと、
　　ウールームールーからやって来たカンガルーを見ましたよ。
4　私がシドニー動物園に行ったとき、私は何を見たでしょうか？
　　バンジョーを弾いて歌うディンゴと、
　　ウールームールーからやって来たカンガルーを見ましたよ。
5　私がシドニー動物園に行ったとき、私は何を見たでしょうか？
　　グランドピアノを弾く大きなオオトカゲと、
　　ウールームールーからやって来たカンガルーを見ましたよ。
6　私がシドニー動物園に行ったとき、私は何を見たでしょうか？
　　パーティーハットをかぶった太ったウォンバットと、
　　ウールームールーからやって来たカンガルーを見ましたよ。

絵本を作る　　ワークシート'Story pictures 1'（ストーリーの絵 1）と'Story pictures 2'（ストーリーの絵 2）のコピーを各生徒に配ります。生徒はその2枚のコピーを切り取り線に沿って切ります。そして、ストーリーは見ないで自分の記憶に頼りながら、切り取った絵をストーリーの順番に並び替えます。そのあと、CDまたは教師の読むストーリーを聞きながら、正しい順番に並べることができたかを確認します。正しい順番に並べられたら、カードにページ番号を書きます。最後に全部のカードをまとめてホッチキスで留めて絵本を作ります。時間があれば1ページだけ色を塗り、残りは宿題にします。

Story pictures 1

The Kangaroo from Woolloomooloo

When I went to the Sydney Zoo, What did I see?

and the kangaroo from Woolloomooloo

When I went to the Sydney Zoo, What did I see?

and the kangaroo from Woolloomooloo

When I went to the Sydney Zoo, What did I see?

and the kangaroo from Woolloomooloo

When I went to the Sydney Zoo, What did I see?

and the kangaroo from Woolloomooloo

When I went to the Sydney Zoo, What did I see?

and the kangaroo from Woolloomooloo

Story pictures 2
（ストーリーの絵2）

2　The Kangaroo from Wolloomooloo

和訳　＊左欄の上から順番に訳してあります。

7　私がシドニー動物園に行ったとき、私は何を見たでしょうか？
　　私たちのためにダンスをしたカモノハシと、
　　ウールームールーからやって来たカンガルーを見ましたよ。

8　私がシドニー動物園に行ったとき、私は何を見たでしょうか？
　　大きなクリームケーキを持ったレインボー・スネークと、
　　ウールームールーからやって来たカンガルーを見ましたよ。

9　私がシドニー動物園に行ったとき、私は何を見たでしょうか？
　　片方の目に眼帯をした年老いたカササギと、
　　ウールームールーからやって来たカンガルーを見ましたよ。

10　私がシドニー動物園に行ったとき、私は何を見たでしょうか？
　　ロッキングチェアに座っているコアラと、
　　ウールームールーからやって来たカンガルーを見ましたよ。

11　私がシドニー動物園に行ったとき、私は何を見たでしょうか？
　　ディジェリデューを持ったバタンインコと
　　ウールームールーからやって来たカンガルーを見ましたよ。

12　みんな、シドニー動物園でダンスをし、歌を歌いましたよ。
　　私もしましたよ。

ジグザグブック（ジャバラ折りの絵本）を作る

ジグザグブックを簡単に作るには、A4の紙を2枚用意し、それらを縦に半分に折ります。その折り目に対して直角に2カ所のところで紙を折ります。そうして、折りたたみ式の四角いページが3ページ分できます。折りたたんだ2枚の紙の端を粘着テープ（セロハンテープ）でつなげます。もう一つの方法としては、60cm×10.5cmの紙を5カ所折って、同じように折りたたみ式のページを作ります。

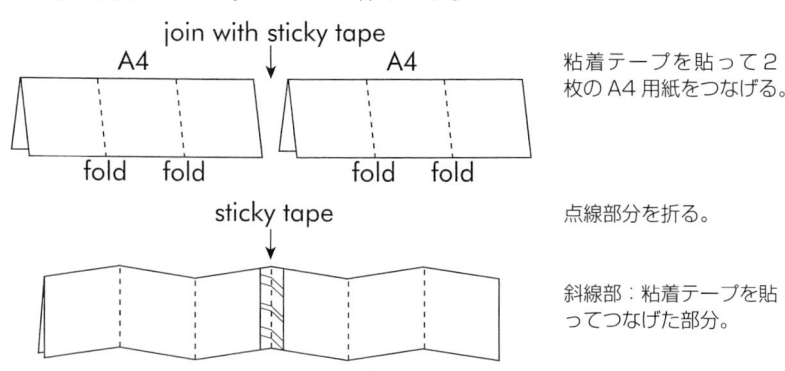

粘着テープを貼って2枚のA4用紙をつなげる。

点線部分を折る。

斜線部：粘着テープを貼ってつなげた部分。

ジグザグブックの表紙に絵を描かせます。オーストラリアの地図や国旗などを書いてもよいでしょう。絵本のタイトルには、My book of Australian Animalsと書かせます。時間がないときは宿題にしてもかまいません。
　動物の絵（269、271ページの「動物の絵の切り抜き」など）をジグザグブックに貼ります。時間があれば、生徒に絵を描かせることもできます。そして、板書してある動物の説明文を書き写させます。机間巡視をし、必要があれば助けます。子どもたちのジグザグブックが完成したら教室に展示します。

Story pictures 2

2 The Kangaroo from Wolloomooloo

When I went to the Sydney Zoo,
What did I see?

and the kangaroo from Woolloomooloo

When I went to the Sydney Zoo,
What did I see?

and the kangaroo from Woolloomooloo

When I went to the Sydney Zoo,
What did I see?

and the kangaroo from Woolloomooloo

When I went to the Sydney Zoo,
What did I see?

and the kangaroo from Woolloomooloo

When I went to the Sydney Zoo,
What did I see?

and the kangaroo from Woolloomooloo

They danced and sang at the Sydney Zoo, and I did too.

Animal and rhyming word cards

（動物の名前と韻を踏むことばのカード）

動物の名前	kangaroo（カンガルー）, bandicoot（バンディクート）, koala bear（コアラ）, rainbow snake（レインボー・スネーク）, crocodile（ワニ）, goanna（オオトカゲ）, wombat（ウォンバット）, cockatoo（バタンインコ）, dingo（ディンゴ）, magpie（カササギ）, platypus（カモノハシ）
韻を踏む語(句)	Woolloomooloo（ウールームールー：シドニーの中心部の呼び名であり、おそらく赤ちゃんブラック・カンガルーのことも意味していると考えられる）, flute（フルート）, rocking chair（ロッキングチェア）, big cream cake（大きなクリームケーキ）, cheerful smile（陽気に笑う）, grand piano（グランドピアノ）, party hat（パーティーハット）, didgeridoo（ディジェリデュー：オーストラリア先住民アボリジニの楽器）, swinging banjo（バンジョーを弾く）, patch on one eye（片目の眼帯）, who danced for us（私たちのために踊ってくれた（～））

　動物のフラッシュ・カードをストーリーの順番に黒板に貼ります。フラッシュ・カードを1枚ずつ指して、その動物の名前を生徒に言わせます。韻を踏む語(句)も引き出します。そして、韻を踏む語(句)カードと動物のフラッシュ・カードを組み合わせます。教師は韻を踏む語(句)のペアを読み上げ、生徒にリピートさせます。生徒が自信を持って言えるようになってきたら、少しずつスピードを上げます。黒板に動物の名前カードも一緒に並べて貼り、もう一度リピートさせます。次に、動物のフラッシュ・カードだけを黒板に残して、そのほかのカードははがします。クラスをAとBの2つのチームに分けます。最初にAチームが教師の言う動物の名前を聞き、韻を踏む語(句)を言います。正しければ、Aチームは1点を獲得します。Bチームも同様にします。より多くの点を取ったチームの勝ちです。

Animal and rhyming word cards

Animal words	Rhyming words
kangaroo	Woolloomooloo
bandicoot	flute
koala bear	rocking chair
rainbow snake	big cream cake
crocodile	cheerful smile
goanna	grand piano
wombat	party hat
cockatoo	didgeridoo
dingo	swinging banjo
magpie	patch on one eye
platypus	who danced for us

Join the lines that rhyme

(韻を踏むことばを線で結ぶ)

ワークシートの 'Join the lines that rhyme'（韻を踏むことばを線で結ぶ）のコピーを、各グループまたは各ペアに配ります。このワークシートによって、韻を踏む語(句)を、生徒が本当に理解しているかをはっきりさせましょう。答え合わせをしなから口頭練習もします。指名された生徒が線で結んだ文章をストーリーの順番に読みます。そのあとでもう一度、リズムと強勢に注意してクラス全体で読みます。ストーリーの順番を思い出させるために、「ストーリーの絵1と2」（拡大コピーをしたもの）を利用してもかまいません。

和訳

1 カンガルー (e)　　　　a パーティーハットをかぶった
2 バンディクート (k)　　b 片方の目に眼帯をした
3 コアラ (i)　　　　　　c その陽気な笑顔
4 レインボー・スネーク (g)　d 私たちのためにダンスをした
5 クロコダイル (c)　　　e ウールームールーからやって来た
6 大きなオオトカゲ (h)　　f バンジョーを弾く
7 太ったウォンバット (a)　g 大きなクリームケーキを持った
8 バタンインコ (j)　　　h グランドピアノを弾く
9 歌うディンゴ (f)　　　i ロッキングチェアに座っている
10 年老いたカササギ (b)　j ディジェリデューを持った
11 カモノハシ (d)　　　　k フルートを吹く

Join the lines that rhyme

2 The Kangaroo from Wolloomooloo

 The kangaroo	in a party hat	
 The bandicoot	with a patch on one eye	
 The koala bear	and her cheerful smile	
 The rainbow snake	who danced for us	
 The crocodile	from Woolloomooloo	
 The big goanna	and his swinging banjo	
 The fat wombat	with a big cream cake	
 The cockatoo	at his grand piano	
 The singing dingo	on a rocking chair	
 The old magpie	with a didgeridoo	
 The platypus	playing a flute	

From *Tell it Again! The New Storytelling Handbook* by Gail Ellis and Jean Brewster © Penguin Books 2002 **Photocopiable** 275

Australian animals dominoes

（オーストラリアの動物ドミノ）

ドミノゲーム　　これからドミノゲームをしながら、動物の名前と韻を踏むことばを練習することを生徒に伝えます。前もって277ページのワークシート'Australian animals dominoes'のドミノカードを宿題で切り取らせておくか、または授業中に切らせます。カードを切る際に、実線を切らないように注意させてください。カードは全部で11枚です。語彙を確認するとともに、ドミノカードの絵を注意深く見るように促し、カードの絵に少しの違いがあることを気づかせます。例えば、old magpie（年老いたカササギ）と old magpie with a patch on one eye（片目に眼帯をしている年老いたカササギ）、crocodile（クロコダイル）と crocodile showing her cheerful smile（笑顔のクロコダイル）、platypus（カモノハシ）と platypus who danced for us with musical notes（踊るカモノハシと音符）などです。

　3人のグループを作り、3人分のドミノカード（3セット）を混ぜてテーブルの上に裏返しにして置きます。3人がそれぞれ4枚のドミノカードをそこから取ります。残ったカードは、そのまま裏向きにしてテーブルの端に積み重ねておきます。一人の生徒が自分のカードの中から1枚出してそのカードの語（句）を言います（big cream cake—wombat）。次の人は、カードを出した人の片側に自分のカードから1枚出して置きます。ただし、韻を踏んでいるカードでなければ出すことはできません。韻を踏むカードを持っていれば、もとのカードの隣に並べて置き、そのカードの語（句）を言います（wombat—party hat）。こうしてドミノは、動物—韻を踏む語（句）—動物—韻を踏む語（句）とつながります。3番目の人は、自分のカードの中から好きなカードを1枚出して、その語（句）を言います。そして同じようにゲームを続けていきます。カードを出すことができないときは、テーブルに積み重ねてあるカードから1枚取り、次の番がくるまで待っていなければいけません。最初に手持ちのカードがなくなった人が勝ちです。

　1ゲームあたりの制限時間を10分くらいにし、多くても3ゲームまでにしましょう。必要ならば生徒を助け、発音にも注意を払います。

Australian animals dominoes

2 The Kangaroo from Wolloomooloo

--------- cut

From *Tell it Again! The New Storytelling Handbook* by Gail Ellis and Jean Brewster © Penguin Books 2002

2 The Kangaroo from Wolloomooloo

Story text
（ストーリーの全文）

和訳　＊左欄の上から順番に訳してあります。

私がシドニー動物園に行ったとき、私は何を見たでしょうか？
ウールームールーからやって来たカンガルーを見ましたよ。

私がシドニー動物園に行ったとき、私は何を見たでしょうか？
フルートを吹くバンディクートと、
ウールームールーからやって来たカンガルーを見ましたよ。

私がシドニー動物園に行ったとき、私は何を見たでしょうか？
ロッキングチェアに座っているコアラと、
ウールームールーからやって来たカンガルーを見ましたよ。

私がシドニー動物園に行ったとき、私は何を見たでしょうか？
大きなクリームケーキを持ったレインボー・スネークと、
ウールームールーからやって来たカンガルーを見ましたよ。

私がシドニー動物園に行ったとき、私は何を見たでしょうか？
クロコダイルとその陽気な笑顔と、
ウールームールーからやって来たカンガルーを見ましたよ。

私がシドニー動物園に行ったとき、私は何を見たでしょうか？
グランドピアノを弾く大きなオオトカゲと、
ウールームールーからやって来たカンガルーを見ましたよ。

私がシドニー動物園に行ったとき、私は何を見たでしょうか？
パーティーハットをかぶった太ったウォンバットと、
ウールームールーからやって来たカンガルーを見ましたよ。

私がシドニー動物園に行ったとき、私は何を見たでしょうか？
ディジェリデューを持ったバタンインコと、
ウールームールーからやって来たカンガルーを見ましたよ。

私がシドニー動物園に行ったとき、私は何を見たでしょうか？
バンジョーを弾いて歌うディンゴと、
ウールームールーからやって来たカンガルーを見ましたよ。

私がシドニー動物園に行ったとき、私は何を見たでしょうか？
片方の目に眼帯をした年老いたカササギと、
ウールームールーからやって来たカンガルーを見ましたよ。

私がシドニー動物園に行ったとき、私は何を見たでしょうか？
私たちのためにダンスをしたカモノハシと、
ウールームールーからやって来たカンガルーを見ましたよ。

みんな、シドニー動物園でダンスをし、歌を歌いましたよ。
私もしましたよ。

Story text

When I went to the Sydney Zoo,
what did I see?
The kangaroo from
  Woolloomooloo.

When I went to the Sydney Zoo,
what did I see?
The bandicoot playing a flute,
and the kangaroo from
  Woolloomooloo.

When I went to the Sydney Zoo,
what did I see?
The koala bear on a rocking chair,
and the kangaroo from
  Woolloomooloo.

When I went to the Sydney Zoo,
what did I see?
The rainbow snake with a big
  cream cake,
and the kangaroo from
  Woolloomooloo.

When I went to the Sydney Zoo,
what did I see?
The crocodile and her cheerful
  smile,
and the kangaroo from
  Woolloomooloo.

When I went to the Sydney Zoo,
what did I see?
The big goanna at his grand piano,
and the kangaroo from
  Woolloomooloo.

When I went to the Sydney Zoo,
what did I see?
The fat wombat in a party hat,
and the kangaroo from
  Woolloomooloo.

When I went to the Sydney Zoo,
what did I see?
The cockatoo with a didgeridoo,
and the kangaroo from
  Woolloomooloo.

When I went to the Sydney Zoo,
what did I see?
The singing dingo and his
  swinging banjo,
and the kangaroo from
  Woolloomooloo

When I went to the Sydney Zoo,
what did I see?
The old magpie with a patch on
  one eye,
and the kangaroo from
  Woolloomooloo.

When I went to the Sydney Zoo,
what did I see?
The platypus who danced for us,
And the kangaroo from
  Woolloomooloo

They danced and sang at the
  Sydney Zoo,
and I did too.

National flags
(世界の国旗)

　色の名前を復習します。ストーリー中の国々（France, Spain, Norway, Greece, Brazil, Germany, Japan）を地図（p. 362）上で確認します。それらの国の国旗を知っているか生徒に尋ねます。子どもたちはその国旗の柄や色が言えますか？　生徒に1枚ずつ国旗のコピーを配り、ワークシートの指示通りに色を塗らせます（予備のスペースには、このアクティビティーが終わったあとに、子どもたちに好きな国旗を描かせてもよいでしょう）。机間巡視をし、必要ならば手伝います。生徒を一人ずつ指名して、切り取った国旗のカードを渡して世界地図の該当する国の上に貼らせます。

　次に、色を塗った国旗を切り取って自分の机の上に並べさせます。教師がその国旗について簡単な説明をします。それを聞いて、子どもたちは該当する国旗のカードを上に掲げ、その国の名前を言います。

例：
教師：It's green, yellow and blue! Which country?（緑と黄と青です！　どの国ですか？）
生徒：Brazil / It's Brazil.（ブラジルです）
教師：It's red and white. Which country?（赤と白です。どの国ですか？）
生徒：Japan / It's Japan.（日本です）

　このようなQ&Aを続けます。子どもたちが自信を持ってきたら、ペアを作らせます。一人が国旗を説明し、もう一人がその国の名前を言います。切り取った国旗のカードは、レッスン4でネコの形の絵本の各ページに貼りつけます。そのために、教師が生徒全員の国旗カードを預かるか、または生徒がなくさないよう大事に持たせておきます。

National flags

1 = red **4** = yellow
2 = blue **5** = green
3 = white **6** = black

Read the key and colour the flags. Where do the cats come from?

The cat from _____

The cat from _____

The cat from _____

The cat from _____

The cat from _____

The cat from _____

The cat from _____

The cat from _____

3 My Cat Likes to Hide in Boxes

Join the lines that rhyme

（韻を踏む文をつなぎ合わせよう）

'Join the lines that rhyme'（韻を踏む文をつなぎ合わせよう）の14枚のカードを生徒に配ります。同じ韻を含むカードを組み合わせます（p. 105 も参照のこと）。

Listen and draw

（聞いて描こう）

283ページのワークシート'Listen and draw'（聞いて描こう）のコピーを各生徒に配ります。これから英語の指示を注意深く聞き、正しい場所にネコの絵を描く必要があることを生徒に伝えます。簡単なネコの絵の描き方を見せながら、体の部分の名前（head, ears, eyes, nose, mouth. whiskers, body, legs, tail）を復習します。

聞き取り文：
There is a fat cat <u>under</u> the table.（テーブルの<u>下</u>に太ったネコがいます）
There is a small cat <u>in</u> the box.（箱の<u>中</u>に小さいネコがいます）
There is a tall cat <u>on</u> the chair.（いすの<u>上</u>に背の高いネコがいます）
There is a thin cat <u>out</u> of the box.（箱の<u>外</u>にやせたネコがいます）

箱の中以外の好きな場所にも、ネコの絵を描くことができます。

Join the lines that rhyme

The cat from France	joined the police.
The cat from Spain	played the violin.
The cat from Norway	waved a big blue fan.
The cat from Greece	liked to sing and dance.
The cat from Brazil	got stuck in the doorway.
The cat from Berlin	flew an aeroplane.
The cat from Japan	caught a very bad chill.

Listen and draw

Listen and draw

Cat-book template

(ネコの絵本の型紙)

絵本製作プロジェクト

　生徒にこれからネコの形をした絵本を作ることを伝えます。各ページにストーリーに出てくるネコの絵とその国の説明を入れます。8ページ目には好きな国を選んで書くことができます。ストーリーに出てくる7カ国以外の出身の生徒は自分の出身国を8ページ目に書くことも可能です。各生徒にA3サイズ用紙3枚とネコの絵本の型紙を配ります。その型紙を切り抜きます。3枚のA3サイズ用紙を重ねて半分に折ります。その一番上のページに切り抜いた型紙を置き、のりで貼りつけます。このとき、ネコの背中を折り目の部分に重ねます。型紙に合わせて丁寧に紙を切ります。生徒が教師の指示についてきているか確認しながら進めてください。折った部分をホッチキスで留めます。あらかじめネコの絵本を作って用意しておくといいでしょう。

　でき上がった絵本の各ページには、国とネコの絵と説明、国旗、首都名、代表的な建物の絵、そしてストーリーの文が含まれます。

例：フランス編

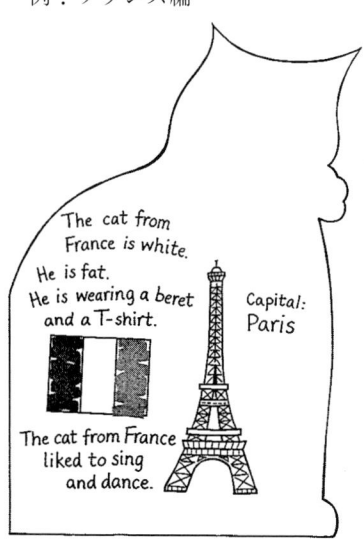

The cat from France is white.
He is fat.
He is wearing a beret and a T-shirt.
Capital: Paris
The cat from France liked to sing and dance.

フランスのネコは白色です。
彼は太っています。
彼はベレー帽とTシャツを着ています。
フランスのネコは歌ったり踊ったりすることが好きでした。

首都：パリ

（以下、p. 107を参照のこと）

Cat-book template

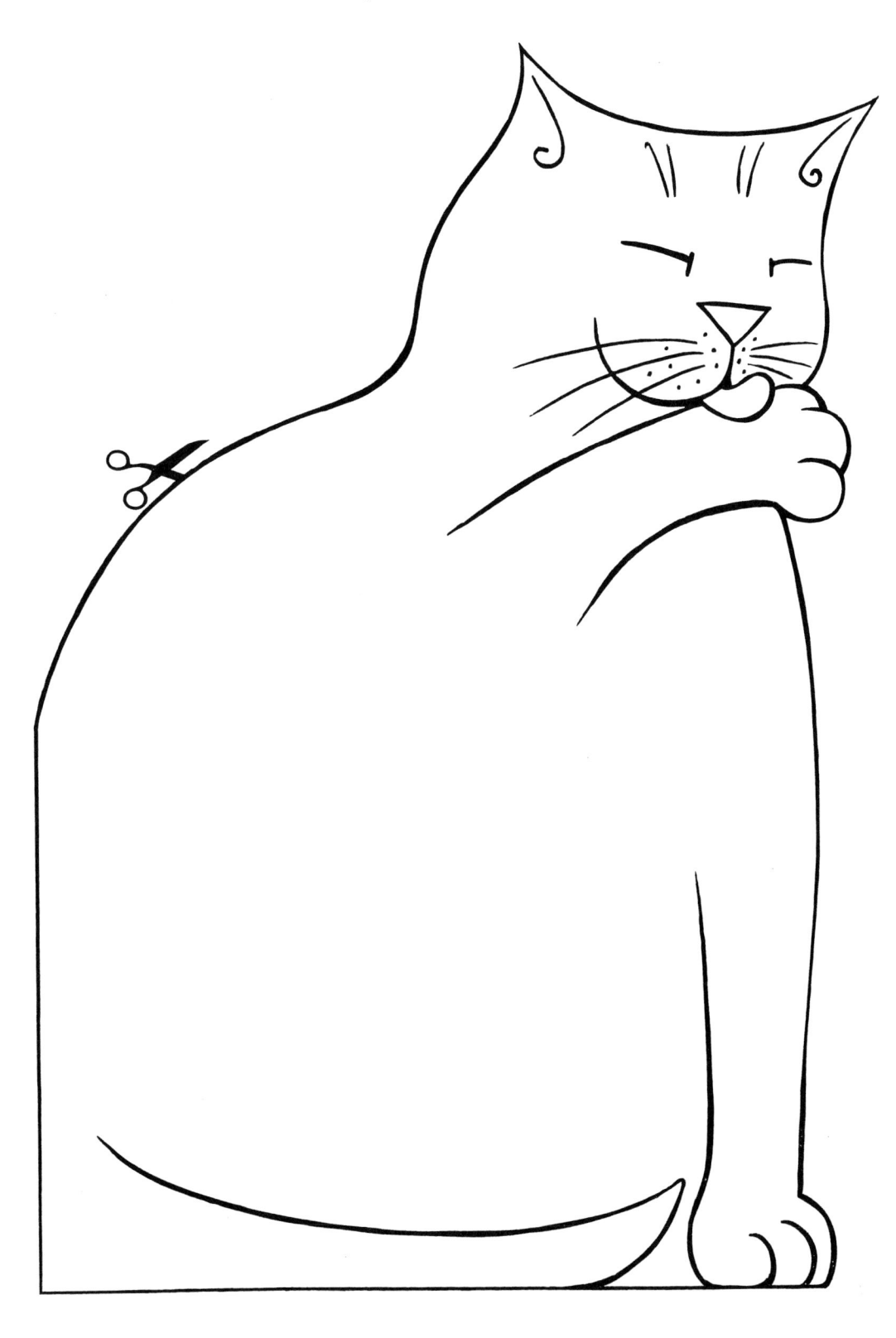

3 My Cat Likes to Hide in Boxes

From *Tell it Again! The New Storytelling Handbook* by Gail Ellis and Jean Brewster © Penguin Books 2002 **Photocopiable** 285

Box template

（箱の展開図）

3 My Cat Likes to Hide in Boxes

あらかじめ作っておいた箱を見せます。箱の展開図のコピーを各生徒に配り、点線に沿って箱の展開図を切り取らせ、作り方を示しながら1段階ごと作らせます。次の段階に進む前に、生徒が教師の指示についてきているか確認します。

Cut out the shape.（外側の破線に沿って展開図を切り取りましょう）
Cut carefully.（慎重に切りましょう）
Watch me！（私の方を見てください！）
Fold up the tabs : one, two, three, four, five, six, seven.
（点線に沿って折り目を折り曲げましょう。1枚、2枚、3枚、4枚、5枚、6枚、7枚）
Now you do it.（よくできました）
Watch carefully.（よく見ていてくださいね）
Fold up the two side squares. Like this.
（両側の四角い面をこうやって折り曲げます）
Good.（いいですよ）
Next fold up the bottom and top squares like this and truck in the tabs.（次に上下の四角い面をこのように折り曲げます。そして、折り目を押し込みます）
Now tuck in the lid.（最後にふたを折り込みます）

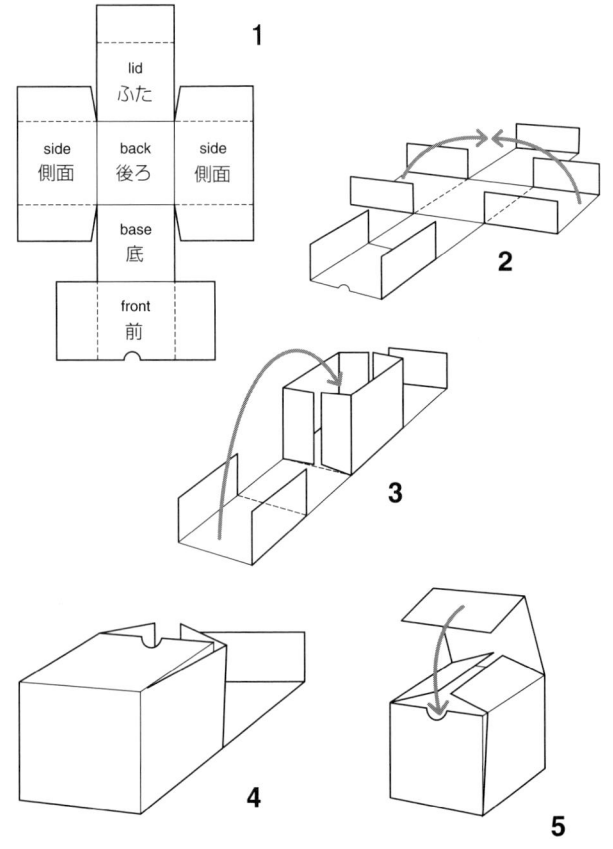

「ゲーム（私のネコは隠れるのが好き）」については p. 113 を参照のこと。

Box template

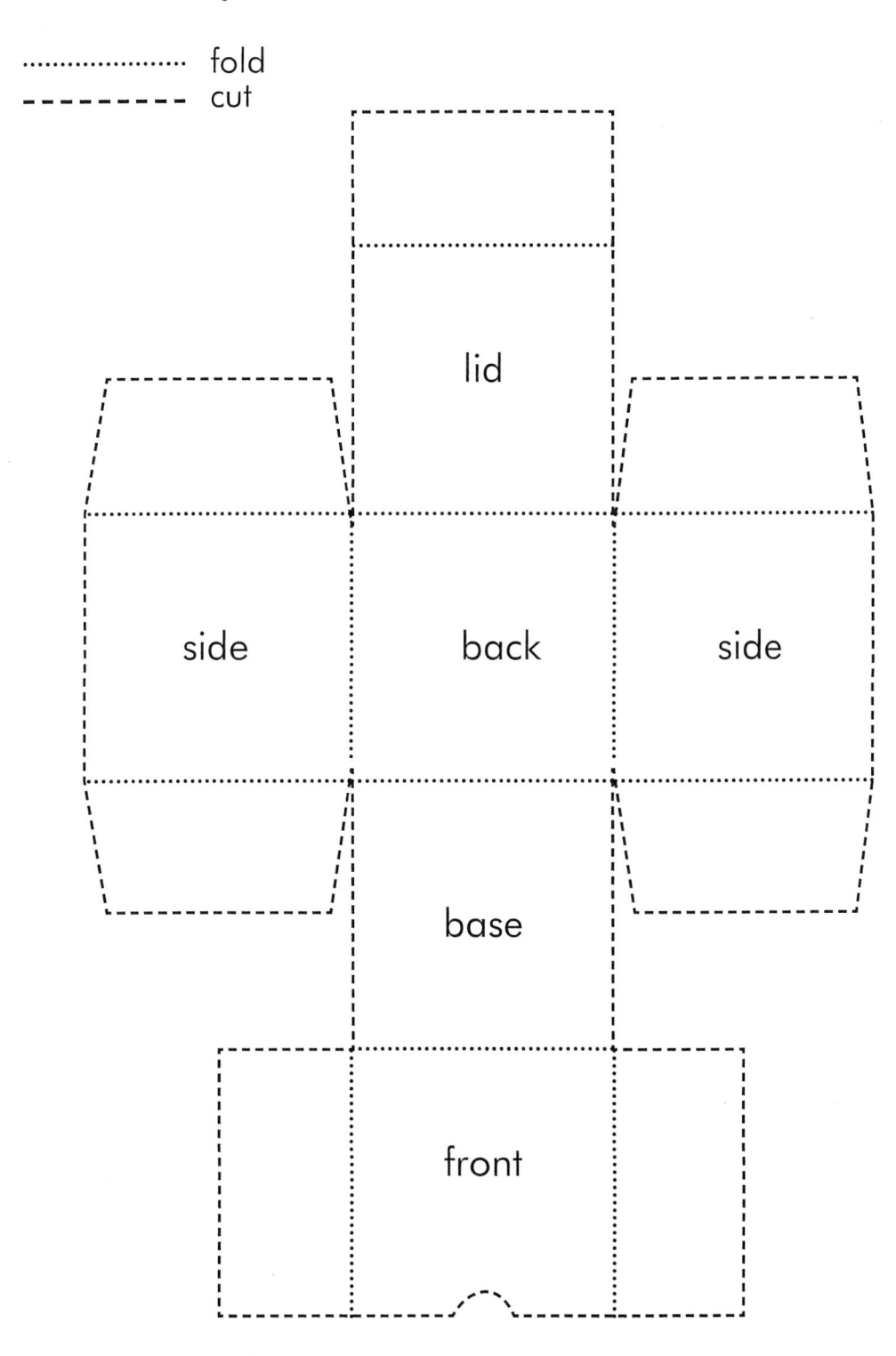

.... fold
- - - - - - - cut

	lid	
side	back	side
	base	
	front	

3 My Cat Likes to Hide in Boxes

4 Mr McGee

Complete the picture
（絵を完成させる）

　289ページのワークシート'Complete the picture'（絵を完成させる）のコピーを各生徒に配ります。最初にワークシートのリスト Draw Mr McGee's を見ながら、Mr McGee の絵を仕上げます。そのあとで Colour Mr McGee's のリストを見ながら、Mr McGee の洋服に色を塗ります。完成したら、彼の口のところに吹き出しをつけ、絵本の中のことば'I'm brave and I'm clever, I'M MR McGEE.'（私は勇敢で賢い。私は Mr McGee）を書き込みます。必要ならば、黒板にそのことばを書いて、子どもたちに書き写させます。早く終わった生徒には Mrs McGee の絵を描かせてもいいでしょう。そして、Mr McGee と Mrs McGee の絵を掲示し、その二人について話し合います。もう1つの方法としては、Mr McGee を現代風にアレンジして描かせ、絵本の中のウェスタン調で昔風の服と比較させます。（p. 119 の「ゲーム（あなたは青い目をしていますか？）」も参照のこと）

Complete the picture

4 Mr McGee

Draw Mr McGee's

👀 eyes
👃 nose
〰️ moustache
○ mouth
🎩 hat
〰️ hair
👞 shoes

Colour Mr McGee's

shirt	pink	socks	bright blue
trousers	purple	shoes	black
coat	bright red	hat	black and red
belt	black and gold		

Find the rhyming words

（韻を踏むことばを見つける）

291ページのワークシート'Find the rhyming words'（韻を踏むことばを見つける）のコピーを各生徒に配ります。各欄の内容と下記の単語を音読します。個々にワークシートを完成させます。むずかしいと感じる生徒には絵がヒントになります。早くできた生徒は各欄に書かれている単語と韻を踏むことばをさらに書き加えます。

McGee : tree/bee/me/she/we/sea/flea/TV
Cat : hat/mat/fat/sat/pat/bat/that
Bed : head/said/fed/dead
Steeple : people
Skin : thin/fin/bin
Town : down/crown/gown

ゲーム：韻を踏むことばを見つけよう！

最初に、What rhymes with 'found'?（何がfoundと韻を踏みますか？）と生徒に質問します。答えはgroundです。同様に、正しく答えられた生徒が、別の生徒に韻を踏むことばを尋ねます。正しく答えられなかった生徒はゲームから抜け、代わりに別の生徒が答えます。二人の生徒が残るまでゲームを続けます。最後まで残った二人の生徒（質問する生徒と質問される生徒）が勝ちです。

Find the rhyming words

Find the rhyming words. Write and draw them in the boxes.

McGee	cat
bed	steeple
skin	town

tree   hat   thin   people   down   head

4 Mr McGee

4 Mr McGee

Auto-dictation
（自己採点用ディクテーションシート）

Mr McGee lived under a t r e e .
One morning he woke u p and said, 'It's time that I g o t out of b e d .'
He put on his shirt, and his trousers, too. Then pulled on his socks that were bright, bright b l u e .
He pulled on his shoes, then he fed the c a t . He didn't forget his coat or his h a t .
'I'm ready for anything n o w ,' sang he. 'I'm brave and I'm clever, I'm Mr M c G E E .'
Then Mr McGee looked down and found, a bright r e d apple on the g r o u n d .
He peeled it carefully, v e r y thin, then gobbled up the wiggly sk i n .
Now Mr McGee began to grow, outwards and upwards he seemed to g o .
Slowly and surely u p went he, through the branches of the t r e e .
Over the church and o v e r the steeple, and over the houses full of p e o p l e .
'L o o k at m e !' he shouted down, to all the people of the t o w n .
Mr McGee was flying high, until a curious bird flew by. 'Just the thing for m y lunch,' said she, and pecked him sharply, ONE! T w o ! THR E E !
Down like a rock fell Mr McGee, through the branches of the t r e e .
Until he landed on his h e a d , right in the middle of his b e d .

ストーリーを読み聞かせます。そのあと、子どもたちと一緒に音読します。293ページの'Auto-dictation'のコピーを配り、一緒に文章を読みます。抜けている単語を子どもたちに言わせます。そして、抜けている単語をすべて書き込んでワークシートを完成させます。つづりを確認させるために、絵本または教師が完成したワークシートを見せます。

完成したワークシートは、ストーリーのコピーとして子どもたちに持たせます。絵を描き加え、自分だけの絵本を作ってもよいでしょう。8枚の紙を半分に折り、背の部分をホッチキスで留めて、子どもたちが使えるような小さな絵本を作るのもよいでしょう。

和訳 ミスター・マギーは木の下に住んでいました。
ある朝、彼は目を覚まし、「ベッドから出る時間だ（起きる時間だ）」と言いました。
シャツを着て、ズボンもはきました。それから、とてもあざやかな青色のソックスをはきました。
靴をはき、それからネコにえさを与えました。上着と帽子も忘れませんでした。
「さて、準備ができた。私は賢い、私はミスター・マギーだ」と、彼は歌いました。
次に、ミスター・マギーは下を向くと、地面にあざやかな赤色のリンゴを見つけました。
彼はリンゴの皮をとても薄く慎重にむいたあとで、その小きざみにゆれるリンゴの皮をぺろりと食べてしまいました。
ミスター・マギーは大きくなり始め、外へと上へと行きそう（体が浮いて、外に出て行きそう）でした。
木の枝の間を通り抜けて、ゆっくりとしかも確実に浮かんで行きました。
教会の上を、尖塔の上を、たくさんの人々がいる家々の上へと。
「私を見て！」と、町にいるすべての人々に向かって叫びました。
彼に関心を持ったトリがそばを飛んでくるまで、ミスター・マギーは空高く飛んでいました。
そのトリは「私の昼ごはんだ」と言って、彼を激しくつつきました。「1回！ 2回！ 3回！」
ミスター・マギーは石ころのように落ちていき、木の枝の間を通り抜け、ベッドのちょうど真ん中に頭から落ちました。

Auto-dictation

Read the story aloud and write in the missing words.

Mr McGee

Mr McGee lived under a t _ _ _ .

One morning he woke _ _ and said, 'It's time that I g _ _ out of b _ _ .'

He put on his shirt, and his trousers, too. Then pulled on his socks that were bright, bright b _ _ _ .

He pulled on his shoes, then he fed the c _ _ . He didn't forget his coat or his h _ _ .

'I'm ready for anything n _ _ ,' sang he. 'I'm brave and I'm clever, I'm Mr M _ G _ _ .'

Then Mr McGee looked down and found, a bright r _ _ apple on the g _ _ _ _ _ .

He peeled it carefully, v _ _ _ thin, then gobbled up the wiggly sk _ _ .

Now Mr McGee began to grow, outwards and upwards he seemed to _ _ .

Slowly and surely u _ went he, through the branches of the t _ _ _ .

Over the church and o _ _ _ the steeple, and over the houses full of p _ _ _ _ _ _ .

'L _ _ k at m _ !' he shouted down, to all the people of the t _ _ _ .

Mr McGee was flying high, until a curious bird flew by. 'Just the thing for m _ lunch,' said she, and pecked him sharply, ONE! T _ _ ! TH _ _ _ !

Down like a rock fell Mr McGee, through the branches of the t _ _ _ .

Until he landed on his h _ _ _ , right in the middle of his b _ _ .

The life-cycle of the butterfly

（チョウの一生）

導入　　絵本の表紙を生徒に見せ、アオムシを指します。What's this?（これは何ですか？）と尋ね、caterpillar を引き出します。これからとてもお腹をすかせたアオムシのストーリーを読み聞かせることを生徒に伝え、What do caterpillars eat?（アオムシは何を食べますか？）と尋ねます。生徒が理解できなければ日本語を使ってもかまいません。黒板に生徒の答えを絵、または文字で表します。さらに、アオムシについてほかに何を知っているかを聞きます。次の質問をし、子どもたちから答えを引き出します。必要に応じて日本語を使ってもかまいません。

What does a caterpillar become?（アオムシは何になりますか？）
　　—butterfly（チョウ）
What does it become after a caterpillar?
（アオムシのあと、何になりますか？）
　　—cocoon（さなぎ）
What is a caterpillar before it becomes a caterpillar?
（アオムシになる前は何ですか？）
　　—egg（卵）
How big is the egg?（卵はどれぐらいの大きさですか？）
　　—tiny/small（とても小さい／小さい）
What do caterpillars do?（アオムシは何をしますか？）
　　—eat/grow（食べる／成長する）

キーワードである答えの部分を黒板に絵か文字で表し、1語ずつ指し示しながらリピートさせます。

チョウの一生　　まず、形容詞（tiny, big, fat）を導入します。次に、ワークシート 'The life-cycle of the butterfly'（チョウの一生）のコピーを生徒に配り、図に名称を書き込んで色を塗るように指示します。a tiny caterpillar、a big caterpillar、a fat caterpillar のような表現を練習してもかまいません。机間巡視をして、困っている生徒がいたら援助してあげましょう。

The life-cycle of the butterfly

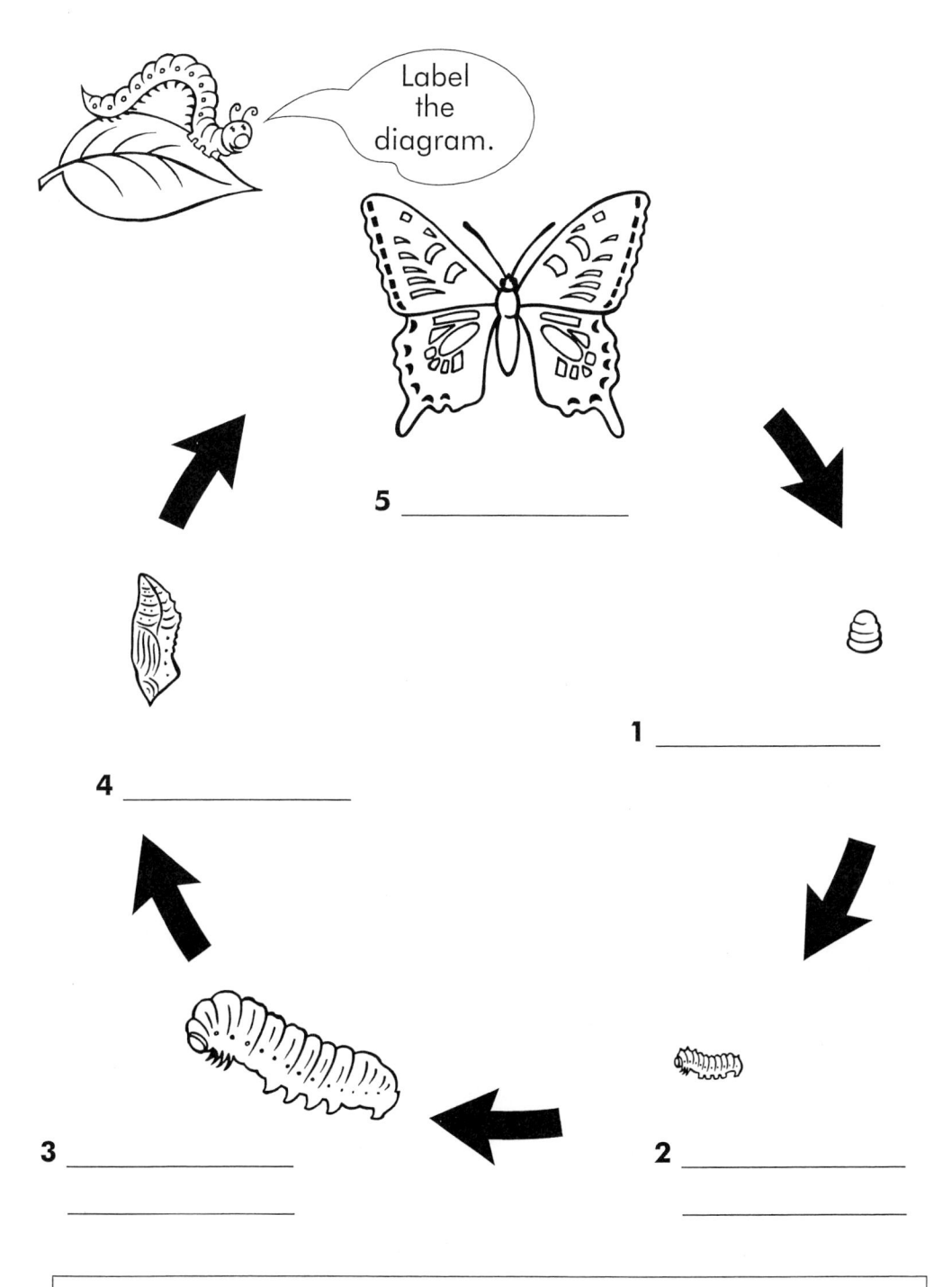

Label the diagram.

1 _____

2 _____

3 _____

4 _____

5 _____

| a cocoon   a big, fat caterpillar   a tiny caterpillar   an egg   a butterfly |

5 The Very Hungry Caterpillar

5 The Very Hungry Caterpillar

How many . . . ?
（…はいくつありますか？）

インフォメーション・ギャップ： ストーリー中の絵を使って How many oranges are there?（オレンジはいくつありますか？）と尋ねます。There are five oranges.（5個のオレンジがあります）という答え方を教えます。生徒が知っているほかの果物の名前（lemons, bananas, cherries など）も使って練習します。

ペアを作りAとBに分かれます。生徒Aには297ページのワークシート 'How many ...?'（…はいくつありますか？）のAのコピーを渡し、生徒BにはワークシートBのコピーを渡します。自分のワークシートは、パートナーには決して見せてはいけません。お互いにそれぞれの果物がいくつあるか聞いて、抜けているところ（ギャップ）を埋めていきます。二人の生徒に手本を見せてもらいます。生徒Bが How many lemons are there?（レモンはいくつありますか？）と尋ねます。Aは There are seven lemons.（7個のレモンがあります）と答えます。生徒Bは自分のワークシートのレモンの欄に7を書き込みます。お互いのワークシートが完成したら、互いに見比べて、それぞれの果物の数を数えます。クラス全体で次のような計算もしてみましょう（例：How many yellow/red/green fruits are there?（黄色の／赤色の／緑色の果物はいくつありますか？）、How many orange and purple fruits are there?（オレンジ色と紫色の果物はいくつありますか？）、How many round fruits are there?（丸い果物はいくつありますか？））。

Do you like . . . ?
（あなたは…が好きですか？）

好きな食べ物調査 食べ物のフラッシュ・カードを上に掲げ、Do you like chocolate cake?（あなたはチョコレートケーキが好きですか？）のように、その食べ物が好きかどうか聞き、Yes, I do. / No, I don't.（はい、好きです／いいえ、嫌いです）と答えられるようにします。生徒が自信を持って答えられるまで練習し、それから個々の生徒に Do you like ...?（あなたは…が好きですか？）を使って質問します。正しい発音を身につけ、自信をつけるために、必要なだけくり返し練習します。十分練習ができたら、ワークシート 'Do you like ...?'（あなたは…が好きですか？）を配ります。ペアまたは小さなグループに分かれてお互いに質問をし合いながら調査をします。対応する欄にクラスメートの名前と答えを書き込みます。Yesの場合は✓印を、Noの場合は✕印を書きます。次に調査結果を下記のような棒グラフにまとめます。

How many . . . ?

A **B** ------- cut

apple	7	apple	
strawberry		strawberry	4
orange	5	orange	
plum		plum	3
pear	2	pear	
banana		banana	6
apple	1	apple	
cherries		cherries	9

Do you like . . . ?

sausages	watermelon	chocolate cake	salami	cherry pie
pickles	**cupcakes**	**lollipops**	**swiss cheese**	**ice-cream**

5 The Very Hungry Caterpillar

Butterflies of the world

(世界のチョウ)

生徒に自分の国にいるチョウの名前を知っているかどうか尋ねます。子どもたちは（図鑑や博物館で見たりなどして）、外国のチョウの名前を知っているでしょうか？ 299ページのワークシート'Butterflies of the world'（世界のチョウ）のコピーを配ります。まず、色の名前を復習します。そのあと、ワークシートの指示に従ってすべてのチョウに色を塗らせます。時間がかかりそうな場合は、教室で導入し、残りは宿題にします。次に、大陸の名前を復習します。そのあと、次の文章を読み上げます。生徒はそれを聞いて、チョウの絵を切り取り、世界地図の該当する大陸の上に貼ります。

Number one. The Blue Mountain Swallowtail is found in Australia and South-East Asia.（**1**. Blue Mountain Swallowtail は、オーストラリアと東南アジアで見られる）

Number two. The Blue Morpho is found in South and Central America.（**2**. Blue Morpho は、中南米で見られる）

Number three. The Queen Alexandra's Birdwing is found in South-East Asia.（**3**. Queen Alexandra's Birdwing は、東南アジアで見られる）

Number four. The Viceroy is found in North America.（**4**. Viceroy は、北アメリカで見られる）

Number five. The Peacock is found in Europe.（**5**. Peacock は、ヨーロッパで見られる）

Number six. The Red Admiral is found in North America, Asia and Europe.（**6**. Red Admiral は、北アメリカ、アジア、ヨーロッパで見られる）

異なる種類のチョウの羽根の長さを調査し、比較したいと思っている生徒がいるかもしれません。ワークシートに出てくるチョウの羽根の長さは次のとおりです。

Blue Mountain Swallowtail : 14cm
Blue Morpho : 15cm
Queen Alexandra's Birdwing : 30cm
Viceroy : 7cm
Peacock : 6cm
Red Admiral : 6cm

Butterflies of the world

1 = orange
2 = black
3 = dark blue
4 = brown
5 = green
6 = yellow
7 = red
8 = white
9 = purple
10 = light blue

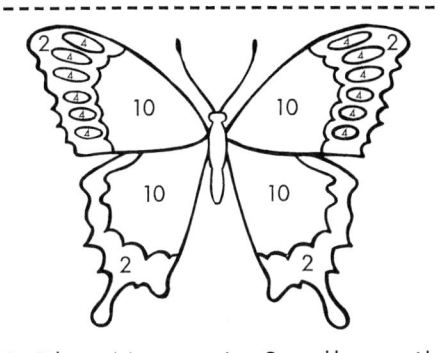

Follow the numbers and colour the butterflies.

1 Blue Mountain Swallowtail

2 Blue Morpho

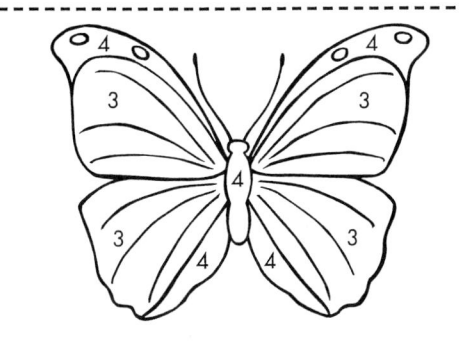

3 Queen Alexandra's Birdwing

4 Viceroy

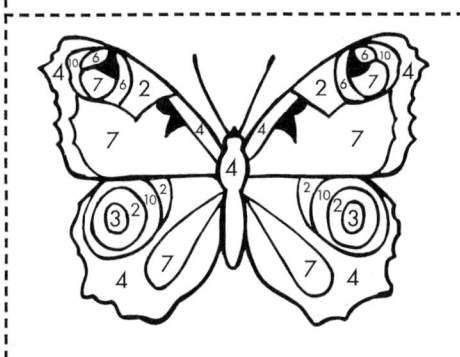

5 Peacock

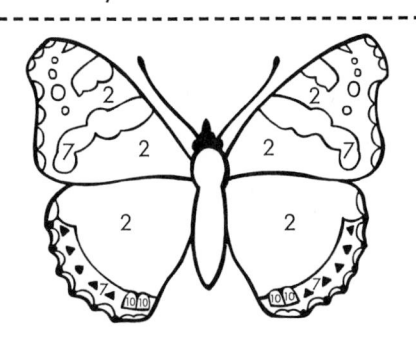

6 Red Admiral

5 The Very Hungry Caterpillar

Caterpillar game

（アオムシすごろく）

　　　　　　301ページのワークシート'Caterpillar game'（アオムシすごろく）をしながら、ストーリーの内容と、アオムシやチョウについて得た情報を復習することを生徒に伝えます。

　　　　　　4人グループを作ります。それぞれのグループが、ワークシート（アオムシすごろく）のコピー、コマ（赤、緑、青、黄の4色の「おはじき」）、コインを使います。質問1のところ（ワークシートのアオムシの「尾」）からゲームを始めます。順番にコインを投げ、表が出たら1つ進み、裏が出たら2つ進みます。止まったところの質問に答えなければいけないので、ゲームを始める前に、生徒が質問の内容を理解できるかどうか確認してください。また、Go forward. /Go backward.（前に進む／後ろに戻る）の意味も説明してください。質問は声を出して読ませます。質問に答えることができなければ、1回休みとなります。すごろくのアオムシの「頭」（ゴール）に最初に到着した生徒が勝ちです。再びゲームをし、別の生徒にも勝つチャンスを与えましょう。困っている生徒がいたらサポートしてあげてください。

1. What do you begin life as?（始めは何ですか？）—an egg（卵）
2. Which day do you hatch?（何曜日に、ふ化しますか？）—Sunday（日曜日）
3. What are you when you hatch?（ふ化すると、何になりますか？）—a caterpillar（アオムシ）
4. You are very hungry. Go forward 2.（とてもお腹がすいています。2つ進みなさい）
5. What do you eat on Monday?（月曜日に、何を食べますか？）—one apple（リンゴを1つ）
6. You eat a green leaf. Go forward 2.（緑の葉を食べます。2つ進みなさい）
7. What do you eat on Tuesday?（火曜日に、何を食べますか？）—two pears（洋ナシを2つ）
8. What do you eat on Wednesday?（水曜日に、何を食べますか？）—three prums（プラムを3つ）
9. What do you eat on Thursday?（木曜日に、何を食べますか？）—four strawberries（イチゴを4つ）
10. You eat too many strawberries. Go back 2.（イチゴを食べすぎます。2つ戻りなさい）
11. What do you eat on Friday?（金曜日に、何を食べますか？）—five oranges（オレンジを5つ）
12. How many pieces of fruit do you eat?（果物をいくつ食べますか？）—fifteen（15個）
13. What do you eat on Saturday?（土曜日に、何を食べますか？）—one piece of chocolate cake, one ice-cream cone, one pickle, etc.（チョコレートケーキ、アイスクリーム、ピクルスなど）
14. How many things do you eat on Saturday?（土曜日に、何個食べますか？）—ten（10個）
15. Name three foods beginning with C?（Cで始まる単語を3つ言ってください）—cake, cheese, cherry pie（ケーキ、チーズ、チェリーパイなど）
16. You have got stomach ache. Go back 2.（お腹が痛みます。2つ戻りなさい）
17. What do you eat on Sunday?（日曜日に、何を食べますか？）—one green leaf（緑の葉を1枚）
18. What do you build on Monday?（月曜日に、何を作りますか？）—a cocoon（まゆ）
19. How long do you stay inside your cocoon?（まゆの中に、どれくらいいますか？）—more than two weeks（2週間以上）
20. You sleep too long in your cocoon. Go back 2.（まゆの中で寝すぎます。2つ戻りなさい）
21. What do you change into?（何に変わりますか？）—a beautiful butterfly（チョウ）

Caterpillar game

5 The Very Hungry Caterpillar

- What do you begin life as?
- Which day do you hatch?
- What are you when you hatch?
- You are very hungry. Go forward 2.
- What do you eat on Monday?
- You eat a green leaf. Go forward 2.
- What do you eat on Tuesday?
- What do you eat on Wednesday?
- What do you eat on Thursday?
- You ate too many strawberries. Go back 2.
- What do you eat on Friday?
- How many pieces of fruit do you eat?
- What do you eat on Saturday?
- How many things do you eat on Saturday?
- Name three foods beginning with C.
- You have got stomach ache. Go back 2.
- What do you eat on Sunday?
- What do you build on Monday?
- How long do you stay inside your cocoon?
- You sleep too long in your cocoon. Go back 2.
- What do you change into?

From *Tell it Again! The New Storytelling Handbook* by Gail Ellis and Jean Brewster © Penguin Books 2002

6 Meg's eggs

Quizzosaurus
（恐竜クイズ）

今までに恐竜を見たことがあるかどうか尋ねます。もし見たことがあるならば、どこで見たのでしょうか？　博物館ですか？　本の中で見たのですか？　映画の中で見たのですか？　これから、どのくらい恐竜について知っているかを調べるためのクイズをすることを生徒に伝えます。恐竜クイズのワークシートを配り、2人1組で答えを考えさせます。問題の意味が理解できない場合は、次のような方法を用います。

・予備知識を使う（恐竜に関するクイズに出そうな事柄について考える）。
・同じ語源の単語から推測する（母語または知っている言語のことばと同じ、または似ていることばに注目する）。
・選択肢を注意深く見て、問題の意味を考える。

1　恐竜は何でしたか？　　b）爬虫類
2　恐竜の一生は何から始まったでしょうか？　　b）卵
3　最も身長の高い恐竜はどれでしたか？　　c）ディプロドクス
4　最も凶暴な恐竜はどれでしたか？　　a）ティラノサウルス
5　恐竜は何を食べていましたか？　　a）の植物だけのものもいれば、b）の肉だけのものもいる。あるいはc）の両方を食べるものもいる。
6　恐竜はいつ生存していましたか？　　c）2億年前

Fact file
（恐竜ファイル）

303ページのワークシート'Fact file'（恐竜ファイル）を生徒に配り、ストーリーの内容と歌（p. 152（CD#15）参照）をもとに表を完成させます。

答え：

Name 名前	Walked on two legs 2足歩行	Walked on four legs 4足歩行	Plant-eating 草食	Meat-eating 肉食	Description その他
Diplodocus ディプロドクス	No いいえ	Yes はい	Yes はい	No いいえ	Long neck, long tail, small head 長い首 長い尾 小さい頭
Stegosaurus ステゴザウルス	No いいえ	Yes はい	Yes はい	No いいえ	Bony plates along his back, spikes on the end of his tail, small head 背中の骨盤 尾の先端のとげ 小さい頭
Tyrannosaurus ティラノサウルス	Yes はい	No いいえ	No いいえ	Yes はい	Big head, sharp teeth long tail, ferocious 大きい頭 尖った歯 長い尾 どう猛

早く終わった生徒は好きな恐竜の絵を描き、短い説明を書き加えます。
（例：Diplodocus is a plant-eating dinosaur. He is very long.）。

Quizzosaurus

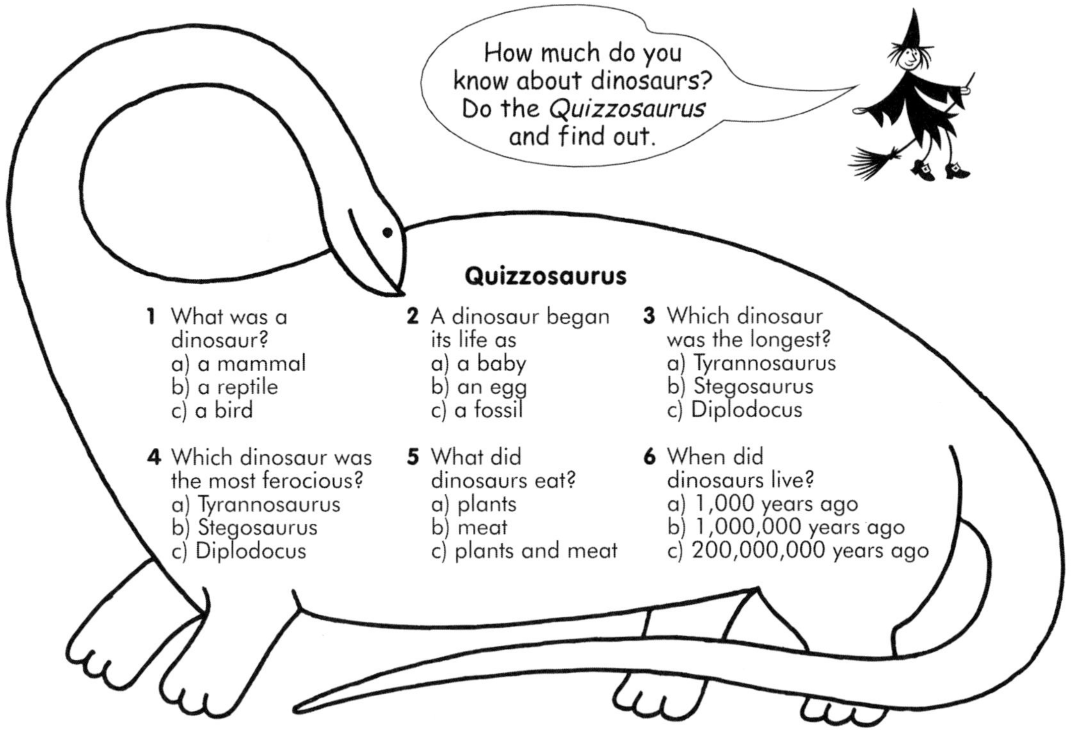

How much do you know about dinosaurs? Do the *Quizzosaurus* and find out.

6 Meg's eggs

Quizzosaurus

1 What was a dinosaur?
a) a mammal
b) a reptile
c) a bird

2 A dinosaur began its life as
a) a baby
b) an egg
c) a fossil

3 Which dinosaur was the longest?
a) Tyrannosaurus
b) Stegosaurus
c) Diplodocus

4 Which dinosaur was the most ferocious?
a) Tyrannosaurus
b) Stegosaurus
c) Diplodocus

5 What did dinosaurs eat?
a) plants
b) meat
c) plants and meat

6 When did dinosaurs live?
a) 1,000 years ago
b) 1,000,000 years ago
c) 200,000,000 years ago

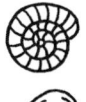

Fact file

Complete the chart about dinosaurs.

Name	Walked on two legs	Walked on four legs	Plant-eating	Meat-eating	Description
Diplodocus					
Stegosaurus					
Tyrannosaurus					

From *Tell it Again! The New Storytelling Handbook* by Gail Ellis and Jean Brewster © Penguin Books 2002

Size and scale
（大きさと目盛）

6　Meg's eggs

　　一人の生徒に教室の前に来てもらい、この生徒の身長をクラスの子どもたちに推測させ、その数字を黒板に書きます。次に、黒板に Guess（予想値）と Check（実測値）の2つの欄がある表を作ります。子どもたちに次の質問をし、彼らの予測を Guess の欄に書き込みます（p. 153 参照）。

Dinosaur time-line
（恐竜の年表）

　　まず、次の質問をします。

What year is it now?（今は西暦何年ですか？）
How old are you?（あなたは何歳ですか？）
When did dinosaurs live?（恐竜はいつ生きていましたか？）
Did people live at the same time as dinosaurs?（恐竜と同じ時代に人間は生きていましたか？）

　　生徒にワークシート 'Dinosaur time-line'（恐竜の年表）のコピーをわたして、見るように言います。生徒が 100 万の位（1,000,000：ゼロが6個続きます）が書けるかどうか確認します（以下、p. 155 を参照のこと）。

6 Meg's eggs

Size and scale

How tall am I? Calculate the sizes.

←3m→

Dinosaur time-line

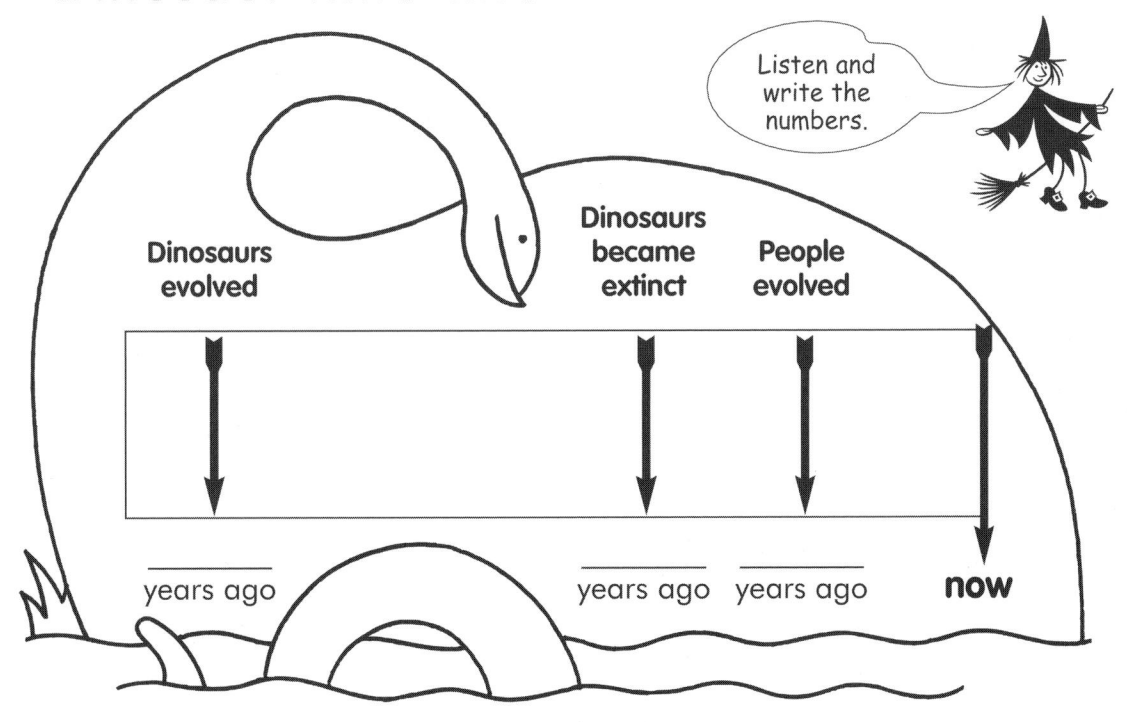

Listen and write the numbers.

Dinosaurs evolved

Dinosaurs became extinct

People evolved

_____ years ago

_____ years ago

_____ years ago

now

From *Tell it Again! The New Storytelling Handbook* by Gail Ellis and Jean Brewster © Penguin Books 2002

6 Meg's eggs

Stressosaurus Bingo
(ストレスザウルス・ビンゴ)

ビンゴシートを見るように言います。発音パターンをランダムに指し、その発音パターンにぴったり合う単語を子どもたちに見つけさせます（発音パターンについてはp. 156を参照）。例えば、●●●は、wa/ter/plantsと一致します。続けて同じようにやります。

生徒全員が、ビンゴゲームのワークシートに印刷されている恐竜の足跡のカードを切り取る作業を終了したら、「ストレスザウルス・ビンゴ」を開始します。生徒は教師の指示をよく聞かなければいけません。

ゲームのやり方

- ビンゴシート上のいずれか4カ所の強勢パターンの上に切り取った単語のカードを裏返しにして置き、4カ所の強勢パターンをふさぎます。例えば、●●の上にはcauldronを、●の上にはspellのカードを置きます。残りの12枚の足跡単語カードは机の上に表を上にして置いておきます。
- 教師用の16枚の単語カードをシャッフルし、その16枚のカードを裏返して重ねて置きます。一番上のカードから1枚ずつ取り、そのカード（単語）を読み上げます。もう一度リピートし、裏返して置きます（読み上げたカードは別のところに重ねて置きます）。例えば、教師がgardenを読み上げたら、生徒はgardenの単語カードを選び、対応する強勢パターン（●●）の上にそのカードを表を上にして置きます。
- すべての発音パターンがそろった生徒が1人出るまで単語を言い続けます。最初にそろった生徒は'Bingo!'と大きな声で言います。
- ビンゴの生徒は、表にした単語を読み返し、正しくできたかどうか確認します。同時に教師も読み終えた単語カードを見て確認します。すべてがそろっていたら、この生徒が勝利者です。

Stressosaurus Bingo

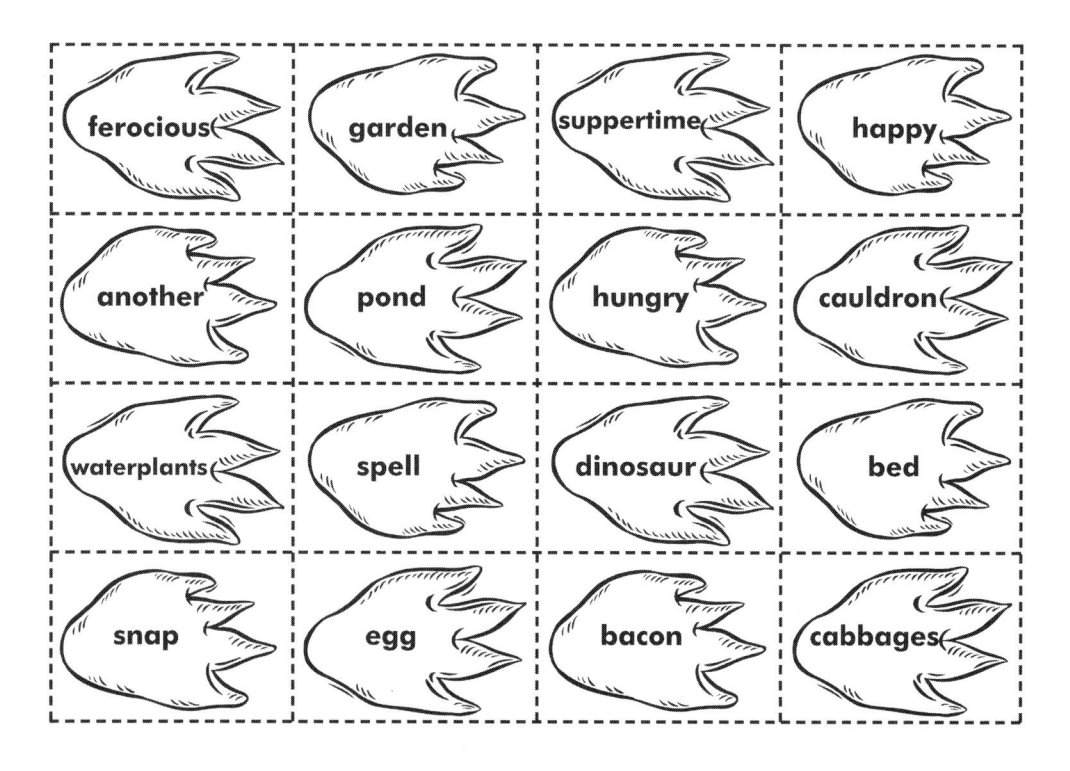

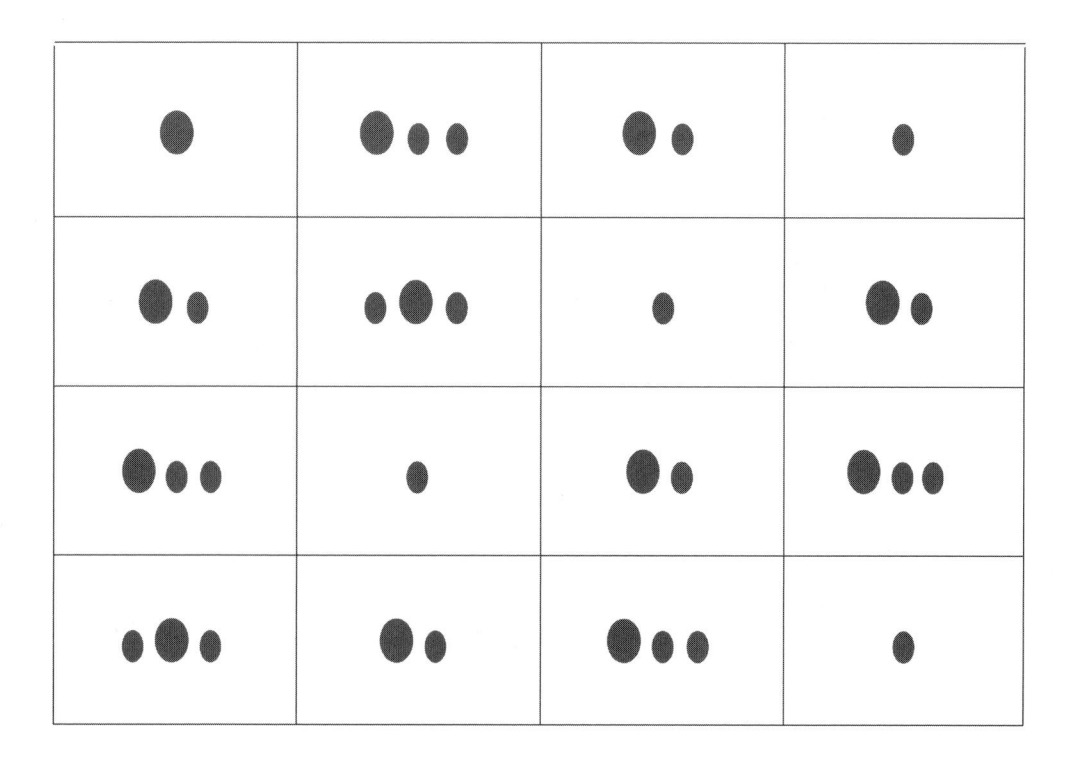

6 Meg's eggs

ferocious	garden	suppertime	happy
another	pond	hungry	cauldron
waterplants	spell	dinosaur	bed
snap	egg	bacon	cabbages

•	••	••	•
••	•••	•	••
•••	•	••	•••
•••	••	•••	•

From *Tell it Again! The New Storytelling Handbook* by Gail Ellis and Jean Brewster © Penguin Books 2002

Finger-puppets
(指人形)

指人形劇　クラスをグループに分け、役割を決めます。
　　　　　　指人形の型紙を配ります。生徒は自分の役のキャラクターを切り取り、色を塗ります。指を通す穴を切り抜くときは、教師が手伝ってあげてください。

- 指人形を使ってキャラクターを演じる生徒6名（一人が2つのキャラクターを演じる場合は3名）：メグ、モグ、フクロウ、ディプロドクス、ステゴザウルス、ティラノサウルス。
- ナレーター役の生徒1名（または、教師がナレーター役をやる）。
- 効果音を担当する生徒数名。
- 背景の絵を描く生徒（黒板または紙に描く）。

　何度か練習をし、本番では各グループが教室の前で発表します（台本については p. 160 を参照のこと）。

Finger-puppets

6 Meg's eggs

-------- cut

Diplodocus

Meg

Stegosaurus

Owl

Mog

Tyrannosaurus

From *Tell it Again! The New Storytelling Handbook* by Gail Ellis and Jean Brewster © Penguin Books 2002 **Photocopiable**

Story pictures

(ストーリーの絵)

ストーリー・テリング
(読み聞かせ)

　まずタイトルを読みます。*The Clever Tortoise* は西アフリカに伝わる民話であることを生徒に説明し、地図でその場所を示します。ストーリーを読みながら対応する 311 ページのワークシート 'Story pictures'（ストーリーの絵）の絵を指します（絵は左から右に順番に並んでいます）。すべての生徒に絵が見えているか確認してください。動物のまねやジェスチャー、表情を利用して、子どもたちの理解を助けましょう。最初の読み聞かせでは、子どもたちはストーリーを聞きながら絵を追います。読み聞かせが終わったら、このストーリーが気に入ったかどうか、また、カメについてどう思うか尋ねます。カメについて clever を引き出します。子どもたちに Tag of War（綱引き）をしたことがあるか聞いてください。したことがあるならば、子どもたちの母語では何と呼ばれているか尋ねます。

　黒板に拡大コピーをした 12 枚のストーリーの「絵カード」をランダムに貼ります。再びストーリーを読みます。一人ずつ生徒を指名し、黒板の絵を正しい順番に並べ替えさせます。

　再びストーリーを読みます。今回は子どもたちにも読めるところは一緒に読んでもらいます。教師は読みながら対応する「絵カード」を見せます。重要な単語のところはわざと読まないで生徒に言わせます。その単語を生徒から引き出すために、教師は質問をしたり、動作をまねたり、絵を指し示したりしましょう。例えば、1 番目のカードを見せながら 'One day at a …' と言って meeting を引き出します。また、Have you ever been to a meeting?（ミーティングに出たことがありますか？）と質問します。'Lion said, "We are all special. I am strong. Giraffe is … Cheetah is … Snake is …"' を読みながら、これまでのレッスンで学習した形容詞（tall、fast、long など）を引き出します。

Story pictures

7 The Clever Tortoise

Story text
（ストーリーの全文）

7　The Clever Tortoise

＊左上の枠から右へ。

1　ある日、動物たちの集会で、ライオンが「俺たち動物はみんな個性派ぞろいだ。俺は強い。キリンは背が高い。チーターは走りが早い。ヘビは長い。サルは面白い。カバは太っている。ヌーは親しみやすい。ゾウは大きい。カメは小さい」と言いました。

2　カメは「私は小さくない。私はゾウやカバのように大きくて強い！」と言い返しました。動物たちは「おまえは小さいし、強くもない！」と言って笑いました。カメは悲しみました。

3　しかし、カメは賢かったのです。カメは森にいるゾウを訪ねて行き、「私はあなたのように強い。綱引きをしよう」と言いました。ゾウは「いいよ」と言いました。

4　カメはゾウに長いツルの端を渡しました。「はい、どうぞ。私がこのツルをふったら、どちらかが倒れるか、ツルがちぎれるまで、ぐいぐい、ぐいぐい強く引いてください」と言いました。

5　カメは川の中にいるカバを訪ねて行き、「私はあなたのように強い。綱引きをしよう」と言いました。カバは「いいよ」と言いました。

6　カメはカバに長いツルの端を渡しました。「はい、どうぞ。私がこのツルをふったら、どちらかが倒れるか、ツルがちぎれるまで、ぐいぐい、ぐいぐい強く引いてください」と言いました。

7　カメはそのツルの中央まで行き、そのツルをふりました。ゾウはそのツルを、ぐいぐい引きました。カバはそのツルを、ぐいぐい強く引きました。ゾウとカバは、ぐいぐい、ぐいぐい強く引きました。

8　カメは笑って、そのツルを半分にかみ切りました。

9　ゾウは木の中にあお向けに倒れました。ドサッ！

10　カバは水の中にあお向けに倒れました。ザブン！

11　ゾウはカメに「あなたは強い」と言いました。カバはカメに「あなたはとても強い」と言いました。カバとゾウは「あなたは一番強い」と言いました。

12　その後、動物たちが一緒に集まるときは、ゾウとカバとカメは対等に並んで立ちました。

Story text

7 The Clever Tortoise

One day, at a meeting of animals, Lion said: 'We are all special. I am strong. Giraffe is tall. Cheetah is fast. Snake is long. Monkey is funny. Hippo is fat. Wildebeest is friendly. Elephant is big. And Tortoise is small.'

Tortoise said: 'I am not small. I am big and strong like Elephant and Hippo!' The animals laughed! 'You are small. You are not strong!' Tortoise was sad.

But Tortoise was also clever. She went to visit Elephant in the forest. 'I am strong like you. Let us have a tug of war.' 'All right,' said Elephant.

Tortoise gave Elephant the end of a long vine. 'This is your end. When I shake the vine, you pull and pull and tug and tug until one of us falls over or the vine breaks.'

Then Tortoise went to visit Hippo in the river. 'I am strong like you. Let us have a tug of war.' 'All right,' said Hippo.

Tortoise gave Hippo the other end of the vine. 'This is your end. When I shake the vine you pull and pull and tug and tug until one of us falls over or the vine breaks.'

Tortoise went to the middle of the vine and shook it.
Elephant pulled and pulled.
Hippo tugged and tugged.
They pulled and pulled and tugged and tugged.

Tortoise laughed and chewed the vine in half.

Elephant fell backwards into a tree. Crash!!!

Hippo fell backwards into the river. Splash!!!

Elephant said to Tortoise, 'You are strong.'
Hippo said to Tortoise, 'You are very strong.'
Hippo and Elephant said, 'You are the strongest.'

After that when the animals came together Elephant, Hippo and Tortoise stood together as equals.

Word cards
(単語カード)

黒板にアフリカの拡大地図を貼ります。子どもたちからアフリカについて知っていることを聞きます。mountains、desert、grassland、lakes、trees、rivers、waterholes、rainforest を引き出します（または導入します）。それぞれの単語に次の動作をつけます。子どもたちにその動作をまねさせてから発音練習をします。

　　mountains　―　両手で大きな山頂の形を作る。
　　rivers　―　両手で波の動きを作る。
　　desert　―　片手をおでこにあて（汗を表す）、舌を出す（渇きを表す）。
　　grassland　―　両手で長い草をかき分ける。
　　lakes　―　泳ぐまねをする。
　　trees　―　両手を一度頭の上の方へもっていく。
　　rainforest　―　両手をくり返し頭の上の方へもっていく。
　　waterholes　―　動物のように腰を曲げて水を飲む。

再び「単語カード」を見せながらリピートさせます。生徒を一人ずつ指名し、地図上でその単語の特徴を示している場所にその「単語カード」を貼らせます。クラス全体で動作をつけて単語を言います。

次のゲームをしながら単語を復習します。

1. 教師が単語カードを1枚ずつ取り、その単語を言います。生徒はその単語の動作をします。次に教師が動作をして、生徒はその動作の単語を言います。
2. 3人のグループを複数作ります。1つのグループの生徒に1枚ずつ単語カードを与えます。別のグループの一人ひとりにある動作をするように小声で伝えます。単語カードを持っている生徒はその動作を見て、自分が持っている単語の動作をしている生徒の隣に立ちます。最後に、動作をした生徒は一人ずつ黒板のところまで行き、地図上の該当する場所にその単語カードを貼ります。

各生徒にアフリカの地図のコピーを配ります。黒板の単語を見ながら、その地図に名称を書き込ませます。

アフリカにいる動物を生徒に言ってもらいます。そして、黒板のアフリカの地図の周りに、動物の輪郭を形どった317ページのワークシートの「絵カード」を貼ります。その影絵が表している動物は何かを生徒にあててもらいます。ストーリーに出てくる別の動物の名前も引き出し、その発音を練習します。（「動物あてゲーム」については p. 165 参照）

Word cards

trees	elephant	big
waterholes	giraffe	strong
grassland	hippo	tall
mountains	tortoise	small
lakes	snake	fast
desert	cheetah	funny
rainforest	lion	fat
rivers	wildebeest	friendly
legs	monkey	ears
mouth	mane	neck
body	tail	beard
eyes	spots	horns
head	shell	tusks
face	big mouth	trunk
nose	long	scales

7 The Clever Tortoise

African animals crossword

（アフリカの動物クロスワード）

動物の「単語カード」を黒板からはずします。317ページのワークシート 'African animals crossword'（アフリカの動物クロスワード）を各生徒に配ります。生徒は二人でペアになってクロスワードを解きます。最終的に、アミかけで伏せられている単語（答えは waterhole）を見つける必要があります。机間巡視をし、困っている生徒がいたら援助してあげます。クロスワードができたら、パートナーとワークシートを交換します。教師は、答え合わせの参考となるように動物の単語カードを再び黒板に貼ります。

答え：

1				W	I	L	D	E	B	E	E	S	T
2			S	N	A	K	E				
3		T	O	R	T	O	I	S	E		
4				E	L	E	P	H	A	N	T
5				G	I	R	A	F	F	E	
6					H	I	P	P	O		
7				M	O	N	K	E	Y		
8					L	I	O	N			
9			C	H	E	E	T	A	H		

動物あてゲーム　　教師がカードの9匹の動物のまねをして、生徒に何の動物かをあてさせます。

　　elephant（ゾウ）：ゾウの鼻をまねて腕を顔の前において左右に動かす。
　　lion（ライオン）：堂々とした態度で立ち、たてがみがあるかのように頭をふる。
　　giraffe（キリン）：片手を頭の上のほうへ伸ばし、つま先で立つ。
　　tortoise（カメ）：まるで甲羅の下にいるかのように、体を丸くしてゆっくりと歩く。
　　cheetah（チーター）：とても早く走れるかのように、足と腕を動かす。
　　monkey（サル）：わきの下（のくぼみ）をくすぐる。
　　hippo（カバ）：口を大きく開け、上を見る。
　　wildebeest（ヌー）：角があるかのように、頭の上に両手を置く。
　　snake（ヘビ）：長さを表すように両手を離していき、シーッという音を出す。

　　子どもたちが正しく動物を言いあてられたら、動物の「絵カード」を見せて黒板に貼ります。（このほかのゲームについては、pp. 165～166 も参照のこと）

African animals crossword

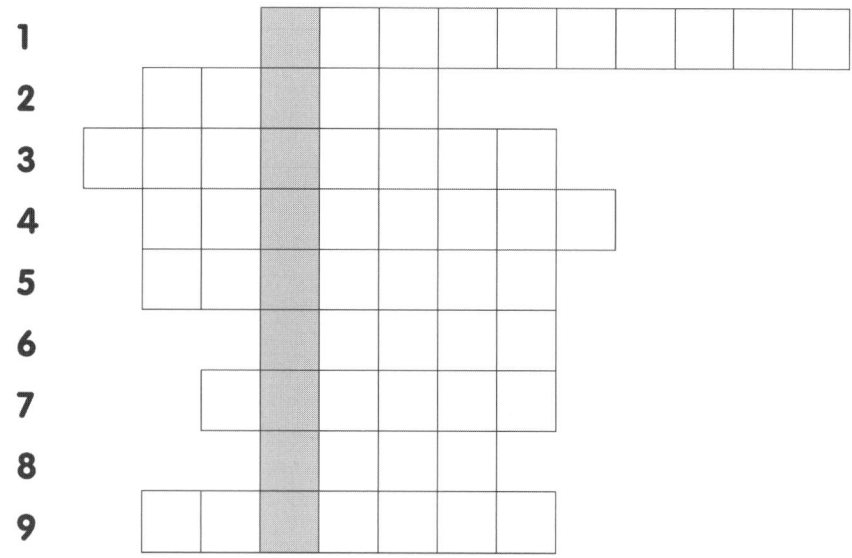

7 The Clever Tortoise

Game board
（ゲームシート）

ストーリーゲームを作る

　A3サイズに拡大コピーしたゲームシート（319ページのワークシート）と12枚の絵カードを各生徒に配ります。生徒に最初の絵（動物の集会）を選ばせます。その絵を1番の四角い枠の上に置きます（313ページのワークシートの一番上の左の文章がその下にきます）。教師がストーリーをゆっくり読んでいる間に、残りの絵も同じように正しい順番でゲームシートの四角い枠の上に置かせます。次にCD#18に収録されているストーリーの朗読を聞かせます。それに合わせて、教師はストーリーの「絵カード」（拡大版）を上に掲げます。子どもたちはそれを見て、絵を置く順番が合っているかどうか確認します。順番通りに置けたら、すべての絵をのりで貼りつけます。そのあと、四角い枠の点線に沿って切れ目を入れ、折りぶたを作ります。このとき、生徒が左端を切らないように注意してください。切るのがむずかしいようであれば手伝ってあげてください。

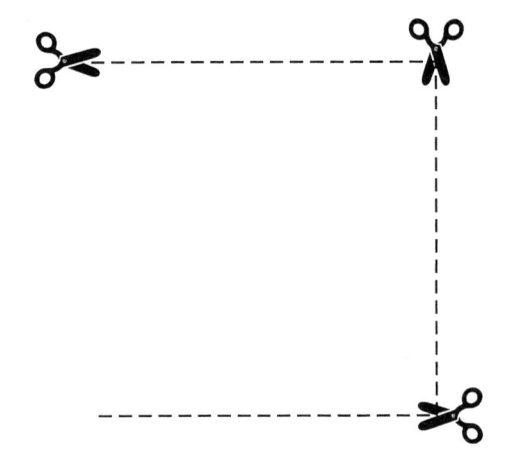

　A3サイズの用紙または厚紙を各生徒に配ります。その上にゲームシートを置き、貼りつけます。折りぶたの部分はのりで貼らないように気をつけてください。仕上がりはこのようになります。

Game board

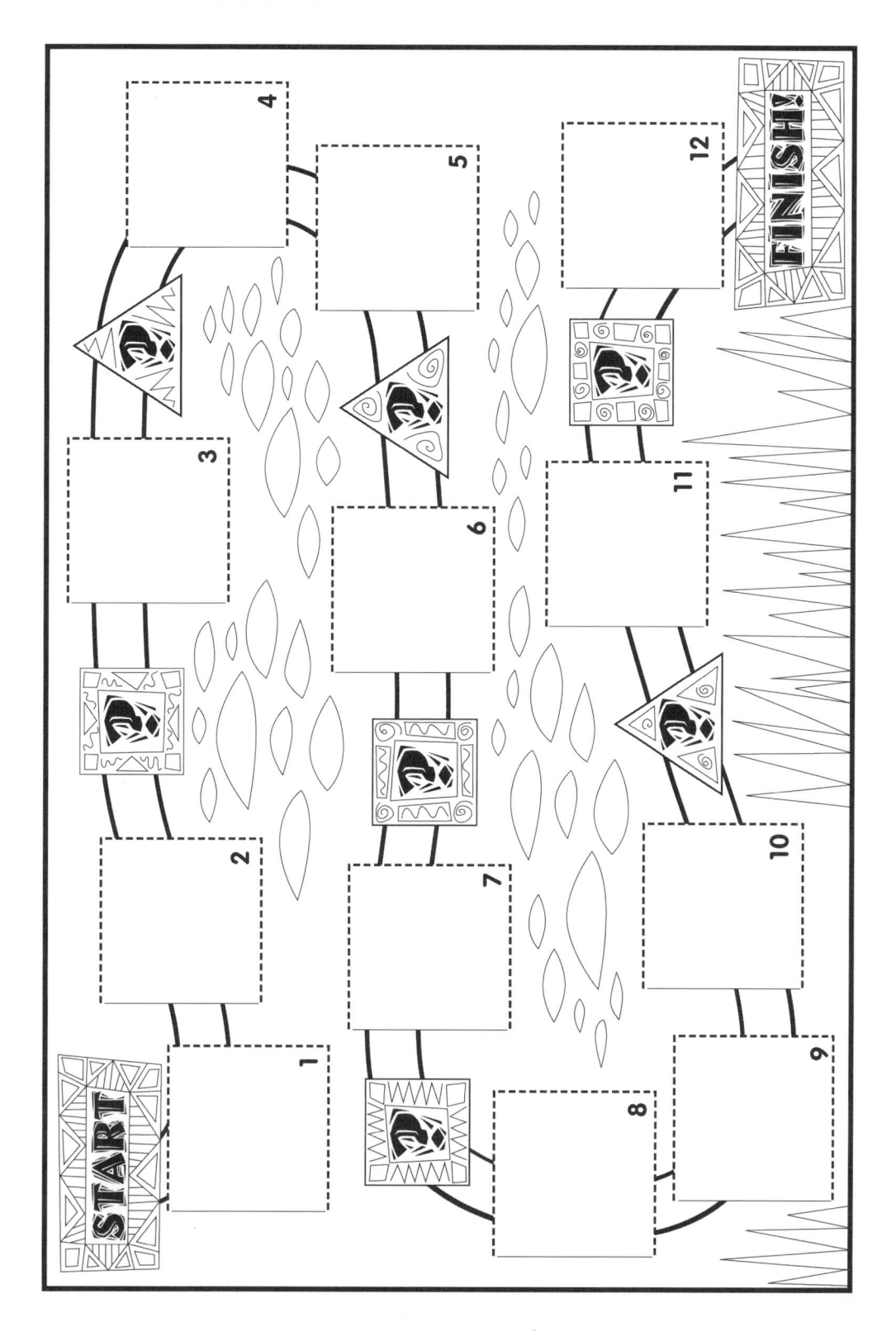

7 The Clever Tortoise

Song worksheet

（歌のワークシート）

アフリカの歌：'Oh wa de he'　これからアフリカの歌を学習します。多くのアフリカの歌では、リーダーが 1 フレーズ歌うと，コーラスがそれに応えます。コーラスは歌っている間、体を動かしたり踊ったりします。リズミカルな手拍子も添えます。CD #19 を再生し、アフリカの歌を子どもたちと一緒に聞きましょう。

Oh wa de he wa de ho
Wa de he he he ho（×4）　〔最初の 2 回はソロ、そしてコーラスが入る〕

The cheetah is the fastest
The lion is the strongest（×2）　〔全員が歌う〕

Oh wa de he wa de ho
Wa de he he he ho（×2）　〔最初だけソロ、そしてコーラスが入る〕

The elephant's the biggest
The hippo is the fattest（×2）　〔全員〕

Oh wa de he wa de ho
Wa de he he he ho（×2）　〔ソロ、そして全員〕

The giraffe is the tallest
The tortoise is the cleverest（×2）　〔全員〕

Oh wa de he wa de ho
Wa de he he he ho（×2）　〔ソロ、そして全員〕

再び歌を聞かせます。今度は最上級の前で一時停止をして歌を止め、子どもたちに次に来る最上級を言わせます。

穴埋め　子どもたちに 321 ページの歌のワークシートを配り、再び歌を聞いて空欄を埋めさせます。

Markers and spinner for board game

（ストーリーゲーム用ルーレットとコマ）

ゲームシートを準備する　ストーリーゲーム用小物を実際に使ってみます。321 ページのワークシート 'Markers and spinner'（コマとルーレット）、A4 サイズの厚紙、のりを子どもたちに配ります。4 つのコマの単語（tortoise, lion, hippo, elephant）の意味を確認します。ゲームのコマを A4 の厚紙に貼り、切り取ります。次に、ルーレットの円盤と矢を切り取り、円盤と矢の真ん中をとじ鋲で留めます〔訳者注：この作業は 4 人のグループで行います。ゲームの詳細については p. 176 も参照のこと〕。

Song worksheet

Oh wa de he wa de ho
Wa de he he he ho

The cheetah is _____
The lion is _____

Oh wa de he wa de ho
Wa de he he he ho

The elephant's _____
The hippo is _____

Oh wa de he wa de ho
Wa de he he he ho

The giraffe is _____
The tortoise is _____

Oh wa de he wa de ho
Wa de he he he ho

Markers and spinner for board game

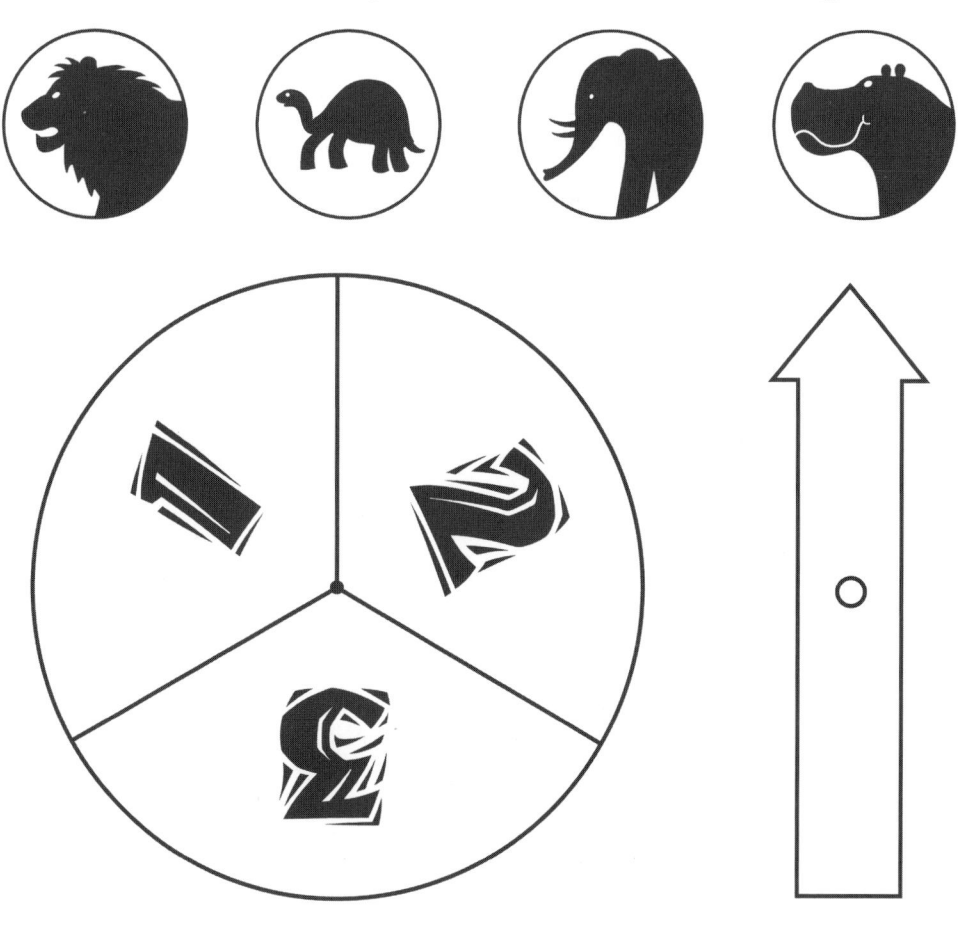

Cover for board game

（ゲームシートのカバー）

カラー・ディクテーション

　これからゲームシートのカバーに描かれているアフリカの模様に色を塗ることを生徒に伝えます。その表紙のいろいろな形を指して、大小の形を区別させます。時間を節約するために、生徒には小さい形の部分だけに色を塗らせ、残りは宿題にします。次の文を注意深く聞いて色を塗ります。生徒が理解しやすいように、それぞれ該当する形のカードを指し示してもかまいません。また、background（背景）と border（縁）の意味を教えてください。

　　Color the small squares purple!（小さい四角形を紫色で塗りなさい）
　　Color the circles brown!（円形を茶色で塗りなさい）
　　Color the big squares red!（大きい四角形を赤色で塗りなさい）
　　Color the small triangles green!（小さい三角形を緑色で塗りなさい）
　　Color the big triangles blue!（大きい三角形を青色で塗りなさい）
　　Color the rectangles yellow!（長方形を黄色で塗りなさい）
　　Color the background orange!（背景をオレンジ色で塗りなさい）
　　Color the border of the circle purple!（円形の縁を紫色で塗りなさい）

　生徒が確認を求めている場合は、もう一度文を読み上げてください。この色塗りの続きは宿題にします。次に、レッスン1で作ったゲームシートを子どもたちに返します。そのゲームシートを半分に折り、アフリカの模様の紙を下の絵のように貼ります。

Cover for board game

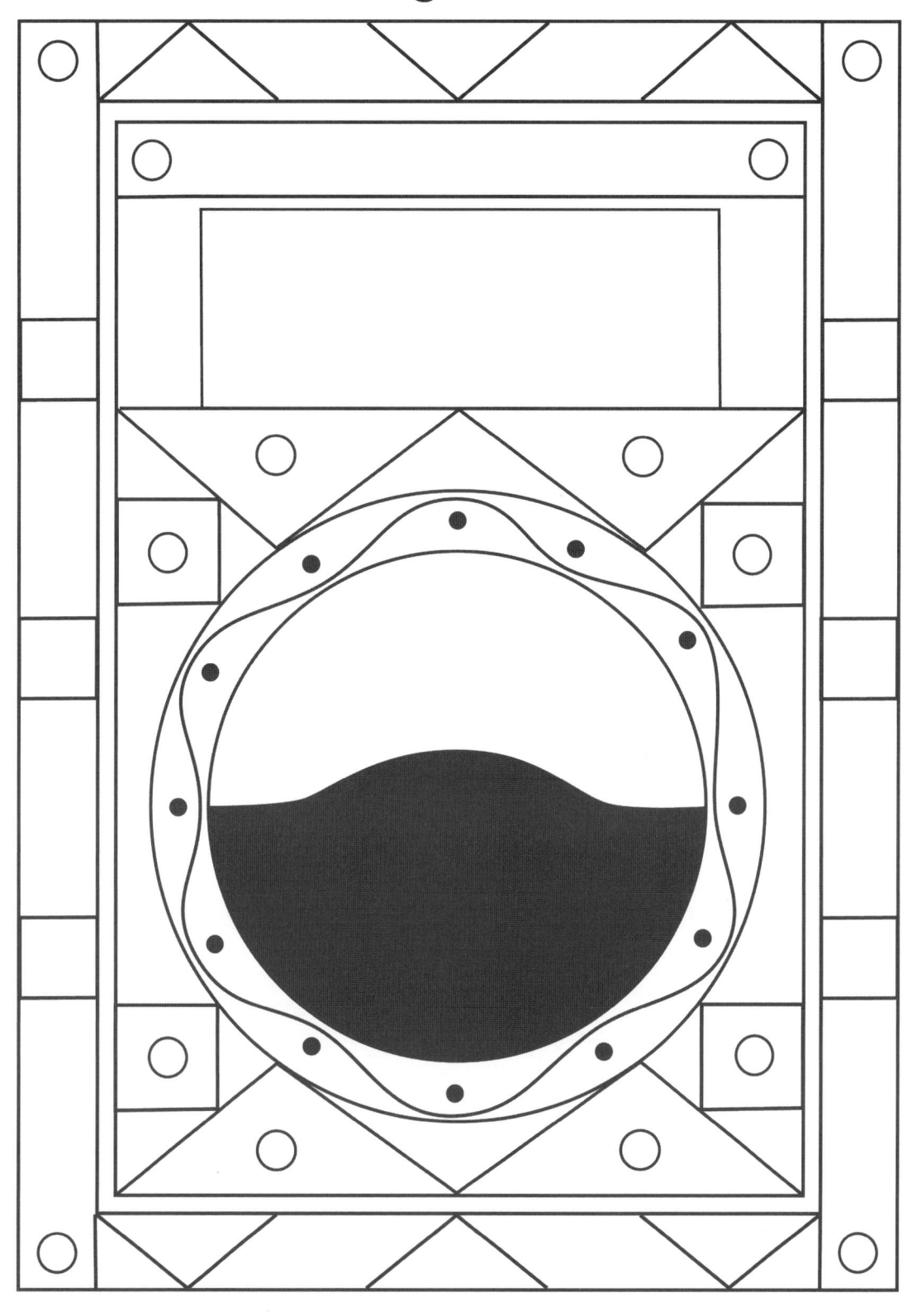

7 The Clever Tortoise

Game cards for board game

（ストーリーゲーム用カード）

7 The Clever TorToise

和訳　＊左の列（上から下へ）
1　ライオンは世界で最も走りの速い動物である。**正しいか、間違いか？**
　　間違い──世界で最も走りの速い動物はチーターである。
2　砂漠で砂嵐が起こる。**1回休み！**
3　ヌーには2本のあごひげがある。**正しいか、間違いか？**
　　間違い──1本のあごひげと2本の角がある。
4　これは正方形である。**正しいか、間違いか？**
　　間違い──長方形である。
5　キリンは世界で最も背の高い動物である。**正しいか、間違いか？**
　　正しい。

＊中の列（上から下へ）
6　泉でライオンに会う。**2つ進む！**
7　アフリカゾウは世界で最も大きな陸生動物である。**正しいか、間違いか？**
　　正しい。
8　サルがあなたのリンゴを食べる！　**2つ戻る！**
9　ライオンはお腹がすいている！　**1つ戻る！**
10　森林警備官がゾウを救う！　**もう1回！**

＊右の列（上から下へ）
11　チーターには斑点がある。**正しいか、間違いか？**
　　正しい。
12　サルには短い尻尾がある。**正しいか、間違いか？**
　　間違い──長い尻尾がある。
13　ゾウには2つの鼻がある。**正しいか、間違いか？**
　　間違い。
14　カメには甲羅がある。**正しいか、間違いか？**
　　正しい。
15　ライオンにはたてがみがある。**正しいか、間違いか？**
　　正しい──オスのライオンにはたてがみがある。

（ゲームのやり方については p. 176 を参照のこと）

Game cards for board game

The lion is the fastest animal in the world. **True or False?** *False – the cheetah is the fastest animal in the world.*	You see a lion at a waterhole. **Go forward two!**	The cheetah has got spots. **True or False?** *True*
There is a sand storm in the desert. **Miss a turn!**	The African elephant is the biggest land animal in the world. **True or False?** *True*	The monkey has got a short tail. **True or False?** *False – it's got a long tail.*
The wildebeest has got two beards. **True or False?** *False – it's got one beard and two horns.*	A monkey eats your apple! **Go back two!**	The elephant has got two trunks. **True or False?** *False*
This is a square. ▭ **True or False?** *False – it's a rectangle.*	The lion is hungry! **Go back one!**	The tortoise has got a shell. **True or False?** *True*
The giraffe is the tallest animal in the world. **True or False?** *True*	Rangers save an elephant! **Play again!**	The lion has got a mane. **True or False?** *True – the male lion has a mane.*

7 The Clever Tortoise

Shop flashcards

（店のフラッシュ・カード）

ワークシート'Shop flashcards'（店のフラッシュ・カード）のコピーを各生徒に配り、それぞれの店の名前を書かせます。生徒が書き写せるように、教師はそれらの単語を板書します。空白の部分には好きな店の絵を描き、その店の名前を下に書かせます。その店の名前とそのつづりについては、必要に応じて教えてあげてください。コピーを切り離し、フラッシュ・カードを作らせます。フラッシュ・カードの裏には自分の名前のイニシャルを書かせます。

語彙の練習　次の中から適当なゲームを選んでください。生徒たちがゲームのやり方を理解したら、4人または5人のグループに分けます。

何がないかな？：黒板に店のフラッシュ・カードを貼ります。生徒に目を閉じるように言います。教師がフラッシュ・カードを1枚抜き取ります。生徒に目を開けるように言い、どの店がなくなったか答えさせます。

順番に並べよう！：店のフラッシュ・カードをストーリーに出てくる順番に並べて黒板に貼ります。そのあと、そのフラッシュ・カードをシャッフルして、生徒に正しい順番に並べかえさせます（例：Christel, put the ice-cream stall first!（クリステル、アイスクリーム屋のカードを1番目に貼りなさい！）、Michel, put the butcher's shop second!（ミシェル、2番目に肉屋のカードを貼りなさい！））。この機会にnextとthenを導入してもよいでしょう（例：Next, put the butcher's shop on the board!（次に、黒板に肉屋のカードを貼りなさい）、Then put the baker's shop on the board!（それから、黒板にパン屋のカードを貼りなさい））。

記憶ゲーム：記憶ゲーム'I went to market'（私は市場へ行った）の変形版です。

生徒1：I went to the butcher's shop.
　　　（私は肉屋へ行った）
生徒2：I went to the butcher's shop and to the baker's shop.
　　　（私は肉屋とパン屋へ行った）
生徒3：I went to the butcher's shop, the baker's shop and the grocer's shop.
　　　（私は肉屋とパン屋と食料雑貨店へ行った）

カードを入れておく封筒を配ります。封筒にshopsと名前を書かせ、家でカードに色を塗らせます。次のレッスンでもこのカードが必要になること伝えておきましょう。（「カードゲーム」についてはp. 184を参照のこと）

Shop flashcards

8 The Elephant and the Bad Baby

Shopkeeper flashcards
（店主のフラッシュ・カード）

　表紙を見せ、ゾウが街へ行くことを思い出させます。店の名前を復習し、黒板の片側に店のフラッシュ・カードを1枚ずつ貼り、少し離れた反対側に店主のフラッシュ・カードを1枚ずつ導入しながら貼っていきます。Who works in the butcher's shop?（誰が肉屋で働いていますか？）と質問します（生徒は思いつく単語を言うでしょう）。butcherをリピートさせ、発音をチェックします。そして、一人の生徒を指名し、butcherのカードをbutcher's shopのカードの隣に貼るように言います。ほかのカードでも同じようにします。Who works in the baker's / grocer's shop?（誰がパン屋で働いていますか？／誰が食料品店で働いていますか？）と聞きます。このとき、bakerの /ə/ の発音を練習してください。Who works in the sweet shop?（誰が菓子屋で働いていますか？）と尋ね、sweet shop lady（菓子屋の店主）を引き出します。そのあとでice-cream man（アイスクリーム屋の店主）とsnack bar man（軽食屋の店主）を答えさせます。最後にfruit barrow（フルーツ屋台）を指し、barrow boy（屋台の店主）を教えます。生徒の理解を確認し、レッスン2で紹介したゲームを使って、さらに単語を練習します。

　ワークシート'Shopkeeper flashcards'（店主のフラッシュ・カード）のコピーを配り、それぞれの名前を書かせます。レッスン2で空白部分に描いた好きな店の店主の絵も描かせます。教室または家で色塗りをします。（「カードゲーム」については p. 184 を参照のこと）

Shopkeeper flashcards

8 The Elephant and the Bad Baby

From *Tell it Again! The New Storytelling Handbook* by Gail Ellis and Jean Brewster © Penguin Books 2002 **Photocopiable** 329

Food flashcards

（食べ物のフラッシュ・カード）

店と店主の名前を復習します。その2種類のフラッシュ・カードを2列に分けて黒板に貼ります。What do you think the elephant gets at the ice-cream stall / baker's / butcher's?（ゾウは、アイスクリーム屋／パン屋／肉屋で、何を取ってくると思いますか？）のように聞き、食べ物の名前を引き出していきます。店と店主のカードと対応させながら、すべてのカードを貼り終わるまで続けます。bun（小さいロールパン、丸いパン）は甘いパンのようなもので、干しブドウが入っていることがよくあると説明してください。pie（パイ）は小麦粉を練ってオーブンで焼いた菓子で、甘くて、中にはおいしい詰め物が入っています。このストーリーに出てくるパイの中身は、おそらく豚肉か牛ステーキのような肉と腎臓でしょう〔＝ミートパイ〕。

生徒が食べ物に関する単語を理解したかどうか確認し、レッスン2と3で紹介したゲームをやってさらに習熟を目指します。

331ページのワークシート「食べ物のフラッシュ・カード」のコピーを配り、それぞれの名前を書かせます。教師はそれらの単語を板書し、生徒はそれを書き写します。空白部分にはレッスン2で描いた、店で売られている食べ物の絵を描きます。教室または家で色塗りをします。カードの裏に自分の名前のイニシャルを書き、shopsと書かれた封筒の中に入れておきます。

Food flashcards

8 The Elephant and the Bad Baby

From *Tell it Again! The New Storytelling Handbook* by Gail Ellis and Jean Brewster © Penguin Books 2002   **Photocopiable**

Vocabulary activity

（語彙練習）

買い物に関する語彙を増やし、復習する

　ストーリーに出てくる店の名前を復習し、生徒にそれらの店が自分たちの近所にあるかどうか尋ねます。また、近所にあるほかの店の名前も言わせましょう（例：fish monger's / shop（魚屋），green grocer's（八百屋），flower shop（花屋），book shop（本屋），chemist's（薬屋、薬局），toy shop（おもちゃ屋），sports shop（スポーツ用品店），pet shop（ペットショップ），shoe shop（靴屋），newsagent's（新聞販売店），clothes shop（衣料品店），furniture shop（家具屋）など）。

　生徒に333ページの語彙練習のワークシート 'Vocabulary activity' を配ります。ワークシートに書かれてある食べ物などが、どの店で買えるかを言わせ、店の絵の下に単語を書かせます（これが「買い物リスト」になります）。同じものが2軒以上の店で買える場合があります。例えば crisps（ポテトチップス）は snack bar（軽食堂）と grocer's（食料雑貨店）で買うことができます。少なくとも5つの品目が各店で買えます。

例：買い物リスト
1. bread（baker's）
2. sausages（butcher's）
3. apples（green grocer's）
4. chocolate（sweet shop）
5. biscuits（grocer's）

「買い物のロールプレイ」については p. 190 を参照のこと。

8 The Elephant and the Bad Baby

Vocabulary activity

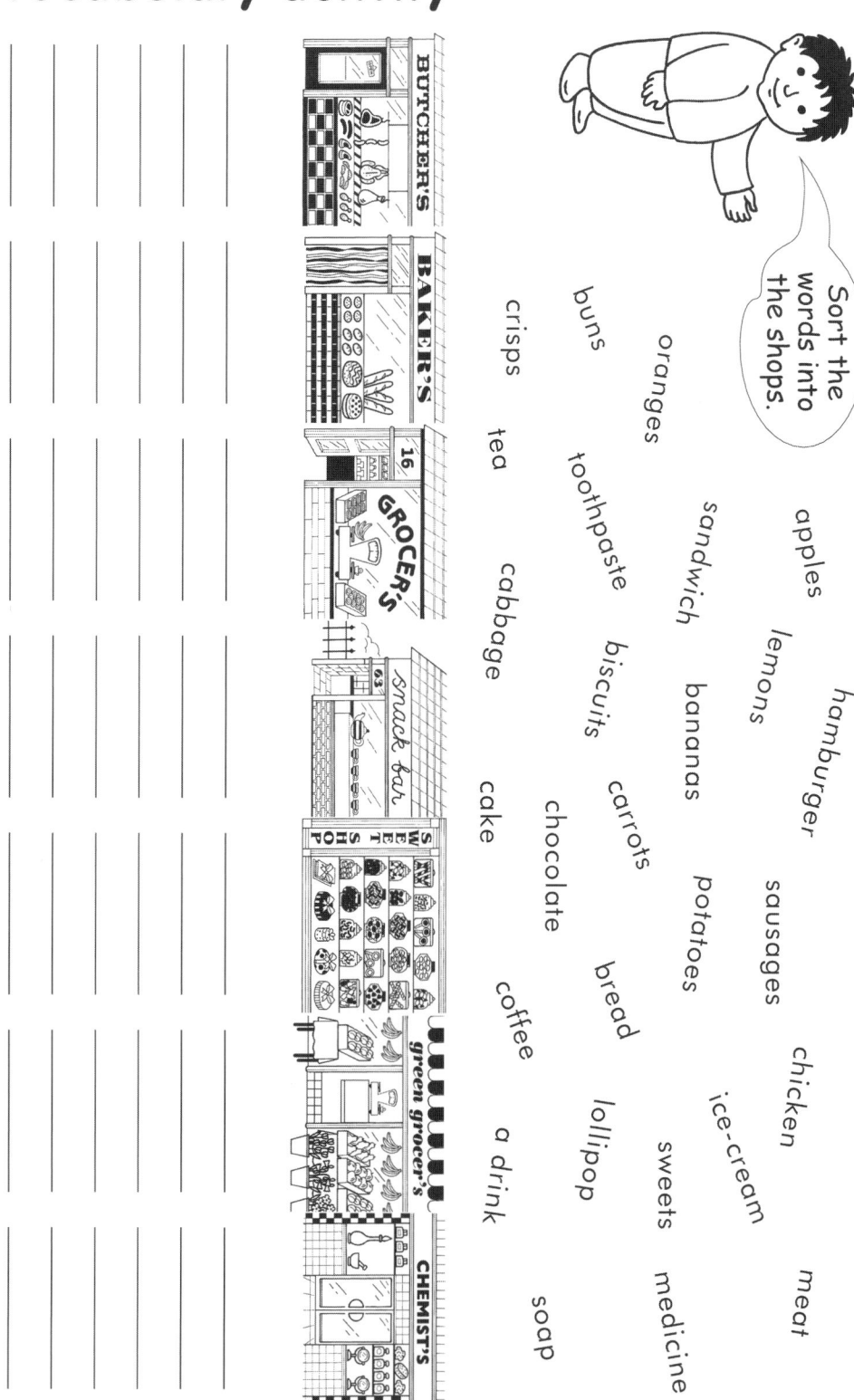

Sort the words into the shops.

apples, hamburger, lemons, sandwich, bananas, oranges, sausages, chicken, potatoes, ice-cream, buns, toothpaste, biscuits, carrots, bread, sweets, meat, crisps, tea, cabbage, cake, chocolate, coffee, lollipop, medicine, a drink, soap

Shopping game

(買い物ゲーム)

4人のグループに1枚ずつ買い物ゲームのコピーを配ります。ゲームの鍵となる店の名前を生徒が理解しているか確認するために、ゲーム盤(「買い物ゲーム」のワークシート)に描かれている店を生徒に指さしてもらいます。1つのグループにゲームの見本を示してもらい、残りのグループはその見本をよく見て、教師の説明を聞きます(「ゲームの説明」については p. 191 を参照のこと)。

ゾウの質問

1. Where can you buy bread?(パンはどこで買えますか?)—At a baker's shop.(パン屋で買えます)
2. Name a green fruit?(緑色のフルーツの名前をあげなさい)—Apple.(リンゴ)〔grapes, kiwi(キウイの中身)なども緑色です。子どもたちが答えやすいように、色を変えてもよいでしょう〕
3. How do you ask for something politely in a shop?(お店でていねいにものを買うときには、どのように言いますか?)—I would like 〜, please. / Can I have 〜, please.(〜をいただけますか)
4. What did the elephant say at the snack bar?(ゾウは軽食堂で何と言いましたか?)—The elephant said to the Bad Baby, "Would you like some crisps?"(ゾウはやんちゃな赤ちゃんに、「ポテトチップスを食べますか?」と聞きました)
5. Name two shops beginning with the letter 'B'.(Bで始まるお店を2つ言いなさい)—Baker's shop and butcher's shop.(パン屋さんと肉屋さん)
6. How do you refuse something politely?(ていねいに断るときには何と言いますか?)—No, thank you.(いいえ、けっこうです)

赤ちゃんの質問

1. Where can you buy a bun?(丸パンはどこで買えますか?)—At a baker's shop.(パン屋で買えます)
2. Where can you buy a sandwich?(サンドイッチはどこで買えますか?)—At a baker's shop.(パン屋で買えます)〔supermarket(スーパーマーケット)でも買うことができますね〕
3. What did the elephant say at the grocer's shop?(ゾウは食料雑貨屋さんで何と言いましたか?)—The elephant said to the Bad Baby, "Would you like a chocolate biscuit?"(ゾウはやんちゃな赤ちゃんに、「チョコレートビスケットを食べますか?」と聞きました)
4. How do you offer something politely?(ていねいに提案するときには何と言いますか?)—Would you like 〜?(〜はどうですか?)
5. Name two shops beginning with the letter 'G'.(Gで始まるお店を2つ言いなさい)—Grocer's shop and green grocer's shop.(食料雑貨屋さんと八百屋さん)
6. How do you accept something politely?(ていねいに受け入れるときには何と言いますか?)—Yes, please.(はい、お願いします)

Shopping game

8 The Elephant and the Bad Baby

- You take your own shopping bag to the shops. **Have another turn.**
- Answer an Elephant question
- You forget to turn off the lights. **Miss a turn.**
- You help an old lady. **Have another turn.**
- You drop a crisp packet on the road. **Miss a turn.**
- Answer a Bad Baby question
- Answer a Bad Baby question

Elephant questions:
1. Where can you buy bread?
2. Name a green fruit.
3. How do you ask for something politely in a shop?
4. What did the elephant say at the snack bar?
5. Name two shops beginning with the letter 'B'.
6. How do you refuse something politely?

- You leave the television on. **Miss a turn.**
- You left a tap dripping. **Miss a turn.**
- Answer an Elephant question
- **START HERE**
- Answer a Bad Baby question
- You buy recycled paper. **Have another turn.**
- You forget to put the bottles in the bottle bank. **Miss a turn.**
- Answer an Elephant question
- Answer an Elephant question

Bad Baby questions:
1. Where can you buy a bun?
2. Where can you buy a sandwich?
3. What did the elephant say at the grocer's shop?
4. How do you offer something politely?
5. Name two shops beginning with the letter 'G'.
6. How do you accept something politely?

- You do some shopping for your neighbour. **Have another turn.**
- You walk to the shops. **Have another turn.**
- Answer a Bad Baby question
- You open the door for a mother and her baby. **Have another turn.**

Read and match

（文章と絵を結ぶ）

ワークシート 'Read and match'（文章と絵を結ぶ）のコピーを生徒に配ります。教師が Find the creature with two small horns.（2本の小さな角を持つ生き物を見つけなさい）、Find the creature with a big beak.（大きなくちばしのある生き物を見つけなさい）などと言います。生徒は自分のワークシートを見ながら、教師が言った生き物を指さします。

すべての生き物の説明を順番に読みます。生徒は文章を追い、それに合う絵を見つけます。その後、生徒は例を参考にして個別にワークシートをやり、絵と説明を線で結びます。ペアになってお互いの答えを比較させてから、クラス全体で答え合わせをします。生徒を一人ずつ指名して説明文を読ませてもよいでしょう。

答え：
1＝D　　2＝C　　3＝A　　4＝E　　5＝B

「カラー・ディクテーション」ほかのゲームについては p. 198 を参照のこと。

和訳
A この生き物はとても小さい。彼は大きな目と大きな鼻を持っている。彼は毛むくじゃらの耳と毛むくじゃらの足を持っている。
B この生き物は背が高く、長い首を持っている。彼は大きなくちばしと大きな足を持っている。彼は翼と羽毛を持っている。
C この生き物は背が低く、太っている。彼は大きな耳と黒い鼻を持っている。
D この生き物はとても背が高く、彼は長い首を持っている。彼は2本の小さな角を持ち、メガネをかけている。
E この生き物は背が低い。彼女はとても長い耳を持っている。彼女は大きな目、小さな鼻、小さな口を持っている。

Read and match

A This creature is very small. He's got big eyes and a big nose. He's got hairy ears and hairy feet.

B This creature is tall and he's got a long neck. He's got a big beak and big feet. He's got wings and feathers.

C This creature is short and fat. He's got big ears and a black nose.

D This creature is very tall and he's got a long neck. He's got two small horns and he's wearing glasses.

E This creature is short. She's got very long ears. She's got big eyes, a small nose and a small mouth.

9 Something Else

Number the sentences in order
（文の順序づけ）

　子どもたちに What happens in the story?（ストーリーの中で何が起こりますか？）と尋ね、おもな出来事を引き出します。339ページのワークシート 'Number the sentences in order'（文の順序づけ）のコピーを各生徒に配ります。ワークシートの文を読んで、ストーリーの順番に番号をふります。ワークシートの例を見せてから始めましょう。
　準備がすんだら、まずペアになって子どもたち同士で答えを比較させます。そのあと、クラス全体で答え合わせをします。生徒を一人ずつ指名し、順番に文を読んでもらいます。

答え：
(1) Something Else lives alone in a house on a windy hill.（Something Else は風の吹く丘の上の家にひとりで住んでいます）
(2) He wants to be friends with the other creatures.（彼はほかの生き物と友だちになりたいと思っています）
(3) The other creatures think Something Else is different and they don't like him.（ほかの生き物は Something Else を違ったものと思い、彼を好きではありません）
(4) One day Something comes to Something Else's house.（ある日、Something が Something Else の家にやって来ます）
(5) Something stays with Something Else.（Something は Something Else の家に滞在します）
(6) Something and Something Else are different but they're friends.（Something と Something Else は違っていますが友だちです）
(7) When a really weird-looking creature comes to the house, he's their friend too.（本当に奇妙な外見の生き物が家にやって来ます、彼も彼らの友だちです）

Listen and complete the picture
（英語を聞いて絵を描く）

　子どもたちに 'Listen and complete the picture' のワークシートを配り、また別の「本当に奇妙な外見の生き物」(really weird-looking creature) が Something Else の家にやってくることを説明します。What do you think the creature is like?（その生き物はどのような外見だと思いますか？）と質問します。子どもたちの意見を受け入れ、その意見をピクチャー・ディクテーションに取り入れます（例については p. 207 を参照のこと）。
　絵が完成するまで同様に続けます。子どもたちに体の部分の色を言わせてもよいでしょう。完成したら、ペアになってお互いの「本当に奇妙な外見の生き物」の絵を比べ合います。

9 Something Else

Number the sentences in order

The other creatures think Something Else is different and they don't like him. ☐

Something Else lives alone in a house on a windy hill. [1]

Something stays with Something Else. ☐

Something and Something Else are different but they're friends. ☐

He wants to be friends with the other creatures. ☐

When a really weird-looking creature comes to the house, he's their friend too. ☐

One day Something comes to Something Else's house. ☐

Listen and complete the picture

Make the pencil puppets

-------- cut

Picture cards

（ピクチャーカード）

9 Something Else

ピクチャーカードを作る	341 ページのワークシート 'Picture cards' のコピーを各生徒に配ります。子どもたちにはさみを準備させてください。前もって準備しておいたピクチャーカードを見せ、Look at the pictures of Something Else and Something. Cut out the pictures and make cards like this.（Something Else と Something の絵を見てください。絵を切り取り、このようにカードを作ってください）と言います。早くできた生徒には色を塗らせます。子どもたちが全員カードを切り終えたら、教師がカードの文をランダムに言っていきます（例：They play games together.（彼らは一緒にゲームをします））。生徒はその文に該当するカードを見つけ、上に掲げます。
カード並べゲーム	ペアを作ります。仕切り用のつい立を間に立てて、向かい合わせに座ります（例えば、本を開いてお互いの間に立てて置きます）。ペアのどちらかがカードを5枚選び、自分の机の上に横一列（左から右へ）に並べます。そして、カードの文を読み上げます。 例： 生徒1：They read books together.（彼らは一緒に本を読みます） 生徒2：Can you repeat that, please?（もう一度くり返してもらえませんか？） もう一人の生徒は、パートナーの英語を聞いて、対応するカードを同じように並べます。5枚のカードを並べ終わったら、お互いのカードを見せ合います。交代し、同じように行います。
記憶ゲーム	ペアを作ります。2人分のカード（2組のカード）を一緒にしてシャッフルし、机の上に裏返して並べます。一人の生徒がカードをめくり、その絵の文を言います（例：They watch TV together.（彼らは一緒にテレビを見ます））。そして、2枚目のカードをめくり、同じように英語を言います。その2枚のカードが同じならばそのカードをもらうことができます。違ったら、また机の上に戻します。順番にカードをめくっていきます。ゲームをする前に、教師が一人の生徒とデモンストレーションをします。より多くのカードをとった方が勝ちです。パートナーを変え、再び同じようにゲームをします。
フォローアップ・アクティビティー	このアクティビティーはオプションです。簡単な絵本を作ります。1ページごとに1枚のピクチャーカードを貼ります。カードの下に文を書きます。

Picture cards

9 Something Else

From *Tell it Again! The New Storytelling Handbook* by Gail Ellis and Jean Brewster © Penguin Books 2002

10 Funnybones

Make a skeleton
（骸骨を作る）

体の部位の復習

最初に toe、foot、leg、hip、back などを実際に指し示しながら、体の部位の名前を復習します。生徒にも同じように体の部位を指すように言い、その単語をリピートさせます。このとき、生徒の発音をチェックします。人間の骨格が描かれているワークシートの切り抜き（拡大コピーをしたもの）を1枚ずつ見せ、Which bone is this?（これはどの骨ですか？）、Is it the leg bone?（足の骨ですか？）、Is it the shoulder bone?（肩の骨ですか？）、This is the hip bone. Is it true?（ここは腰の骨です。本当ですか？）などと質問し、どの部分の骨格かを考えさせます。何人かの生徒に教師役をやってもらい、同じように質問させます。各生徒に343ページのワークシート 'Make a skeleton'（人間の骨格：Human）のコピーを配ります。骨格を切り抜きます。関節が動くようにとじ鋲（びょう）などで留め、人間の骸骨にします。教室を歩き回りながら、生徒に体の部位の名前を言わせます。頭にひもをつけるときには手伝ってあげてください（ゲームや歌については p. 220 を参照のこと）。

体の部位に関する語彙をさらに増やす

再び体の部位の名前を復習します。そのあと、tail bone、front leg bone、back leg bone を導入します。イヌの骨格の絵が描かれている343ページのワークシートの切抜き（拡大コピーをしたもの）を1枚ずつ見せ、どの部分の骨格かを考えさせます。何人かの生徒に教師役になってもらい同じようにやってもらいます。

体の部位の名前の復習が終わったら、Oh dear, Dog Skeleton's all in pieces. What shall we do now? I know, let's put him together again.（あー、困ったことだ。イヌの骨がばらばらになっている。これからどうすればいいんだ？ そうだ、もう一度もとに戻そう）と言います。1、2名の生徒に黒板のところまで出てこさせ、ばらばらにした骨の切抜きを正しくつなげてもらいます。そのあとでワークシート「イヌの骨格」のコピーを各生徒に配ります。はさみで骨を切り抜き、つなぎ合わせてイヌの骸骨を作ります。教室にそのイヌの骸骨の絵を掲示します。

Make a skeleton

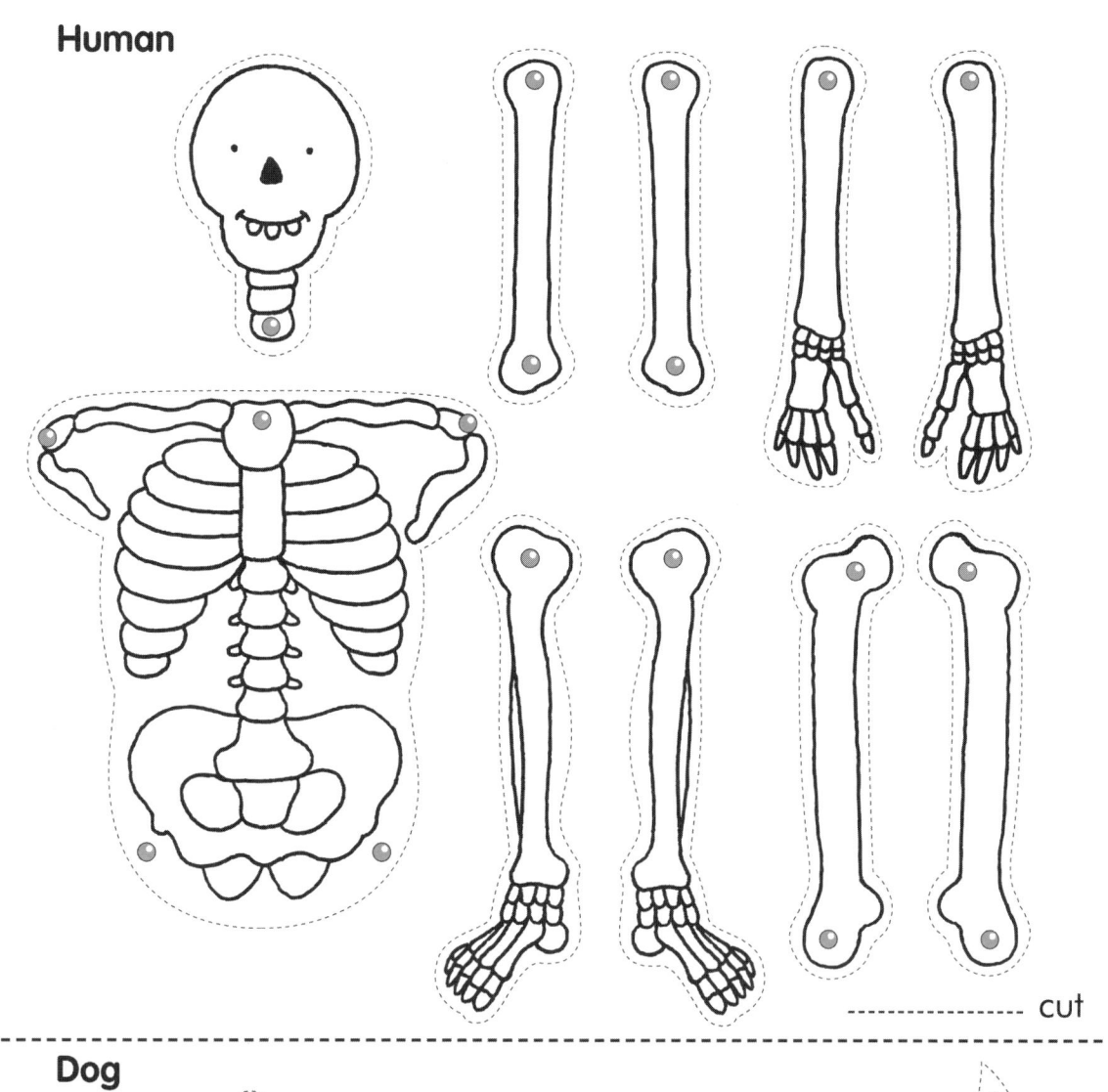

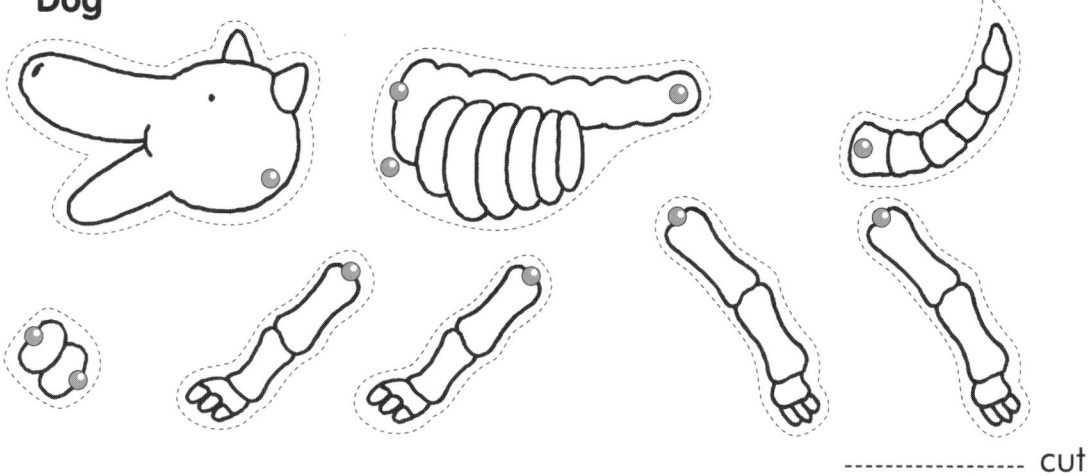

Human

10 **Funnybones**

------- cut

Dog

------- cut

From *Tell it Again! The New Storytelling Handbook* by Gail Ellis and Jean Brewster © Penguin Books 2002 **Photocopiable** 343

Body parts flashcards

（体の部位のフラッシュ・カード）

体の部位の名称を復習し、単語のフラッシュ・カード（345 ページのワークシート 'Body parts flashcards'（体の部位のフラッシュ・カード）を厚紙に拡大コピーして切り取り、フラッシュ・カードにしたもの）を使って文字を導入します。生徒を何人か指名し、黒板に貼ってある人間の骨格の切り抜きに名前をつけさせます。それぞれの骨格の名前がわかるようにフラッシュ・カードを貼らせます。

ドミノゲーム　拡大コピーした 8 枚のドミノカードを使います。それぞれのドミノカードがどのようにつながるかを教師が実際にやりながら説明します。

| knee bone | back bone | + | back bone | foot bone | + | foot bone | ankle bone |

例えば、'back bone' と 'back bone' が一致するので、I can use this domino（back bone / foot bone domino）（私はこの back bone と foot bone のドミノカードを使います）と言い、カードを置きます。すべてのドミノカードを使うまで続けてください。カードをシャッフルし、再びゲームのやり方を見せます。今度はどのドミノカードが使えるか生徒に尋ねながら進めます。

そのあと、生徒は自分のドミノカードを作ります。2 枚の A4 の紙を縦に半分に折り、そして横に 2 回折ります。図のように、1 枚の紙から 4 枚のドミノカードを作り、それぞれのカードの中央には折り目をつけます。図のように横の折り目を切り、8 枚のドミノカードを作ります。カードの中央の折り目にそって線を引かせます。

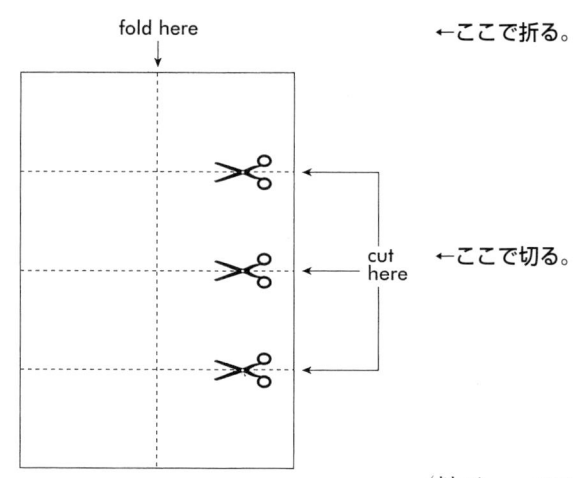

←ここで折る。

←ここで切る。

（以下、p. 223 も参照のこと）

Body parts flashcards

toe bone	foot bone
ankle bone	leg bone
knee bone	thigh bone
hip bone	back bone
shoulder bone	neck bone
head bone	finger bone
hand bone	arm bone

10 Funnybones

10 Funnybones

Skeleton wordsearch
（骨格の単語探し）

347 ページのワークシートの 'Skeleton wordsearch'（単語探し）を完成させてから、ストーリーに出てくる体の部位の単語を 8 個から 10 個使って「単語探し」シートを自分で作ります。縦横 8 個から 10 個の正方形のマス目を作り、1 つのマス目に 1 文字ずつ選んだ単語を書き込みます。単語は縦、横、斜め、または逆方向で読めるようにします。残りの空白のマスには適当に文字を入れます。完成したら、「単語探し」シートと単語リストを一緒にして、ほかの生徒に解いてもらいます。

答え：

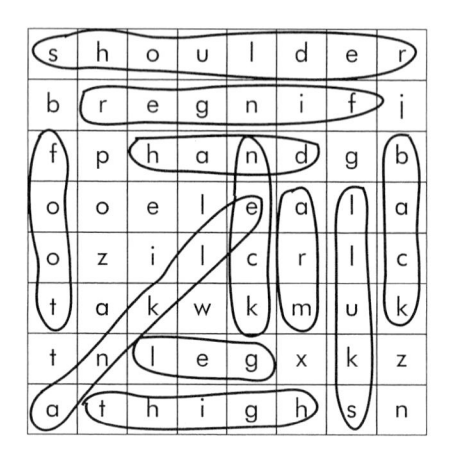

s	h	o	u	l	d	e	r
b	r	e	g	n	i	f	j
f	p	h	a	n	d	g	b
o	o	e	l	e	a	l	a
o	z	i	l	c	r	l	c
t	a	k	w	k	m	u	k
t	n	l	e	g	x	k	z
a	t	h	i	g	h	s	n

Funnybones quiz
（Funny bones クイズ）

ワークシートの「Funnybones クイズ」（347 ページ）をペアまたはグループで解きます。

答え：
1. 大人の体には 206 本の骨がある。
2. はい、赤ん坊は 350 本の骨がある。これらの骨の多くは一緒に成長していく。
3. 人間の頭蓋骨には 29 本の骨がある。
4. 人間の首には 7 本の骨がある。
5. キリンの首の骨にも 7 本の骨がある。
6. 人間の足には 26 本の骨がある。
7. 人間の手には 27 本の骨がある。
8. 人間の背中には 24 本の骨がある。
9. 大腿骨が人間の骨の中では最も長い。
10. はい、私たちは皆、約 1.25cm 縮む。なぜならば、日中は背骨が縮むからである。

Skeleton wordsearch

In this example can you find the words:

thigh
skull
foot
finger
ankle
neck
hand
back
shoulder
leg
arm.

Look carefully – some words may be spelt backwards!

s	h	o	u	l	d	e	r
b	r	e	g	n	i	f	j
f	p	h	a	n	d	g	b
o	o	e	l	e	a	l	a
o	z	i	l	c	r	l	c
t	a	k	w	k	m	u	k
t	n	l	e	g	x	k	z
a	t	h	i	g	h	s	n

Funnybones quiz

1. How many bones are there in the human body?
2. Is it true that babies have more bones than adults?
3. How many bones are there in your skull?
4. How many bones are there in your neck?
5. How many bones are there in a giraffe's neck?
6. How many bones are there in your foot?
7. How many bones are there in your hand?
8. How many bones are there in your back?
9. Which is the longest bone in your body?
10. Is it true that your skeleton shrinks (gets smaller) during the day?

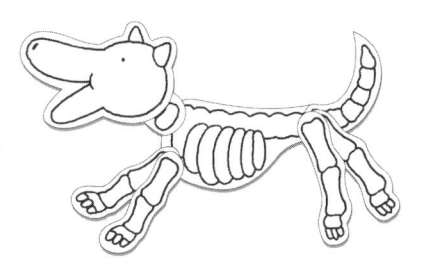

Typical!

（典型的なタイプ！）

ゲーム：Typical！　　このゲームはリーディングと分類の練習をするためのものであり、子どもたちはゲームをしながら、ストーリーを理解するために必要な語彙を導入（または復習）し、また、'typical'（典型的）なタイプと'usual'（普通）なタイプの王子と姫について考えます。

　349ページのワークシート 'Typical!' をカードにしたものを使ってゲームの説明をします。始めに表題の3枚のカード（typical princes（典型的な王子）、typical princesses（典型的な姫）、not typical（典型的でない場合））を見せます。マグネットなどを使って、それらのカードを黒板に貼ります。次に残りのカードの中から最初のアクティビティで生徒から出てきた意見（例えば、(princesses) are usually beautiful.）に近いカードを1枚または2枚選びます。生徒にそのカードがどのカテゴリーに属するかを尋ねます。例えば、'... are usually beautiful.' は典型的な姫のカテゴリーに属します。該当する表題のカードの下にこのカードを貼ります。これを3回から4回続けて行います。ゲームを面白くするために、わざと間違えてもよいでしょう。必要に応じてカードの重要な単語を導入（または復習）します。指導の際に、ジェスチャー、おとぎ話の訳や絵を使うとよいでしょう。

　ペアまたはグループでこのゲームをします。机間巡視をし、困っている生徒がいたら援助してあげましょう。単語の順番と文中の usually の位置にも注意を向けさせてください。のちほどクラス全体で答え合わせをします。

Typical!

typical princes	typical princesses	not typical
are usually handsome	usually like wearing beautiful clothes	usually wear uniforms
usually rescue princesses	are usually brave	are usually very ugly
usually have long, blonde hair	usually have blue eyes	are usually very beautiful
are usually fat	usually wear pink	usually ride bicycles
usually like riding horses	are usually well-behaved	usually have pets
are usually frightened	usually live in a castle	usually wear black

11 Princess Smartypants

11 Princess Smartypants

Princes and tasks 1
（王子たちと課題 1）

メモリーゲーム　ワークシート 'Princes and tasks 1'（王子たちと課題 1）で作ったカード（拡大版）を使って、'read-and-match' のアクティビティーをします。生徒がカードに書かれていることばの意味を理解でき、またそれらを読むことができるか確認しながら、カードを 1 枚ずつ読んで黒板に貼ります。ストーリーの内容に合うように、王子たちと課題のカードを正しく組み合わせて貼ってください（ワークシートの組み合わせは正しくありません）。そのあと、3 枚 1 組のカードを使って教師が文を作って読みます。生徒は教師が読んだカードを選び正しく並べます。生徒が自信を持ってできるようになるまで数回続けます。

生徒に王子たちの名前と彼らの課題を覚えるように言い、その後、目を閉じさせます。カードを並べ替え、Are the cards in the right order?（カードは正しい順番になっていますか？）と聞きます。または、カードを 1 枚抜き、Is one card missing?（1 枚のカードが抜けていますか？）と聞きます。次に、課題のカード 2 枚とそれに対応する王子のカード 2 枚を選び、ばらばらにします。生徒は、それを正しく組み合わせ、順番に並べます。残りのカードでも同様に行います。

ゲームのやり方とカードの内容が理解できてきたら、ワークシート 'Princes and tasks 1'（王子たちと課題 1）のコピーを各生徒に配ります。王子の名前と対応する課題を線で結ぶように言います。線が結べたら、ペアになって文を音読します。そして、その文を正しく書き写します。

正誤問題　ワークシート 'Princes and tasks 1'（王子たちと課題 1）の文を使って True/False の質問をします（例：The Princess asked Prince Boneshaker to feed her pets. True or false?（スマーティパンツ姫は、ボーンシェイカー王子に彼女のペットにえさを与えるように頼みました。正しいですか？　それとも誤りですか？））。いくつか練習をやったあと、ペアになって True/False の質問を出し合います。

Reasons
（理由）

351 ページのワークシート 'Reasons'（理由）のコピーを各生徒に配り、ストーリーに基づく文とストーリーとは違う文を 5 つずつ書かせます。書き終えた生徒同士で、文章を見せ合い内容を確認します。生徒が書いている間、本書の CD に収録されているストーリーの朗読（#27）を再生しておき、19 ページまで聞かせます。(p. 238 の「問題点と原因を because を使って結びつける」も参照のこと)

Princes and tasks 1

Princess Smartypants

------- cut

The Princess asked	Prince Compost	to skate in a roller-disco marathon
	Prince Rushforth	to ride on her motorbike
	Prince Pelvis	to stop the slugs eating her garden
	Prince Boneshaker	to feed her pets

Reasons

Prince				
Bashthumb Boneshaker Compost Fetlock Grovel Pelvis Rushforth Swimbladder Vertigo	**couldn't do his task because**	the pony the slugs the pets it the trees they the tower the fish the motorbike the roller-disco marathon the goldfish pond the shopping	**was/were**	too heavy too slippery too fierce too dangerous too tiring too frightening too difficult too big

From *Tell it Again! The New Storytelling Handbook* by Gail Ellis and Jean Brewster © Penguin Books 2002

Princess and tasks 2
（王子たちと課題 2）

メモリーゲーム　　ワークシート 'Princes and tasks 2'（王子たちと課題 2）で作ったカード（拡大版）を使いながら、残りの 5 人の王子たちの名前と彼らの課題を復習します。王子のカードと課題のカードを組み合わせながら、1 組ずつカードを黒板に貼っていきます（ワークシートの順番ではなく物語の順番に従って貼ってください）。

生徒に王子たちの名前と彼らの課題を覚えるように言い、そのあと、目を閉じさせます。課題のカード 2 枚とそれに対応する王子のカード 2 枚を選び、ばらばらにします。そして、生徒も一緒にそれらを正しく組み合わせます。残りの 3 つの課題に関しては、カードの順番を変えて並べ、生徒にそのカードが正しい順番になっているかをチェックさせます。または、カードを 1 枚抜き取り、抜き取ったカードは何かを答えさせます。そして、生徒も一緒にカードを正しく組み合わせ、ストーリーの順番に並べ替えます。すべての課題と王子のカードを使ってやってみましょう。

ワークシート 'Princes and tasks 2'（王子たちと課題 2）のコピーを生徒に配ります。「王子たちと課題 1」の「メモリーゲーム」でやったように、王子の名前と課題を正しく線で結びます。

正誤問題　　ワークシート 'Princes and tasks 2'（王子たちと課題 2）の文を使って True/False の質問をします。例えば、Princess Smartypants asked Prince Bashthumb to ride her pony. True or false?（スマーティパンツ姫はバッシュサム王子にポニーに乗るように頼みました。正しいですか？ それとも誤りですか？）いくつか練習をしたあと、ペアになって True/False の質問を出し合います。または、王子たちと課題の組み合わせを変えた文を書き、その文を使ってほかの生徒に True/False の質問をします。

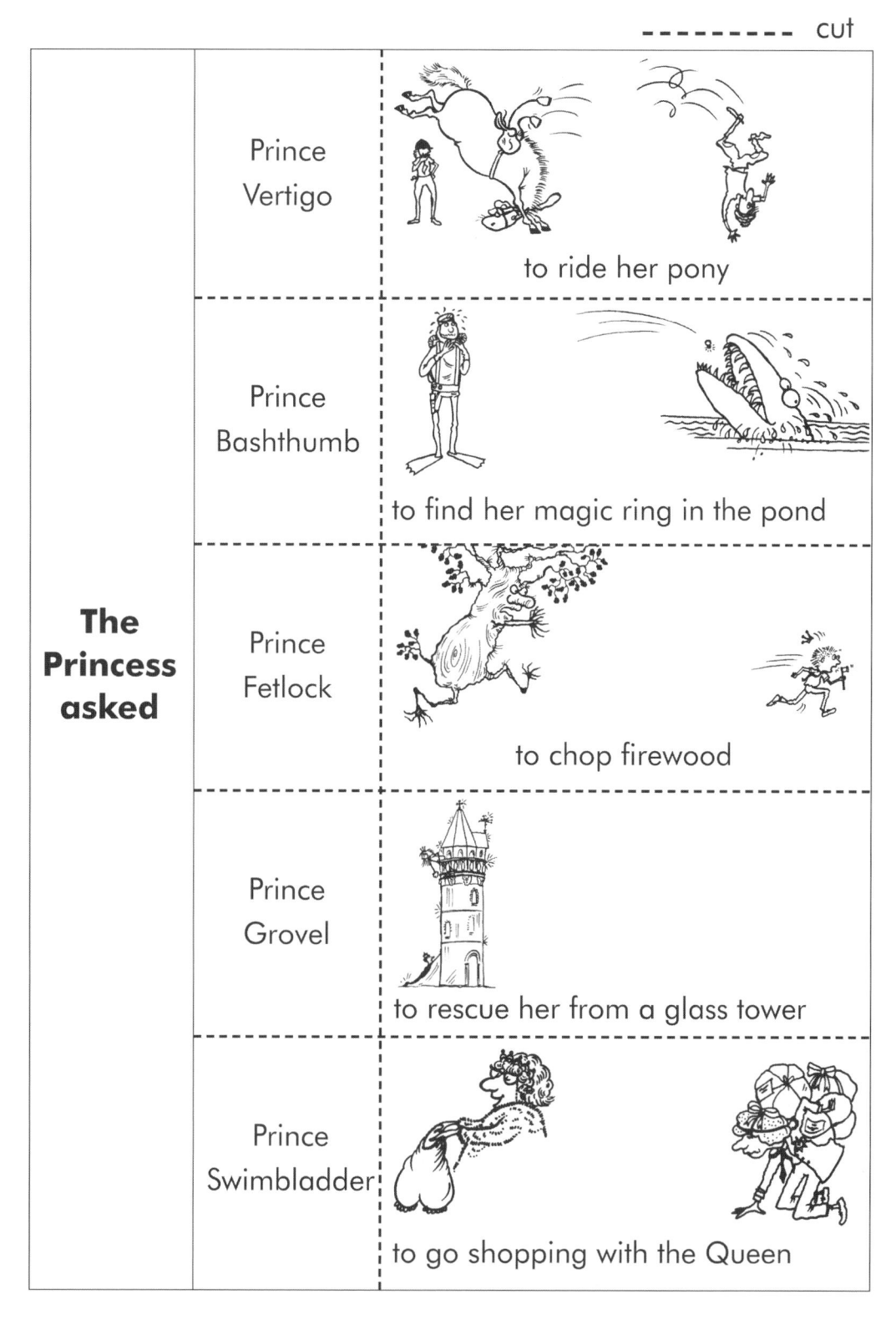

Princes and tasks 2

11 Princess Smartypants

-------- cut

The Princess asked	Prince Vertigo	to ride her pony
	Prince Bashthumb	to find her magic ring in the pond
	Prince Fetlock	to chop firewood
	Prince Grovel	to rescue her from a glass tower
	Prince Swimbladder	to go shopping with the Queen

Solutions
(解決方法)

ビンゴ：王子の解決方法

ビンゴをする前に、レッスン6でやった解決方法と王子のせりふを考えるアクティビティーを復習してもよいでしょう。A4サイズの用紙を横に半分に折り、そして縦に3等分するように折り、全部で6個の四角いマスを作ります。9種類の解決方法の文に含まれる名詞を6個選び、その四角のマスの中に1語ずつ書いてビンゴシートを作ります。

a helicopter	brooms	a blindfold
special suckers	elephants	a sword

生徒は教師とは違う内容のビンゴシートを作ります。これから教師が問題を読み上げるので、それに合う解決方法に含まれる名詞があったら線を引いて消します。例えば、The slugs were too fierce, so Prince Swashbuckle used … What?（そのナメクジはあまりにもどう猛だった。だからスウォッシュバックル王子は何を使いましたか？）。ビンゴシートに'wine'があればその単語を線を引いて消します。同様に続けていきます。6個すべての単語を消すことができた生徒は'Bingo!'と叫びます。その生徒はビンゴになったすべての解決方法を読み返し、それぞれの困難な点と解決方法を組み合わせる必要があります。そのあと、グループでビンゴをします。

351ページのワークシート'Reasons'（理由）のコピーとワークシート'Solutions'（解決方法）のコピーを使い、文を組み立てる練習をします。今回は困難な点と解決方法を結びつける練習をします（例：The tower was too slippery so Prince Swashbuckle used special suckers.（その塔はあまりに滑りやすかったので、スウォッシュバックル王子は特別な吸盤を使った））。最初にクラス全体で例文を1つまたは2つ作ったあと、ペアになって文を組み立てる練習をします。さらに、口頭練習のあと、文章を書きTrue/Falseのアクティビティーをします。

Solutions

---------- cut

Princess Smartypants — 11

Prince Swash-buckle	used wine	to get firewood
	used a helicopter	to ride the motorbike
	used magic	to go shopping with the Queen
	used an elephant	to skate in the roller-disco marathon
	used rockets	to tame the pony
	used special suckers	to make the slugs drunk
	used a blindfold	to feed the pets
	used brooms	to open the fish's mouth to get the ring
	used a sword	to rescue the princess

From *Tell it Again! The New Storytelling Handbook* by Gail Ellis and Jean Brewster © Penguin Books 2002 **Photocopiable**

Story cards
（ストーリーカード）

「ジャックと豆の木」の
ストーリーを聞かせる

ジャックと豆の木
（Joseph Jacobs 作）

1 ジャックとお母さんは、とても貧しい暮らしをしていました。お母さんは市場でウシを売ってくるようにジャックに言いました。
2 市場に行く途中、ジャックはひとりの男に会います。そして、そのウシと魔法の豆を交換してしまいます。
3 ジャックのお母さんはとても怒り、その豆を窓の外へ投げ捨ててしまいます。
4 夜の間に豆の茎がぐんぐん成長し、空まで伸びていきます。
5 ジャックはその豆の木の頂上に登ります。
6 ジャックは城に行き、食べ物を食べます。
7 「フィー・ファイ・フォー・ファム」、巨人が台所に入ってきます。巨人は朝食を食べ、金を数えると眠ってしまいます。
8 ジャックはその金を取ります。
9 ジャックは豆の木を降り、巨人はジャックを追いかけます。
10 ジャックは豆の木を切り倒し、巨人は落下してしまいます。
11 ジャックとお母さんはお金持ちになり、ずっと幸せに暮らします。

(p. 246 も参照のこと)

ストーリーの順番を考える

　各生徒に1組のストーリーカードを与えます。それらのカードを読みながら、おもな出来事が起こる順番を生徒に尋ねます。ストーリーを読み返し、カードを正しい順番に並べ換えさせます。生徒にストーリーカードの文章を読んでもらいます。そのあと、自分のストーリーカードに絵を描き加えさせます（自宅または学校のどちらかで）。あとから、そのカードをまとめてホッチキスで留め、ミニチュアブックを作ります。

Story cards

Jack and the Beanstalk
Joseph Jacobs

Jack and his mother are very poor. Jack's mother tells him to sell their cow at the market.

On the way to market, Jack meets a man and exchanges the cow for some magic beans.

Jack's mother is very angry and throws the beans out of the window.

During the night a beanstalk grows and grows and grows up into the sky.

Jack climbs to the top of the beanstalk.

Jack goes into the castle and eats some food.

'Fee, fi, fo, fum,' the giant comes into the kitchen and eats his breakfast, counts his gold and falls asleep.

Jack takes the gold.

Jack climbs down the beanstalk and the giant follows him.

Jack chops down the beanstalk and the giant falls down.

Jack and his mother are now rich and live happily ever after.

Character study

（登場キャラクターの研究）

「登場キャラクターの研究」のワークシート 'Character study'（359ページ）を配ります。これから登場キャラクターであるジムと巨人について、ワークシートのカテゴリー（外見、衣服、住んでいるところなど）をもとに話し合います。すべての生徒がそれぞれのカテゴリーを理解しているかどうか確認してください。まず一緒に外見について話し合います。ジムは若い、巨人は年老いている、ジムは赤毛である、巨人は髪の毛がない、巨人は近眼で歯がない。生徒が書き写せるように、必要に応じて単語を黒板に書きます。次に、ペアまたはグループになってほかのカテゴリーについても同じように話し合います。そのあと、クラスで発表し合い、生徒の提案を黒板に書きます。最後にワークシートを完成させます。

Wordsearch

（単語探し）

巨人を形容する単語をできるだけたくさん出してもらいます。例えば、tall、big、great、large、huge などです。359ページのワークシート 'Wordsearch'（単語探し）を配り、巨人を表す形容詞を探させます。

単語探しの答え：

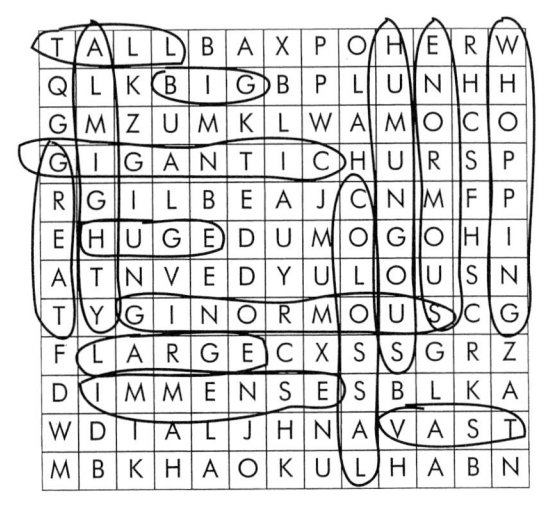

T	A	L	L	B	A	X	P	O	H	E	R	W
Q	L	K	B	I	G	B	P	L	U	N	H	H
G	M	Z	U	M	K	L	W	A	M	O	C	O
G	I	G	A	N	T	I	C	H	U	R	S	P
R	G	I	L	B	E	A	J	C	N	M	F	P
E	H	U	G	E	D	U	M	O	G	O	H	I
A	T	N	V	E	D	Y	U	L	O	U	S	N
T	Y	G	I	N	O	R	M	O	U	S	C	G
F	L	A	R	G	E	C	X	S	S	G	R	Z
D	I	M	M	E	N	S	E	S	B	L	K	A
W	D	I	A	L	J	H	N	A	V	A	S	T
M	B	K	H	A	O	K	U	L	H	A	B	N

1. Tall   2. Big   3. Almighty   4. Great   5. Gigantic
6. Whopping   7. Vast   8. Colossal   9. Immense
10. Large   11. Ginormous   12. Huge   13. Humungous
14. Enormous

Character study

	Jim	The Giant
Physical appearance		
Clothes		
Lives in a ...		
Favourite food		
Likes to read		
Characteristics		
Other		

12 Jim and the Beanstalk

Wordsearch

Find the *giant* words!

T	A	L	L	B	A	X	P	O	H	E	R	W
Q	L	K	B	I	G	B	P	L	U	N	H	H
G	M	Z	U	M	K	L	W	A	M	O	C	O
G	I	G	A	N	T	I	C	H	U	R	S	P
R	G	I	L	B	E	A	J	C	N	M	F	P
E	H	U	G	E	D	U	M	O	G	O	H	I
A	T	N	V	E	D	Y	U	L	O	U	S	N
T	Y	G	I	N	O	R	M	O	U	S	C	G
F	L	A	R	G	E	C	X	S	S	G	R	Z
D	I	M	M	E	N	S	E	S	B	L	K	A
W	D	I	A	L	J	H	N	A	V	A	S	T
M	B	K	H	A	O	K	U	L	H	A	B	N

Now write the words

1. _____
2. _____
3. _____
4. _____
5. _____
6. _____
7. _____
8. _____
9. _____
10. _____
11. _____
12. _____
13. _____
14. _____

Homonyms
（同音異義語）

　同音異義語とは、発音が同じで（つづりも同じ場合がある）意味の違う単語であることを説明します。母語で思いつく単語はありますか？　ストーリーの中にそのような単語があったか覚えていますか？　このストーリーには2種類の同音異義語が出てきます。巨人が意味を間違えた reading glasses（老眼鏡）と beer glasses（ビールグラス）と、巨人の手紙の中に出てきた dear（親愛なる）と deer（シカ）です。巨人は間違って deer（シカ）を使ってしまいます。ほかに思いつく英語の同音異義語を尋ねます（例：to/two, sun/son, no/know など）。361 ページの 'Homonyms'（同音異義語）のワークシートを配り、発音が似ている単語を組み合わせるように言います。また、それぞれの単語の意味がわかるような文を作らせてみましょう（例：We saw the sun through the trees. ; We saw his son playing tennis.）。

Homonyms

Homonyms are words which sound the same and are sometimes spelt the same but which have different meanings. For example:

glasses	glasses	deer	dear

Find the homonyms

been		tale	
chip		two	
bat		no	
tail		hare	
to		chip	
know		sun	
hair		bat	
son		bean	

12 Jim and the Beanstalk

World map

（世界地図）

参考文献・参考図書

Ashworth, J. and Clark, J. 1997. *I-Spy*. Oxford University Press.
Brewster, J., Ellis, G., and Girard, D. 1992. *The Primary English Teacher's Guide*. Penguin Books.
Brewster, J., Ellis, G., and Girard, D. 2002. *The Primary English Teacher's Guide* (new edition). Penguin Longman.
CATS : Children and Teenagers. The Young Learners SIG Newsletter, Literature and the Young Learner, Spring 1999, *Storytelling Issue 2/00*, Summer 2000, IATEFL (International Association for Teachers of English as a Foreign Language) (www.countryschool.com/young learners).
CIEP (Centre International d'Etudes Pédagogiques). 2000. *Mallette pédagogique pour les assistants de langue à l'école primaire ANGLAIS* (www.ciep.fr).
Ellis, G. 1999. 'Developing Children's Metacognitive Awareness', *Innovation and Best Practice*, edited by Chris Kennedy, Longman in association with The British Council (108-120).
Ellis, G. and Brewster, J. 1991. *The Storytelling Handbook for Primary Teachers*. Penguin Books.
Ellis, G. and Sinclair, B. 1989. *Learning to Learn English. Learner's and Teacher's Books*. Cambridge University Press.
Fisher, R. 1990. *Teaching Children to Think*. Simon & Schuster.
Gardner, H. 1993. *Multiple Intelligences. The Theory in Practice*. Harper-Collins.
Garvie, E. 1990. *Story as Vehicle*. Multilingual Matters.
Gerngross, G. and Puchta, H. 1996. *Do and Understand*. Longman.
Hancock, P. and Ellis, G. 1999. *Pebbles*. Longman.
Hester, H. 1983. *Stories in the Multilingual Primary Classroom*. ILEA.
jet, Special Story Issue, Issue 9, Vol.3, No.3, 1993. Mary Glasgow Magazines.
Krashen, S. 1981. *Second Language Acquisition and Second Language Learning*. Oxford Pergamon Press.
Kubanek-German, A. 1998. 'Primary foreign language teaching in Europe-trends and issues', *Language Teaching* Vol.31 (193-205).
Meek, M. 1995. 'The Critical Challenge of the World in Books for

Children', *Children's Literature in Education* Vol.26：1（5-22）.

O'Malley, J. M., Chamot, A. U., Stewner-Manzanares, G., Kupper, L., and Russo, R. P., 1985. 'Learning strategies used by beginning and intermediate students', *Language Learning* Vol.35, 1（21-46）.

Read, C. and Soberon, A. 2000. *Superworld*. Macmillian.

Revell, J. and Seligson, P. 1993. *Buzz*. Longman.

Rixon, S. 1992. 'English and other languages for younger children : practice and theory in a rapidly changing world', *Language Teaching*, April（73-93）.

Tréget, M. and Raymond-Barker, V. 1991. 'The Golden Diary Project', *Teaching English to Children*, edited by Christopher Brumfit, Jayne Moon and Ray Tongue, Collins ELT（81-96）.

Wright, A. 1995. *Storytelling with Children*. Oxford University Press.

Wright, A. 1997. *Creating Stories with Children*. Oxford University Press.

Zaro, J. J. and Salaberi, S. 1995. *Storytelling*. Macmillan.

索　引

(この索引は第1部（「読み聞かせ」の方法）の語句をまとめたものです)

アイ・コンタクト　29
あいまい母音　46
アクティビティー　6, 8, 11, 25, 35, 40, 54
　遊び的な活動　26
　自由選択のアクティビティー　64
　ストーリーに基づいたアクティビティー　54
　スピーキング活動　44
　短期的アクティビティー　27
　長期的アクティビティー　27
　日課的な活動　25
　文法規則発見のためのアクティビティー　40
　フォローアップ・アクティビティー　23, 26, 27, 42
　問題解決の活動　40, 64
　ライティングのアクティビティー　50
アートワーク　64, 65
アンケート調査　45
ESL（第2言語としての英語）　51
EFL（外国語としての英語）　51
イラストレーション（挿絵）　14, 21
韻（ライム）　13
インターネット　60, 62
インタビュー　27
インタラクション　21, 25
イントネーション（抑揚）　6, 13, 31, 47
インフォメーション・ギャップ　45, 63
（適正な）インプット　7
ウォーム・アップ　25
英語コーナー　27
絵辞書　38
絵本の英語のレベル　14, 18, 19
絵本の選定の基準　16, 17
絵本のタイプ　13
絵を使ったディクテーション　32
おとぎ話　13
オノマトペ（擬声語）　6, 20
お面（マスク）　58
音声CD　28, 31, 58
外国語としての英語教育　22
外国語としての英語（EFL）　51
概念の強化　7, 9
概念の発達　42
学習意欲　6
学習スキル　8
学習ストラテジー　6, 7, 34, 51
　認知的ストラテジー　52

　メタ認知的ストラテジー　52
下降調　47
固まり（チャンク）　39
語り手（ストーリー・テラー）　28, 31
カリキュラム・アプローチ　7
感情表現　20
簡単なあいさつ　43
擬声語（オノマトペ）　6
気づき　51
　教科横断的な気づき　51
　言語に対する気づき　51
　社会的・文化的な気づき　51
　認知的な気づき　51
　メタ認知的な気づき　51
決まり文句　44
強化　26
教科横断的学習　34
教科横断的シラバス　8
教科横断的な気づき　51
教科書（コースブック）　7
教材作成ソフト　61
教室英語　44
（教師が）教室で使うことば　25
教師の役割　53, 64
強勢（ストレス）　46
強勢拍　46, 47
共同作業　26
クモの巣図　38, 49
クラスの決まり　26, 63, 192
クラスブック　24
クラスルーム・マネージメント　57-65
グループ・ワーク　27, 45, 62-64
グローバル・シラバス　11
原因と結果　7
「計画—実行—反省」モデル（3段階モデル）　24
　「計画」段階　25
　「実行」段階　26
　「復習」段階　26
ゲーム　57, 63
言語学習のスキル　35-56
言語材料　8
言語習得の理論に基づいた教授法　5
言語シラバス　8
言語到達目標　8
言語に対する気づき　51

語彙　19, 35, 38
(学校の) 公開日　58
公民教育　8
公民的なフォーカス　34
公民の概念　8, 9, 27
コースブック (教科書)　7, 10
国際英語　5
固定観念 (ステレオタイプ)　8
ことば遊び　48
子どもがあらかじめ持ってる知識　25
子ども同士の協力　49
子どもの社会的、情緒的な発達　6
子どもの常識　21
子どもの多様性　63
子どもの能力差　8, 63
コラージュ　26, 38
コンピュータ　60
コンピュータの授業　60
　コンピュータの授業の前にやるべきこと　60
　コンピュータの授業の間にやるべきこと　60
　コンピュータの授業の後にやるべきこと　60
最終的な成果　26
挿絵 (イラストレーション)　14, 21
3段階モデル (「計画—実行—反省」モデル)　24, 41
3段階モデルとしてのリスニング　41
子音　46
CD-ROM　38, 60, 61
ジェスチャー　13, 29
視覚的な補助　13, 21
視覚的補助教材　57
視覚的な理解力　14
自己評価　31, 32, 58
実物教材　23, 25, 57
社会的なスキル　34
社会的ストラテジー　53
社会的な気づき　51
弱形　46
社交英語　44
ジャンル別のストーリー　15
自由選択のアクティビティー　64
自由に答える質問　31
授業観察用シート　33, 34
授業内容　8
小規模なシラバス　7
情報　55
書写　49, 50
シラバス　7-12
　教科横断的シラバス　8
　グローバル・シラバス　11
　言語シラバス　8
　小規模なシラバス　7
　ストーリーに基づいたシラバス　10-12
　ミニ・シラバス　11
調べ学習　45
自立的な学習　27
スキル　6, 24, 27, 34-56
　言語学習のスキル　35-56
　社会的なスキル　34

スキルに基づいた学習　24
認知学習スキル　8
リスニング・スキル　6
ストラテジー (学習方略)　52, 54, 55
　認知的ストラテジー　52, 54
　メタ認知的ストラテジー　52
　社会的・文化的ストラテジー　53
ステレオタイプ (固定観念)　8
(ジャンル別の) ストーリー　15
(トピック別の) ストーリー　15
　ストーリーに基づいたアクティビティー　54
　ストーリーに基づいた教授法　24-25
　ストーリーに基づいた授業　22, 23, 25, 26, 30-31
　ストーリーに基づいたシラバス　10
　ストーリーの翻訳　19-20
ストーリー・テラー (語り手)　28, 31
ストーリー・テリング (読み聞かせ)　5-12, 28
　読み聞かせのテクニック　29
ストレス (強勢)　31, 46
スピーキング　33, 43, 44
性差別　8
正式な評価　32
世間の常識　6
全人格的な学習者　5
全人的な発達　8
全身反応教授法 (TPR)　42
創造性　27
第2言語としての英語 (ESL)　51
他教科とのリンク　7, 9
他教科の学習　27
タスク　8, 42, 62, 63
　タスク・シート　62
　特別なリスニングのタスク　42
多文化教育　8
短期的アクティビティー　27
単語カード　38
単語セット　38
単語帳　38, 49
単語の概念　49
単語ファミリー　38
談話 (ディスコース)　41
　談話の標識 (ディスコース・マーカー)　41
知的な推量　40
知能　5, 6
チャンク (固まり)　39
長期的アクティビティー　27
長母音　46
ディクテーション　37
　絵を使ったディクテーション　32
TPR (全身反応教授法)　42
定型表現　43
ディスコース (談話)　41
ディスコース・マーカー (談話の標識)　41
適正なインプット　7
テスト　32
デモンストレーション　63
動機 (付け) (モチベーション)　6, 20, 41
トピック別のストーリー　15

内容語　46
二重母音　46
日課的な活動　25
人形　57
認知的ストラテジー　52, 54
認知的な気づき　51
能力　62
ノート・テイキング　27
背景　23
拍　46
パターン・プラクティス　10
発音　6, 31, 45-48
発見シート　62
ビデオ　58, 59
　　ビデオを観る前の活動　59
　　ビデオを観ながらの活動　59
　　ビデオを観てからの活動　59
評価　32
　　自己評価　32
　　正式な評価　32
フォローアップ・アクティビティー　23, 26, 27, 42
吹き出し　23, 58
復習　32
ブック・コーナー　65
フラッシュ・カード　23, 25, 48, 57
ブレーンストーミング　10, 11
フロー・チャート　63
プロンプト　44, 48
文化　8, 55, 56
　　文化的ストラテジー　53
　　文化的な気づき　51
　　文化的フォーカス　34
文法　10, 14, 20, 38-40
　　文法語　46
　　文法規則発見のためのアクティビティー　40
文脈（コンテクスト）　6, 13, 35
ペア・ワーク　45, 62
ベルマン式記憶法　48
包括的なカリキュラム・アプローチ　7
母音　46
母語　13, 23, 120, 191

保護者　32
ボディー・ランゲージ　41
本物の絵本　13
マイム　13, 29
マインドマップ　41
マグネット・ボード　58
マスク（お面）　58
学び方を学ぶ　9, 21, 51
マルチメディア　58
ミニ・シラバス　11
昔話　13
メタ認知的ストラテジー　52
メタ認知的な気づき　51
モチベーション（動機（付け））　20, 41
物語体　10, 14
問題解決　7
　　問題解決の活動　40
抑揚（イントネーション）　6, 13, 47
読み聞かせ（ストーリー・テリング）　5-12, 23, 28, 57
　　読み聞かせの前に行う活動　11
　　読み聞かせの中に行う活動　11
　　読み聞かせの後に行う活動　11
　　読み聞かせのテクニック　29
ライティング　33, 49-51
　　ライティングのアクティビティー　50
ライム（韻）　13, 46
ラポート　25
リーディング　33, 47-49
リスニング　40-43
　　リスニングの前に行う活動　41
　　リスニングの間に行う活動　41
　　リスニングの後に行う活動　41
　　リスニング・スキル　6
　　リスニングの特別なタスク　42
　　リスニングのためのストラテジー　40
リズム　6, 31, 46
連結　46
連続音声　46
ロールプレイ　25, 45
録音教材　58
ワープロ用パッケージ　60, 61

監訳者・訳者紹介

松香洋子（まつか　ようこ）

玉川大学言語情報研究センター特別研究員、松香フォニックス研究所所長。1964年玉川大学英米文学科卒業後、玉川学園高等部教諭となる。イギリスへ留学、結婚、退職の後、早稲田大学英語学専攻科卒業。二人の子どもを連れてアメリカへ留学、カリフォルニア州立大学サンフランシスコ校にて修士課程修了。1979年に松香フォニックス研究所を設立し、NPO教育支援協会特別顧問、NPO小学校英語指導者認定協議会理事、認定委員などを務める。主な著書：『英語好きですか』（読売新聞社）、『ゼロから始める英会話』（ジャパンタイムズ社）、『発想転換の子ども英語』（丸善）、『娘と私の英語留学記』、『きょうから私も英語の先生！――小学校英語指導法ガイドブック』（共著・玉川大学出版部）など多数。

八田玄二（はった　げんじ）

椙山女学園大学教授。英語教育学専攻。28年間、愛知県の公立高校で英語を教え、1991年に椙山女学園大学に移籍し、現在に至る。愛知学芸大学卒業（1963）。Leeds大学（1975）、Reading大学（1986）、York大学（2004）でMAを習得。主な著訳書：『リフレクティブアプローチによる英語教師の養成』2000年（金星堂、2001年度JACET賞（実践賞）を受賞）、『ロングマンコーパス英語用法辞典』2001年（共訳・ピアソン・エデュケーション／桐原書店）、『児童英語教育の理論と応用』2004年（くろしお出版）、『「小学校英語」指導法ハンドブック』2005年（共訳・玉川大学出版部）、高等学校検定教科書『プロビジョン・イングリッシュ・ライティング』2007年（共著・桐原書店）、『小学生に英語を教えるとは？――アジアと日本の教育現場から』2008年（共著・めこん）

加藤佳子（かとう　かつこ）

2000年ケント大学大学院（TEFL）修士課程修了。2003年南山大学大学院（英語教育学）修士課程修了。現在、椙山女学園大学附属小学校および愛知医科大学非常勤講師。

先生、英語のお話を聞かせて！
小学校英語「読み聞かせ」ガイドブック

2008年4月20日　初版第1刷発行

著者	ゲイル・エリス
	ジーン・ブルースター
監訳者	松香洋子
訳者	八田玄二
	加藤佳子
発行者	小原芳明
発行所	玉川大学出版部
	〒194-8610 東京都町田市玉川学園 6-1-1
	TEL 042-739-8935　FAX 042-739-8940
	http://www.tamagawa.jp/introduction/press/
	振替 00180-7-26665
装幀	水橋真奈美（ヒロ工房）
編集協力	木田賀夫（K's Counter）
印刷・製本	藤原印刷株式会社

乱丁・落丁本はお取り替えいたします。
Ⓒ Tamagawa University Press 2008　Printed in Japan
ISBN978-4-472-40350-7 C3082 ／ NDC376